Udo Frank/Beate Thorn

PALÄSTE, PLEITEN, PEANUTS

Der Banken-Skandal Schneider

Hoffmann und Campe

Die Deutsche Bibliothek – CIP-Einheitsaufnahme
Frank, Udo:
Paläste, Pleiten, Peanuts: der Banken-Skandal Schneider/
Udo Frank/Beate Thorn.
– 1. Aufl. – Hamburg: Hoffmann und Campe, 1996
ISBN 3-455-11180-7
NE: Thorn, Beate

Schutzumschlaggestaltung: Thomas Bonnie unter Verwendung
eines Fotos von Norbert Latocha
Satz: Utesch Satztechnik GmbH, Hamburg
Druck und Bindung: Ebner Ulm
Printed in Germany

Inhalt

VORBEMERKUNG

Wer eine schwierige Situation überstanden hat, ist »aus dem Schneider«. Die Wendung kommt aus dem Skatspiel – hier hat »Schneider« die Bedeutung »Punktzahl 30«. Wer »im Schneider« ist, hat weniger als 30 Punkte und steht schlecht da. »Aus dem Schneider« ist der Spieler, der diese Grenze überschritten hat – ihm kann eigentlich nicht mehr viel passieren.

Dr. Jürgen Schneider hat das Schlimmste noch vor sich: den Prozeß, in dem er für die ihm vorgeworfenen Betrügereien zur Rechenschaft gezogen werden soll.

Der Anfang vom Ende: 15.30 Uhr, Ortszeit Miami, am 18. Mai 1995. Amerikanische Handschellen sind deutlich schmaler als die hierzulande. Wenige Tage, bevor FBI-Beamte dem weltweit gesuchten Dr. Jürgen Schneider die eleganten Armbänder verpaßten, waren auch wir – ohne unser Wissen – Objekt der Fahnderbegierde, verwickelt in die fast unglaubliche Geschichte, die als der »Fall Schneider« in die Skandal-Annalen der Republik eingegangen ist.

Die Öffentlichkeit hat, wie heutzutage üblich, Dr. Jürgen Schneider nur durch die Brille der Medien kennengelernt. Fahnder und Staatsanwälte renommieren mit Verschwiegenheit. Auch Journalisten, im Alltagsgeschäft gebunden an knappe Sendeformen, ausgezählte Zeilen, mühsam gebremst durch Zeit und Raum, konzentrieren sich in der Regel auf die aktuelle Neuigkeit – was zählt, sind Highlights, für Hintergründe ist kein Platz. Aus Aktenbergen wird ein kurzes Fernsehstück, auf sechs Seiten werden hundert gerafft.

Mit dieser im Journalismus an sich sinnvollen Gewohnheit haben wir gerne gebrochen. Der Prozeß gegen Jürgen Schneider, den größten Baupleitier der Nachkriegszeit, steht bevor. Spannend, brisant und aufschlußreich ist das öffentliche Strafverfahren eigentlich nur dann, wenn der Beobachter weiß, wie sich der »Fall Schneider« im Detail zugetragen hat. Deshalb haben wir alles ausgewertet, was wir im Laufe von mehr als zwei Jahren unserer Recherche in Sachen »Jürgen Schneider« gesammelt und erlebt haben.

Angefangen hat alles mit einer kleinen Meldung, die am 12. April 1994 um 9.04 Uhr über die Presseagenturen lief. Sie trug die schlichte Überschrift: »Frankfurter Baufirma Schneider AG in Nöten.«

Diese Nachricht kündigt eine der größten Immobilienpleiten der Nachkriegszeit an: Bauherr Dr. Utz Jürgen Schneider ist verschwunden, aufgetaucht ist ein Schuldenberg in Milliardenhöhe. Zurück bleiben jammernde Handwerker und ratlose Banker.

Für uns ist die kleine Meldung der Beginn außerordentlich intensiver journalistischer Arbeit. Was zunächst aussieht wie ein trockenes, akten- und zahlenbefrachtetes Wirtschaftsthema, entwickelt sich zu einem hochspannenden Krimi. Wir begegnen sonderbaren, imponierenden und außergewöhnlichen Menschen, manchen, die an Schneider geglaubt haben und bitter enttäuscht sind, anderen, die in seinem Windschatten Geschäfte machen wollten. Wir treffen den alten Mann, der für Schneider mit Tipp-Ex und Schere gefälscht hat; als einzigen Journalisten im Fall Schneider gelingt uns ein intensiver Kontakt zu seinem Fluchthelfer, dem immer noch mysteriösen ägyptischen Geschäftsmann El Kastaui, einem Mann mit Geheimdienstkontakten in Ost und West. Schneiders intimer Freund, ein adeliger angeblicher Oberst des Bundesnachrichtendienstes, lockt uns zunächst auf eine falsche Fährte. Zwei kleine Fälscher und ein professioneller Nachrichtenhändler mischen mit im Fall Schneider. Wir haben sie alle persönlich kennengelernt, waren irritiert, verärgert, amüsiert – Geschichten zum »Fall Schneider«.

Ein Höhepunkt unserer journalistischen Arbeit ist das Ergebnis unseres »Rendezvous am Lac Leman« – die Veröffentlichung der Tonbandaufnahme von Jürgen Schneider im Mai 1995, das erste originäre Lebenszeichen des totgeglaubten Bauspekulanten aus seinem Versteck. Für uns ein großer Erfolg – eines der außergewöhnlichsten Tondokumente, die je im deutschen Fernsehen gesendet wurden.

Aber wir müssen auch erleben, daß wir von den professionellen Häschern als kriminalistische Spürhunde mißbraucht werden. Die Ermittler in Bundeskriminalamt und Staatsanwaltschaft überschreiten bei ihrer verzweifelten Suche nach Schneider die Schamgrenze und schrecken auch vor der direkten Bespitzelung von Journalisten nicht zurück. Unsere anfänglich guten Kontakte zu Bundeskriminalamt und Staatsanwaltschaft enden mit einer Konfrontation.

Viele der Spuren, denen wir folgten, führten in die Irre, es hagelte falsche Informationen – journalistischer Alltag. Anders als im Hollywood-Film, in dem der Reporter von Erfolg zu Erfolg eilt, haben wir viele lange Gespräche geführt, Berge von Akten zusammengetragen und intensiv studiert.

Der Gesamteindruck, den wir bei unseren Recherchen gewonnen haben, geht weit über den Fall Schneider hinaus. Beim Schreiben dieser Dokumentation wurde uns klar, daß viele der scheinbaren Nebenkriegsschauplätze auch die Befindlichkeit des Wirtschaftsstandortes Deutschland dokumentieren. Denn auch das ist deutsche Wirklichkeit: Eitelkeit, Oberflächlichkeit, Täuschen, Trickserei, Inkompetenz.

Der Maurer aus Königstein mit Doktortitel aus Graz war niemals ein deutscher »Robin Hood«, der im Namen des Volkes gegen die mächtigen Banken kämpfte. Dieser Mythos ist ihm von den Medien angedichtet worden, so nachhaltig, daß der »clevere Frankfurter Bub« zunächst bei vielen Sympathie erweckte.

Doch Dr. Jürgen Schneider war letztendlich nur ein besonders begabter Hochstapler, ein Abstauber, der die Rolle des verantwortungsbewußten Unternehmers, klugen Investors und pfiffigen Spekulanten sehr erfolgreich spielte. Sein bleibendes Verdienst: Er hat klargemacht, mit welch einfachen Mitteln hochbezahlte Top-Manager deutscher Banken zu übertölpeln sind. Das hat der geltungssüchtige Königsteiner schon früh herausgefunden, denn heimlich hat der »Immobilien-Freak« schon Ende der achtziger Jahre »Frostgelder« gebunkert und dafür gesorgt, daß er im »Falle eines Falles« wie eine »flinke Eidechse« verschwinden konnte. »Frostgeld« und »Eidechse« sind Geheimcodes aus Schneiders privatem Tagebuch, von Bankern natürlich nie gelesen, nie durchschaut.

Warum wird Otto Normalverbraucher nicht behandelt wie der Doktor aus Königstein? Warum müssen wir alle jeden Gehaltsstreifen offerieren, blankziehen, und so einer nicht?

Dieses Buch erzählt auch die Geschichte des Versagens der deutschen Banken. Denn sie alle haben aus schierer Gewinnsucht mitgespielt beim »Super-Monopoly« des Dr. Jürgen Schneider und ließen sich willig blenden. »Peanuts« – so kommentierte Hilmar Kopper den Schaden, den Spekulant Schneider angerichtet hatte. Ein Jahr später wurde »Peanuts« zum Unwort des Jahres gewählt. Selten wohl hat ein Top-Manager ein Wort so sehr bereut wie Hilmar Kopper, Vorstandssprecher der Deutschen Bank, diesen Ausrutscher. Doch die

Alarmglocken bei den Banken läuteten erst, als Jürgen Schneider die »Peanuts« längst in die Schweiz überwiesen hatte.

Ein gutes Jahr später geht ein Bild um die Welt: ein dicklicher Herr mit Halbglatze, in Bermuda-Shorts, mit T-Shirt und Handschellen, der von zwei FBI-Beamten in ein Polizeiauto geschoben wird. Dr. Jürgen Schneider wird am 18. Mai 1995 in Miami verhaftet.

In diesem Buch ist dokumentiert, wie wir, zwei Journalisten der ZDF-»Frontal«-Redaktion, die »Schneider-Story« von Anfang an erlebt und recherchiert haben. Es begann bei Schneider zunächst mit etwas Ruhm und viel Lob für den »Retter der Altbauten«, dann der gewaltige »Crash« – so nennt es Schneider –, die Milliardenpleite. Auf seine Flucht folgte eine wilde Jagd und schließlich – Symbol für den wirtschaftlichen Niedergang: Doc Schneider in kurzen Hosen, ohne Toupet, mit Handschellen.

Jetzt, zwei Jahre nach dem Super-GAU, gehen die Ermittler davon aus, daß keiner der Banker aktiv beteiligt war an den kriminellen Machenschaften des Königsteiners, aber daß sie sich gigantische Patzer, nachlässige Großzügigkeit und schwerste Gesetzesverstöße geleistet haben. Hilmar Kopper, der Vorstandssprecher der viertgrößten Bank der Welt, wird deshalb vom Bundesaufsichtsamt für das Kreditwesen persönlich mit in die Verantwortung für die Schneider-Pleite genommen.

Eine Image-Studie aus dem Mai 1996 belegt, daß die Deutsche Bank rapide an Ansehen verloren hat: Sie sank im Jahre 1995 im freien Fall von Platz 2 auf Rang 62 unter den hundert größten deutschen Unternehmen. Die Deutsche Bank ist nicht »aus dem Schneider«, sondern mehr denn je ein Symbol für die unangenehme Arroganz der Macht. Im Mai 1994 gaben, wiederum bei einer Umfrage, fast 80 Prozent der Interviewten an, daß Pleite-König Schneider nicht allein schuld am Zusammenbruch seines Imperiums sei. Weil die Staatsanwaltschaft den allzu großzügigen Kreditgebern bis jetzt keine strafrechtlichen Vergehen nachweisen kann, wird das Ehepaar Schneider wohl allein auf der Anklagebank des Frankfurter Landgerichts sitzen. Das öffentliche Unbehagen über die Rolle der Banken im Fall Schneider, die Zweifel an der Alleintätertheorie sind in diesem Buch thematisiert. Der Bauspekulant hat inzwischen gestanden, daß er nach allen Regeln seiner Kunst gelogen, gefälscht und betrogen hat, doch er sieht sich auch als Opfer der Banken, die ihn gewähren ließen.

Das letzte Kapitel der Karriere des Jürgen Schneider schreibt der Prozeß, der vor dem Frankfurter Landgericht stattfinden wird. Unsere Dokumentation liefert hierzu die Fakten und erklärt, wie es diesem Dagobert in Nadelstreifen gelingen konnte, auf so feine Art bankrott zu gehen.

Udo Frank
Beate Thorn

RENDEZVOUS AM LAC LEMAN

»Wir grüßen auch unsere Kinder, unsere Familie und Freunde in Deutschland.«

(Dr. Jürgen Schneider am 16. Mai 1995 im ZDF)

Der Mann zieht tief an seiner Zigarette. Seine Augen verengen sich, und mit einem langen Blick fixiert er uns erneut. Seit Stunden sitzen wir dem Ägypter gegenüber. Nervös fahren seine Finger über die Oberfläche seines goldenen Dunhill-Feuerzeuges. Unruhig rutscht er auf dem wuchtigen, mit Leder bezogenen Stuhl hin und her. Plötzlich steht er auf und geht zu den beiden hohen Fenstern an der Stirnseite des Raumes. Mit einer energischen Bewegung zieht er die dunklen Vorhänge zu.

In dem großen Konferenzzimmer, das in der Sonne eines schönen Maitages so freundlich gewirkt hatte, herrscht jetzt eine düstere Spannung.

Seit einem halben Jahr haben wir Kontakt zu diesem Mann, der Dr. Jürgen Schneider und seine Frau Claudia im April 1994 auf ihrer Reise nach Amerika begleitet hat, jener Reise, die erst dreizehn Monate später mit der Verhaftung des Ehepaars in Miami enden sollte.

Dieser Mann, dem man beste Beziehungen zu einigen Geheimdiensten nachsagt, der für seine internationalen Geschäfte verschiedene Pässe benutzt und besonders gerne mit saudiarabischem Diplomaten-Ausweis reist, spielt eine wichtige Rolle im Fall Schneider. Das Bundeskriminalamt hält ihn für den Fluchthelfer des vermutlich größten Baubetrügers der Nachkriegszeit.

Wir wissen, daß der Ägypter Schneider die Flugtickets bezahlt und das Hotel in Washington gebucht hat. Er soll auch für die Wohnung in Miami gesorgt haben, in der das Ehepaar schließlich untertauchte. Und als es eng wurde für Jürgen Schneider und seine »Fluchtkasse« in Genf – immerhin 245 Millionen Mark –, da hat ihm dieser Mann den Kontakt zu dem Schweizer Anwalt François Canonica vermittelt.

Wir hatten schon einmal mit dem Ägypter zu tun, vor wenigen Wochen am gleichen Ort.

Damals beeindruckte er uns durch sein tadelloses Auftreten, den eleganten Maßanzug, seinen souveränen Stil. Davon ist heute wenig übrig. Als der Ägypter sich wieder an den Tisch setzt, wischt er sich mit einem Papiertaschentuch über das verschwitzte Gesicht.

Mostafa El Kastaui lebt seit einigen Jahren unter dem Aliasnamen Dr. M. K. Moss in Genf. Kastaui nennt sich selbst einen »moneymaker«. Seine Firma »Diwan S.A.« handelt mit allem, was Geld bringt, angeblich auch mit Waffen – so steht es in einem Dossier des Federal Bureau of Investigation, FBI.

Bei seinen internationalen Geschäften vertraut Kastaui stets auf den Rat des jungen Genfer Anwalts François Canonica, mit dessen Vater er schon vertrauensvoll zusammengearbeitet hat. Jetzt schaut der Ägypter fragend hinüber zu seinem Anwalt, der am Kopfende des riesigen Tisches sitzt: »Maître, est-ce que je dois commencer?«

François Canonica schätzt es, wenn man ihn Maître nennt. Er nickt Kastaui kurz zu. Der bückt sich, greift unter den Tisch und legt eine billige Einkaufstüte auf die blankpolierte Platte. Es ist eine simple Plastiktasche, weiß, mit dem roten Logo der »Swissair«.

Er drückt seine Zigarette im schon übervollen Aschenbecher aus und holt ein paar farblose dünne Gummihandschuhe aus der Tragetasche. Mostafa El Kastaui lächelt und streift sich die Latexhandschuhe über. Vorsichtig fischt er aus der Einkaufstasche nun eine weitere, diesmal durchsichtige Plastiktüte und legt sie feierlich auf den Tisch. Dann wickelt er sie langsam auf.

Er greift hinein und holt eine Tonbandkassette heraus. Er faßt die Kassettenhülle nur am Rand an und hält sie zwischen Daumen und Zeigefinger triumphierend hoch. »Hier, in die Innenseite von diese Deckel sind die Fingerdrucke von die Doktor Jürgen Schneider«, sagt Kastaui. Es klingt pathetisch und zugleich ein bißchen lächerlich.

Kastaui spricht mehrere Sprachen, neben Arabisch, Französisch und Englisch auch Deutsch. Mit den Artikeln hat er manchmal Schwierigkeiten, und ein paar seiner Wortschöpfungen entsprechen nicht so ganz der deutschen Grammatik. »Sie werden jetzt die Stimme von die Doktor hören, und dann reden wir und machen eine Vertrag«, erklärt er leise und zündet sich erneut eine seiner englischen Zigaretten an. Kastaui greift nun wieder in die weiß-rote Plastiktüte und holt jetzt einen billigen Kassettenrekorder hervor, den er umständlich aufbaut. Dieses Vorbereitungstheater ist nervtötend. Endlich schiebt Kastaui mit Gummihandschuhfingern die Kassette in den Rekorder und drückt die Abspieltaste.

»Guten Tag, liebe Zuschauer. Wir grüßen auch unsere Kinder, unsere Familie und Freunde in Deutschland.

Sie haben im Magazin ›Der Spiegel‹ vom 27. März 1995 gelesen, ich wäre ein Phantom oder gar mit meiner Frau im Beton der Fundamente des Barthelshofes in Leipzig eingegossen. Der ›Spiegel‹ hat zwar oft, aber nicht immer recht. Zum Beweis dessen und um allen diesen Gerüchten entgegenzutreten, wollen wir uns zunächst legitimieren.

Mein Name ist Dr. Jürgen Schneider, Reisepaßnummer 4 100 030 668, ausgestellt in Königstein, Taunus, am 18. 12. 1989.«

Wir wechseln einen schnellen Blick. Das ist eindeutig die Stimme von Jürgen Schneider und damit ein Lebensbeweis – der erste seit dreizehn Monaten. Wir kennen seine Stimme genau aus vielen Filmausschnitten, die wir seit seinem Verschwinden vor mehr als einem Jahr immer wieder gesichtet haben.

In dieser langen Zeit wurde gern und immer wilder über den Verbleib des Ehepaares spekuliert. Auch der »Spiegel« hatte sich erst vor vierzehn Tagen augenzwinkernd daran beteiligt und die Schneiders »totgeschrieben«.

Daß Jürgen Schneider nun diesen Magazinartikel vom 27. März zitiert, beweist uns, daß die Tonbandaufnahme ganz aktuell ist.

Sie ist fast fünfzehn Minuten lang.

Schneiders Stimme klingt nicht spontan, er scheint seinen Text abzulesen. Langsam und mit besonderer Betonung einzelner Wörter spricht der Pleitier zu einem imaginären Publikum.

Die Aufzeichnung enthält praktisch keinen Nachhall, so als sei sie in einem gut möblierten Zimmer gemacht worden. Manchmal hört man ein leichtes Rascheln und Umblättern von Papier.

Kastaui beobachtet uns genau. Was wir in den ersten Minuten von Schneider zu hören bekommen, klingt spannend und vielversprechend:

»Meine Damen und Herren!

Wir versichern Ihnen, wir sind vollkommen frei und bei guter Gesundheit. Wir haben nur einen großen Wunsch: bald unbelastet von einem Haftbefehl zu Ihnen nach Deutschland zurückzukehren, um dort mit unserer Familie, unseren Kindern und Freunden zu leben und zu arbeiten. Alle anderslautenden Gerüchte in Presse und Fernsehen sind unwahr.

Die letzten Zweifler an unserer Identität mögen sich durch kriminaltechnische Stimmenanalysen, die problemlos durchführbar sind, überzeugen.«[1)]

Schneider kündigt an, er werde prüfen, wer an der Verbreitung seines Todesgerüchtes ein Interesse hatte. Dann spricht er von einer umfangreichen selbstverfaßten Dokumentation, die inzwischen auf über siebenhundert Seiten angewachsen sei und die François Canonica für ihn aufbewahre.

Maître Canonica, der sich in seinem Stuhl zurückgelehnt hat und nur gelegentlich zu uns hinübersieht, nickt bestätigend.

In umständlichem Deutsch beginnt Schneider nun ausführlich, seine Sicht der Ereignisse zu erklären. Mehrmals versucht er dabei, der Deutschen Bank die Schuld an seiner Pleite zuzuschieben.

Buchhalterisch hat er seine Argumente durchnumeriert: »Siebtens. Im Laufe von vielen Jahren wurden uns, einem einzelnen Ehepaar, circa sechs Milliarden D-Mark für unsere Häuser langfristig ausgezahlt. Die Deutsche Bank hat – als eine der größten Banken der Welt – mit ihren erfahrenen Expertenteams aufgrund der für sie geltenden, ausnehmend strengen Regeln und Sicherheitsbestimmungen des Hypothekenbankgesetzes die Bewertungen unserer Häuser selbst vorgenommen und hierauf dann die Beträge ausbezahlt.«

Punkt für Punkt arbeitet Jürgen Schneider alle Vorwürfe ab. Offenbar ist er sehr genau darüber informiert, wie die Staatsanwaltschaft und die Medien seine Pleite in der Öffentlichkeit darstellen. Er argumentiert recht geschickt und versucht, sich als Opfer der Banken zu stilisieren.

Dabei knüpft er gezielt an allgemeine Vorurteile gegen die Großmacht der Banken an. Außerdem fordert er die Deutsche Bank auf, alle Handwerker, die durch seine Pleite geschädigt wurden, unverzüglich auszuzahlen: »Die Handwerker haben ihre Leistung sichtbar und anfaßbar in die Häuser eingebracht. Es ist somit eine vertragliche Pflicht der Bank, unverzüglich die Handwerker vollständig auszubezahlen. Wir haben für ›Peanuts‹ kein Verständnis. Wir beanstanden sehr, daß die Zahlungen an die Handwerker so spät beziehungsweise bis heute immer noch nicht vollständig erfolgt sind.«

Schneider redet und redet. Es ist ganz still in dem großen, düsteren Konferenzraum, bis auf diese Stimme vom Band. Kastaui raucht schon wieder.

Als Mostafa El Kastaui nach fünfzehn Minuten den Rekorder ausschaltet, verlangt er etwas, das Journalisten ganz und gar zuwider ist: An diesem Text dürfe nichts gekürzt und nichts verändert werden. Ganz oder gar nicht. Das sei Schneiders erste Bedingung. Und Kastaui scheint sehr gut zu wissen, welche Brisanz dieses Band besitzt, das er inzwischen wieder in die Plastikhülle gepackt hat. Nervosität und Spannung sind von ihm abgefallen.

»Mr. Moneymaker« schiebt nun noch eine weitere Bedingung nach: »Sie bekommen die Kassette zur Sendung im ZDF – umsonst. Ohne Geld. Es ist das erste Zeichen, daß die Doktor lebt. Alles echt. Sie wissen selbst, so etwas ist viel, viel wert. Und deshalb sollen Sie damit zwei Millionen besorgen. Deutsche Mark.«

Der Ägypter lächelt verschmitzt: »Sie wissen, Schneider hat kein Geld. Die Doktor muß essen, die Doktor muß wohnen und alles bezahlen. Leben ist teuer.«

In dieser Atmosphäre machen auch Grammatikfehler keinen Spaß. Und nun beginnt Kastaui, uns einen völlig abstrusen Geldbeschaffungsplan zu erläutern: »Sie strahlen die Text im Fernsehen. Und danach verkaufen Sie ihn dann an alle Rundfunke und die Zeitungen. Dazu gebe ich Ihnen gleich noch etwas Besonderes. Jeder muß dafür bezahlen. An Sie. Und Sie geben die zwei Millionen dann direkt an die Doktor. Wie, das erkläre ich Ihnen noch. Sie müssen diese Millionen beschaffen, sonst bleibt die Kassette hier in die Kanzlei.«

Kastaui greift nun zum dritten Mal in die Plastiktüte. Jetzt holt er eine Klarsichthülle hervor und legt sie auf den Tisch. Während er spricht, schlägt er wie zur Bekräftigung seiner Worte immer wieder mit der flachen Hand auf die Mappe.

»Dies ist das Manuskript von Doktor Schneider. Er hat es alles geschrieben, mit Hand. Wenn Sie das Band gestrahlt haben, sollen Sie das Manuskript verkaufen. Egal, an welche Leute, wichtig sind zwei Millionen.«

Auf eine solche Bedingung können wir nicht eingehen. Wir sind Redakteure des öffentlich-rechtlichen Zweiten Deutschen Fernsehens und keine »Scheckbuch-Journalisten«, die für Dokumente oder Informationen Hunderttausende nur so hinblättern können. Daß wir an einen mit Haftbefehl gesuchten vermutlichen Betrüger Dr. Jürgen Schneider auch nur einen Pfennig zahlen, ist völlig ausgeschlossen.

Außerdem ist dieses Manuskript eigentlich nicht mehr viel wert, wenn das Tonband erst einmal gesendet ist. Keine Zeitung, kein Verlag, kein Sender, niemand zahlt für Informationen aus zweiter Hand – und schon gar nicht zwei Millionen. Nur, wie erklärt man das Kastaui?

Schneider-Anwalt Canonica sitzt scheinbar teilnahmslos am riesigen Verhandlungstisch und schweigt. Seit mehr als fünf Stunden sind wir bereits in diesem abgeschirmten Konferenzraum der Genfer Kanzlei in der Rue Bellot 2. Das Tonband wollen wir natürlich unbedingt haben. Doch bezahlen können wir einfach nicht. Aber der Ägypter bleibt stur und beharrt auf den Millionen.

Die Debatte wird immer quälender, und wir kommen keinen Schritt voran. Irgendwann bitten wir um eine Verhandlungspause.

Der Flur vor dem Besprechungszimmer ist verwinkelt und dunkel. Es ist absolut still. Die Kanzleiangestellten haben schon seit Stunden Feierabend. Und unseren für diesen Abend gebuchten Rückflug können wir auch vergessen. Die letzte Maschine nach Frankfurt ist längst weg.

In einer Nische beraten wir, was wir tun können, um das Band doch zu bekommen.

In keinem Fall können wir irgend etwas dafür bezahlen und schon gar nicht das Manuskript im nachhinein verkaufen.

Wir beide sind davon überzeugt, daß Kastaui aus irgendeinem Grund großes Interesse daran hat, daß Schneiders Einlassungen im ZDF-Magazin »Frontal« gesendet werden. Vermutlich hat ihm Schneider das Tonband mit genau diesem Auftrag übergeben. Der geltungssüchtige Pleitier will sich offenbar vor großem Publikum im deutschen Fernsehen »zurückmelden«.

Wenn wir mit dieser Spekulation richtigliegen, dann könnten wir diese Ausgangslage zu unserem Vorteil nutzen und ein bißchen Druck machen. Das ist nicht ohne Riskio, aber wir haben sowieso kaum Spielraum. Also beschließen wir, im Verhandlungspoker alles auf diese Karte zu setzen.

Wir gehen zurück in den großen Besprechungsraum. Kastaui und Canonica unterhalten sich flüsternd und hören sofort auf zu sprechen, als wir hereinkommen. Kastaui wendet sich uns zu: »Haben Sie es sich überlegt? Sie müssen zahlen, zwei Millionen an die Doktor. Sonst können Sie jetzt gehen, gleich. Mit leeren Händen.«

Er grinst. Aber so leicht geben wir uns nicht geschlagen. Ein heftiger Streit beginnt. Der Ägypter schreit, irgendwann schreien wir auch. Die Situation ist absurd, das Ganze scheint aussichtslos.

Und jetzt setzen wir wirklich alles auf eine Karte. Wir stehen auf, packen unsere Taschen und gehen zur Tür.

In diesem Augenblick schaltet sich Canonica ein: »Madame, monsieur, il n'y a pas aucun raison pour s'émouvoir!« Er bittet uns höflich, wieder Platz zu nehmen. Dann geht er auf Kastaui zu und flüstert mit ihm.

Und plötzlich lächelt der Ägypter, wie verwandelt. Jetzt ist er wieder ganz umgänglich, höflich, so als hätte es nie einen Streit gegeben: »Ja, Sie haben recht, die Doktor wünscht, daß Sie das Band strahlen. Ohne Geld. Aber Handschrift bleibt hier. Davon kriegen Sie nur erste und letzte Blatt. Es werden sich viele bei Ihnen melden, vielleicht gibt ja doch jemand Geld für die Manuskript von die Doktor.«

Und endlich. Nach mehr als sechs Stunden schiebt uns Mostafa El Kastaui die Plastiktüte über den Tisch. Wir haben es, das Tondokument aus Schneiders Versteck. Geschafft! Innerlich jubelnd, packen wir die sensationelle Kassette so schnell wie möglich in unsere Aktentasche. Und so zügig, wie es die Höflichkeit gerade noch erlaubt, verabschieden wir uns und verschwinden aus der Kanzlei. Draußen vor der Tür, in respektabler Entfernung zu Canonicas Haus, löst sich die Spannung. Wir albern herum, freuen uns, daß wir »die Doktor in die Tasche« haben. Eine Zeitlang sind wir richtig euphorisch: Das wird ein toller Beitrag, ein Riesenerfolg für »Frontal«, ein spannender Film! – Aber wie? Mit dieser kleinen Kassette stehen wir, zwei Fernsehjournalisten auf den Spuren von Dr. Jürgen Schneider, vor einer ziemlichen Herausforderung: Wie macht man aus einer fünfzehnminütigen Tonbandaufnahme ein spannendes Stück? Denn es gibt keine aktuellen Bilder von Jürgen Schneider, der Mann ist weg.

Es ist Donnerstag, der 11. Mai 1995.

Was niemand an diesem Abend in Genf ahnt: wie entscheidend dieser Tag der Tonbandübergabe für Jürgen Schneider und seine Frau Claudia in ihrem unbekannten Versteck schon sehr bald werden würde. Aber es sollte noch fast ein halbes Jahr dauern, bis wir erfahren würden, was hinter den Kulissen auch mit uns gespielt wurde.

SPURENSUCHE

April, April

»Auf Anraten meiner Ärzte darf ich sogar
zur Vermeidung von Aufregungen
meinen augenblicklichen Aufenthaltsort
vorerst nicht bekanntgeben.«

(Dr. Jürgen Schneider in seinem Abschiedsbrief vom 4. April 1994)

Dieser Doktor Jürgen Schneider war uns zunächst kein Begriff.

Zwar hatte ihm die »Süddeutsche Zeitung« Anfang Januar 1993 einen Dreispalter gewidmet und ihn als Retter der Ruinen hochgelobt.

Und der »Spiegel« druckte ein Jahr später zwei Seiten, sogar mit drei Fotos – zweimal Häuser, einmal Schneider.

Doch auch dieser Bericht war nicht sehr aufregend. Viel Lob für Schneiders feine Renovierungen, dazu ein Stimmungsbild aus dem maroden Leipzig, denn Schneider hatte dort gerade mal wieder 300 Millionen Mark investiert.

»Ich habe noch nie Geld verloren«, zitiert der »Spiegel« den Frankfurter Immobilienkaufmann und bescheinigt Schneider, daß er der Größte sei in seiner Branche. Wenig später, am 30. Januar 1994, erscheint in der Frankfurter Neuen Presse eine Chiffre-Anzeige:

ACHTUNG BAU- UND BAUNEBENGEWERBE

Wo sind bei der Abrechnung von erbrachten Leistungen für die »Firmengruppe Dr. Jürgen Schneider AG« Probleme aufgetreten?

Z. B. Bauvorhaben Zeil in Frankfurt/M.
Bitte melden unter 589 299 an Frankfurter Neue Presse, Frankenallee 71–81, 60327 Frankfurt, zwecks Gründung einer Interessengemeinschaft.

Hinter dieser chiffrierten Anzeige, das wird erst nach dem Verschwinden von Jürgen Schneider bekannt, stehen einige Frankfurter Handwerker. Schneider hatte ihre Rechnungen einfach nicht mehr bezahlt und auf alle Mahnungen nicht reagiert.

Aufgrund dieser Anzeige hat Schneider es dann Ende Februar 1994 zunächst mit der »Frankfurter Allgemeinen Zeitung« zu tun. Eine FAZ-Redakteurin hat gründlich recherchiert und neben dem aktuellen Ärger mit den Handwerkern auch eine Gerichtsakte vom November 1991 gefunden.

Das Landgericht Frankfurt verurteilte Schneider damals, die Klauseln in seinen Auftragnehmer-Verträgen zu ändern, weil sie – so das Gericht – »Teil eines betrügerischen Systems« seien, »in dem die Beklagten skrupellos ... handeln, um sich ... ungerechtfertigte Vermögensvorteile zu verschaffen und ohne Berücksichtigung der Interessen ihrer Auftragnehmer« – gemeint waren hier die Handwerker – »mißbräuchlich eigene Interessen durchzusetzen.«

Die »Frankfurter Allgemeine Zeitung« berichtet zwar aus den Kreisen murrender Handwerker, aber sie gibt Schneider auch Gelegenheit, sich ausführlich gegen die Gerüchte zu wehren.

Im Interview wischt Schneider alle Vorwürfe vom Tisch.

»Ja, wir verhandeln hart«, erklärt er den Handwerkeraufstand. »Unser Controlling ist streng. Dafür sind wir bekannt und gefürchtet. Ich gebe zu, daß wir manchmal auch übers Ziel hinausschießen. Das gehört aber zum Geschäft. In der Baubranche muß um Preise gerangelt werden. Das ist doch normal.«

Und weiter zitiert die »Frankfurter Allgemeine Zeitung« den selbstbewußten Immobilienkaufmann mit der stolzen Behauptung: »Ich habe noch nie mit einem Objekt Verlust gemacht. Fragen Sie doch meine Bank.«

So herausgefordert, recherchiert die FAZ natürlich auch bei den »empfindlichen Bankern« und berichtet aus Frankfurter Kreisen nur Gutes über den großen Kunden und seine Projekte: »In sich tragfähig und solide finanziert«, heißt es da und weiter: »Seine Hausbanken, voran die Deutsche Bank mit ihrer Filiale Mannheim und der zum Konzern gehörenden Hypothekenbank Deutsche Centralboden, halten ihm jedenfalls voll die Treue und sehen ausreichende Sicherheiten.«

Daß die Deutsche Bank noch im Februar 1994 ein solch lautes Lob auf ihren größten privaten Kunden anstimmt, erinnert an die berühmten Lieder, die Kinder im dunklen Keller singen.

Denn zu diesem Zeitpunkt wußten die Frankfurter Banker natürlich sehr genau, daß Dr. Jürgen Schneider nicht nur bei ihnen in der Kreide stand, sondern bei mindestens 50 weiteren Banken der Republik Schulden hatte.

Durch die sogenannte »Evidenzliste« – eine bei der Bundesbank geführte Aufstellung der Großschuldner – werden alle deutschen Banken regelmäßig informiert, vor allem dann, wenn – wie im Fall Schneider – der Kreditbedarf innerhalb kurzer Zeit rasant ansteigt.

Doch darüber bewahrten die Banker vornehmes Stillschweigen. Auch das Bundesaufsichtsamt für das Kreditwesen in Berlin hat sich im Fall Schneider erst gerührt, als die Banken im April 1994 plötzlich lauthals »Betrug, Betrug!« geschrien haben.

So also war das Bild des Königsteiner Investors Dr. Schneider in der Öffentlichkeit lediglich durch drei – dazu noch recht freundliche – Artikel in der »Süddeutschen Zeitung«, im »Spiegel« und der »Frankfurter Allgemeinen Zeitung« geprägt.

Wer es in zwei Jahren nur auf drei Berichte in überregionalen Zeitungen bringt, zählt nicht unbedingt zur Bundesprominenz.

Das sollte sich für Jürgen Schneider am 12. April 1994 schlagartig ändern.

An diesem Dienstag meldet die Nachrichtenagentur Reuters um 9.04 Uhr unter Berufung auf eine Mitteilung der Jürgen Schneider AG vom Montag abend: »Frankfurter Baufirma Schneider AG in Nöten.« Die Meldung ist siebzehn Zeilen lang und sehr vorsichtig formuliert. Es wird angedeutet, daß der Schneider AG der Konkurs drohe, doch weiter heißt es: »Bestätigungen dafür waren aber zunächst nicht zu erhalten.«

Eine solche Meldung reißt eigentlich keinen Journalisten vom Stuhl, es sei denn, er ist Experte für Themen aus der Baubranche und hat die Entwicklung der Firmengruppe Schneider schon bisher aufmerksam verfolgt. Aber, wie schon gesagt, Jürgen Schneider war bislang eher ein Nobody und uns eigentlich kein Begriff.

Doch nach der ersten Reuters-Meldung steigen sehr schnell auch alle anderen Agenturen ein. Schon am Mittag ist von einer Milliardenpleite die Rede, zitiert wird die Frankfurter Staatsanwaltschaft, die »noch in dieser Woche mit Strafanzeigen im Fall der Immobiliengruppe Schneider rechne«.

Eine Stellungnahme der Deutschen Bank, die mit 1,5 Milliarden Mark größter Gläubiger von Schneider ist, erbitten die Agenturen an diesem 12. April 1994 allerdings vergebens.

Kein Wunder, denn die Banker waren an diesem Tag sehr beschäftigt und hatten überhaupt kein Interesse an Gesprächen mit neugierigen Journalisten.

Was zunächst niemand wissen sollte: Jürgen Schneider hatte der Deutschen Bank in einem Brief am 7. April sein Milliardenimperium anvertraut und die Bank um Hilfe in einer schwierigen Situation gebeten.

Dies nahmen etliche Herren der Großbank zum Anlaß, ganz persönlich, ohne großes Aufsehen und vor allen anderen klammheimlich das Ausmaß der Schwierigkeiten in Augenschein zu nehmen.

In größeren Gruppen reisten sie nach Königstein, durchsuchten zweieinhalb Tage lang die Schneider-Büros in der »Villa Andreae«, sichteten Berge von Akten und erstatteten erst rund eine Woche später Anzeige wegen Betrugs.

Darüber hinaus entwickelten sie in diesen Tagen auch Aktivitäten ganz besonderer Art – und zwar solche, die nicht zum üblichen Bankgeschäft gehören.

Aber das sollte erst viel später herauskommen.

An diesem Dienstag, dem 12. April 1994, sickert gegen Abend auch so langsam durch, daß Schneider verschwunden sein soll. »Das Schneider-Imperium bröckelt – der Herr der Häuser ist weg.« Mit dieser griffigen Schlagzeile titelt die Deutsche Presseagentur einen längeren Hintergrundbericht, zitiert den »Spiegel«-Artikel vom Januar mit dem stolzen Schneider-Satz »Ich habe noch nie Geld verloren« und mutmaßt, daß die »Interessengemeinschaft der Schneider-Geschädigten«, durch die Anzeige in der »Frankfurter Neuen Presse« schon im Januar 1994 zusammengerufen, nun reichlich Zulauf erhalten wird.

Washington, D.C., Hotel »Capitol Hilton«, 8. April 1994. Doktor Jürgen Schneider, seine Frau Claudia und Mostafa El Kastaui, der sich unter seinem Aliasnamen Dr. M. K. Moss eingemietet hat, ärgern sich über das kalte und regnerische Wetter in der amerikanischen Hauptstadt. Doch davon lassen sie sich die ansonsten gute Laune nicht verderben.

So jedenfalls erzählt es uns Mostafa El Kastaui mehr als ein Jahr später in einem der ungezählten Telefongespräche, die wir mit ihm geführt haben. In seinem leicht fehlerhaften Deutsch schildert er uns die Stimmung im Hotel »Capitol Hilton« in Washington in jenen

Apriltagen, als sich in Deutschland die gesamte Republik über die »Schneider-Pleite« erregte:

»Jeden Abend kam die Doktor Schneider und sein Frau Claudia, jeder hatte zwei Flaschen Wein dabei, und wir haben viel gelacht und erzählt. Und die Doktor hat gesagt, bei mir auf dem Raum ist es sehr gemütlich, da fühlt er sich wohl, und es hat nicht gestört, daß ich rauche die ganze Zeit. Und wir haben geplant, was wir machen am nächsten Tag und was wir werden ansehen gemeinsam in die Stadt.«

Vor dem Schweizer Untersuchungsrichter Claude Wenger wird Mostafa El Kastaui später aussagen, daß es sich bei dem Aufenthalt in Washington »um eine reine Vergnügungsreise« gehandelt habe. Dieses Vernehmungsprotokoll wird uns im Verlauf unserer langen Recherchen erst zugespielt, als Schneider schon seit Wochen im Gefängnis in Miami sitzt.

Aufgenommen wurde es in Genf am 16. Juni 1995. Auch gegen Mostafa El Kastaui war inzwischen ein Haftbefehl ergangen. Vor einem Schweizer Richter muß er deshalb über seine Verbindung zum Ehepaar Schneider aussagen.

Der Richter fordert ihn auf: »Schildern Sie bitte den Verlauf und Grund Ihrer Reise mit dem Ehepaar Schneider in die Vereinigten Staaten von Amerika.«

Mostafa El Kastaui antwortet: »Herr Djawadi hatte mir gesagt, daß ein Paar, das er kenne, in die USA reisen wolle und er hätte gerne, daß jemand mit ihnen reist, um ihnen als Führer zur Seite zu stehen. Ich habe das Angebot von Herrn Djawadi angenommen. Auf meine Frage teilte er mir mit, daß es sich um das Ehepaar Schneider handele. Herr Djawadi hat diese Bitte vor dem 27. März 1994 an mich gerichtet, bevor ich nach China gereist bin. Ich selbst habe die Reservierung auf unsere jeweiligen Namen vorgenomen. Die Reise verlief ohne Zwischenfälle, und die Schneiders schienen glücklich zu sein.«

Dazu hatten sie auch allen Grund.

Dieser Urlaub war von Jürgen Schneider gut vorbereitet. Seine private Reiserücktrittsversicherung: 245 Millionen Mark – als Notgroschen bereits im März 1994 nach London überwiesen und mit Hilfe einer ausgefuchsten »Off-shore-Taktik« über die Bahamas nach Genf transferiert, um die kapitale »Rentenversicherung« vor jeglichem Zugriff zu sichern.

Schneiders Urlaubsgruß: ein sechsseitiger Brief, der für große Verwirrung und panikartige Reaktionen bei Banken und Handwerkern sorgte. In diesem Brief teilt Jürgen Schneider mit, daß er sich an unbekanntem Ort erholt: »Auf Anraten meiner Ärzte darf ich sogar zur Vermeidung von Aufregungen meinen augenblicklichen Aufenthaltsort vorerst nicht bekanntgeben.«

Die gegenwärtige Situation seines Unternehmens schildert er in düsteren Farben: »Ich vermisse insbesondere aus der Bankenwelt das vermittelnde Gefühl ›Wir sitzen alle in einem Boot, um das Konjunkturtal und das Ostproblem zu überwinden‹. Wir fühlen uns mit unserem Engagement in weiten Bereichen alleine gelassen. Aus dieser Situation heraus droht in unbestimmter Zeit ein ernsthafter Liquiditätsengpaß und außerdem ein Verfall unserer außergewöhnlich hohen Wertspitzen.«

In seinem Brief an die Deutsche Bank stellt Schneider mehrere Anträge: »1. Antrag auf Stundung der Zinsen auf zwei Jahre. Dieser Zeitraum wird damit begründet, daß innerhalb dieser Zeit mit dem Beginn eines Konjunkturaufschwungs gerechnet wird.«

Neben der Zinsstundung fordert Schneider von der Deutschen Bank auch einen Überbrückungskredit von 80 Millionen Mark.

Schneider erwähnt in seinem Schreiben, daß sich seine liquiden Mittel zur Aufrechterhaltung »unserer Handlungsfähigkeit« zur Zeit im Ausland befinden. Mit dem Hinweis, daß »unverzüglicher Handlungsbedarf« bestehe, beendet Jürgen Schneider sein Schreiben an die Deutsche Bank, nicht ohne darum zu bitten, »eine besonnene, aber unverzüglich geeignete Information an die qualifizierte Presse zu geben«, um einen »erheblichen Werteverfall« zu verhindern.

Den Brief hatte Jürgen Schneider noch vor seiner Abreise am 4. April in Königstein verfaßt und ihn sowohl an den Vorstand seiner eigenen Firma als auch an die Deutsche Bank adressiert.[2)]

Er läßt die Briefe persönlich überbringen, einmal an Dr. Ulrich Weiss, Deutsche Bank AG, Vorstand – Zentrale, Taunusanlage 12 in Frankfurt und je eine Kopie an seine engsten Mitarbeiter im Vorstand der Jürgen Schneider AG in Königstein, Frau Gabriele Eick, Volker Maas, Ralph Matthias Graf Lambsdorff und Dr. Joachim Schneider – seinen Bruder.

Überbracht werden die Briefe am 6. April 1994 – und zwar von Schneiders Generalbevollmächtigtem, der verwirrenderweise auch Schneider heißt – Horst Schneider, Rechtsanwalt in Mainz.

Die Öffentlichkeit erfährt von diesen Briefen zunächst gar nichts, obwohl seit dem 12. April 1994 das Thema »Jürgen Schneider« in allen Redaktionen der Republik eifrig recherchiert wird. Ganz allmählich werden immer mehr Fakten bekannt. Die Einzelheiten, die jetzt in den Medien verbreitet werden, sind für das erstaunte Publikum verblüffend und neu.

Der Fall Schneider bestimmt die Schlagzeilen. Keine Zeitung, keine Nachrichtensendung in Hörfunk oder Fernsehen, die nicht mit diesem Thema »aufmacht«. Und natürlich wird nicht nur seriös recherchiert und berichtet, sondern auch wild spekuliert. In diesen Tagen mutiert der Bauunternehmer Dr. Jürgen Schneider zum Tier – künftig wird er entweder als »Baulöwe« aus Königstein bezeichnet, oder er taucht in der Presse mit Kiemen als »Immobilienhai« unter.

»Bild am Sonntag« weiß bereits am 17. April 1994, wo sich der Löwe versteckt hält, wie er lebte, liebte und flüchtete.

Und auch, wie er seinen 60. Geburtstag feiern wird, der auf den 30. April fällt: »Das Fest«, schreibt »Bild am Sonntag«, »findet voraussichtlich in ganz kleinem Kreis in Florida statt, in Miami. Dort besitzt der flüchtige Baulöwe ... neben einem Apartment ein Traumhaus auf der abgeschirmten Prominenteninsel Indian Creek, auf der auch Ex-Präsident John F. Kennedy eine Ferienvilla hatte.

Zu erreichen ist die Schneider-Fluchtburg nur per Boot oder über eine Brücke, an deren Ende bewaffnete Wachleute rund um die Uhr jeden Besucher abweisen.«

Diese abenteuerliche Schilderung hat das Bundeskriminalamt wohl damals so abgeschreckt, daß die Fahnder dieser ersten Spur der BamS nicht nachgegangen sind. Dabei waren die Spekulationen rein zufällig gar nicht so falsch, wie sich mehr als ein Jahr später bei der Verhaftung des Ehepaars in Miami herausstellen sollte.

Jürgen Schneider, ein Mann wie aus dem »Denver-Clan«, unglaublich reich, voller Geheimnisse.

Und betrogen hat er die Banker, die gierigen Herren in den Glaspalästen, die dem Otto Normalverbraucher beim kleinsten Kreditantrag so überaus penibel auf die Finger schauen. Beste Voraussetzungen für die Presse, aus diesem Jürgen Schneider einen modernen »Robin Hood« zu machen. Doch mehr als 500 Handwerksbetriebe und Lieferanten, die auf ihren offenen Rechnungen sitzengeblieben sind und zum Teil um ihre Existenz bangen, bremsen die Phantasie der Medien.

Mittwoch, 13. April 1994, 14.30 Uhr. Wochenkonferenz der »Frontal«-Redaktion im ZDF auf dem Mainzer Lerchenberg.

Üblicherweise beginnt diese Konferenz mit einer Manöverkritik der Sendung vom Vortag. Redaktionsleiter Bodo H. Hauser verkündet zum Auftakt die Quote – ist sie zweistellig, verbessert das den Konferenzton ganz entschieden. Redaktionsleiter Ulrich Kienzle referiert die Sendungskritik von Kollegen aus anderen Abteilungen – auch diese Präliminarie hat Einfluß auf den Verlauf der folgenden Debatte. Doch an diesem Tag ist alles ein bißchen anders. Das beherrschende Thema: die Schneider-Pleite. Unsere Chefs kommen sofort zur Sache: irgendwie müssen wir es schaffen, bis zur kommenden Sendung am 19. April 1994 möglichst frontal in diesen Fall Schneider einzusteigen. Jeder hat eine Idee, keiner hat Zeit. Hauser und Kienzle streiten sich, ob der Bericht eher analytisch und bankenfreundlich (Hauser) ausfallen sollte oder als Gemälde menschlicher Leidenschaften aus dem Blickwinkel der armen, betrogenen Handwerker (Kienzle) dieses »Schlitzohr Schneider« (wieder Kienzle, mit bewunderndem Unterton) geißeln müßte. Es kommt zu keiner Einigung. Nach den Autoren des Beitrags, der im großen Ganzen durch diese brillanten Vorlagen eigentlich schon »steht«, wird ebenso intensiv gesucht wie nach Schneider. Die meisten Kollegen sind mit Terminen schon so gut eingedeckt wie der Flüchtling mit Immobilien. Und weil es an diesem Tag, rein zufällig, tatsächlich nur zwei gibt, die noch nicht gnadenlos zugebaut sind, stehen am Ende der Redaktionskonferenz auf der Themenanmeldung mit dem Titel »Schneider« die Namen Udo Frank und Beate Thorn.

Wenn wir damals schon geahnt hätten, was auf uns zukommt! Dieser verschwundene »Toupetier«, seine Pleite und die entführten »Peanuts«, all die offenen Fragen, die er nebst Bauruinen hinterlassen hatte – das war Stoff für fast zwei Jahre, aus dem wir dann auch zwölf Fernsehberichte geschneidert haben.

Auf den Spuren des Herrn Dr. Schneider haben wir interessante Leute kennengelernt, Freundschaften geschlossen, mit Widerlingen fürchterlich gestritten und uns eine Menge Feinde gemacht. So etwas läßt sich nicht vermeiden, wenn man herumbohren muß im Leben und den Akten von und mit Jürgen Schneider. Natürlich wollten wir herausfinden, wie »das Ganze gelaufen ist«, um unsere journalistische Kleinarbeit etwas salopp auf den Punkt zu bringen.

Es gab Tage, an denen wir den Namen »Schneider« nicht mehr hören konnten und am liebsten alles hingeschmissen hätten, weil wir überhaupt nicht weiterkamen oder wieder mal in die völlig falsche Richtung marschiert waren.

Aber wir haben, dank Jürgen Schneider, auch viel gelacht. Dieser Mostafa El Kastaui und sein absonderlicher Gebrauch der deutschen Sprache war immer wieder ein Quell der Freude, auch wenn uns die endlosen Telefonate mit ihm irgendwann doch ziemlich erschöpften.

Wir haben auch eine Menge dazugelernt: Der § 12 des Hypothekenbankgesetzes geht uns jetzt ebenso flüssig über die Lippen wie die tatsächlich vermietbaren Flächen der Frankfurter »Zeil-Galerie« oder die Einzelheiten der Schneiderschen Ränke beim Ankauf des Gebäudes Tauentzienstraße 7 b/c in Berlin. Zugegeben, der Fall Schneider wird auch für uns zu einer Geschichte, die zeitweise als Überschrift durchaus jenen gern zitierten Romantitel von Theodor Fontane tragen könnte, der von Irrungen und Wirrungen erzählt. Wobei die Betonung, so sehen wir das selbstverständlich, auf dem Begriff »Wirrungen« liegt, denn so ganz entwirrt ist dieser Fall Schneider bis heute nicht.

Nach der Redaktionskonferenz setzen wir uns zusammen. Neue Diskussionen. Die herbeinbrechende Dunkelheit beschleunigt die Entscheidungsfindung: aktuelle Termine – gestrichen. Pressekonferenzen – nein, danke. Statt dessen Zugriff auf die Agenturen, die uns die neuesten Informationen ständig über die Datenbanken ins Haus liefern. Also besser: mit Leuten reden, die von der Schneider-Pleite direkt betroffen sind. Kinder und Verwandte kommen nicht in Frage, Boulevard ist nicht unsere Stärke und schon gar nicht unser Ziel. Doch die Mitarbeiter in der Schloß-Villa »Andreae«, die sich für Schneider ins Zeug gelegt haben – diese Leute wären die richtigen Partner für Interviews! Eine so riesige Pleite, wie sie sich in diesen Apriltagen abzeichnet, ist ein Schock und trifft wie ein Schlag. Wer in einem Unternehmen mitgearbeitet hat, das über Nacht plötzlich zusammenbricht wie das stets zitierte Kartenhaus, den packt die Angst um die Zukunft. Aus diesem Motiv, aber auch aus Kummer oder Verärgerung sind Betroffene manchmal bereit, über Einzelheiten zu reden und Hintergründe zu beschreiben.

Uns bleiben sechs Tage bis zur nächsten »Frontal«-Sendung am Dienstag, dem 19. April. Die Zeit rast, und ganz Mediendeutschland jagt Schneider. Beinahe stündlich kommen frische Meldungen mit neuen Zahlen, Einzelheiten aus Schneiders Leben (weiße Socken, Geliebte in Wiesbaden, siebzehn Autos in der Tiefgarage). Und da sollen wir diesem rasanten Lauf der aktuellen Entwicklungen folgen, mehr über die Schneider-Pleite erfahren, als sowieso schon ausgebreitet ist? Wenn uns das auch nur einigermaßen gelingen soll, ist eine Sonderportion Reporterglück nötig. Manchmal hat man's, eher öfter nicht. Nach einigem Zögern beschließen wir dann doch, daß wir zunächst in Gesprächen mit Betroffenen versuchen wollen, einen kleinen Blick hinter die Kulissen des wackligen Imperiums zu tun. Diese Recherchenmethode ist in der Kürze der Zeit ziemlich riskant: Persönliche Gespräche brauchen viel Zeit, und es ist keineswegs garantiert, daß wir dabei auch Fakten erfahren, die wir journalistisch nutzen können.

Am nächsten Tag fangen wir erst einmal ganz traditionell an. Wir fahren an den Ort des Geschehens, den man selbstverständlich gesehen und gefilmt haben muß.

Königstein im Taunus, am Südhang des Feldbergs gelegen, nennt sich »heilklimatischer Kurort«, ist aber eigentlich eine Kleinstadt wie Dutzende in der Republik, wenn man von den wenigen Sanatorien, den Erholungsheimen und Kurpensionen und dem futuristisch gestylten Kurbad ganz am Rand der Gemeinde einmal absieht.

Königstein hat eine ganz nette Fußgängerzone mit ein paar Fachwerkhäusern, den dazugehörigen, immer paarweise auf hohem Ständer gebündelten Kugellampen und geranienbepflanzten Blumenkübeln aus Beton.

Passend zur Klientel der Migränekranken und Wohlstandsgeschädigten gibt es einige Boutiquen mit mittelmäßig modischer Kleidung, reichlich Apotheken und Drogerien, außerdem natürlich Edekas, Tchibos und das Übliche. Der architektonische Höhepunkt der einfachen Wohngebiete rund um die Kernstadt sind Häuser mit Waschbetonplatten, die heute noch den Charme der frühen siebziger Jahre ausstrahlen.

Was dieses kleinbürgerliche Idyll aber von allen anderen Städten dieser Art unterscheidet, ist die Kumulation von Reichen und Superreichen.

Dieser kleine Ort im Taunus soll – so haben Statistiker kürzlich ermittelt – die höchste Millionärsdichte Deutschlands haben.

Die Ansammlung Gutverdienender und Vermögender erklärt sich durch die Nähe zur Bankenmetropole Frankfurt. Geschäftsleute, Manager und vor allem Banker haben sich an den Taunushängen in Königstein die prächtigsten Villen gebaut. Gewohnt wird hier, das Geld macht man in Frankfurt.

Um in diesen Kreisen zu Hause zu sein, kaufte sich Jürgen

Schneider 1987 die »Villa Andreae« für rund sieben Millionen Mark. Das historische Gebäude aus dem Jahre 1891 liegt am Fuße des Taunus auf einer sonnigen kleinen Anhöhe, umgeben von einem riesigen Parkgelände.

Schneider ließ das Schloß mit den fünf spitzen Türmen umfassend restaurieren und baute es zu seiner geschäftlichen Nutzung aus. Dabei wurde die »Villa Andreae« auf den neuesten Stand der Technik gebracht. Unter der Erde entstand eine Tiefgarage, die aus dem Fels des kleinen Geißbergs herausgemeißelt wurde, auf dem das Schloß erbaut ist.

Innen hat Schneider die Villa vollständig umgebaut, der Keller ist in einen Atombunker verwandelt, eine aufwendige Überwachungsanlage registriert mit filmischen Argusaugen jede Bewegung im Bereich von Park und Haus.

Rund um das Anwesen läuft ein hoher schmiedeeiserner Zaun mit goldverzierten Spitzen. Im Ort nennt man die protzige Schneider-Villa »Klein-Neuschwanstein«. Ironie der Geschichte: Das Schloß verdankt seinen Namen ausgerechnet einem Bankier, Albert Andreae de Neufville.

Dieser Mann, der die Villa um die Jahrhundertwende erbauen ließ und sie bis 1927 selbst bewohnte, war Mitbegründer der Commerzbank, bei der Schneider später fast 130 Millionen Mark Kredit bekam.

Seit Schneiders Abreise am Gründonnerstag – angeblich wollte er in der Toskana Urlaub machen – wird die »Villa Andreae« von einem privaten Sicherheitsdienst bewacht. Mit seiner Fabel vom Italien-Urlaub hat Schneider seine Mitarbeitern getäuscht, die nach Ostern brav an ihren Arbeitsplatz zurückkehrten. Als sie entdeckten, daß der Chef verschwunden war, wuselten sie einige Tage verwirrt in der Schneider-Villa herum, wie Kinder, die von ihren Eltern plötzlich verlassen wurden. Dann hat der Staatsanwalt sie ausquartiert. Seitdem steht ein Wachdienst vor dem Schloß. Die beiden Männer sind freundlich, wollen uns aber nicht sagen, wer sie engagiert hat. Ins Schloß hinein darf niemand, das große Tor zum Parkgelände ist verriegelt und mit einer schweren Eisenkette gesichert.

Die Wachmänner sind gesprächig und wundern sich darüber, daß auch an diesem Morgen noch Journalisten kommen. Einer der beiden Sicherheitsleute erzählt uns von dem unglaublichen Presserummel der letzten Tage: »Die waren doch alle schon da, viele Fernsehteams und Zeitungsfotografen, und alle haben sie die Villa abgelichtet. Und in den Zeitungen steht jetzt ständig, Schneider habe hier in diesem Schloß gewohnt. Aber das stimmt nicht. Sein Privathaus ist auf der anderen Seite des Ortes, im Fasanenweg 5.«

Schneiders Eigenheim macht – ganz im Gegensatz zum prächtigen Firmenschloß – einen eher bescheidenen Eindruck. Es ist ein zweigeschossiges Gebäude, das geduckt in einem eingewachsenen Garten liegt. Die Eingangstür und alle Fenster sind mit schmiedeeisernen Gittern geschützt, zur Straße hin ist auch auf diesem Haus eine Überwachungskamera montiert.

Unser Kameramann dreht ein paar Bilder, als uns eine Frau anspricht, die sich als Nachbarin vorstellt. Eine gutaussehende Frau, ebenso gekleidet, leicht verwirrt durch die Kamera und doch erleichtert, daß sie mal jemandem sagen darf, was sie so meint zu der skandalösen Geschichte.

Die Frau stellt sich in Positur – wahrscheinlich hält sie unseren Aufmarsch für eine Live-Sendung und redet drauflos: »Was in den Zeitungen steht«, sagt sie ganz empört, »ist der größte Quatsch aller Zeiten. Das mit der Milliardenpleite kann nicht stimmen. Der Doktor ist ein so fleißiger Mann. Jeden Morgen um sechs Uhr früh ist er in die Firma gefahren und erst ganz spät abends heimgekommen. Seine Frau ist ganz bescheiden, sie kauft hier in der Stadt ein, und es sind überhaupt ganz nette Leute.« Ein Hauch von »Hesselbachs« in Königstein! Wie Lia Wöhr, Putzfrau und Publikumsliebling in der Serie des »Hessischen Rundfunks« aus den sechziger Jahren, die auf die »Herrschaften« aber auch gar nichts kommen läßt, so wirft sich auch diese brave Dame für Nachbars ins Zeug.

Die feinen Eheleute Schneider müssen aber nicht nur auf ihre Nachbarn einen guten Eindruck gemacht haben. Auch viele Geschäftspartner und selbst engste Mitarbeiter haben vom Toupet nichts gewußt und die Fassade für bare Münze genommen: Dr. Jürgen Schneider – ein Ehrenmann, so kultiviert, so großzügig, so gebildet und feinsinnig, und trotzdem ein knallharter Geschäftsmann, weil das beim Bau eben so sein muß – penibel, ein eiskalter Rechner –, aber dieser Charme des Doktors und erst sein Charisma! Dieser abenteuerlichen Kombination widersprüchlicher Begriffe begegnen wir in unseren Gesprächen mit Angestellten aus der Schneider-Firma ständig.

In Frankfurt sind wir mit Horst Obermayr, dem Geschäftsführer der CIP Center Immobilien und Passagen AG verabredet, jener Gesellschaft, die für Schneider alle Immobilien verwaltete. Im Haus der CIP in der Rossertstraße geht es an diesem Tag drunter und drüber.

Während wir in einem kleinen Vorraum auf Obermayr warten, öffnen sich immer wieder Türen zu verschiedenenen Räumen, und diverse aufgeregte Herren in schwarzen Anzügen rennen schwitzend hin und her. Mittendrin im Pulk der Pinguine: Horst Obermayr, total aufgelöst: »Konkurs, wir machen Konkurs. Keine Zeit. Heute abend, daheim in Königstein.« Wir notieren den Termin.

Horst Obermayr hat 22 Jahre lang bei der Westdeutschen Landesbank gearbeitet, bevor er zu Schneider kam. Er ist ein sympathischer, sportlicher Mann, unkompliziert und offen. Obermayr nimmt kein Blatt vor den Mund. Der Mann hatte jahrzehntelang eine Top-Stelle, die er für Jürgen Schneider aufgab: bei der WestLB managte Obermayr als Geschäftsführer eine Tochterfirma der Bank, die im Immobiliengeschäft tätig war. Er macht auch kein Geheimnis daraus, warum er nach 22 Jahren Bankkarriere 1991 zu Schneider wechselte: »Ich war 52 Jahre alt und dachte, Menschenskinder, Obermayr, das kann's noch nicht gewesen sein, einfach noch mal etwas völlig neu aufzubauen, das hat mich gereizt, aber dann weniger im Rahmen einer öffentlich-rechtlichen Anstalt wie die WestLB ja eine ist, sondern im Rahmen eines Privatunternehmens, wo ganz anders gearbeitet wird, schnelle Entscheidungen, keine Aufsichtsräte, keine Gremien. Das Geld kam, und es mußte nur der Erfolg dahinter stehen. Der Herr Schneider hat mir gesagt: ›Obermayr, Sie tragen die Verantwortung für die ganze CIP-Gesellschaft, sehen Sie zu, daß Sie die besten Leute kriegen.‹

Und das habe ich dann auch gemacht. Ich habe eine Top-Mannschaft zusammengestellt. Und dann ging das los und ist in den drei Jahren von fünfzehn Objekten auf hundert hochgeschnellt, überlegen Sie mal, das sind fünfundzwanzig neue Objekte pro Jahr, und das waren ja keine Einfamilienhäuser, die wir da übernommen haben.«

Der Ex-Banker, die Pleite im Kreuz, aber den Schneider vor Augen, spricht immer noch voll Bewunderung von seinem verschwundenen Chef: »Ich weiß nicht, ob Sie den Mann mal kennengelernt haben? Der hat eine Sympathie ausgestrahlt, das war faszinierend. Und alle haben sich ja in seinem Glanze gesonnt, von den Politikern angefangen, ganz oben, selbst der Herr Kohl. Es gab da ein Gespräch – ich war selbst dabei – oben in der »Zeil-Galerie«, eine halbe Stunde lang, und der Kohl guckte ganz fasziniert, als der Schneider erzählte, was er da in Leipzig jetzt macht. Das war ja super, das war ja auch das Faszinierende, was der für Objekte angepackt hat.«

Bei aller »Liebe«, seinen Verstand hatte Obermayr nicht eingebüßt. Hinter vorgehaltener Hand, daheim, hat er seine Zweifel erzählt und davon, daß ihm ganz zum Schluß, kurz vor Schneiders Ende, Bedenken kamen: »Ich hab' zu meiner Frau immer gesagt: ›Weißt du, alles was so explodiert, was so schnell wächst, kann nicht gesund sein.‹ Das entspricht einem gewissen Naturgesetz. Da hatte ich Bedenken. Da wurden ja Immobilien gekauft, wie andere sich Hemden einkaufen. Und ich dachte: Kann das alles präzise durchfinanziert und so richtig gut überlegt sein? Aber ich dachte mir auch, verdammt noch mal, neunundvierzig Banken können sich so nicht irren, es war ja alles da, und in dem Finanzierungsding waren wir von der CIP nicht drin.«

Schneider habe seine Finanzierungsgeschäfte mit den Bankern immer allein gemacht. »Der hat nie einen dabei gehabt. Mir ist nicht bekannt, daß jemals einer dabei war. Der Schneider hat seine Objekte immer völlig allein und separat verhandelt mit den Banken. Es war sehr pikant, die kamen mit vier Vorständen angedackelt, und der saß da allein. Was der denen vorgelegt hat, was der denen gezeigt hat, das weiß ich nicht.«

Bitter und traurig faßt Horst Obermayr seine Erfahrungen mit Jürgen Schneider zusammen: »Ich habe mich noch niemals in einem Menschen so getäuscht wie in diesem Mann.«

Wir sitzen in Obermayrs Haus in Königstein, seine Frau bringt uns etwas Kühles zum Trinken, die Kinder schlafen schon. Es ist ein schönes Haus, hoch am Hang der kleinen Taunusstadt, ganz neu, an den Außenanlagen wird noch gebaut, in diesem Sommer sollten die Garagen und der Vorgarten fertig werden. Jetzt ist alles vorbei, die Firma pleite, die Familie fürchtet, daß sie nicht in Königstein bleiben kann. Und Horst Obermayr, 54 Jahre alt, Ex-Bankmanager, Chef einer Ex-Schneiderfirma, muß am nächsten Tag seine »Top-Mannschaft« entlassen, mehr als zweihundert Leute werden arbeitslos. Wir sitzen auf der schwarzen Ledercouch in Obermayrs Wohnzimmer und wissen nicht so recht, was wir sagen sollen. Dieser Schneider, das merken wir an diesem Abend in Königstein zum ersten Mal sehr deutlich, muß tatsächlich eine unglaubliche Wirkung auf Menschen gehabt haben.

Über das Geröll der unfertigen Außenanlagen vor Obermayrs Haus balancieren wir vorsichtig zurück zu unserem Kamerawagen. Erst auf der Heimfahrt ordnen wir so langsam die Ergebnisse des langen Gesprächs. Wichtigster Merkposten: Schneider hat seine Verhandlungen um Kredite in Millionenhöhe offenbar allein im Séparée geführt. Und das Schönste, jeder Kleinkreditnehmer träumt davon: Die Banker kamen auch noch zu ihm nach Hause. Schneiders umwerfender Charme hat offenbar alle betört.

Das hat sich in diesem Hintergrundgespräch mit Horst Obermayr bestätigt, das hören wir in den nächsten Tagen von engen Mitarbeitern des Baugiganten immer wieder.

Der Schloßherr aus Königstein schmückte sich aber nicht nur mit den repräsentativsten Altbauten der Republik, sondern auch mit Kultur.

Er sponserte Konzerte und vergab einen Kunstförderpreis, wohl um sein Beton-Image für die exklusiven Gesellschaftskreise etwas aufzupolieren. So schwärmte er für seine private Muse, eine junge Münchner Konzertpianistin, die er großzügig finanziell förderte.

Angelika M. ist eine mehrfach preisgekrönte Solopianistin, die unter anderem 1993 in Kanada gemeinsam mit einem Cellisten von der Yehudi Menuhin Stiftung ausgezeichnet wurde. Für Dr. Schneider war diese talentierte Musikerin ein willkommenes »Vorzeigeobjekt«, ihr herausragendes Können nutzte er begeistert fürs eigene Prestige.

Angelika M. gab für ihn sechsmal im Jahr ein Konzert, meist in der »Villa Andreae« in Königstein zur Unterhaltung von Bankern, Bauleuten und Architekten, aber auch, aufwendig arrangiert, in der Kulisse der prätentiösen Bauten, die Schneider gerade restaurierte.

Die junge Frau kann es überhaupt nicht fassen, daß dieser Königsteiner Schöngeist, für den sie Jürgen Schneider auch nach Bekanntwerden der Pleite unverändert hält, »irgend etwas Unrechtes getan haben könnte«, und fast entschuldigend sagt sie uns im Interview: »Er hat mir gegenüber betont, daß es zwischen Musik und seiner Arbeit, also dem Renovieren von alten, historischen Gebäuden, durchaus Parallelen gibt, und das glaube ich auch. Es lag ihm sicher daran, daß er aus den Gebäuden das Schönste herausgeholt hat.«

Damit hat sie wahrscheinlich sogar recht, nur anders, als sie denkt.

Herausgeholt hat Schneider offenbar das, was er als besonders wertvoll einschätzte – Millionenbeträge, die jetzt verschwunden sind. Doch Beweise dafür, ob er vorsätzlich betrogen hat und wie er es gemacht haben könnte, die fehlen zu dieser Zeit.

In einer Hochglanzbroschüre der Jürgen Schneider AG bewundern wir Abbildungen der bekanntesten und edelsten Objekte der Schneider-Kollektion. In einer Ecke unten links steht der Name des Fotografen.

Der Mann wohnt auch in München und arbeitete viele Jahre für Schneider. Er hat fast alle seine Häuser im Auftrag fotografiert und auch private Aufnahmen für die Schneiders gemacht. Der Mann versteht sein Handwerk, ist in der Branche anerkannt. Als wir ihn in Grünwald treffen, zeigt er uns eine riesige Fotosammlung. Da gibt es Bilder vom kleinen Turmzimmer in der »Villa Andreae«, mit einem festlich gedeckten Tisch, aufgenommen kurz vor einem Empfang, den Schneider für seine engsten Geschäftsfreunde gab. Das Turmzimmer war nur über eine schmale Wendeltreppe zu erreichen, hatte aber einen Speiseaufzug in die darunterliegende Küche. Beim 70 Quadratmeter großen Arbeitszimmer des Chefs mit einem Panzerschrank neben dem antiken Schreibtisch hat der Fotograf mit dem Weitwinkelobjektiv gearbeitet. Nach einigem Zögern zeigt er uns auch, wie es bei Schneiders ganz privat aussah. Das Badezimmer der Frau Claudia – ein protziger Alptraum in Marmor mit einer kleinen antiken Frauenstatue in der Ecke zwischen Waschbecken und Dusche und den »bei Millionärs« offenbar obligatorischen goldenen Wasserhähnen. Auch der Fotograf schildert Jürgen Schneider zunächst als sehr sympathischen und großzügigen Mann. Dann macht er allerdings eine Einschränkung: »Zu Leuten, von denen er etwas haben wollte oder die nicht austauschbar waren, zu denen war er freundlich. Handwerker waren nach seiner Auffassung austauschbar, mit denen ist er oft übel umgesprungen, das habe ich selbst erlebt. Einmal hat er eine Rechnung so zusammengestrichen, daß die kleine Firma fast Konkurs anmelden mußte. Und nur, weil die Leitungen in einem Keller nicht millimetergenau verlegt waren.«

Nun gehört auch der Fotograf zum Kreis der Geschädigten. Schneider schuldet ihm noch Geld für die jüngste Fotoserie über das Münchner »Palais am Lenbachplatz«.

Von diesem Besuch in Grünwald nehmen wir viele Fotos der Schneider-Villa »Andreae« mit. Wichtiger aber sind Hinweise auf Leute im Königsteiner Konzern, von denen wir bisher noch nichts gehört hatten. Sie sollen genauere Kenntnis über die Vermögenswerte und die einzelnen Bauprojekte der Firma haben. Mit Namen und Telefonnummern fahren wir zurück in die Redaktion nach Mainz. Doch etliche der Informationen erweisen sich als wertlos. In diesen Apriltagen sind die meisten der Schneider-Mitarbeiter so verwirrt, daß sie kaum klare Gedanken fassen können und schon deshalb kein Fernsehinterview geben möchten. Der eine oder die andere redet zwar mit uns am Telefon oder bei einem kurzen persönlichen Treffen, aber vor die Kamera will kaum einer.

Nach drei Tagen Arbeit ziehen wir eine vorläufige Bilanz. Die Schneider-Objekte in Wiesbaden, Frankfurt und München sind abgedreht. Für einen Architekturfilm wären wir also bestens gerüstet. Dazu kommen aber glücklicherweise noch Kassetten mit Interviews einiger »williger« Schneider-Mitarbeiter und Protokolle zahlreicher Hintergrundgespräche. Mit dieser Ausbeute sind wir zwar in der Lage, einen ganz ordentlichen Fernsehbericht über die Schneider-Pleite zu stemmen, doch ein »Hit« würde dieser Beitrag sicher nicht. Derartige Zusammenfassungen sind nämlich seit Tagen in den aktuellen Fernsehsendungen zu sehen.

Drei Zettel für Milliarden

»Das hätte ein Blinder mit dem Krückstock merken können, daß dieses Gebäude so viel nicht wert ist.«

(Dr. Gerhard Czerwensky am 19. April 1994 im ZDF)

Immer dann, wenn Detektive im Kriminalfilm nicht mehr weiterwissen, klingelt das Telefon und ein Anrufer gibt den entscheidenden Hinweis. Derartiges wird im Kino zu Recht stets als schwacher Einfall einer ideenarmen Regie belächelt. Wenn so etwas aber im »richtigen Leben« passiert und man erzählt davon, dann glaubt es einem niemand.

Das Risiko müssen wir jetzt eingehen: An diesem Tag, als wir nicht mehr so recht weiterwissen, da klingelt das Telefon. Etwas umständlich meldet sich ein Mann, der sich als Bankeninsider vorstellt: »Ich weiß, daß Sie im unmittelbaren Umfeld von Schneider recherchieren. Wenn Sie einen Bericht über die wirklichen finanziellen Hintergründe machen wollen, dann fehlt Ihnen noch etwas. Ich habe da ein Dokument, das ich Ihnen eventuell überlassen kann. Sind Sie daran interessiert?« Und ob wir an Dokumenten interessiert sind! Wir suchen sie geradezu! Bisher haben wir nämlich lediglich

Zeugenaussagen, Mutmaßungen und ein paar Verdachtsmomente. Ein bißchen dünn für einen Frontalangriff! Was uns wirklich fehlt, sind echte, am besten schriftliche Belege. Wir verabreden uns sofort mit dem Mann, einem echten Glücksgriff im Fall Schneider. Denn eine Stunde später sind wir im Besitz der präzisen Aufstellung aller Vermögenswerte des Dr. Jürgen Schneider. Erstellt hat sie der Königsteiner Wirtschaftsprüfer Dipl.oec. Wolfgang Klenke.

Die Vermögensaufstellung, die später in den Medien immer wieder als »Klenke-Liste« zitiert wird, umfaßt nur drei Seiten. Sie weist Dr. Jürgen Schneider als absolut liquiden Geschäftsmann aus, der zum 31. 12. 1993 über ein privates Nettovermögen von mehr als drei Milliarden verfügt. Schneiders Immobilien und seine Firmen, so attestiert Klenke, sind insgesamt 6,4 Milliarden Mark wert, beliehen sind die Häuser mit 2,7 Milliarden – und daraus errechnet der Königsteiner Wirtschaftsprüfer das angeblich so stattliche Privatvermögen.

Optisch sieht die Liste nach gar nichts aus. Die drei Seiten sind schlechte Fotokopien der Originaldokumente. Wir wundern uns: eine Vermögensaufstellung in Milliardenhöhe hatten wir uns anders vorgestellt.

Was der Wirtschaftsprüfer Wolfgang Klenke hier zusammengeschrieben hat, erinnert an Tabellen im Rechenheft eines Hauptschülers. Aufgeteilt ist die Liste in vier Spalten: Vorne links steht der Name des Objekts, in der zweiten Spalte das Bruttovermögen, als drittes dann die Belastung, ergibt in Spalte vier das Nettovermögen des Kunden Dr. Jürgen Schneider.

Daß Banker eine solch schludrig wirkende Aufstellung überhaupt akzeptiert haben, können wir uns gar nicht vorstellen. Im übrigen kann die ganze Liste unmöglich stimmen: Noch vor zwölf Wochen bescheinigt der Wirtschaftsprüfer Wolfgang Klenke dem Königsteiner Bauunternehmer Dr. Jürgen Schneider ein persönliches Vermögen von 3 708 399 000,00 DM. Und jetzt, im April 1994, soll dieser Milliardär plötzlich und unerwartet pleite sein?

Wir sehen uns die Aufstellung genauer an. Als Vermögensgegenstände werden insgesamt 48 Immobilien aufgelistet. Unterschieden wird zwischen bereits fertiggestellten Häusern und Immobilien, die sich noch im Bau befinden. Dazu zählen vor allem die von Schneider erst kürzlich erworbenen Objekte in Leipzig.

Eine kleine Spalte ist dem Barvermögen gewidmet, Gesamtsumme 582 956 000,00 DM, ausgewiesen als Festgeld.

Auf Seite 3 der Klenke-Liste finden sich dann auch ein paar Firmen, die wohl zur Schneider-Gruppe dazugehören. Neben dem Elektrogroßhandel Granzow, dem elterlichen Betrieb seiner Frau, werden auch ein Natursteinebetrieb in Leipzig und ein »Team Management Gesundheitswesen« genannt, dessen Wert Klenke im Auftrag von Schneider schon allein mit 11,1 Millionen Mark beziffert.

Die Liste endet lapidar mit der Rubrik »Sonstige« und verbucht darunter die »Kleinigkeit« von 58 Millionen Mark.

In der Spalte »Belastungen« finden sich die Kredite, die Schneider zur Finanzierung seiner Immobilien von den Banken bekommen hat. Leider läßt sich aus der Aufstellung nicht ersehen, bei welchen Instituten der Königsteiner Bauunternehmer verschuldet ist. Aus der Liste geht natürlich auch nicht hervor, ob die beliehenen Häuser – in Spalte 2 als »Bruttovermögen« ausgewiesen – die enorm hohen Kredite auch wert sind. Diese ganze Aufstellung ist außerordentlich oberflächlich und sehr verwirrend. Wir sind zwar davon überzeugt, daß wir mit der »Klenke-Liste« ein brisantes Dokument in der Hand halten, allerdings sind hierzu noch eine Menge Fragen offen.

»Informationen aus erster Hand ... Background aus Wirtschaft und Politik ...«, mit dieser Schlagzeile wirbt der zweimal wöchentlich in Frankfurt erscheinende Wirtschaftsdienst »Czerwensky intern«.

Dr. Gerhard Czerwensky, Jahrgang 1920, ist in Fachkreisen anerkannt als intimer Kenner der deutschen Bankenszene. Wie ein Seismograph registiert der alte Herr kleinste Veränderungen und Aufgeregtheiten im Umfeld der Geldinstitute. Er hat beste Verbindungen und Kontakte, Informanten an entscheidenden Stellen, veröffentlicht exklusive Neuigkeiten und harte Fakten. Und wenn er doch einmal spekuliert, dann haben selbst seine Vermutungen Hand und Fuß.

Dr. Gerhard Czerwensky hatte unter anderem im Fall des »Schwarzgeld-Millionärs« Siegfried Otto so frühzeitig präzise recherchiert und über die Vorgänge in München berichtet, daß die Geldschein- und Wertpapierdruckerei Giesecke & Devrient ihn – wie er dann in seinem Wirtschaftsdienst schreibt – »mit Repressionsversuchen derart massiv an Veröffentlichungen hindern wollte«, wie er das in seiner fünfzigjährigen Berufslaufbahn noch nie erlebt habe.

Der »Fall Otto« war nicht die einzige Affäre, bei der Czerwensky die Nase vorn hatte. So beschreibt er als einer der allerersten in seinem Wirtschaftsdienst am 18. April 1994 unter der Schlagzeile »Jürgen Schneider. In der Maske eines Edelmannes gelogen und betrogen« die Königsteiner Immobilienpleite als »den größten Betrugs-

und Kriminalfall« der Nachkriegszeit, nennt Einzelheiten und Zahlen und bringt die Sache zutreffend auf einen einfachen Nenner: »Die Geldinstitute wurden auf die Matte gelegt. Nur wenige Banker trauten dem Königsteiner Baulöwen nicht.«

In Czerwenskys Büroräumen in der Eschersheimer Landstraße in Frankfurt ist an diesem 18. April 1994 die Hölle los. Während wir mit ihm reden, unterbricht er das Gespräch immer wieder, um am Telefon ein Hörfunkinterview zu geben, mit einem Zeitungsreporter zu zanken und neue Tips in Sachen Schneider entgegenzunehmen.

Der Insider Czerwensky hat – anders als wir – die Expansion der Schneider-Gruppe über längere Zeit sehr genau verfolgt. Als Finanzexperte verfügt er über Detailkenntnisse, die zu diesem Zeitpunkt kaum ein anderer hat.

Auf seinem Schreibtisch herrscht ein scheinbar wüstes Durcheinander von Notizzetteln, dazwischen Zeitungsausschnitte, Dokumente, handschriftliche Manuskripte – und immer wieder kommt seine Tochter Cornelia und legt ihm Faxmeldungen neben die Kaffeetasse. Czerwensky redet ohne Punkt und Komma, der Königsteiner Immobilientycoon ist bei ihm jetzt zum »Schneider« degradiert, ohne Titel und Vornamen.

In seinen Augen ist die Vermögensaufstellungen des Wirtschaftsprüfers Wolfgang Klenke, der Schneider ja mit 3,7 Milliarden »gutrechnet«, geradezu unglaublich: »Das erste, was man feststellen muß: Diese Liste ging auch an Geldinstitute, und Schneider arbeitete mit dieser Liste, um Kredite zu bekommen. Die Liste überrascht insofern, weil sie ziemlich komplett ist für das Jahr 1993. Sie enthält rund 50 Objekte von 80 Objekten. Die Zahl hat sich aber erhöht in den letzten drei Monaten, also im ersten Quartal 1994, weil er in Ostdeutschland, vor allem in Leipzig, enorme Immobilien erworben hat. Allein in Leipzig unterhält er jetzt, soviel ich weiß, fast vierzig Objekte. Die sind teilweise in dieser Liste nicht enthalten. Das Frappierende an dieser Liste ist, daß einzelne Beleihungen sehr realistisch sind, sogar unter dem Marktwert. Andere sind so extraordinär, so ungewöhnlich, daß man nur staunen kann.«

Czerwensky schüttelt den Kopf, Tochter Cornelia bringt eine neue Tasse Kaffee, wieder Faxe, das Telefon klingelt, kurzes Geplänkel mit einem unsichtbaren Gesprächspartner, dann wendet sich Czerwensky wieder der Klenke-Liste zu und zeigt auf das Beispiel »Zeil-Galerie 112–114, Les Facettes, Frankfurt«: »Ich ziehe als Beispiel heran diese überall erwähnte ›Zeil-Galerie‹, die wird hier in der Liste mit einem Bruttowert von 983 000 000,00 Mark geführt, das ist fast eine Milliarde Mark. Und darauf gibt es einen Kredit von 415 Millionen, so steht es hier, so daß noch ein Nettovermögen für Schneider ausgeworfen wird von 568 Millionen.

Übrigens, der Betrag 415 Millionen Kredit stimmt nicht mehr, der ist erhöht worden, die Deutsche Bank hat da noch mehr gegeben, soweit ich weiß, insgesamt 430 Millionen Mark Kredit. ›Les Facettes‹ wurde, soviel ich weiß, ausschließlich von der Deutschen Bank-Gruppe finanziert.

So, und nun sehen Sie mal hier!« Czerwensky fährt die Klenke-Liste mit dem Zeigefinger ab und stoppt drei Positionen später beim Objekt »Nobelhaus Zeil«. »Auch in der Zeil, nur ein paar Häuser von ›Les Facettes‹ weg, hier, dieses sogenannte Nobel-Haus, wo jetzt der Disney-Store drin ist, wird nur beliehen mit 54 Millionen! Da sehen Sie, in derselben Einkaufsstraße – vergleichbare Mieten und Grundstückspreise –, nur einige Häuser weiter, und da ist das ganze Objekt angeblich weitaus preiswerter und so viel weniger wert?«

Die Frankfurter Zeil, Deutschlands »umsatzstärkste Einkaufsmeile«, ist seit den 70er Jahren reine Fußgängerzone, mit Bäumen, Bänken und den zunächst in Frankfurt heftig umstrittenen Gaststättenpavillons. Hauptanziehungspunkt der Zeil sind mehr als zweihundert Geschäfte, neben den großen Kauf- und Kleiderhäusern auch eine Vielzahl kleiner Boutiquen und Läden aller Art. Die Zeil verbindet die Frankfurter Hauptwache mit dem Gerichtsviertel fast bis hin zum Zoo.

Der Standort für die Galerie »Les Facettes« hätte nicht idealer sein können.

Am Anfang dieser Einkaufsmeile, zwischen der Hauptpost im Osten und dem »Kaufhof« im Westen, wurde das moderne Einkaufszentrum 1992 eröffnet. Prägend für die äußere Fassade ist eine kinetische Lichtplastik. Sie gibt Klima und Akkustik der Zeil als ein faszinierendes Spiel der Farben wieder. Eine stufenlose Passage führt zu mehr als sechzig renommierten Fachgeschäften und Restaurants auf sieben Ebenen.

Die Dachterrasse bietet beste Aussichten auf die Skyline von »Mainhattan«. Die Türme der Deutschen Bank scheinen zum Greifen nah.

Dr. Gerhard Czerwensky kennt den Frankfurter Immobilienmarkt genau und nennt Vergleichszahlen: »Man muß noch eins erwähnen, damit die Abnormität zum Ausdruck kommt: Das BfG-Hochhaus wechselt mit 648 Millionen den Besitzer, und das ist eine zentrale Lage am Theaterplatz, ein riesiges Gebäude, und da sieht man auf der anderen Seite dieses schmale Handtuch ›Les Facettes‹ so hoch bewertet, und das ist völlig irre.«

Für geradezu absurd hält Czerwensky aber auch das Verhalten der Deutschen Bank, die Schneider fast eine halbe Milliarde Kredit für das »schmale Handtuch« gegeben hat. Vor allem kann er sich zu diesem Zeitpunkt nicht erklären, wie die bei Krediten ja gesetzlich vorgeschriebene Bankenkontrolle so offensichtlich versagen konnte. »Das ist ein Rätsel, das kann keiner erklären, das hätte normalerweise ein Blinder mit Krückstock merken können, daß dieses Gebäude so viel nicht wert ist, da muß man gar nicht Immobilienhändler sein, wenn man nur ein bißchen die Preise hier kennt. Ein Blinder mit dem Krückstock weiß doch, daß das irreal ist, daß das nicht stimmen kann.«

Dr. Gerhard Czerwensky schüttelt den Kopf. Der alte Fuchs kann es nicht fassen: »Was für mich überraschend ist: Die Deutsche Bank hat doch eine Kreditkontrolle, eine Kontrolle der großen Engagements, und wenn sie nach meinen Schätzungen mit mehr als einer Milliarde bei einem einzigen Privatmann engagiert ist, da müssen doch irgendwo die Fäden zusammenlaufen und müssen die Unterlagen geprüft werden. Daß die das nicht gemacht haben, ist mir, und nicht nur mir, das ist allen Bankern schleierhaft.«

Und kurz bevor er wieder zum Telefon greift, äußert Czerwensky noch schnell einen bösen Verdacht: »Hinter der ganzen Affäre steckt eine kriminelle Energie, die ist ausgegangen von Schneider, und Sie wissen nicht, wie weit die kriminelle Energie reichte, wie weit er zur Ausnutzung, zur Ausschöpfung aller Möglichkeiten gegangen ist, sei es, daß er besondere Freundschaften gepflegt hat zu einigen Bankiers oder nicht, das ist ja noch alles im dunkeln.«

Wenige hundert Meter von Czerwenskys Verlagsbüro entfernt, am Roßmarkt 9, hat eine kleine Firma, die sich RD »Realty Administration« nennt, in einem Bürohaus im dritten Stock ein paar Räume gemietet. Diese Firma arbeitet seit April 1993 für Dr. Jürgen Schneider. In seinem Auftrag sollte sie die tatsächlichen Marktwerte der zahlreichen Schneider-Immobilien ermitteln.

Die wahren Werte

»Schneider hat immer behauptet, er wolle nicht verkaufen. Das war aber nur die Philosophie nach außen.«
(Geschäftsführer Mathias Düsterdick am 19. April 1994 im ZDF)

Geschäftsführer der Firma »Realty Administration« ist der 26jährige Kaufmann Mathias Düsterdick, ein geschniegelter junger Mann mit schwarzgelacktem Haar, feingemacht im dunklen Anzug mit weißem Hemd und breitgestreifter Seidenkrawatte. Der smarte Kaufmann wird später seine intimen Kenntnisse aus dem Schneider-Imperium nutzen, um mit dem Verkauf einer Firmenliste ein paar Tausender in die eigene Tasche zu stecken. Düsterdick ist ein Angeber. Er versucht sofort, uns zu imponieren: »Ich kenne Herrn Dr. Schneider persönlich. Er ist mir gegenüber immer als sehr fairer Vertragspartner aufgetreten. Er saß ja etwas patriarchisch in seinem Schloß in Königstein und hat dort eine gewisse Gutsherrenmentalität verkörpert.«

Der Firmenname »Realty Administration« bedeutet übersetzt ganz schlicht »Grundstücksverwaltung«. Doch Düsterdick brüstet sich zu Recht damit, daß er eine außerordentlich wichtige und absolut vertrauliche Arbeit für Dr. Schneider geleistet habe: »Ich habe für den Chef präzise Marktanalysen erstellt. Meine Ergebnisse habe ich stets persönlich in die ›Villa Andreae‹ gebracht, und der Doktor hat mir aufgetragen, über die Ergebnisse der Verkehrswertermittlungen Stillschweigen zu bewahren – vor allem den Banken gegenüber.«

Was dieser alerte »Developer« – so nennt sich Düsterdick selbst – so freimütig ausplaudert, ist frappierend. Denn aus den wenigen Äußerungen, mit denen Jürgen Schneider bis zu diesem Tag in der Presse zitiert wird, geht immer hervor, daß es ihm nicht daran lag, mit dem Verkauf der Häuser »die schnelle Mark zu machen«. Tatsächlich hat er auch nur eines der von ihm restaurierten Gebäude verkauft: den Frankfurter »Fürstenhof«, einen Monumentalbau, der im Jahre 1902 als Luxushotel eröffnet worden war und den Krieg unbeschadet überstand. Schneider kaufte das historische Prunkstück für 48 Millionen Mark. Er ließ das Gebäude aufwendig restaurieren und verkaufte den Komplex – so war stets zu lesen – 1992 an die japanische Firmengruppe Kowa zum Preis von 450 Millionen Mark. Spekulationen, wonach er mit diesem Verkauf 200 Millionen Mark Bonus gemacht haben sollte, hat Schneider nie dementiert. Tatsächlich wird erst bei einer Bankrevision, nach dem Verschwinden des Bauspekulanten, herauskommen, daß der Verkaufspreis des Gebäudes nur bei 365 Millionen Mark lag. Das gibt Dr. Schneider natürlich öffentlich nicht zu. Statt dessen verkündet er, daß er sich sowieso nur ungern von seinem Besitz trenne – wenn aber, dann mit ordentlichem Gewinn.

Düsterdick vertraut uns an, daß dieses von Schneider sorgfältig gepflegte Image von den tatsächlichen Geschäftsabsichten ablenken sollte: »Unsere Firma, die ›Realty Administration‹, hat im April 1993 einen Vertrag geschlossen, mit dem Schneider uns verpflichtete, ständig eine Verkaufssicherheit für seine Immobilien zu gewährleisten. Schneider hat immer behauptet, er wolle nie verkaufen, das war aber nur die Philosophie nach außen. Man muß natürlich immer zwischen Strategie und Philosophie unterscheiden. Mit Sicherheit wollte er schon mal verkaufen, wenn er denn ähnlich legendäre Geschäfte wie das mit dem »Fürstenhof« hätte abschließen können, das heißt, Preise erzielen, die weit über dem Markt liegen.«

Genau beschreibt Düsterdick, wie er für seinen Chef im Schloß Verkaufswertermittlungen angestellt hat, für jedes einzelne Schneider-Objekt: »Wir haben hier neutral gearbeitet, wir konnten nur neutral arbeiten, vollkommen losgelöst von Ankaufspreisen oder Finanzierungen oder sonstigem. Wir haben einfach versucht, für Dr. Schneider den höchstmöglichen Wert auf dem Markt zu ermitteln, und dementsprechend haben wir auch unsere Kaufangebote eingeholt. Konkret heißt das, daß wir mit Kaufinteressenten verhandelt haben und daraufhin natürlich auch Angebote bekommen haben. Somit hat man, denke ich, am exaktesten den Wert, der wirklich realistisch für ein Objekt, ein Grundstück oder Gebäude erzielbar ist, und nicht irgendwelche schöngerechneten Dinge.«

Düsterdick berichtet weiter, daß er für viele der Schneider-Immobilien außerordentlich gute Kaufangebote eingeholt habe, und zwar unter dem Decknamen der »Realty Administration«. Daß Schneider trotzdem nicht verkauft hat, sieht er vor dem Hintergrund der sich anbahnenden Pleite so: »Wir haben für Schneider Kaufangebote eingeholt, von Leuten, die Preise weit über Markt zahlen wollten, 120 bis 140 Prozent ungefähr. Heute können wir davon ausgehen, da Dr. Schneider ja trotzdem nicht verkauft hat, obwohl die Kaufangebote so hoch waren, daß die Belastungen auf den Immobilien möglicherweise noch höher gewesen sind, so daß Schneider auch mit Spitzenangeboten seine Schulden nicht hätte abdecken können.«

Wenn das richtig ist, was uns dieser jungdynamische Geschäftsführer da erzählt, dann haben wir soeben eines der Grundmuster des Schneiderschen Betrugssystems erfahren. Danach muß Schneider die Werte seiner Objekte wissentlich und unwidersprochen geschönt haben, um den Banken eine höhere Wertigkeit der Immobilien vorzugaukeln. Denn aufgrund der Marktanalysen wußte Dr. Schneider zu jedem Zeitpunkt genau, welche Höchstpreise für seine Häuser tatsächlich auf dem Immobilienmarkt zu erzielen waren.

Der gesprächige Düsterdick zeigt uns die von ihm ermittelten Zahlen. Der Mann hat sorgfältig gearbeitet und die wahren Werte der Schneider-Immobilien nach den marktüblichen Regeln einer Verkaufswertanalyse ermittelt.

Ein Vergleich dieser realen Werte mit den Angaben des Königsteiner Wirtschaftsprüfers Wolfgang Klenke und seinen bombastischen Zahlen in der Schneiderschen Vermögensaufstellung zeigt riesige Diskrepanzen.

Die vielzitierte »Zeil-Galerie« steht in der Klenke-Liste mit einer Wertangabe von 983 Millionen Mark. Auf diesen fiktiven Wert gab die Deutsche Bank Schneider einen Kredit über 415 Millionen Mark. Wirtschaftsprüfer Klenke verbucht also für Schneider einen privaten Gewinn von 568 Millionen Mark.

In Wirklichkeit aber, so Düsterdicks Verkaufswertberechnungen in Schneiders eigenem Auftrag, ist die Zeil-Galerie höchstens 156 Millionen Mark wert. Es muß Schneider also gelungen sein, die Deutsche Bank mit völlig falschen Wertangaben zu täuschen.

Das wird auch am Beispiel der Heidelberger »Atos-Privatklinik« deutlich. Das Haus in Heidelberg ist an diverse Ärzte vermietet, im Erdgeschoß verkauft die Boutique »Angelina« Mode für die reifere Dame. Wirtschaftsprüfer Klenke vermerkt für dieses Objekt einen Wert von 241 Millionen Mark, dafür gibt es einen Bankkredit von 88 Millionen.

Tatsächlich aber – so Düsterdick und seine Verkaufszahlen – steht der Marktwert der Klinik in Heidelberg bei höchstens 54 Millionen Mark. So hat sich Schneider reich gelogen, und ein Wirtschaftsprüfer hat ihm dabei geholfen, indem er Schneiders Wertangaben ungeprüft in die Bilanzen schrieb.

Daß Wirtschaftsprüfer so deutlich danebenliegen wie Klenke im Fall Schneider, ist durchaus keine Seltenheit. So blieben die Millionenverluste der Metallgesellschaft jahrelang unbemerkt, obwohl die KPMG Deutsche Treuhand jährlich die Bilanzen prüfte.

Die als renommiert geltende Wirtschaftsprüfergesellschaft Price Waterhouse entdeckte milliardenschwere Luftgeschäfte des Sportbodenherstellers »Balsam« nicht. Das Unternehmen mußte Konkurs anmelden, 1994 wurden vier Herren aus dem Balsam-Vorstand verhaftet.

Die Staatsanwaltschaft ermittelt inzwischen gegen Price Waterhouse, die geschädigten Banken haben die Prüfgesellschaft bereits auf 250 Millionen Mark Schadensersatz verklagt.

Trotz seiner abenteuerlichen Aufstellung hat es gegen den Königsteiner Wirtschaftsprüfer Wolfgang Klenke keine Anzeige gegeben. Seine »Schneider-Liste« allerdings wurde in den Kreisen nicht betroffener Banker später zur Lachnummer.

Zunächst aber sind wir hocherfreut, daß wir die bisher noch nicht veröffentlichte »Klenke-Liste« überhaupt haben. Zum Sprengstoff wird sie durch die zusätzlichen Informationen, die wir aus dem Büro der »Realty Administration« am Frankfurter Roßmarkt mitnehmen. Jetzt, nach fünf Tagen Recherche und mit ziemlich viel Reporterglück, haben wir Dokumente in der Hand, mit denen wir belegen können, daß Dr. Jürgen Schneider die Banken über den Tisch gezogen haben muß.

Mit einer schöngerechneten Vermögensaufstellung, die völlig überhöhte Wertangaben seiner Bauobjekte aufweist, beschaffte sich Schneider Kredite, die zum Teil mehr als hundert Prozent über dem realen Wertansatz lagen.

Und es wurde ihm offenbar auch noch leichtgemacht. Mehr als 50 deutsche Banken sind dem Immobilienhai hinterhergelaufen. Ohne mit der Wimper zu zucken, haben sie Schneiders Liste akzeptiert, allen voran die Deutsche Bank – im Schlepptau die Dresdner Bank, die Norddeutsche Landesbank, die Bayrische Hypotheken- und Wechselbank, die DSL – und die Berliner Hypothekenbank. Mit von der Partie waren auch die Herren der Commerzbank und fast alle Landesbanken. Obwohl die Schadenshöhe rund sechs Milliarden Mark betragen soll, erstattet nur eine einzige Bank Strafanzeige gegen Dr. Jürgen Schneider.

Am 13. April 1994 überbringt ein Bote der Frankfurter Anwaltskanzlei Pünder, Volhard, Weber & Axter dem Leitenden Oberstaatsanwalt Udo Scheu beim Landgericht Frankfurt die Strafanzeige der Deutschen Bank AG und der Centralbodenkredit AG, einer hundertprozentigen Tochter der Deutschen Bank, gegen Dr. Jürgen Schneider. Als Wohnsitz war die Privatadresse des flüchtigen Immobilienkaufmanns in Königstein/Taunus, Fasanenweg 5, angegeben.

Die Banker erstatten Anzeige »aus allen rechtlichen Gesichtspunkten, insbesondere wegen des Verdachtes des Kreditbetruges und der Urkundenfälschung«.

Beispielhaft wird die Finanzierung des Objektes »Zeil-Galerie« genannt, bei der die Centralboden AG an die Eheleute Schneider Kredite in Höhe von insgesamt 431 Millionen Mark vergeben hat. Einen Teil dieses Kredits – den die Bank auf 45 Millionen Mark beziffert – habe sich Schneider durch Betrug erschlichen.

Bei einem vermeintlichen Gesamtschaden von sechs Milliarden Mark und wahrscheinlich mehr als fünfzig geschädigten Banken erscheint es uns geradezu lächerlich, daß lediglich eine Bank Strafanzeige stellt und es darin nur um den verhältnismäßig »geringen« Betrag von 45 Millionen Mark geht.

Sollte Deutschlands größte Baupleite ausschließlich das gerissene Werk eines einsamen Betrügers sein, der sich nach getaner Tat mit seinen Millionen einfach nach nirgendwo abgesetzt hat?

»Kräne stehen still. Maurer weinen, Baufirmen trudeln in den Konkurs, Bankiers starren ins Leere«, berichtet die »Bild-Zeitung« von der Pleite-Front. Mit dieser Lagebeschreibung liegt »Bild« allerdings haarscharf daneben.

Denn zumindest die Herren der Deutschen Bank wurden direkt nach Schneiders Verschwinden sehr aktiv. Zum späteren Verdruß der Staatsanwaltschaft waren sie die ersten, die den Firmensitz des Investors durchsuchten – ein Privileg, das die staatlichen Ermittler stets für sich reklamieren. Über die wirklichen Motive für die Durchsuchungsaktion der Banker im Hause Schneider in Königstein gibt es bis heute keine Klarheit, obwohl Vorstandssprecher Hilmar Kopper die Aktion später als eine Art »Kundendienst« beschreibt. Die Banker, so wird Kopper auf der berühmten »Peanuts«-Pressekonferenz behaupten, hätten einfach mal nachgesehen, ob die Firma Schneider noch zu retten sei. In der Öffentlichkeit kommt dieser Rechtfertigungsversuch nicht so gut an, damals jedenfalls wird in der Presse spekuliert, daß die Hobbydetektive der Deutschen Bank nur aus Eigennutz darauf aus waren, Schadensbegrenzung zu betreiben.

André Kostolany, amerikanischer Wirtschaftsexperte ungarischer Abstammung, beobachtet die internationale Finanzwelt seit Jahrzehnten. Er hat schon viele Milliardenpleiten kommentiert.

Um zu erfahren, wie dieser intime Kenner der Szene das Verhalten der Banken im Fall »Schneider« beurteilt, fahren wir zu ihm nach München.

Kostolany, ganz Spekulant, orakelt: »Wer weiß? Ich habe schon erlebt, daß man bei solchen Kreditpleiten entdeckt hat, daß gewisse Personen in der gegebenen Großbank bezahlt waren, korrumpiert wurden.« Kostolany rollt das »r«. Mit seinem ungarischen Akzent, der die Worte mit einem Zungenrollen aufwertet, gibt er seinen Sätzen eine gewichtige Bedeutung. André Kostolany mahnt Werte an, die in der Bankenwelt nur noch eine Statistenrolle spielen: »Moralisch ist die Deutsche Bank sehr verantwortlich. Denn bei kleinen Leuten, wenn es sich um Kredite handelt, ist sie sehr, sehr streng und sehr zurückhaltend. Aber diesmal ist sie hängengeblieben mit einem großen Betrag, sie ist auch moralisch dafür verantwortlich. Denn wenn die Zahlen, die der Schneider ihnen gegeben hat, nicht richtig sind, das hätte sie längst feststellen können. Die Bank muß doch die Zahlen prüfen, die man ihr aufgrund eines Kredites gibt. Und sie muß nicht nur kontrollieren, ob die Zahlen richtig sind, sie muß auch eine Meinung haben und voraussehen, wie die Schätzung bei Immobilien liegen, wie sich also die Preise entwickeln werden.«

André Kostolany hat in diesem Jahrhundert nahezu alle großen Wirtschaftskrisen miterlebt. »Eine Bank«, sagt er, »ist kein Mensch, sie ist eine Maschine.« Trotzdem glaubt er: »Es existiert noch eine Moral, wenn nicht vor Gericht, so doch vor der Öffentlichkeit, in den Augen von Leuten, die den Vorgang analysieren. Ich kenne Fälle in Amerika, wo bei einer großen Pleite die Bank – es war die Jason Bank – juristisch und legal nicht verantwortlich war, aber die Federal Rerserve Bank – also die amerikanische Notenbank – hat befohlen, daß sie einen Teil der Verantwortung übernehmen muß, weil sie unvorsichtig war. Eine Bank muß auch vorsichtig sein, ein vorsichtiger Kaufmann, das war sie nicht.« Kostolany sticht, wenn er sich bei einem Thema engagiert, öfter mit dem Finger empört in die Luft. Bei seinen letzten Sätzen war der rechte Zeigefinger oft gefragt. Der Grandseigneur kennt sich aus, bei den Banken, an der Börse, in der Finanzwelt. André Kostolany hat es jahrzehntelang geschätzt, mit professionellen Gegnern nach allen Regeln der Kunst zu »kämpfen« und seinen wachen Geist im Wettstreit um den Durchblick im großen Geldgeschäft mit Ebenbürtigen zu messen. Daß sich die Herren der Deutschen Bank so primitiv über den Tisch ziehen ließen, verdrießt den Guru. Insgeheim, diesen Eindruck nehmen wir aus München mit, gönnt er den Bankern die Schlappe, jedenfalls dann, wenn sie so tumb auf die Machenschaften eines Jürgen Schneider hereingefallen sind.

Was wir in der Münchner Wohnung von Kostolany gehört haben, bringt uns zunächst ein wenig aus dem Konzept. Denn die uns zu diesem Zeitpunkt vorliegenden Dokumente scheinen eigentlich zu beweisen, daß Schneider als Alleintäter mehr als fünfzig Banken aufs Kreuz gelegt hat.

Doch der erfahrene Spekulant Kostolany nimmt die Banken heftig in die Pflicht, und uns kommen die ersten Zweifel, ob die Banker wirklich so ahnungslos waren, wie es zu diesem Zeitpunkt aussieht.

Der Generalbevollmächtigte

»Heute nachmittag wurden aus der
Mainzer Kanzlei Akten fortgeschafft. Auch dafür
könnte sich der Staatsanwalt interessieren.«
(»Frontal«, ZDF, am 19. April 1994)

Dienstag, 19. April 1994. Unser erster »Schneider-Film« ist fast fertig. Was uns noch fehlt, ist eine Stellungnahme des Mannes, der das mächtige Bauimperium derzeit repräsentiert: der Generalbevollmächtigte Horst Schneider, ein Rechtsanwalt in Mainz.

Erst in den letzten Tagen war durchgesickert, daß Dr. Jürgen Schneider diesen unbekannten Mann, der mit ihm nicht verwandt ist, zum Generalbevollmächtigten seines gesamten Unternehmens gemacht hat.

Nach unseren Recherchen wurde der Vertrag am 17. März 1994 vor einem Mainzer Notar unterzeichnet.

Zugleich wurde dem bisherigen Generalbevollmächtigten Ralf Matthias Graf Lambsdorff, ein Neffe des ehemaligen FDP-Chefs und Ex-Wirtschaftsminister Otto Graf Lambsdorff, die Vollmacht entzogen.

Der neue Mann an der Spitze des Schneider-Konzerns ist in der Branche eigentlich ein Nobody. Nur in Mainz gehört er zur Lokalprominenz, er war lange Jahre Mitglied beim Mainzer Narrenclub und im Rosenmontagszug auf dem Komiteewagen dabei.

Schlagzeilen als Anwalt hat Horst Schneider bisher nur selten gemacht. Die Mainzer Zeitungen erwähnen ihn zum ersten Mal Anfang der achtziger Jahre: Im Prozeß um den sogenannten »Mainzer Fenstersturz« vertrat Horst Schneider als Nebenkläger einen Neffen des damals wahrscheinlich ermordeten Iraners Reza Shakr. Der junge Mann war 1982 bei einem Raubüberfall brutal gefesselt und geknebelt worden und mit verbundenen Augen aus dem Fenster eines Teppichlagers in der Mainzer Steingasse gestürzt. Bis heute ist nicht geklärt, ob der junge Iraner aus dem Fenster gestoßen wurde oder ob sein »Fenstersturz« ein Unfall war.

Das Teppichlager gehörte zur Firma Roya, deren Geschäftsinhaber der Iraner Professor Dr. Mehdi Djawadi war. Dieser Mann war zunächst Geschäftspartner und später engster Vertrauter von Dr. Jürgen Schneider. Im Prozeß um den Mainzer Fenstersturz wurde Djawadi als Zeuge vernommen. Dabei lernten sich der Anwalt Horst Schneider und der Teppichhändler Mehdi Djawadi kennen.

Diese Bekanntschaft war für den damals eher unbedeutenden Mainzer Rechtsvertreter Jahre später die Eintrittskarte in das Reich des mächtigen Investors Dr. Jürgen Schneider. Die Mainzer Mordgeschichte verschaffte Horst Schneider ein Mandat, das sein ganzes Leben verändern sollte.

Als Dr. Jürgen Schneider kurz vor dem Zusammenbruch seines Imperiums im Streit mit der Norddeutschen Landesbank einen Anwalt braucht, greift er nicht etwa auf seine Spitzenanwälte in Frankfurt zurück, sondern läßt sich von Dr. Djawadi diesen unbekannten Mann aus Mainz vermitteln. Und so kommt Horst Schneider nicht nur zu einem millionenschweren Mandat, sondern auch, wenig später, zur Generalvollmacht über den Königsteiner Konzern – wie die Jungfrau zum Kind.

Schon seit Tagen haben wir immer wieder versucht, ihn telefonisch in seiner kleinen Kanzlei in Mainz zu erreichen. Doch seine Sekretärin, stereotyp: »Herr Schneider ist außer Haus und kommt auch heute nicht mehr.« Schließlich werden wir mit Guido G., dem Partner des Anwalts, verbunden. Er bittet um Verständnis dafür, daß Horst Schneider derzeit mit der Presse nicht reden möchte. Unser Verständnis hält sich in Grenzen, weil keine Gründe für dieses Schweigen genannt werden.

Wir sind der Ansicht, daß die Öffentlichkeit ein Recht darauf hat, mehr über die Hintergründe der Schneider-Pleite zu erfahren, und zwar von dem Mann, der als Generalbevollmächtigter eigentlich wissen muß, wo Dr. Jürgen Schneider steckt und wie die wirtschaftliche Situation des Schneider-Konzerns zu beurteilen ist. Doch unser Gesprächspartner weicht immer wieder aus. Wir haben den Eindruck, daß er sich lediglich schützend vor Horst Schneider stellt, damit der Anwalt unbehelligt von der Presse in Ruhe in seiner Kanzlei arbeiten kann.

Als wir diesen Verdacht äußern, erzählt uns der Sozius in vertraulichem Ton, daß das Leben von Horst Schneider in Gefahr sei und er deshalb nicht in der Öffentlichkeit und schon gar nicht im Fernsehen auftreten könne.

Wir glauben ihm kein Wort und fahren in die Mainzer Innenstadt zur Kanzlei Horst Schneider, Große Bleiche 4.

Dort treffen wir auf den Partner des Anwalts, mit dem wir schon am Telefon verhandelt hatten. Er bleibt bei seiner Version und zeigt uns auch, indem er uns tatsächlich durch alle Räume der Kanzlei führt, daß Anwalt Horst Schneider wirklich nicht in seinem Büro ist.

Der Mann verspricht uns zumindest, mit Horst Schneider Kontakt aufzunehmen. Doch ein ungutes Gefühl läßt uns jetzt schon bezweifeln, daß es zu diesem Interview überhaupt kommen wird.

Allerdings wollen wir in unserem Fernsehbericht nicht auf das Thema »Horst Schneider« verzichten. Deshalb schicken wir wenig später ein Kamerateam zur Kanzlei, um ein paar Außenaufnahmen machen zu lassen. Ein Entschluß mit fatalen Folgen, wie sich später zeigen sollte. Als unser Kameramann den Eingang zum Gebäude in der Großen Bleiche 4 filmt, kommen zwei Mitarbeiterinnen der Kanzlei aus der Eingangstür. Sie schleppen eine große Plastikwanne, wie sie üblicherweise im Haushalt für den Wäschetransport verwendet wird. Doch diese Wanne ist vollbeladen mit schweren Aktenordnern. Die Kanzleiangestellten eilen an unserem Kameramann vorbei, verlassen den Eingangsbereich und verschwinden um die Ecke des Hauses.

Der Kameramann wartet noch eine Zeitlang, ob sie wieder auftauchen. Doch erst als er seine Ausrüstung schon eingepackt hat, kommen die Kanzleiangestellten plötzlich aus einem Nebengebäude. Eine der Frauen hat eine Pocketkamera gezückt und fotografiert unseren Kameramann. Der ist völlig überrascht und spricht sie an: »Sie gehören doch zur Kanzlei Horst Schneider?« Die Frau schüttelt den Kopf: »Nein, damit haben wir nichts zu tun«.

Als uns der Kameramann seine Aufnahmen zeigt und die Geschichte erzählt, kommt uns das alles äußerst verdächtig vor. Erst läßt sich der Generalbevollmächtigte verleugnen, dann soll sein Leben in Gefahr sein, und jetzt werden offenbar Akten aus seiner

Kanzlei fortgeschafft. Sind wir etwa zufällig Zeugen eines großen Vertuschungsmanövers von Schneiders Generalbevollmächtigtem geworden?

Dr. Jürgen Schneider ist seit Anfang April verschwunden, gegen ihn liegt eine Strafanzeige der Deutschen Bank vor. Das Amtsgericht Königsstein hat auf Antrag der Deutschen Bank und der Bayrischen Hypothekenbank AG das Konkursverfahren gegen die untergetauchten Immobilienunternehmer Jürgen und Claudia Schneider eröffnet. Der gesamte Besitz der Schneider-Gruppe steht unter Konkursverwaltung, und das Bundeskriminalamt hat sich am 18. April 1994 offiziell in die Ermittlungen gegen Schneider eingeschaltet. Wenn dann, am 19. April, nur einen Tag nach der Konkurseröffnung, aus der Kanzlei des Generalbevollmächtigten wannenweise Akten abgeschleppt werden, dann ist das in unseren Augen mehr als verdächtig.

An diesem 19. April 1994 um 21.00 Uhr läuft unser erster Schneider-Film in »Frontal«. Exklusiv zeigen wir die sogenannte »Klenke-Liste«, jene Vermögensaufstellung, mit der Jürgen Schneider sich bei den Banken reich gelogen hat. Daß er genau wußte, was er tat, belegen wir mit den Zahlen der Frankfurter Firma »Realty Administration«, die in Schneiders eigenem Auftrag die wahren Werte seiner Immobilien ermittelte. Die Finanzexperten André Kostolany und Dr. Gerhard Czerwensky mit ihren düsteren Ahnungen in Richtung Banken kommen zu Wort, und wir verdeutlichen die Zweifel daran, ob es tatsächlich einem einzigen Mann gelingen konnte, die Expertenteams von fünfzig kreditgebenden Banken so auszutricksen, daß sie ihm ohne gründliche Prüfung Kredite von mehr als sechs Milliarden Mark anvertrauten.

Die Ereignisse rund um den Generalbevollmächtigten Horst Schneider und seine Mainzer Kanzlei kommentieren wir vorsichtig mit folgenden Sätzen: »Heute nachmittag wurden aus der Mainzer Kanzlei Akten fortgeschafft. Auch dafür könnte sich der Staatsanwalt interessieren.«

Noch während die Sendung läuft, klingelt in der Redaktion das Telefon. Eine Frauenstimme: »Bundeskriminalamt. Guten Abend. Was Sie da über die Kanzlei von Horst Schneider vermutet haben, interessiert uns sehr. Ich habe Ihren Bericht gerade zu Hause gesehen. Bitte rufen Sie mich doch morgen in meiner Dienststelle in Wiesbaden noch einmal an. Wir hätten da noch ein paar Fragen.«

Als wir am nächsten Morgen in die Redaktion kommen, haben wir zunächst keine Zeit zu telefonieren. Unsere Redaktionsleiter

Bodo H. Hauser und Ulrich Kienzle empfangen uns recht ungehalten. Denn der Generalbevollmächtige des Schneider-Imperiums, jener Rechtsanwalt Horst Schneider, hat bei der Mainzer Staatsanwaltschaft Strafanzeige und Strafantrag gegen »Frontal« und die verantwortlichen Redakteure des Schneider-Beitrags gestellt. Rechtsanwalt Schneider fühlt sich in seiner Berufsehre gekränkt. Die Staatsanwaltschaft Mainz hat die Anzeige angenommen und ermittelt wegen des Verdachts auf Verleumdung, Rufschädigung und üble Nachrede. Stein des Anstoßes ist der gefilmte Abtransport der Akten aus der Kanzlei Horst Schneider und unser Kommentar zu dieser Aktion.

In seiner Strafanzeige behauptet Horst Schneider, daß es sich bei den transportierten Akten zwar um laufende Prozeßakten handelte, nicht aber um solche, die im Zusammenhang mit dem Mandat Dr. Jürgen Schneider und Claudia Schneider-Granzow standen. Im übrigen seien die Akten nicht »fortgeschafft«, sondern in ein Nebengebäude gebracht worden, das auch zu seiner Kanzlei gehört. Dies hat Rechtsanwalt Horst Schneider auch dem Bundeskriminalamt mitgeteilt, wie wir am Nachmittag beim erbetenen Gespräch mit Hauptkommissarin Klaudia B. in Wiesbaden erfahren.

Dieser Mainzer Rechtsanwalt Horst Schneider ist wohl überaus bemüht, sein Verhalten als korrekt und absolut legal darzustellen. Seine Strafanzeige ist der Auftakt zu einem monatelangen Rechtsstreit zwischen dem ZDF und dem Anwalt Horst Schneider. Darüber hinaus ermittelt der Staatsanwalt auch gegen uns persönlich.

Das eigentliche Verfahren allerdings läuft über das Justitiariat des ZDF und unseren eigenen Anwalt ab. Deshalb lernen wir Horst Schneider zunächst persönlich nicht kennen. Den Rechtsstreit tragen, wie üblich, Anwälte untereinander aus. Im Dezember 1994 endet er mit einem gerichtlichen Vergleich. Einige Wochen später – Jürgen Schneider ist noch immer verschwunden – bitten wir Horst Schneider um ein Interview. Es geht um den Konkurs der Schneider-Gruppe. Zu unserer Überraschung sagt der Anwalt diesmal zu. Der Streit ist vergessen. Horst Schneider ist ein großer, sehr schlanker Mann mit lockigem, dunkelbraunem Haar und braunen Augen. Manchmal wirkt er ein bißchen linkisch, so als wisse er nicht genau, ob er überhaupt am richtigen Platz ist. Er ist kein Meister der freien Rede – für einen Anwalt nicht unbedingt ein Vorteil. Doch er hat ein sehr sympathisches Lachen, ist ausgesucht höflich und hilfsbereit. Horst Schneider ist ein sehr vorsichtiger Anwalt, der es mit den Vorschriften eines Strafverteidigers ganz genau nimmt. Eines Tages erzählt er uns auch, daß aus seiner Kanzlei an jenem 19. April tatsächlich Akten »fortgeschafft« wurden und daß diese Akten sehr wohl mit dem Fall Schneider zu tun hatten. Abtransportiert wurden sie allerdings hochoffiziell und erst ein paar Stunden nach unseren Dreharbeiten, und zwar ins Büro des Konkursverwalters Dr. Gerhard Walter in Frankfurt, weil diese Unterlagen zur Vervollständigung der Konkursakten dort benötigt wurden. »Der Schneider hatte furchtbare Angst, als er an diesem Abend mit seinen Akten in Frankfurt auftauchte. Ich glaube, der Mann war völlig überfordert«, kommentiert Gerhard Walter später seine nächtliche Begegnung mit Horst Schneider im April 1994. Der verschwundene Namensvetter Jürgen Schneider hatte sich zur Abwicklung seiner Abtauchnummer den richtigen Mann ausgesucht: Der brave Mainzer Anwalt, hin- und hergerissen zwischen Generalvollmacht und Ahnungslosigkeit, wurde zum Spielball zwischen den empörten Banken und seinem verschwundenen Chef, der ihn noch aus der Ferne wütend zu steuern versuchte. Horst Schneider, zunächst wie gelähmt, reagierte schließlich nach Vorschrift: Mit dem Strafgesetzbuch unterm Arm gelang es ihm zumindest, Eigenveranwortung abzuwälzen. Daß Dr. Jürgen Schneider dennoch versucht, mit ihm ein Hühnchen zu rupfen, steht auf einem viel späteren Blatt.

DER FRANKFURTER BUB

Jugendbilder

»Der Jürgen war und ist ein Lügenbeutel.«
(Senator Richard Schneider über seinen Sohn)

Seine Frau, das hat Jürgen Schneider allerdings niemals öffentlich zugegeben, hat er sich auf der Seite »Heirats- und Bekanntschaftsanzeigen« in der »Süddeutschen Zeitung« unter vielen Annoncen herausgesucht. Die Mutter von Claudia Granzow, die für ihre Tochter jene Heiratsanzeige aufgab, muß mit der Beschreibung ihrer wohlhabenden blonden Tochter genau Schneiders Geschmack getroffen haben. Das jedenfalls vermutet Bruder Joachim Schneider, der uns das kleine Geheimnis der Heiratsanzeige eines Tages erzählt hat.

Claudia Granzow, geboren am 18. 6. 1945 in Stuttgart, heiratet ihren Jürgen im Mai 1966. Anderthalb Jahre später, am 19. November 1967, wird Sohn Nicolai geboren, am 1. April 1970 kommt Tochter Ysabel zur Welt.

Claudia Schneider-Granzow stammt aus einer vermögenden Familie, den Eltern gehört der Elektrogroßhandel Ernst Granzow GmbH & Co. in Leonberg mit 180 Angestellten.

Die Eltern von Claudia Granzow lassen sich scheiden, als Claudia noch ein Kind ist. Sie hat sehr am Vater gehangen, verkraftet die Scheidung der Eltern nur schwer. Der Trennung waren lange Streitigkeiten zwischen den Eheleuten Granzow vorausgegangen.

In einer Unternehmerfamilie, in der sich niemand so richtig um den Nachwuchs kümmert, sondern die Geschäfte wichtiger sind als die Familie, kommen sich Kinder oft vernachlässigt vor. Claudia Schneider-Granzow – so jedenfalls wird sie es später bei Gesprächen während ihrer Untersuchungshaft schildern – ist der Ansicht, daß ihre persönliche Entwicklung nachhaltig durch die Scheidung ihrer Eltern und die lieblose Atmosphäre in diesem Geschäftshaushalt geprägt wurde.

Ihre Mutter Gerlinde heiratet wieder, erneut einen Unternehmer. Aus dieser Verbindung hat Claudia Granzow einen Halbbruder, Michael Zacharias, der später als Geschäftsführer die Dr. Jürgen Schneider-Stiftung in Darmstadt leiten wird.

Claudia ist keine besonders engagierte Schülerin. Sie verläßt das Gymnasium ohne Abitur und besucht eine Fremdsprachenschule.

Wenige Wochen vor ihrem 21. Geburtstag heiratet sie den Mann, den ihre Mutter per Heiratsanzeige für sie gefunden hat.

Claudia Schneider-Granzow will alles anders machen. Ihr Lebensmittelpunkt sollen ihr Mann und ihre Kinder sein. Ein harmonisches Familienleben ist Frau Claudia wichtiger als der eigene Beruf. Damit sind die Rollen in der frischgegründeten Familie genau und traditionell verteilt: Er muß Geld verdienen und darf sich ums Geschäft kümmern, ihre Welt aber ist die Erziehung und die liebevolle Gestaltung des Heims in Königstein, von dem sie bei Freunden und Bekannten als ihrem »Nest« sprach.

Claudia Schneider-Granzow hat ihre Verantwortung als Ehefrau und Mutter sehr ernst genommen. Allein, ohne große Hilfe – bis auf eine Zugehfrau – kümmert sie sich um den vierköpfigen Haushalt. Ihren Kindern will sie all das bieten, was ihr in der Jugend vorenthalten wurde. Und so vermittelte sie ihnen das Gefühl, daß »Mutter immer für sie da ist«, sie fährt die beiden Sprößlinge Nicolai und Ysabel persönlich von Königstein aus zur Schule und zu nachmittäglichen Veranstaltungen, zum Sport und Musikunterricht.

Nicolai und Ysabel erleben eine unbeschwerte Kindheit ohne besondere Probleme. Sohn und Tochter machen Abitur und studieren später in München. Beide haben ihr Studium erfolgreich abgeschlossen. Die Kinder spielen im Leben der Claudia Schneider eine sehr wichtige Rolle. Auch als sie bereits das Elternhaus verlassen haben, ist es Claudia, die immer wieder Treffen in Königstein, München und in der Ferienwohnung der Familie auf Sylt arrangiert. Mit der Einrichtung dieser Ferienwohnung auf Sylt, aber auch der Wohnungen der studierenden Kinder in München, vertreibt sich Claudia Schneider die leeren Stunden nach dem Auszug von Nicolai und Ysabel. Eifrig sorgt sie dafür, daß die »neuen Nester« so richtig gemütlich werden.

Claudias Flucht in die Familie hat einen handfesten Grund. Das Eheleben der Schneiders ist durch die extrem langen Arbeitstage von Jürgen Schneider bestimmt. Ein normales Miteinander von Vater, Mutter und Kindern fand eigentlich nicht statt. Es gab keine Aussprachen, keine gemeinsamen Unternehmungen, und selbst wenn er am Wochenende einmal zu Hause war, brütete Jürgen Schneider über Geschäftsplänen und Bauzeichnungen.

Im Laufe der Jahre entfremden sich die Ehepartner immer mehr.

Dr. Jürgen Schneider feiert nach außen hin immer größere Erfolge. Frau Claudia sitzt derweil allein in ihrem »Nest« und überläßt sich ihrer Frustration. Während er Milliarden in den Sand setzt, vernichtet sie Hochprozentiges: ihren Tablettenbedarf spült sie immer öfter mit Alkohol hinunter.

Claudia Schneider-Granzow wird im Laufe der Jahre zu einer suchtkranken Frau, abhängig von Tabletten und Alkohol. Sie soll mehrere Entziehungskuren gemacht haben – so in einem Sanatorium im steierischen Bad Aussee, allerdings erfolglos.

Kuriert wird sie erst 1995 – bei einer siebenmonatigen »Kur« im Hochsicherheitstrakt des Federal Detention Center in Miami. Das klingt zynisch, aber genau so hat sie es selbst nach ihrer Auslieferung nach Deutschland in einem Interview erzählt.

Frau Claudia hatte bei der Hochzeit Millionen mit in die Ehe gebracht, viel Geld, das Dr. Jürgen Schneider gut gebrauchen kann, als er sich 1981 selbständig macht. Zuvor hatte es heftigen Streit mit Vater Richard Schneider gegeben. Der alte Herr, Ehrensenator einer Technischen Hochschule, gab seinem Sohn Jürgen eine Mitschuld am Niedergang des Familienbetriebes Josef Kunz & Söhne. Das Bauunternehmen, 1863 in Frankfurt gegründet, hatte zu seiner besten Zeit fast tausend Mitarbeiter.

Als Jürgen Schneider die Geschäftsführung übernimmt, geht es mit der Firma bergab. Vater Richard, ein in der Baubranche stets hochgeachteter Mann, ist mit der Arbeitsweise seines Sohnes überhaupt nicht einverstanden: Jürgen kujoniert die Handwerker, Jürgen macht eigene Baustellen auf, treibt merkwürdige Bankgeschäfte hinter dem Rücken des Alten. Als die Konflikte eskalieren, steigt Jürgen Schneider aus. Einige Jahre später muß die Firma Josef Kunz & Söhne im 115. Jahr ihres Bestehens Konkurs anmelden. Sohn Jürgen setzt vor Gericht durch, daß ihm sein Anteil am sterbenden Familienbetrieb ausgezahlt wird. Der Vater kämpft vor Gericht dagegen – und verliert. Das hat der Senator seinem Sohn nie verziehen. Er enterbt seinen Ältesten, treibt Keile zwischen ihn und den »Schneider-Clan«. So verbietet der Vater dem Rest der Familie, an der Feier zu Jürgens 50. Geburtstag teilzunehmen. Die meisten halten sich daran. Als dann das Imperium seines Sohnes zusammenstürzt, äußert sich der damals 90jährige Vater zwar nur sparsam, aber drastisch: »Der Jürgen war und ist ein Lügenbeutel!«

Jürgen Schneider rechtfertigt vor allem sein rüdes Verhalten gegenüber Handwerkern und Zulieferbetrieben heute mit seinem »Vaterkomplex«.

Er habe sich – so erzählt er es sogar den Ermittlern – an den Mittelständlern »gerächt«, weil er gegen den übermächtigen Vater nicht ankam. Nach außen hin gab er sich stets als großzügiger, jovialer Bauherr, doch seine Knebelverträge waren berüchtigt. Lange Zeit hieß es in Handwerkerkreisen hinter vorgehaltener Hand, der »beste Schneider-Auftrag sei der, den man nicht angenommen habe«.

»Einen Hochstapler erkennt man leider erst, wenn es zu spät ist«, kommentiert der Frankfurter Planungsdezernent Martin Wentz die luftigen Geschäfte des Königsteiner Investors, als die Pleite ruchbar wird. Der SPD-Stadtrat hielt lange Jahre große Stücke auf Dr. Jürgen Schneider und freute sich – wie Oberbürgermeister Andreas von Schoeler – über die aufwendige Sanierung einstiger Prachtbauten der Mainmetropole.

»Ich bin ein Frankfurter Bub.«

Mit diesem Bekenntnis gibt sich Dr. Jürgen Schneider einen volkstümlichen Anstrich. Gerne erzählt er von der Maurerlehre, die er nach dem Abitur absolviert hat. Das gibt seinem Bildungsweg etwas sehr Solides, Bodenständiges. Ein Mann, der es gelernt hat, mit der Kelle umzugehen, gilt auf dem Bau als kompetent, als einer, der weiß, wovon er redet.

Zur cleveren Imagepflege gehört auch Dr. Schneiders Selbstdarstellung, nachzulesen in der »Edition Villa Andreae 1990«: »Als private Vermögensverwaltung verfolgen wir das Ziel, unser Vermögen sinnvoll einzusetzen. Von den Möglichkeiten, die sich hier eröffnen, haben wir uns schwerpunktmäßig für die entschieden, von der wir am meisten verstehen: das Bauen und Restaurieren von Häusern sowie deren Vermietung und Verpachtung.«

Die »Edition Villa Andreae 1990«, ein in dunkelblaues Leinen gebundenes Buch, umfaßt 69 Seiten, mit Hochglanzfotos von Schneiders schönsten Immobilien und einem Porträt des Ehepaars Claudia und Jürgen – sie sitzt im rosa Kostüm, er steht beschützend dahinter. Das aufwendige Werk wurde an Geschäftsfreunde verschenkt und potentiellen Geldgebern wie eine monumentale Visitenkarte überreicht.

Mit großer Geste philosophiert Schneider in seiner Edition über Urbanität und Stadtgestaltung.

Unter der Überschrift »Mittel und Wege zum Ziel« stilisiert er sich zum selbstlosen Retter der Altbauten hoch: »Was wir mit anderen privaten Bauherren gemeinsam haben, ist die langfristige Hypothekenfinanzierung unserer Häuser durch erste Adressen der Finanzwelt. Was uns unterscheidet, ist, daß wir nicht allein an Wertsteigerungen interessiert sind. Uns geht es vielmehr darum, Baudenkmäler zu erhalten und – durch den Bau neuer Häuser – einen zukunftsweisenden Beitrag zur Baukultur zu leisten. Hinzu kommt, daß wir das urbane Leben mitgestalten ... wollen.«

Wenn man diese Sätze heute liest, klingen sie heuchlerisch und allzu pathetisch. Doch damals bleibt die erhoffte Wirkung nicht aus. Mit seinem kaufmännischen Wahlspruch »Meine Projekte sind gesund und rechnen sich« gewinnt Dr. Jürgen Schneider vor allem das Vertrauen der mißtrauischen Banker.

Dr. Gerhard Czerwensky, Wirtschaftsjournalist und Finanzexperte, kennt Jürgen Schneider aus besseren Tagen, vor jenem mißlichen Datum im Mai 1995, als der Herr ohne Häuser und Toupet, in Shorts, T-Shirt und Handschellen abgeführt wurde. Czerwensky erinnert sich an die Zeiten der maßgeschneiderten Zweireiher, als er seine Erklärung für den Erfolg des Königsteiner Immobilienhändlers bei den Banken formuliert: »Das äußere Auftreten entspricht einem Edelmann, immer bestens gekleidet, beste Haarfrisur, sehr beherrscht in seiner Sprache. Schneider formuliert sehr gut, er kann gut reden, und vor allem: er entgleist nicht. Alles ist wohlüberlegt. Das mag natürlich bei den Vorstandsmitgliedern der Geldinstitute starken Eindruck gemacht haben, auch seine Persönlichkeit, nicht nur seine Objekte. Es waren ja alles Prestigeobjekte, und dazu paßte auch seine ganze Erscheinung und sein Auftreten, das alles roch nach Solidität.«

Czerwensky schmunzelt, als er weitererzählt: »Der Schneider war ja im Prinzip kein Lebemann, denn er hat ja mit den Frauen nicht so gewechselt und hat keineswegs einen so verschwenderischen Lebensstil geführt. Daß er so große Einladungen gegeben hat mit riesigen Galaessen, das eigentlich nicht. Da war er eigentlich immer sehr zurückhaltend. Er hat seine Freunde gehabt und gab da gute Veranstaltungen, aber daß die so aus dem Rahmen fielen, das kann man nicht sagen.«

Selbst besonnene Zeitgenossen hielten Schneider offenbar jahrelang für grundsolide und grundgut. Die meisten waren beeindruckt von seinem Charisma und schätzten seine charmante Dominanz.

Utz Jürgen Schneider, geboren am 30. April 1934 in Frankfurt, wächst in Frankfurt-Höchst auf. Er ist das älteste von insgesamt vier

Geschwistern. Das jüngste Kind der Familie verunglückt tödlich, gerade fünf Jahre alt, auf dem Gelände der elterlichen Villa. Jürgen Schneider hat noch zwei Geschwister, die zwei Jahre jüngere Schwester Ursula und den jüngeren Bruder Joachim, der nach dem Abitur Jura studiert und Rechtsanwalt wird. Obwohl Joachim einen Kopf größer ist als Jürgen, blickt er stets zu seinem älteren Bruder auf.

Äußerlich haben die beiden Männer wenig gemeinsam.

Dr. Jürgen Schneider, untersetzt, Bauch über dem Gürtel, Toupetträger mit goldener Halbmondbrille, ist nicht unbedingt der »Lagerfeld« der Immobilienwelt. Seine Hosen sind stets zu lang.

Bruder Joachim ist ein eher asketischer Typ, dunkle Haare, braune Augen mit Dackelblick. Als Jürgen Schneider sich selbständig macht, holt er seinen kleinen Bruder als Rechtsberater in die Firma.

Schon als Kind stand Jürgen dem Jüngeren zur Seite. Noch heute erzählt Joachim voller Bewunderung für den älteren Bruder gemeinsame Erlebnisse aus der Kinderzeit.

Zum elterlichen Anwesen gehörte auch ein riesiger Garten mit mehreren Gewächshäusern. Der strenge Vater hatte den Kindern verboten, dort herumzutoben. Doch für die beiden Buben waren gerade die Gewächshäuser ein magischer Anziehungspunkt für gefährliche Spiele und Abenteuer.

An einem Morgen, der Vater war in der Baufirma und Bruder Jürgen in der Schule, war für Joachim die Gelegenheit günstig. Heimlich schleppte der fünfjährige Bub eine kleine Leiter herbei und stieg auf das Glasdach. Beim Herumklettern trat er gleich mehrere Scheiben ein.

Als er den Schaden bemerkt, läuft er ängstlich davon. Ihm ist klar, daß es abends ein Donnerwetter geben wird, wenn der Vater die zerbrochenen Scheiben entdeckt. In seiner Verzweiflung beichtet er dem großen Bruder am Nachmittag, was er angestellt hat. Der schon damals wohl handwerklich begabte Jürgen geht professionell vor: Er begutachtet zunächst einmal den Schaden. Dann erklärt er sich bereit, das Glashaus zu restaurieren. In einem der anderen Gewächshäuser findet Jürgen ein paar Ersatzscheiben. Mit einem Hammer schlägt er die von Joachim angerichteten Scherben heraus und setzt die neuen Scheiben ein.

Der Vater erfährt nie von dem Schaden. Die Buben halten dicht.

Beide haben große Angst vor dem überaus strengen Vater, der vor allem Jürgen mit ungewöhnlicher Härte erzieht.

So verbietet Senator Richard seiner Frau und der Tante, die mit in der Familie in Frankfurt-Höchst lebt, den Kindern je irgendwelche Geldgeschenke zu machen. Nur Sachgeschenke sind erlaubt – bescheidene, versteht sich. Die unverheiratete Tante, Schwester der Mutter von Jürgen Schneider, hält sich nicht an das Gebot des Senators. Heimlich frischt sie gelegentlich das Taschengeld der Kinder auf, hilft ihnen auch, wenn es gilt, Lausereien vor dem Familienoberhaupt zu verbergen.

Joachim Schneider hat uns die Geschichte vom Glashaus im Mai 1995 erzählt, zu einem Zeitpunkt, als sein Bruder Jürgen schon mehr als ein Jahr verschwunden war und zu Hause einen riesigen Scherbenhaufen hinterlassen hatte. Wir haben unsere wahre Freude an der Geschichte.

Begeistert analysieren wir sie nach Art der »Hobbypsychologen«. Sofort entdecken wir in diesem Bubenstreich des Jürgen Schneider bereits alle Bestandteile eines lebenslangen Handlungsmusters. Das Gewächshaus steht hier natürlich symbolisch für historische Prachtbauten, die unbedacht beschädigt werden. Doch dann kommt der Retter, ein Mann, der sich auskennt, der weiß, wo man die richtigen Materialien beschafft und wie man sie einsetzt. Nach dieser Meisterleistung erstrahlt das Gebäude in neuem Glanz, und keiner fragt mehr, wie das möglich war, denn das Ergebnis ist perfekt.

Erstaunlicherweise, das ist uns schon bei Bruder Joachims Erzählung aufgefallen, hat Jürgen Schneider seinen 5jährigen Bruder seinerzeit nicht mit Taschengeldforderungen zur Kasse gebeten, sondern das Dach umsonst repariert. Doch wie wir jetzt wissen, sollte der Grundschüler Jürgen in diesem Punkt noch erheblich dazulernen.

Auch später hat Joachim Schneider vom Geschick seines großen Bruders profitiert. Wenn es Jürgen Schneider geschäftlich ins Konzept paßte, hat er seinem kleinen Bruder als Anwalt auch Vollmachten für ganz große Abschlüsse erteilt. Joachim hat Jürgen stets bedingungslos vertraut.

Doch das beruhte nicht auf Gegenseitigkeit. Dr. Jürgen Schneider hat seinen naiven Bruder in wirklich wichtige Pläne kaum eingeweiht.

Aus heutiger Sicht gesehen ein Glück für Bruder Joachim. Denn bei den Vernehmungen des Bundeskriminalamtes kann er sich eigentlich ganz gut aus der Schlinge ziehen, indem er mühelos nachweist, daß er wirklich nicht viel gewußt hat.

Bruder Joachim hat wohl nicht daran gezweifelt, daß der Reichtum des Älteren redlich erworben war. Für ihn war Jürgen Schneider nur der überaus fleißige Bauunternehmer, der schon morgens um halb sechs am Schreibtisch saß und erst dann nach Hause ging, wenn alle anderen schon stundenlang Feierabend hatten. Schneiders Blendwerk hat selbst im Familienkreis gewirkt. Nur der gestrenge Vater läßt bis heute kein gutes Haar an seinem Sohn. Seine erzieherische Härte, mit der er aus dem Ältesten einen bodenständigen Bauunternehmer machen wollte, ist ins genaue Gegenteil umgeschlagen. In seinem Ehrgeiz, dem Vater außergewöhnliche Leistungen zu präsentieren, verliert Jürgen Schneider schon früh und fast unbemerkt den Boden unter den Füßen. Seine zunächst legalen Tricks, mit denen er die Handwerker auspreßt, degenerieren im Laufe der Jahre zu kriminellen Machenschaften.

Der Darmstädter Architekt Striegel, der gemeinsam mit seinem Partner, Architekt Prof. Dr. Rüdiger Kramm, für Schneider die »Zeil-Galerie« geplant hat, nannte den Bauunternehmer einmal den »Volksschauspieler Nummer eins«.

Jürgen Schneider inszenierte eine Erfolgsshow mit sich selbst als Hauptdarsteller. Zu seinen Requisiten gehörten das Echthaartoupet, zwei Body-guards, Mercedes mit Fahrer und eine zum Schloß aufgemotzte Villa mit vergoldeten Zaunspitzen.

Das großbürgerliche Layout seines Lebensstils machte Schneider durch sein künstlerisches Mäzenatentum perfekt. So trat er unter anderem als förderndes Mitglied der Konzertgesellschaft München e.V. auf und unterstützte herausragende junge Künstler bei der Gestaltung ihrer Karriere.

Dem »Bub vom Bau« war Kunstförderung offenbar wichtig, eine Attitüde, die bei vermögenden Konservativen zum Selbstverständis gehört.

Damit sein Name in den entsprechenden Kreisen auch deutlich genannt wurde, stiftete Schneider auch in Leipzig einen jährlichen Kunstförderpreis von 50000 Mark.

In Darmstadt gründete er 1987 die Dr. Jürgen Schneider-Stiftung, eine Gesellschaft zur »nachhaltigen Förderung einer zukunftsorientierten ökosozialen Marktwirtschaft«. Im Vorstand der Stiftung, in Beirat und Kuratorium: politische Prominenz und Hochschulkapazitäten, wohin das Auge blickt. Mit dabei sind der hessische Finanzminister Ernst Welteke, der Vorsitzende der Deutschen Gesellschaft für Baurecht e. V., Prof. Dr. Wolfgang Heiermann, und Helmut Böhme, Präsident der Technischen Hochschule Darmstadt. Die Dr. Jürgen Schneider-Stiftung sollte junge Unternehmer gezielt und unbürokratisch bei der Realisierung ihrer Pläne unterstützen.

Dazu vergab die Stiftung unter anderem den »Hessischen Preis der Graphischen Datenverarbeitung«, der international zu einer tatsächlich beachteten Auszeichnung avancierte.

Außerdem hat die Dr. Jürgen Schneider-Stiftung auch einen Förderpreis für angewandte Nachrichtentechnik verliehen, veranstaltete PC-Foren und Umweltsymposien, organisierte eine Technologie-Transfer-Börse und Round-table-Gespräche mit mittelständischen Unternehmen. Die gesamte Arbeit dieser Stiftung lag allerdings nicht bei Schneider, sondern wurde vom Halbbruder seiner Frau Claudia, Professor Dr. Michael Zacharias geleitet. Doch bei Preisvergaben stand Jürgen Schneider natürlich oft am Podium und damit im Mittelpunkt.

Der Milliarden-Jongleur hat bei der Inszenierung seines Images nichts vergessen. In einer wohlgestalteten Kulisse gaukelte er so ziemlich allen – den Banken, den Politikern und sämtlichen Geschäftspartnern – etwas vor.

Eine marginale Ausnahme: der prominente Banker Walter Seipp, Aufsichtsrat der Frankfurter Commerzbank. Er wohnt ebenfalls in Königstein, ein paar Häuser von der Villa Andreae entfernt. Ihm war der hohe schmiedeeiserne Zaun mit den vergoldeten Spitzen rund um die Schneider-Zentrale in wahrsten Sinne des Wortes »ein Dorn im Auge«.

Als der »Spiegel« im April 1994 über die Immobilienpleite berichtet, sagt Walter Seipp im Interview: »So etwas macht man als solider Unternehmer einfach nicht.« Mit seiner Abneigung gegen Protz und einem sicheren Stilgefühl bewahrte Walter Seipp die Commerzbank vor größerem Schaden: Während andere Milliarden gaben, lieh seine Bank Schneider »nur« 130 Millionen Mark.

Schlüsselerlebnisse in der Steiermark

»Unser soziales Ziel eines hohen Lebensstandards verwandelt den Trieb nach Selbstachtung in einen Trieb, hochqualifizierte Güter zu bekommen.«

(Jürgen Schneider in seiner Dissertation, Graz 1962)

»Das Baugewerbe führt aber kein Eigenleben, sondern ist Teil der Gesamtwirtschaft, mit der es gebend und nehmend verbunden ist«, sinniert der Diplomingenieur Jürgen Schneider in Kapitel 3 seiner Inaugural-Dissertation, die er 1962 an der Karl-Franzens-Universität in Graz vorlegte.

Dreißig Jahre später hat er offenbar erkannt, daß er in seinem Gewerbe nur dann erfolgreich ist, wenn er der Gesamtwirtschaft, insbesondere dem Kreditwesen, *nehmend* verbunden ist.

Daß er in Österreich promoviert hat, hat Jürgen Schneider immer verschwiegen. Das Studium in Österreich hatte in den sechziger Jahren noch den Beigeschmack des Seichten, ein Doktortitel der Alpenrepublik war hierzulande nicht besonders viel wert.

Vielleicht hat Schneider deshalb lediglich sein Studium an der Technischen Hochschule in Darmstadt stets stolz erwähnt. So entstand in der Öffentlichkeit der Eindruck, Schneider verdanke auch seinen Doktortitel dieser Hochschule.

Tatsächlich hat er wohl einige Vorlesungen und Seminare der rechts- und staatswissenschaftlichen Fakultät der kleinen Universität in der Steiermark besucht. Geschickt gelang es ihm dann, ein Promotionsthema zu ergattern, das ihm nicht nur aus dem vorhergegangenen Ingenieurstudium an der Technischen Hochschule in Darmstadt vertraut war, sondern ihm auch im Alltag ganz nahe stand.

Und so beschreibt Jürgen Schneider unter der dreigeteilten Überschrift »Lohnpolitik – Konjunktur – Inflation« Beobachtungen auf dem Bausektor als Schlüsselindustrie. Im Vorwort merkt er an, daß er »durch seine Tätigkeit als Bauingenieur viele Anregungen zu dieser Arbeit« erhalten habe.

Das bedeutende theoretische Frühwerk des Jürgen Schneider findet sich heute noch in der Universitätsbibliothek Graz.

Es umfaßt insgesamt 215 Seiten Schreibmaschinentext mit sehr breitem Korrekturrand. Gelegentlich sind kleine Tabellen eingefügt, die liebevoll mit Buntstift auf rotem Millimeterpapier gezeichnet wurden. Das Literaturverzeichnis belegt auf zehn Seiten, daß Jürgen Schneider sich sowohl mit Georg Leber als auch mit Adolf Weber, mit Marx und vor allem John Maynard Keynes beschäftigt hat.

In seinem Bestreben, mit möglichst viel Fachkompetenz zu beeindrucken, kommt er zu erstaunlichen wissenschaftlichen Erkenntnissen: »Das Baugewerbe vergibt Aufträge, weil es solche erhalten hat.« Ergriffen schreibt er seinem eigenen Gewerbe ganz ungewöhnliche Fähigkeiten zu: »Seine Strahlungskraft erstreckt sich nicht nur unmittelbar auf die der Bauwirtschaft benachbarten Gewerbezweige.«

Der junge Schneider erweist sich in seiner Dissertation als glühender Anhänger eines staatlichen Dirigismus, dessen Nachteile er sieht, aber für beherrschbar hält. Um sie klein zu halten, fordert er etwas, das in seinem späteren Leben eine besondere Rolle spielen wird: Gutachter.

Daß sich der aus gutbürgerlichem Hause stammende Doktorand ausgerechnet für staatlichen Dirigismus in der Wirtschaft ausspricht, ist eigentlich überraschend. Diese Wirtschaftstheorie, von J. M. Keynes entwickelt, wurde später vom sozialdemokratischen »Superminister« Professor Dr. Karl Schiller als antizyklische Investitionspolitik erfolgreich angewandt.

Einen üblen Fehlgriff leistet sich Doktorand Jürgen Schneider in seiner Beschreibung »herausragender historischer Beispiele für staatliche Interventionspolitik«. Schneider beweist damit, daß er den tatsächlichen Sinn keynesianischer Lenkungsstrategie nicht begriffen hat und auf eine sehr deutsche Art interpretiert. Er findet sein herausragendes historisches Beispiel im Engagement der Bauwirtschaft nach der Machtergreifung der Nationalsozialisten im Jahr 1933.

Auf Seite 27 seiner Doktorarbeit heißt es: »Das Baugewerbe trug in den Jahren 1933 bis 1938 sicherlich in besonderem Maße zur Überwindung der Wirtschaftskrise bei, aber damals wich seine Struktur noch wesentlich von seiner heutigen ab.«

Neben derartigen historischen und wirtschaftspolitischen Entgleisungen finden sich beim jungen Schneider auch psychologisierende Ausführungen.

Über Seiten hinweg entwickelt er eine Art »Triebtheorie«, die erläutern soll, warum Menschen im Bauhauptgewerbe Profit machen. Dabei stützt er sich auf einen britischen Theoretiker, den er ausgiebig zitiert: »Unser soziales Ziel eines hohen Lebensstandards verwandelt den Trieb nach Selbstachtung in einen Trieb, hochqualifizierte Güter zu bekommen. Die Möglichkeit der sozialen Mobilität und die Anerkennung einer Aufwärtsbewegung als ein soziales Ziel verändert den Trieb nach Selbstachtung in einen Trieb nach hohem sozialem Status. Da jedoch ein hoher sozialer Status die Aufrechterhaltung eines hohen Konsumstandards erfordert, ist der Trieb wieder in einen Trieb, hochqualifizierte Güter zu erhalten, verwandelt.«

Und so hat sich Jürgen Schneider – erzählt uns Bruder Joachim – immer gerne an seine Grazer Zeit erinnert, an die romantischen Spaziergänge auf dem Grazer Schloßberg, Arm in Arm mit seiner Jugendliebe Angelika unter blühenden Kastanien. Abends saßen die beiden jungen Leute im »Krebsenkeller«, einem beliebten Studentenlokal, aßen Gulaschsuppe und tranken frischen Veltiner.

Angelika machte sich damals in der Steiermark große Hoffnungen, einmal als Ehefrau eines frischgebackenen Doktors nach Frankfurt zurückkehren zu können. Sie war ihrem Jürgen nach Graz gefolgt, hatte die »Ehe auf Probe« aus ihrer Sicht gut bestanden.

1963 kehrt Jürgen Schneider nach Frankfurt zurück, jetzt stolzer Doktor. Er hat es seinem Vater gezeigt: er ist kein Versager, er hat sein Studium erfolgreich abgeschlossen. Als Bauleiter tritt er in die elterliche Firma Kunz & Söhne ein. Wenig später übernimmt er auch die Leitung der Schlosserei. Anfang der siebziger Jahre überläßt Vater Richard Schneider seinem damals knapp vierzigjährigen Sohn die gesamte Auftragsbeschaffung der damals florierenden Baufirma. Ein winziges Zugeständnis des Senators an seinen Ältesten, der auf die wirkliche Anerkennung immer noch wartet. Erst 1977 – Jürgen Schneider ist jetzt 43 Jahre alt – ernennt ihn der alte Herr zum Mitgeschäftsführer der Firmen Kunz & Söhne. Das ist für den ehrgeizigen und geltungssüchtigen Dr. Jürgen Schneider eigentlich viel zu spät. Und so nutzt er Hals über Kopf die Chancen, die sich ihm endlich bieten. Er vernachlässigt die Baustellen und steckt statt dessen die Finger ins Immobiliengeschäft. Immer wieder kommt es deshalb zum Streit zwischen Vater und Sohn. Auf reichlich Krach folgt schließlich die Trennung.

DIE FIRMA

Aufstieg mit dem »Goldenen Kreuz«

»Pleite hin, Pleite her. Was der Schneider gebaut hat, mit dem verlorenen Geld, das bleibt.«
(André Kostolany am 19. April 1994 im ZDF)

Am 31. März 1981 macht sich Jürgen Schneider selbständig. Mit seinem ersten Projekt, dem »Goldenen Kreuz« in Baden-Baden, landet der Investor – wie sich Schneider von jetzt an gerne nennt – gleich einen großen Treffer. Finanziert wird dieses Projekt von der Deutschen Bank, Filiale Baden-Baden. Das »Goldene Kreuz«, ein imposantes Ensemble aus dem Jahre 1890, liegt im Zentrum des Weltbades, direkt am Kurpark der Stadt.

Das historische Gebäude beherbergt heute Wohnungen und Büros in den oberen Stockwerken und die Ladengalerie Augusta-Arcaden mit eigener Tiefgarage zu ebener Erde. Ein italienisches Restaurant im sonnigen Innenhof gibt dem »Goldenen Kreuz« einen mediterranen Charakter.

Schneider kauft das restaurierungsbedürftige Gebäude Anfang der achtziger Jahre, mit seinem ersten großen Kredit.

Das »Goldene Kreuz« stellt ihn vor eine besonders schwierige architektonische Herausforderung. Das Dach, dessen prächtige Kuppeln und Türme teils verfallen, teils nicht mehr erhalten waren, mußte nach alten Zeichnungen und Plänen neu errichtet werden. Schneider ist nichts zuviel und nichts zu teuer.

So läßt er das früher 80 Zentimeter hoch liegende Erdgeschoß auf Bürgersteighöhe absenken – eine bautechnische Meisterleistung.

In 14 Monaten Bauzeit machte Schneider aus einem stark lädierten Altbau wieder die »feine Adresse« Baden-Badens. Auffälligste Besonderheit des hundertjährigen Prachtbaus ist die reichgegliederte, denkmalgeschützte Fassade.

In seiner »Edition Villa Andreae 1990« schwärmt Schneider von seinem ersten Meisterwerk: »Mit der Restaurierung des ›Goldenen Kreuzes‹ ist es gelungen, ein bedeutendes Kulturdenkmal zu bewahren. Außerdem wurde damit gezeigt, daß es dank einer durchdachten Konzeption auch wirtschaftlich interessant sein kann, traditionsreiche Bausubstanz aufzuarbeiten und zu neuer Funktionalität zu führen.« Die Kapitelüberschrift dieser hochfliegenden Ausführungen hat prophetischen Charakter: »Eine Investition, die sich auszahlt« nennt Schneider sein »Goldenes Kreuz« und sollte damit zunächst recht behalten.

Die Verbindung zur Deutschen Bank, Filiale Baden-Baden, ist für ihn der Beginn einer »wunderbaren Freundschaft«. Mit dem »Goldenen Kreuz« im Rücken kann Schneider nun gut renommieren. Die außerordentlich gelungene und auch wirtschaftlich erfolgreiche Renovierung ist für Schneider eine Art Schlüssel zum Erfolg.

Obwohl sein Ruf durch die Pleite des elterlichen Betriebs leicht lädiert ist, engagiert er sich nun auch wieder in seiner Heimatstadt Frankfurt.

Der unaufhaltsame Aufstieg des Dr. Jürgen Schneider beginnt. Innerhalb von zehn Jahren gelingt es ihm, mehr als fünfzig Banken von seiner Seriosität zu überzeugen und Milliardenkredite zu bekommen.

Jürgen Schneider hat seine Prunkstücke in ganz Deutschland eingekauft, oft außerordentlich edle und teure Objekte. Ihm gehörten Häuser in Baden-Baden, München, Heidelberg, Nürnberg, Offenbach, Wiesbaden, Frankfurt, Hamburg, Berlin und Leipzig.

Für Schneider waren die wenigen erhaltenen historischen Fassaden weit mehr als nur ein Blickfang. Für ihn waren sie Zeugen der Architekturgeschichte und einmalige Denkmäler städtischer Kultur.

Mit seiner Arbeit hat er zunächst sehr engagiert versucht, diesem Anspruch gerecht zu werden.

Bei seinen aufwendigen Restaurierungen hat er die historischen Fassaden stets erhalten oder sie, wenn nötig, nach alten Plänen, Fotos oder Zeichnungen in vollem Umfang rekonstruiert.

Die Häuser waren oft in miserablem Zustand und mußten von eher wertloser Baumasse befreit werden. Beim Aufbau des Gebäudeinneren nutzte Schneider modernste Bautechnik und verarbeitete zeitgemäße Baustoffe, ohne dabei den Bezug zur historischen Substanz zu verlieren.

In seiner »Edition Villa Andreae 1990« erläutert er seine Bauphilosophie, die jedoch ohne gewissen Zutaten offensichtlich nicht realisierbar war: »Das erfordert Geduld, Geschick und Geld ... Denn es gilt, sowohl das richtige Material als auch die zur Bearbeitung notwendigen Fachleute zu finden. Wir gehen dafür weite Wege. Zum Beispiel nach Frankreich, um einen ganz bestimmten Sandstein zu finden. Oder nach Belgien, um dort Beschläge in alten Originalformen gießen zu lassen. Oder nach Wien, wo die jahrhundertealte Kunst des Lüsterbauens – zumindest in einer Werkstätte – noch immer gepflegt wird. Trotz des hohen Aufwands, den wir bei der Restaurierung betreiben, geht die Rechnung gut auf.«

Rund 200 Millionen Mark hat Jürgen Schneider in den Frankfurter »Fürstenhof« gesteckt und damit eine seiner aufwendigsten Sanierungen gewagt.

Um die Jahrhundertwende beherbergte der »Fürstenhof«, ein riesiger Bau in der Frankfurter Gallusanlage, wenige Schritte vom Bankenviertel entfernt, zunächst das »Palast«-Hotel, später das »Esplanade« und in den fünfziger Jahren das legendäre Cafe »Rumpelmayer«.

Den ehemaligen Prachtbau, der inzwischen ziemlich heruntergekommen war, kaufte Schneider im »Sonderangebot« für 48 Millionen Mark.

Die Schneidersche Sanierung des »Fürstenhofs« war selbst für die an gigantische Baustellen durchaus gewöhnten Frankfurter ein echtes Erlebnis.

Während der Bauphase stützte eine 1000 Tonnen schwere Stahlkonstruktion die komplette denkmalgeschützte Fassade. Das Vestibül und Treppenhaus des ehemaligen Hotels wurde ebenfalls durch eine komplizierte Stahlkonstruktion abgesichert.

Der gesamte Gebäudekern wurde entfernt. Zeitweise erinnerte die Baustelle an ein potemkinsches Dorf.

Die stahlgeschützten Reste des ursprünglichen Hauses standen in einer 16 Meter tiefen Baugrube, die Platz für ein neues Parkhaus mit zwei Tiefebenen bieten sollte. Hinter den historischen Fassaden zog Schneider einen modernen Büro- und Ladenkomplex hoch.

Beim Innenausbau des »Fürstenhofs« erinnert Schneider an das historische Original, indem er mit hochwertigen Marmormosaiken, stilgerechten Säulen- und Treppenaufgängen den alten Glanz des vornehmen Gebäudes wieder erstrahlen läßt.

Sahnehäubchen auf dem architektonischen Meisterwerk ist eine mehrgeschossige Dachkonstruktion aus Glas.

Fast zwei Jahre lang haben Frankfurter und Hamburger Architekten für Schneider am »Fürstenhof« gebaut. Als die Arbeiten 1992 abgeschlossen werden, gilt der Fürstenhof als gelungene Synthese zwischen modernster Bautechnik und historischer Substanz. Und während die Stadt Frankfurt Dr. Jürgen Schneider noch als Denkmalschützer »par excellence« feiert, hat er das Gebäude schon vor der Fertigstellung an die japanische Investmentgruppe Kowa verkauft.

Anfang der neunziger Jahre hatte sich der »Herr der Schlösser« in die Niederungen des sozialen Wohnungsbaus begeben. Im Frankfurter Stadtteil Bonames will er beweisen, daß trotz unzureichender öffentlicher Finanzierungsprogramme in den Ballungsgebieten, trotz steigender Bodenpreise und Baukosten attraktive soziale Wohnformen möglich sind.

Schneider baut in Bonames rund 100 Sozialwohnungen, die in der Presse wegen der ökonomischen Baustruktur, der »umweltbewußten Bauweise« und der »ökologischen Konzeption« als »Mustersiedlung« gefeiert werden.

Bei seinen Neubauten arbeitet Schneider meist mit demselben Darmstädter Architekturbüro zusammen, und hier vor allem mit einem der Partner, dem Architekten Prof. Dr. Rüdiger Kramm, der auch die postmoderne »Zeil-Galerie« konzipierte.

1988 eröffnet Schneider in Nürnberg ein architektonisches Vorzeigeobjekt, das Fachmarkt-Zentrum »Maximum«.

Jürgen Schneider hat hier nach eigenen Angaben 50 Millionen Mark investiert, obwohl er zunächst nur 30 Millionen ausgeben wollte.

Das »Maximum« hält Schneider für eine seiner Meisterleistungen auf dem Gebiet der neuzeitlichen Architektur.

Daher widmet er in seiner »Edition Villa Andreae 1990« dem Nürnberger Einkaufszentrum ein ausgiebiges Plädoyer für die Moderne und beschreibt zugleich, wie sein Architekt für ihn aus einem schwierigen Grundstück das Maximum herausgeholt hat: »Schräg gegenüber dem Germanischen Museum, parallel zur Fußgängerzone und von dort an beiden Seiten mit wenigen Schritten zu erreichen, befindet sich mitten in Nürnberg ein Grundstück, dessen Maße man beim besten Willen nicht ideal nennen kann: auf 163 Metern Länge verläuft es zwischen der Dr.-Kurt-Schumacher-Straße und der Frauengasse. Dreiundzwanzig Meter breit ist der Anteil an der Färberstraße, einunddreißig Meter sind es in Richtung Kornmarkt.«

Begeistert schildert Schneider, wie Architekt Kramm auch das Problem dieser schmalen Schlucht in den Griff bekam. Die Fassade des »Maximums« wurde nämlich geschickt in verschiedene Zonen aufteilt. Am Eingang zur Färberstraße hin hat das Haus ein offenes Glasdach mit einer Verbindung zur Stahl-Glas-Konstruktion an der Seite des Kornmarkts.

Das Innere des Fachmarktzentrums ist konzipiert wie eine offene

Bühne. Auf fünf Ebenen befinden sich noble Geschäfte und Büros, die einem knapp achtzehn Meter hohen Wasserfall zugewandt sind. Über dem Scheitelpunkt dieses nassen Spektakels fällt das Tageslicht in die Verkaufsflächen, denn natürlich wurde auch beim »Maximum« Glas in Hülle und Fülle verbaut.

Das »Maximum« wird von der Nürnberger Bevölkerung und den zahlreichen Touristen gut angenommen. In Spitzenzeiten, so will Schneider ermittelt haben, wird eine Publikumsfrequenz von bis zu 10 000 Besuchern erreicht.

Ein ähnlich erfolgreiches modernes Einkaufszentrum ist die »Passage am Marktplatz« – das PAM – in Offenbach. Auf 6500 Quadratmetern finden 60 Geschäfte in der Einkaufsgalerie mit Tiefgarage einen attraktiven Standort. Wie bei allen Neubauten aus dem Hause Schneider wurde auch hier nicht an Glaskuppeln gespart.

Im hohen Norden, in Hamburg, hat Schneider gezielt Nobelobjekte eingekauft, darunter das ehemalige Gebäude der Vereins- und Westbank an den Colonnaden, für 100 Millionen Mark das Robinsonhaus, den Hanse-Merkur-Bau im Einkaufswert von 35 Millionen Mark, und für das Fahning-Haus hat Schneider 84 Millionen Mark bezahlt.

Dieses denkmalgeschützte Haus, das von den Alsterarkaden, der Schleusenbrücke und dem neuen Wall gesäumt wird, wollte Schneider – ähnlich wie den Frankfurter »Fürstenhof« – total entkernen und durch vier Stockwerke in die Tiefe erweitern. Das restaurierte Gebäude – so hatte es sich Schneider vorgestellt – sollte dann an Geschäftsleute und Ladenbesitzer vermietet werden.

Das Modehaus »Fahning« war ursprünglich im Jahre 1893 von den Brüdern Isidor und Benno Hirschfeld als Konfektionsgeschäft gegründet worden. 1933 entzogen die Nationalsozialisten den jüdischen Besitzern die Befugnis zur Geschäftsführung.

Nach dem Ende des Zweiten Weltkrieges verkauften die Erben von Bruder Isidor ihren Anteil an Franz Fahning, während die Hirschfeld-Erben ihren 50prozentigen Anteil weiter behielten. Ende 1991 verkaufte Fahning seinen Anteil an Jürgen Schneider, der sich daraufhin bemühte, den ganzen Komplex zu erwerben.

Mit einem trickreichen Geschäftsmanöver, das Hans Hirschfeld später mit den bitteren Worten kommentiert: »Das war die zweite Enteignung, allerdings legal«, führt Schneider vor dem Amtsgericht Hamburg eine Zwangsversteigerung herbei. Hans Hirschfeld schildert, daß es zuvor nur eine einzige Begegnung mit Schneider gegeben habe. Dabei habe Schneider ihm zugesagt, daß er bei einem Bietpreis von 56 Millionen Mark aussteigen werde.

Am Tag der Versteigerung hielt Schneider sich an diese Absprache. Hirschfeld bot bis 82 Millionen Mark weiter mit, mußte sich aber dann geschlagen geben, weil eine holländische Firma bei 85 Millionen den Zuschlag bekam. Wie sich später herausstellte, hat Schneider bei dieser Versteigerung Hans Hirschfeld regelrecht vorgeführt.

Denn die holländische Firma »Beright BV« war eine Briefkastenfirma des Dr. Jürgen Schneider aus Königstein.

Besonders edel und dementsprechend teuer eingekauft hat Jürgen Schneider in Berlin. Für 120 Millionen Mark erwarb er die ehemalige französische Botschaft »Unter den Linden 40«, außerdem das sogenannte »Ranke-Eck« zu einem Preis von 110 Millionen Mark. 1992 kaufte er mit Hilfe der Norddeutschen Landesbank das Gebäude Tauentzienstraße 7b. Dieser Kredit über 131 Millionen wird – wie sich später herausstellt – genau der »Tropfen« sein, der das Faß zum Überlaufen bringt.

Die teuersten Bauruinen ließ Jürgen Schneider in München und Wiesbaden zurück.

»Wieviel Wahrheit in einem Märchen stecken kann, zeigt sich zur Zeit am Wiesbadener Kochbrunnen – und Kranzplatz, wo bereits alle Vorbereitungen laufen, um den wilhelminischen Prachtbau des Hotel ›Rose‹ aus seinem langjährigen Dornröschenschlaf zu erwecken«, fabuliert Schneider in seiner »Edition Villa Andreae 1990« unter der Titelzeile »Über die kommende Blüte Wiesbadens«. Schneider erwarb zunächst die Nachbargrundstücke, die an den Hotelbau grenzten, und ließ – wie üblich – alle stilfremden Anbauten aus den fünfziger Jahren abreißen.

Es war geplant, das klassizistische Hotel im Sinne seiner ursprünglichen Gestaltung zu restaurieren, aber auch von Grund auf zu modernisieren.

Im Inneren der »Rose« sollte eine bis hinauf zum Glasdach offene, lichtdurchflutete Halle entstehen, die später als stilvoller Rahmen für kulturelle Veranstaltungen genutzt werden sollte. Wenige Schritte von dieser Halle entfernt waren ein »Gourmet«-Restaurant, eine Cocktail-Lounge und neukonzipierte Bankett- und Konferenzräume geplant, daran anschließend – so sah es die hochfliegende Konzeption vor – ein glasüberdachter Rosengarten mit Cafés.

Auch das Hotel »Rose« sollte – wie die meisten Schneider-Projekte – unterirdisch höchsten Komfort bieten.

Bauherr Jürgen Schneider stellte sich hier ein elektronisches Parksystem vor, das auf nur zwei Ebenen weit über hundert Fahrzeuge aufnehmen sollte, die auf einer Art Laufband selbsttätig rangiert und bei Bedarf innerhalb kürzester Zeit wieder zur Ausfahrt bereitgestellt werden.

Da das Hotel ein gesichertes Zugriffsrecht auf das Heilwasser des Wiesbadener Kochbrunnens hat, sollte der restaurierte Thermalbereich mit unterirdischen Ergänzungen zeitgemäß ausgebaut werden. Ein Health-Club mit Fitneß-Center sowie eine Beauty-Farm waren geplant.

Der Deutschen Bank versprach Schneider beim Erwerb des Hotels, die aufwendige Konzeption auf einer Fläche von 23 000 Quadratmetern in 18 Monaten Bauzeit zu verwirklichen, und schwärmte: »Einladend werden auch die herrschaftlichen Zimmer und Galerie- und Maisonettesuiten sein. Zunächst werden ihre stuckverzierten Decken, das elegante Parkett, die reichverzierten Türen und Beschläge sowie die mit Marmor und prächtigen Fliesen verkleideten Bäder restauriert. Anschließend wird mit moderner Haustechnik, schallgedämmten Fenstern und einer stilvollen Einrichtung ein neuer Komfort in die Zimmer einziehen.«

Doch so weit sollte es unter Schneiders Ägide nicht mehr kommen. Nach seiner Pleite übernimmt die Deutsche Bank das Hotel »Rose«, bezahlt die Handwerker und läßt alle Arbeiten, die ohne Nutzer zu erledigen sind, abschließen. Im April 1996 wird diskutiert, ob man die »Rose« künftig ausschließlich als Hotel weiterführen will oder das Gebäude – wie früher schon einmal geschehen – als »Seniorenresidenz« nutzen könnte.

Der hessische Landeskonservator Gottfried Kiesow, dessen Augenmerk weniger der wirtschaftlichen Nutzung des Hauses als den Auflagen des Denkmalschutzes gilt, lobt Jürgen Schneider bis heute. »Ich habe lange Jahre sehr gut mit ihm zusammengearbeitet«, sagt Kiesow, »und er hat die Gebäude stets vorbildlich restauriert. Schneider konnte für Objekte gewonnen werden, die niemand sonst gewollt hat. Er hat sich für die schönen, alten Bauwerke wirklich engagiert.«

Mehr als 100 Millionen Mark wollte Jürgen Schneider in den Umbau, die Renovierung und Gestaltung des »Palais am Lenbachplatz« in München investieren. Er kauft das riesige Gebäude 1987 für mehr als 70 Millionen Mark und gewinnt einen prominenten Architekten für seine Pläne, den Münchner Alexander Freiherr von Branca.

Das Palais liegt direkt neben der Bayrischen Börse am Lenbachplatz. Es wurde 1889 von den Architekten Professor Thiersch und Professor Martin Dülfer erbaut und beherbergte den weltberühmten Kunsthandel der Familie Bernheimer.

Dr. Jürgen Schneider ist stolz darauf, daß die Familie Bernheimer ausgerechnet ihm ihr Stammhaus verkauft hat. »Ein Objekt von solchem Wert gibt man nicht unüberlegt in fremde Hände«, sagt er damals und nimmt es als Bestätigung seines sachgerechten Umgangs mit historischen Gebäuden. In München war man seinerzeit begeistert von Schneiders Konzept für das Palais, obwohl besonnene Stadtväter sich vor den unterirdischen Arbeiten fürchteten, die Schneider auch am Lenbachplatz eingeplant hatte: Mit bergmännischer Unterbauung sollte eine Anbindung des Standortes an das Münchner Verkehrssystem geschaffen werden.

Überirdisch, so schien es, war alles wohlüberlegt: Der im Krieg zerstörte Dachturm des Palais sollte nach Originalplänen rekonstruiert werden, außerdem war geplant, den Renaissance-Innenhof mit einer Glasüberdachung zu versehen.

Für die oberen Etagen sahen die Architektenpläne luxuriösen Büroraum mit je 250 bis 500 Quadratmeter großen Fluchten für Konsulate, Anwälte, Banken oder vergleichbare Mieter vor.

Das »Palais am Lenbachplatz« sollte – so hatte es Schneider in seiner »Edition Villa Andreae 1990« beschrieben – wieder zum gesellschaftlichen Mittelpunkt Münchens werden: »In bester Verkehrslage und nur wenige Schritte von den Banken und Hotels im Zentrum entfernt, wird hinter der denkmalgeschützten und komplett restaurierten Fassade am Lenbachplatz eine eigene Welt entstehen, die man, von Glaskuppeln geschützt, immer wieder neu entdecken kann.

Springbrunnen, Pflanzen und Skulpturen werden ihren Teil dazu beitragen, dem Renaissance-Innenhof, der sich dem Besucher hier öffnet, ein ganz besonderes Flair zu verleihen. Denn es genügt uns nicht, eine Tradition zu übernehmen. Wir möchten sie auch in ihrer Vielfalt und ihrem Anspruch zeitgemäß fortführen.«

Was von diesen hochfliegenden Plänen im April 1994 nach dem Zusammenbruch des Schneider-Imperiums übrigblieb, war eine Luxusruine, die seitdem in einer »abgespeckten« Form von der BANA-Beteiligungsgesellschaft, einer reinrassigen Tochter der Deutschen Bank, zu einem Einzelhandels- und Bürohaus fertiggestellt wird – ohne U-Bahnanschluß, ohne Glasdächer.

Innerhalb von dreizehn Jahren war es Dr. Jürgen Schneider gelungen, ein milliardenschweres Imperium aufzubauen. Er besaß edelste Immobilien, verschiedene Aktiengesellschaften, Firmen in ganz Europa und in Übersee.

Der »Frankfurter Bub« war hoch angesehen in den besten Kreisen, hatte das Vertrauen von fünfzig bundesdeutschen Banken, und Anfang des Jahres 1994 sollte er für das Bundesverdienstkreuz vorgeschlagen werden. Dem »Spiegel« gewährt der angeblich medienscheue Investor Dr. Jürgen Schneider damals ein Interview, in dem er seinen Lieblingsspruch zum Besten gab: »Alles muß sich rechnen!«

In seiner ausführlichen Stellungnahme vor der Gläubigerversammlung am 16. Mai 1994 in Königstein konfrontiert Konkursverwalter Dr. Gerhard Walter die Geschäftsphilosophie des Kaufmanns Jürgen Schneider mit dem kleinen Einmaleins und beweist damit, daß Schneiders Projekte durchaus nicht »gesund sind und sich rechnen«. Dem Kaufpreis allein der Frankfurter Schneider-Objekte in Höhe von rund 700 Millionen Mark stehen, so hat der Konkursverwalter errechnet »valutierende Belastungen von insgesamt 1,6 Milliarden DM« gegenüber. »Schneider hat stets zu teuer gekauft, zu teuer gebaut und zuwenig eingenommen«, beschreibt Dr. Walter die kaufmännischen Fehler des »Großinvestors«.

Für den 31. März 1994 als Stichtag seiner Rechnung beziffert Konkursverwalter Dr. Gerhard Walter die Schneider-Schulden auf eine Höhe von rund 5 Milliarden Mark. Diese Entwicklung, so kann Dr. Walter es anhand von »Soll und Haben« in der Firma Schneider nachweisen, war unaufhaltsam. Schneider hatte zu Beginn seiner »Karriere« Anfang des Jahres 1984 zunächst 5,9 Millionen Mark Schulden. Zum Jahresende hatte er sich bereits 28,9 Millionen geliehen. Der Erlös aus seinen Vermietungen betrug aber lediglich 1,5 Millionen. Schneider spielt weiter »Monopoly«: Das Jahr 1990 beginnt er mit 435 Millionen Mark Schulden, zum Jahreswechsel sind es dann 568 Millionen. Diesem angewachsenen Schuldenberg stehen jedoch nur Einnahmen in Höhe von 36,5 Millionen Mark gegenüber. Im Jahr 1992 überschreitet er die Milliardengrenze: im Januar hat er bereits Kredite in Höhe von 1,245 Milliarden aufgenommen, im Dezember erhöht Schneider auf 2,8 Milliarden. Dieser Riesensumme im Soll stehen nur 170 Millionen Einnahmen gegenüber. Schneider hat längst keine Wahl mehr: Um seine aktuellen Zinsverpflichtungen überhaupt bedienen zu können, muß er sich immer mehr Geld beschaffen. Silvester 1993 feiert Schneider mit einer Kreditsumme von 4,6 Milliarden Mark. Weil die Einnahmen im zu Ende gehenden Jahr lediglich 306 Millionen betragen, reift der Plan zur Flucht.

André Kostolany, Grandseigneur der Finanzwelt, hat den Zusammenbruch des Schneider-Imperiums mit zynischer Vernunft und sehr pragmatisch kommentiert: »So ein Schneider, der solch große Unternehmen gemacht hat, sogar wenn er pleite ist, muß doch etwas imponieren.

Denn er hat doch auch etwas Gutes gemacht, nämlich, er hat gebaut, hat aufgebaut, viele Immobilien. Pleite hin, Pleite her – was der Schneider aufgebaut hat, das bleibt. Selbst wenn die Firma pleite ist und die Deutsche Bank Geld verliert, dann soll sie es verlieren. Aber was der Schneider gebaut hat mit dem verlorenen Geld, das bleibt.«

Das große Rad

»Solang der Wirt nur weiter borgt,
sind sie vergnügt und unbesorgt.«

(Goethe, Faust I, Mephistopheles in Auerbachs Keller in Leipzig)

Drei Mann in einem Boot: Kopper, Schneider und Kohl.

Diese Karikatur haben wir uns ausgedacht. Wenn sie jemals gezeichnet worden wäre, hätte sie dem Investor aus Königstein sicher große Freude gemacht. Helmut Kohl hatte eine Idee: Mit einem nationalen Kraftakt, Solidarpakt genannt, sollte der Aufschwung Ost Wirklichkeit werden. Dabei helfen mußte vor allem die Wirtschaft, und die wiederum – so hatte es sich dann Jürgen Schneider vorgestellt – müßte von den Banken, in der imaginären Karikatur symbolisiert durch Hilmar Kopper, den Vorstandssprecher der Deutschen Bank, mit großzügigen Krediten unterstützt werden.

Nach dem Fall der Berliner Mauer und der Wiedervereinigung propagierte die Bundesregierung ein ehrgeiziges Ziel: Die wirtschaftliche Entwicklung in Ostdeutschland sollte so vorangetrieben werden, daß Helmut Kohl dort alsbald durch »blühende Landschaften« schreiten könne. Energisch wurden westdeutsche Unternehmer dazu aufgerufen, in den neuen Bundesländern zu investieren.

»Überall merkt man die gewaltige Aufbruchsstimmung!« begeisterte sich Bundeskanzler Kohl bei einem Besuch in der Nähe von Magdeburg im Oktober 1991.

Ein Appell jagte den nächsten, und wie bei einer Beschwörung riefen alle Politiker nach dem in der alten Bundesrepublik längst eingeschlafenen Pioniergeist, der nun wieder wach werden solle, um im Osten »das große Rad« zu drehen.

Der Königsteiner Bauunternehmer Dr. Jürgen Schneider hat den Bundeskanzler ernst genommen. Seiner »Edition Villa Andreae 1990« legt er eine »Continuatio 1993« bei, in der es heißt: »Wir haben uns seit dem Fall der Berliner Mauer in hohem Maße in den neuen Bundesländern engagiert.«

Mit kundigem Blick hatte sich Schneider für den Standort Leipzig entschieden und dort schon 1990 angefangen, das geforderte »große Rad« zu drehen.Vier Jahre später beschleicht ihn ein dumpfes Gefühl. In seinem Brief vom 4. April 1994 an die Deutsche Bank, der später immer wieder als Abschiedsbrief zitiert wird, schreibt der Investor: »Kaufverträge, die wir insbesondere in den Ostgebieten abgeschlossen haben, werden trotz guten Cash-flow-Ertrages und bester Standorte nicht finanziert. Dies wird bankseits mit grundsätzlichen Vorbehalten Ostgebieten gegenüber begründet. Damit werden wir als private Unternehmer mit dem Problem des deutschen Ostens völlig allein gelassen.«

Als Jürgen Schneider sich so beschwert, besitzt er in Leipzig – für ihn die »Traumstadt« und »Deutschlands erste Adresse im Osten« – bereits einundvierzig zum Teil hochwertige Immobilien. Sein Ost-Engagement geht weit über die üblichen Bautätigkeiten hinaus.

Denn zum »Aufschwung Ost« gehört vor allem Anfang der neunziger Jahre nicht nur das Renovieren von Altbauten oder heruntergekommenen Plattenbausiedlungen, sondern auch, daß Beschäftigungsverhältnisse, beispielsweise im Handwerk, erhalten und neue zukunftssichere Arbeitsplätze geschaffen werden.

Dafür sorgt Schneider zunächst – mit begeisterter Zustimmung des Oberbürgermeisters und des Leipziger Stadtrats – mit seinen Großbaustellen in der Innenstadt. Für ihn arbeiten mehr als 250 Bau- und Handwerksfirmen. Insgesamt sind es fast 3000 Menschen, die für den Investor aus dem Westen beschäftigt sind.

Der gefeierte Sanierer steht zumindest in der Messestadt Leipzig wie kein anderer für den Aufschwung. Zu dieser Zeit – Anfang der neunziger Jahre – wird der ersehnte Boom auf Plakaten in der Stadt mit der Überschrift »Leipzig kommt« freudig propagiert.

Kritische Stadtplaner, die vor dem Großkunden aus Westdeutschland, diesem »nimmersatten Schneider«, warnen, der nahezu alle erhaltenswerten Gebäude der Leipziger Innenstadt zusammenkauft, werden als Nörgler abqualifiziert. Ihre Unkenrufe werden nicht gehört. Tatsächlich geht es bei diesem Protest auch mehr um den »Wessi-Ossi-Konflikt« als um die Person des Dr. Jürgen Schneider aus Königstein. Er ist in Leipzig mit besten Reputationen auch der Banken angetreten. Sowohl aus der Sicht der Stadtväter als auch der Denkmalpfleger leistet er hier im Osten vordergründig ebenso hochwertige Arbeit wie bei seinen vielen Renovierungen in Westdeutschland. Also läßt Leipzig diesen Schneider »erst einmal machen«.

»Auferstanden aus Ruinen«, jene optimistische erste Zeile der einstigen DDR-Hymne erhält in »Schneider-City«, wie Leipzig zu dieser Zeit ironisch genannt wird, eine neue Bedeutung. Alle Bürger freuen sich, die Lokalpolitiker machen zunächst mit. Der Leipziger Oberbürgermeister Hinrich Lehmann-Grube lobt Dr. Jürgen Schneider als einen »sehr tüchtigen und intelligenten Kaufmann«.

Mit dem richtigen Blick für das Wahre, Schöne und Gute kauft Jürgen Schneider 1991 einen Großteil der Leipziger »Mädler-Passage«, zu der auch »Auerbachs Keller« gehört. Dieser Weinkeller, verewigt im »Faust I« mit der lustigen Zecherszene in Auerbachs Keller und dem Ritt des Mephistopheles auf dem Faß, war die Stammkneipe von Johann Wolfgang von Goethe während seiner Studienzeit in Leipzig von 1765 bis 1768.

»Solang der Wirt nur weiter borgt, sind sie vergnügt und unbesorgt«, heißt es im »Faust, Der Tragödie erster Teil«, als Mephistopheles den Doktor Faustus in Auerbachs Keller zu Leipzig zur Zeche lustiger Gesellen führt.

»Du bringst ja nichts herbei, nicht eine Dummheit, keine Sauerei«, läßt Goethe den Zechbruder Brauder ausrufen, worauf ihm »Frosch« erwidert: »Da hast du beides!« Und Brauder entgegnet: »Doppelt Schwein!«

Tatsächlich hat sich Dr. Jürgen Schneider, gewiß auch herausgefordert durch politische Appelle, wie in einem Rausch auf diesen »Aufbau Ost« gestürzt. Und zunächst haben ihm die Banken dabei überaus großzügig geholfen.

Die Deutsche Bau- und Bodenbank Frankfurt borgt ihm für den Umbau, zur Restaurierung und Sanierung der »Mädler-Passage« 65 Millionen Mark.

Zuvor hatte Schneider für den stolzen Kaufpreis von 300 Millionen Mark zwei Drittel der Kommanditgesellschaft der »Mädler-Passage« erworben, das verbliebene Drittel dieser Gesellschaft hielten drei der fünf Mädler-Töchter.

Die Passage gehört seit nahezu hundert Jahren zu den Wahrzeichen der Stadt an der Pleiße. Der Einkaufspalast mit teuren Schmuckgeschäften, feinen Boutiquen und einer Hummerbar wurde zwei Jahre lang aufwendig renoviert und 1993 mit einem großen Fest in der Leipziger Innenstadt wieder eröffnet.

Mit großer Geste durchschnitt Jürgen Schneider damals das obligatorische rote Band mit goldener Schere und öffnete damit symbolisch den Eingang zu der mit Marmor und Glas gestalteten Einkaufsstraße für die Leipziger Bürger.

Daß die meisten von ihnen in diesen Tagen die überaus exklusiven Preise in den Geschäften der »Mädler-Passage« kaum bezahlen konnten, wurde in den begeisterten Eröffnungsreden nicht erwähnt.

Heute ist die »Mädler-Passage« elegantes Zentrum der internationalen Messestadt und einer der Hauptanziehungspunkte für Touristen. Auch »Auerbachs Keller«, nach dem Zusammenbruch des Schneider-Imperiums aus der Konkursmasse herausgenommen und erneut aufwendig saniert, hat seit April 1996 wieder geöffnet.

Mit »Mephisto-Trunk« und »Hexentorte« bemüht sich ein neuer Pächter, Gäste in das Traditionsrestaurant zu locken.

Auf dem Papier hat Jürgen Schneider in Leipzig insgesamt Renommierobjekte für fast eine Milliarde Mark besessen. Dazu gehört auch das älteste erhaltene Handelshaus aus den Anfängen der Messe in Leipzig, der »Barthelshof«.

Als Jürgen Schneider im April 1994 verschwindet, sind an diesem Gebäude nur das Dach und ein Teil der Fundamente restauriert. Die Handwerker erstatten Anzeige gegen den Bauunternehmer, weil ihre Arbeit nicht ordnungsgemäß bezahlt worden ist. Ein ähnliches Schicksal ereilt auch jene Firmen, die am Leipziger »Fürstenhof« mitgebaut hatten.

Für 37 Millionen Mark wollte Schneider das historische Gebäude total sanieren. Anfang 1995 sollte hier ein Luxushotel mit 72 Zimmern eröffnet werden. Auch das Leipziger Königs- und das Romanushaus gehörten zu den erstklassigen Traditionsobjekten, die der Königsteiner Investor in der sächsischen Metropole erworben hatte.

Eine der größten Bau- und Planungsgesellschaften der Stadt, die BUP Leipzig, mit 1200 Beschäftigten, arbeitete für Schneider, dem die Firma zu neunzig Prozent gehörte. Als das Schneider-Imperium zusammenstürzt, scheint auch Leipzig für einen Augenblick zu wanken. Tausende von Arbeitsplätzen sind in Gefahr, Handwerker bangen um ihre Existenz und rufen in gewohnter Weise nach dem Staat, der alles retten soll. In diesen Tagen fordert Arbeitsminister Norbert Blüm, auf Schneiders »Kopf« eine Belohnung auszusetzen, damit man ihn und die mit ihm verschwundenen Millionen intensiver sucht.

Schöner Schein mit Deckadressen

»Was man von außen nicht sieht, spürt man im Schloß um so mehr: den Geist einer zielgerichteten Zusammenarbeit.«

(Dr. Jürgen Schneider in seiner »Edition Villa Andreae 1990«)

Kern der Schneiderschen Unternehmensgruppe war seit 1990 eine Gesellschaft des bürgerlichen Rechts (GdbR), in der die Eheleute Jürgen und Claudia Schneider verbunden waren. Unter einer GdbR, auch BGB-Gesellschaft genannt, versteht man den Zusammenschluß von zwei oder mehr Partnern zur gemeinsamen Verfolgung eines Ziels. Die Gesellschaft selbst hat keine Rechtspersönlichkeit.

Eine GdbR kann eigentlich jeder gründen, Formalitäten sind nicht nötig, eine Registereintragung ist nicht erforderlich.

Eine derartige Rechtsform ist in der heutigen Wirtschafts- und Finanzwelt ungewöhnlich, weil die Partner hier mit ihrem gesamten Privatvermögen haften.

Die klassische Differenzierung von Privatvermögen und Geschäftsvermögen – wie bei einer Gesellschaft mit beschränkter Haftung (GmbH) – ist hier nicht gegeben. Die Partner in einer GdbR (§ 705 BGB) haften immer mit ihrem gesamten Vermögen persönlich.

Guthaben, das bei Kreditinstituten auf Konten angelegt ist, ist daher Sondervermögen der Mitglieder in Form sogenannter »Gesamthandsvermögen«. Für Kreditverpflichtungen haften die Mitglieder ebenfalls gesamtschuldnerisch. Dies ist im Bürgerlichen Gesetzbuch (BGB) in den Paragraphen 421 und 427 geregelt.

Eine GdbR signalisiert den Banken gegenüber, daß jedes Geschäftsengagement abgesichert ist durch die Höhe des gesamten Vermögens.

Bei den Kreditinstituten macht so etwas Eindurck und vermittelt ein hohes Maß an Seriosität.

Für die Banken werden Kredite an eine GdbR so zu einem scheinbar geringen Risikio, weil in der Geschäftswelt immer unterstellt wird, daß niemand sein gesamtes Vermögen durch riskante Engagements gefährdet.

Im Binnenverhältnis einer Gesellschaft des bürgerlichen Rechts können die Partner die jeweilige Beteilungshöhe nach Belieben aufteilen.

An der GdbR Schneider ist Dr. Jürgen Schneider mit 5 Prozent beteiligt, 95 Prozent hält seine Frau Claudia Schneider-Granzow.

1992 gründet Schneider zusätzlich eine Aktiengesellschaft, das Dienstleistungsunternehmen Dr. Jürgen Schneider AG für Grundbesitz und Vermögensverwaltung.

Diese Aktiengesellschaft hatte ein Grundkapital von 10 Millionen Mark, die in Aktien zu je 10 000 Mark verbrieft waren.

Davon hielt Dr. Jürgen Schneider 996 Aktien oder 9,96 Millionen Mark.

Je eine Aktie hielten seine Ehefrau Schneider-Granzow, die Kinder Nicolai und Ysabel Schneider sowie sein Bruder Joachim Schneider. Im Vorstand der Dr. Jürgen Schneider AG für Grundbesitz und Verwaltung saßen Schneider selbst, sein Bruder Joachim und Gabriele Eick, ehemalige Chefin der Frankfurter Wirtschaftsförderung, die seit Januar 1994 in der »Villa Andreae« für die Öffentlichkeitsarbeit zuständig war.

Die Aktiengesellschaft bildete die Holding für zwei weitere Gesellschaften. Eine davon war die CIP Center AG Immobilien und Passagen mit Sitz in Frankfurt. Als Geschäftsführer dieser AG fungierte Horst Obermayr, den sich Jürgen Schneider von der Westdeutschen Landesbank geholt hatte.

In der CIP wurde das Immobilienvermögen der Königsteiner Schneider-Gruppe verwaltet.

Von Frankfurt aus betreute die CIP fast sämtliche Immobilien in Deutschland, sie vermietete und verwaltete sie. Entwickelt und gebaut wurden die Häuser von der Schwesterfirma der CIP, der zweiten Gesellschaft unter der Holding der Jürgen Schneider AG. Die Technoteam Bau Consult AG mit Sitz in Wiesbaden beschäftigte im April 1994 etwa 130 Mitarbeiter, die CIP hatte 210 Beschäftigte. Beide Firmen gingen im Strudel der Schneider-Pleite unter – sie mußten Konkurs anmelden.

Zu Schneiders Imperium gehörten auch zwei Firmen im Elektrobereich: Zu 50 Prozent war er am elterlichen Betrieb seiner Frau Claudia beteiligt, der Ernst Granzow GmbH und Co. in Leonberg, zu 100 Prozent gehörte ihm die Firma Mödinger, ein Elektrogroßhandel in Göppingen und Eislingen mit 233 Mitarbeitern.

Neben der Bau- und Planungsgesellschaft in Leipzig, die mit 1200 Mitarbeitern für Schneider engagiert war, besaß der Bauunternehmer auch einen kleineren Betrieb in Beucha, der – so ist auf einem Prospekt der Firma KNL zu lesen – den »Baustoff für Visionen« lieferte.

Die Kies- und Natursteinbetriebe Leipzig (KNL) beschafften für Schneider Natursteine aus aller Welt: Blue Sodalite aus Namibia, Multicolor aus Indien, Bianco Sardo aus Italien und Verde Fontein aus Südafrika. Die Firma KNL ist einer der modernsten Natursteinbetriebe Deutschlands, ausgerüstet mit Maschinen für alle Verarbeitungsstufen, und liefert von der Boden- und Wandfliese über die Treppenstufe bis hin zur Fassadenplatte oder der einfachen Vogeltränke alles, was sich aus Naturstein machen läßt.

Der Bauunternehmer Jürgen Schneider nutzte das KNL-Team aus eigenen Fachleuten und Kooperationspartner im ganzen Bundesgebiet für seine aufwendigen Restaurierungen mit großem Erfolg.

Seit 1991 hat Schneider dann auch Gesellschaften mit ungewöhnlichen, teils fremdländischen Namen gegründet oder bestehende Firmen gekauft und sie in die bereits existierenden Objektgesellschaften eingesetzt. Ende April veröffentlicht der »Spiegel« eine vorläufige Übersicht mit dem Titel »Schneiders Reich«. Hier werden fast dreißig Firmen aufgezählt, viele, von denen auch auf den zweiten Blick nicht zu merken ist, daß es sich um Schneider-Firmen handelt. Darunter sind etliche Gesellschaften in den Niederlanden, so die »Beright BV«, die »Vierwielen Holding« und die »Blasius Belegginen«, »Bredevaart ING« und »Voltera«, alle mit Sitz in Amsterdam. Ihre Aufgaben werden jeweils wolkig mit »Grundstücks- und Vermögensverwaltung« oder ähnlich weiträumigen Begriffen umschrieben. Schneider nutzt diese Firmen, um beispielsweise bei Versteigerungen anonym mitbieten zu können, oder auch, um in der Lage zu sein, sich selbst getürkte Rechnungen auszustellen, die den Kaufpreis seiner Objekte in die Höhe treiben.

Zu diesen Firmen gehört auch die 1992 gegründete »Arnaud de Vienne Société Immobilière mbH« mit Sitz in Hamburg, die über ein Stammkapital von 30 Millionen Mark verfügt. Diese Firma sollte ebenso wie die in Wiesbaden ansässige Firma »Laetsch Properties«

im späteren Haftbefehl gegen Schneider eine entscheidende Rolle spielen.

In Frankfurt gehören Schneider insgesamt mehr als zwanzig Gesellschaften unter dem Namen »RD Realty Developments«, fein durchnumeriert von der zweiten bis zur sechsundzwanzigsten Realty Development. Aus den dreißig Firmen, die der »Spiegel« direkt nach Schneiders Verschwinden ausmachen konnte, werden im Laufe der Ermittlungen immer mehr. Das Bundeskriminalamt zählt insgesamt 130 Unternehmen, die Schneider miteinander verzwickt hat. Seine Bauvorhaben in Leipzig hat er mit insgesamt 40 Gesellschaften bürgerlichen Rechts untermauert. Was bis zu seinem Verschwinden niemand wußte: Schneider hatte auch eine Hemdenfabrik und eine Halbedelstein-Mine an der Grenze zu Angola, der er einen schönen Firmenmantel mit dem Namen »Namibia Blue Sodalite« verpaßte, angelehnt an einen blauen Naturstein, der in dieser Mine gefördert wird. Der vielbeschäftigte Investor gönnte sich auch eine eigene Fluggesellschaft, die A1 Gold Executive Aviation. Die Maschine vom Typ King Air hatte sieben Plätze – da kann man schon ein paar Treuhänder mitnehmen, wenn rund um die Welt Briefkästen geleert werden müssen.

Diese Auflistung des völlig verschachtelten Bauimperiums macht deutlich, daß der verschwundene Milliardenpleitier ein großes Chaos hinterlassen hat. Tausende von Arbeitsplätzen in Ost und West stehen auf dem Spiel. Zögernd bekennen sich immer mehr Banken öffentlich dazu, daß sie Schneider Kredite gegeben haben.

Dazu zählt an erster Stelle die Centralbodenkredit AG, eine hundertprozentige Tochter der Deutschen Bank AG, mit 1,2 Milliarden Mark. Auch die Zentrale der Kopper-Bank in Frankfurt hat Schneider 250 Millionen Mark geborgt. Der Dresdner Bank und ihren Tochterbanken schuldet Schneider zum Jahresende 1993 rund 450 Millionen, die Bayrische Hypotheken- und Wechselbank hat ihm knapp 300 Millionen geliehen, die DSL-Bank Bonn ist mit 291 Millionen und die Berliner Hypotheken- und Pfandbriefbank AG mit fast 250 Millionen Mark dabei. Aus den Ende 1993 an das Bundesaufsichtsamt für das Kreditwesen gemeldeten Darlehen geht weiter hervor, daß sich auch die Deutsche Pfandbrief- und Hypothekenbank AG Wiesbaden für Schneider engagiert hat, die BHF-Bank Frankfurt mit im Boot ist, die Bayrische Landesbank Girozentrale München auf 147 Millionen wartet und die DG-Banken in Frankfurt und Hamburg wohl rund 100 Millionen Mark wertberichtigen müssen.

Das ganze Ausmaß der Pleite ist in diesen Aprilwochen 1994 noch nicht zu übersehen.

Doch allein die bis dahin veröffentlichten Kreditsummen lassen erkennen, daß es sich beim Zusammenbruch des Schneider-Imperiums wohl tatsächlich um die größte Baupleite der Nachkriegszeit handelt.

Daß der nach außen hin so solide Großinvestor Jürgen Schneider hinter den Kulissen seines riesigen Bauunternehmens und seiner »bürgerlichen Rechtsgesellschaft« auch noch ganz andere Fäden zog, blieb den meisten seiner Geldgeber, seinen Partnern, Mitarbeitern und Freunden verborgen. Als Schneider verschwindet, tauchen bei den Ermittlungen auch Firmen auf, von denen vorher keiner etwas gehört hat. Eine davon ist die Wiesbadener Grundstücksverwaltung »Quicktulane«, was übersetzt etwa heißt: »Nichts wie weg.«

DER GUTACHTER

Vertrauen statt Kontrolle

»Hände hoch! Hier ist Filmen verboten!«
(Frontale Begegnung zwischen Polizei und ZDF am 29. Juni 1994)

Mittwoch, 29. Juni 1994. Es ist 9.00 Uhr. Seit zwei Stunden sitzen wir in unserem Kamerawagen. Das Fahrzeug ist in einer kleinen Seitenstraße, unmittelbar gegenüber dem Haupteingang des Wiesbadener Bundeskriminalamtes, geparkt.

Im Auto ist eine Kamera fest installiert. Von hier aus haben wir einen freien Blick, und die Kamera ist direkt auf den gesicherten und streng bewachten Eingang gerichtet.

Rechts befindet sich die Pförtnerloge, drei Uniformierte hinter einer Glasscheibe. Besucher können nur zu Fuß die gesicherte Eingangsschleuse passieren und werden zunächst einer strengen Kontrolle unterzogen.

Jeder muß seinen Personalausweis abgeben und einen umfangreichen Fragebogen ausfüllen. Die Beamten hinter der Glasscheibe geben die Daten dann in den Polizeicomputer ein. Erst wenn der Computer grünes Licht gibt, legt der Beamte einen Tagesausweis auf die Schiebelade, die er von innen bedient. Danach dauert es immer noch geraume Zeit, bis die Besucher persönlich von einem Beamten am Tor abgeholt werden.

Diese Wartezeit, ausgedehnt mit dem Ausfüllen von Formularen, dem Computercheck und der gesamten umständlichen Sicherheitsprozedur, findet unter einem kleinen Vordach an der Pförtnerloge im Freien statt.

Das ist unsere Chance, denn wir wollen unbemerkt einen Mann filmen, der im Fall Schneider eine zentrale Rolle spielen soll. Von ihm gibt es kein einziges Foto, bewegte Bilder schon gar nicht. Heute vormittag wird der Mann im Bundeskriminalamt verhört.

Diesen Tip haben wir vertraulich von einem Informanten bekommen, der den Sachverständigen aus seinem beruflichen Umfeld kennt.

Der Mann soll angeblich nach schriftlichen Anweisungen von Dr. Jürgen Schneider Berechnungen und Bauunterlagen gefälscht haben. Mit diesen falschen Gutachten seien die Banken hinters Licht geführt worden, und Schneider habe sich so seine Millionen erschwindelt.

Das Bundeskriminalamt hält den Gutachter für den Kronzeugen in der Betrugssache »Dr. Jürgen Schneider«, Aktenzeichen 91 JS 16875.2/94.

Auf der vierspurigen Äppelallee vor dem Bundeskriminalamt in Wiesbaden herrscht an diesem Morgen noch reger Berufsverkehr. Immer wieder öffnet sich das schwere Eisentor am Eingang zum BKA, um Sonderfahrzeuge der Polizei und dunkle Limousinen passieren zu lassen. Jedesmal wenn sich jemand der Pförtnerloge nähert, steigt bei uns die Aufmerksamkeit bis zum Anschlag. Niemand hat uns sagen können, wie der zur Vernehmung vorgeladene »Kronzeuge« tatsächlich aussieht. Deshalb sehen wir uns jeden Besucher ganz genau an. Etwas wissen wir: Der Mann wird nicht allein kommen, sondern mit seinem Anwalt.

Auch seinen Namen und sein Alter kennen wir seit langem: der Kronzeuge heißt Dr. Werner Neumann. Er ist am 15. Juni 1916 in Erfurt geboren.

Dieser 78jährige Mann hat im Auftrag der Deutschen Bank die Wertgutachten aller Schneider-Projekte erstellt. Seit Wochen haben wir versucht, mit ihm Kontakt aufzunehmen, weil auch wir annehmen, daß er entscheidende Hintergrundinformationen hat.

Doch sein Frankfurter Büro »Im Staffel 130« war immer geschlossen, die Rolläden meistens heruntergelassen. Nur ein einziges Mal haben wir nach vielen vergeblichen Anrufen telefonisch die Sekretärin von Herrn Dr. Neumann erreicht. Freundlich, aber bestimmt wimmelte sie uns ab.

Es ist 9.15 Uhr. Der Mann sollte längst da sein. Aber ein Besucher, auf den die Beschreibung »78 Jahre alt, mit Anwalt« gepaßt hätte, den haben wir noch nicht gesehen. Doch jetzt müßte er eigentlich jeden Augenblick kommen. Konzentriert beobachten wir den Eingang des Bundeskriminalamtes. Niemand redet.

Da zerreißt das laute Quietschen von Autoreifen die angespannte Stille.

Im gleichen Augenblick springen aus einem dunkelgrünen VW-Bus drei Männer und eine Frau und reißen sofort alle vier Türen unseres weißen Kamerawagens auf. Eine Männerstimme brüllt: »Rrraus! Polizei!«, und wir blicken entsetzt in die Mündungen von vier Pistolen.

»Aussteigen, hinstellen, Hände auf das Autodach!« kommandiert ein anderer, mit Windjacke und Oberlippenbart, unfreundlich.

Eine junge Polizistin steht etwa zwei Meter entfernt, in Grätschstellung, die Füße leicht gespreizt, mit gestreckten Armen, beide Hände an der Waffe, zielgenau auf uns gerichtet.

Die Pistole, eine schwarz-brünierte Walther P 5, ist immer schußbereit. Früher konnte sie mit einem eigens dafür eingebauten Hebel gesichert werden. Doch in den Zeiten der »Roten Armee Fraktion« forderte die Polizei Waffen mit schneller Schußbereitschaft. Die Sicherungsflügel an allen Pistolen wurden damals entfernt, dadurch konnte sofort geschossen werden. Erst nach dem tragischen Tod eines jungen Polizisten, der ums Leben kam, als seine Waffe auf den Boden fiel und sich dadurch ein Schuß löste, wurde nachgebessert.

Die Pistole ist immer noch jederzeit schußbereit, und es gibt nach wie vor keine Möglichkeit, sie zu sichern. Allerdings hat man bei der Nachrüstung eine Art Rückschlagfeder eingebaut, so daß der erste Schuß nur durch energischen Druck abgefeuert werden kann.

Ein schwacher Trost für uns.

Wir stehen neben unserem Auto, Hände auf dem Dach, während uns zwei der Beamten routiniert abtasten.

Ungehalten fährt uns einer der Polizisten an: »Was wollen Sie hier? Wer sind Sie?« Und als er die Kamera entdeckt, beschimpft er uns wütend. »Hier ist Filmen verboten. Es stehen überall Schilder!« Immer noch die Waffe in der Hand, verlangt er unsere Ausweise.

Mit Blick auf die Walther P 5 haben wir keine Wahl und geben sie ihm.

Einer der Beamten telefoniert dann über Funk unsere Personalien zur Überprüfung an seine Zentrale durch. Das dauert ziemlich lange, und ständig bleibt die Pistole der Polizistin auf uns gerichtet. Beschwichtigend erklären wir nun zunächst einem der Beamten, daß wir tatsächlich nichts gefilmt haben. Als vernünftige, in aller Ruhe vorgetragene Argumente nichts bewirken, protestieren wir energisch dagegen, als Journalisten grundlos von den »wildgewordenen« Polizisten wie Schwerverbrecher mit der Waffe in der Hand bedroht und in Schach gehalten zu werden.

Als die Polizeizentrale meldet, daß unsere Personalien überprüft und in Ordnung sind, ist den Beamten endlich klar, daß es sich bei uns nicht um Baader und Meinhof, sondern um die ZDF-Redakteure Udo Frank und Beate Thorn handelt.

Im Gegenzug bestehen wir nun darauf, daß uns die eifrigen Beamten auch ihre Namen nennen, weil sie unserer Meinung nach weit übers Ziel hinausgeschossen sind.

Ungehalten zeigt uns der Wortführer seinen Dienstausweis, und wir schreiben uns den Namen auf. Es ist ein Polizeihauptmeister mit Dienststelle in Wiesbaden. Er gehört wie seine drei Kollegen zu einer Sonderstreife der Schutzpolizei, die den Auftrag hat, das Gelände rund um das Bundeskriminalamt zu sichern.

Der Polizeihauptmeister verlangt, daß wir unverzüglich wegfahren. Wir bleiben. Denn niemand kann uns verbieten, in einer Seitenstraße der Äppelallee zu parken. Nach längerer Diskussion steigen die vier Polizisten widerwillig in ihren VW-Bus und fahren davon.

Als wir wieder allein sind, beruhigen wir uns langsam. Erst jetzt wird uns so richtig bewußt, wie gefährlich die Situation war, in der wir uns da gerade befanden. Eine falsche, unbedachte Bewegung, ein nervöser Finger der jungen Polizistin – gar nicht auszudenken. Erst allmählich weicht die Anspannung, und unsere Aufregung schlägt um in Ärger. Denn inzwischen ist es kurz nach zehn, und wahrscheinlich haben wir durch den Auftritt der Schutzpolizeitruppe die viel wichtigere Ankunft des »Kronzeugen« Dr. Werner W. Neumann verpaßt. Jetzt bleibt uns nur noch die Möglichkeit, so lange zu warten, bis seine Vernehmung beendet ist und er das Bundeskriminalamt wieder verläßt.

Um zu erfahren, wie lange die Vernehmung etwa dauern könnte, rufen wir aus dem Auto unseren Informanten an. Er läßt uns wissen, daß der Gutachter aus Frankfurt noch gar nicht eingetroffen ist, weil dessen Anwalt bei einem anderen Termin aufgehalten wurde. Die Vernehmung ist deshalb auf 13 Uhr verschoben.

Ein glücklicher Zufall. Denn nun haben wir doch noch eine gute Chance, den »Kronzeugen« Dr. Werner W. Neumann zu filmen. Während wir uns auf eine lange Wartezeit im Auto einrichten, telefoniert Horst Werner, der Chef vom Dienst der »Frontal«-Redaktion, mit uns: »Was ist denn bei euch los? Hier im ZDF hat jemand vom Wiesbadener Polizeipräsidium angerufen und sich bei der Redaktion ›Frontal‹ für den Übereifer einiger Streifenpolizisten entschuldigt. Was ist denn passiert? Wir hier wissen von gar nichts.« Als wir ihm nun die Geschichte von unserer »Festnahme«, den bewaffneten Polizisten und dem ganzen Theater erzählen, will er es uns fast nicht glauben. Auf ihn wirkt das alles wie ein Stück aus einem preiswerten Krimi. Wir versprechen ihm, später in der Redaktion alles ganz genau zu erzählen, und legen auf.

Das Telefongespräch hat uns ein wenig beruhigt. Nach dieser Entschuldigung aus dem Polizeipräsidium sind wir sicher, daß mit einem erneuten Auftritt des Wiesbadener Schießkommandos nun nicht mehr zu rechnen ist.

Die Aufnahmen, die wir an diesem Mittag von Dr. Werner Neumann machen, werden wir wenige Tage später in unserem zweiten Film zum »Fall Schneider« veröffentlichen.

Unsere Recherchen in Sachen Neumann stützen wir durch ein Gespräch mit der »Sonderkommission Schneider«, in dem wir unsere Informationen verifizieren können. Wir haben uns schon einige Male mit dem Chef der Soko und seiner Kollegin, einer Kriminalhauptkommissarin, in dem kleinen, mit Akten vollgestopften BKA-Büro in Wiesbaden getroffen.

Die Kommissarin ist cool, aber raucht Kette.

Sie ist groß, Typ Domina, etwa vierzig Jahre alt, mit dunkelblondem, glatt zurückgekämmtem Haar. Sie trägt eine modische Brille mit dunklem Gestell.

Die energische Beamtin hat jahrelang in der Terroristenfahndung mitgearbeitet, ehe sie zum BKA-Sonderdezernat EA 21 wechselte, das sich vornehmlich mit Wirtschaftskriminalität befaßt.

Gemeinsam mit ihrem Vorgesetzten, dem Ersten Kriminalhauptkommissar Georg R., durchforstet die Kommissarin seit dem Verschwinden des Bauunternehmers vor allem Akten, die die Ermittler in Königstein beschlagnahmt haben. Außerdem vernimmt sie gemeinsam mit ihm Zeugen aus dem Umfeld von Jürgen Schneider.

Die »Soko« soll nachweisen, daß sich der Königsteiner Bauunternehmer seine Kredite von den Banken mit finanziellen Manipulationen erschwindelt hat.

Hauptkommissar Georg R. hat bereits in vielen großen Wirtschaftsstrafsachen ermittelt.

Er ist so um die fünfzig, ein kleiner, eher hagerer Mann mit Goldrandbrille und leicht getönten Gläsern. Meistens trägt er einen Anzug in den Farbvarianten hell- oder dunkelgrau, manchmal auch ein kleinkariertes Sakko.

R. ist ein stiller, freundlicher Zeitgenosse, der seinen Urlaub am liebsten im Schwarzwald oder im badischen Riegel verbringt.

Bei heißem Wetter zieht er mit Vorliebe »Birkenstock«-Sandalen an, zu grauen Socken. Hauptkommissar R. ist Nichtraucher, erträgt es aber, daß seine Kollegin das gemeinsame Büro zuqualmt.

Mit der Fahndung nach dem inzwischen international gesuchten

Königsteiner und seiner Frau Claudia ist das BKA-Team nicht direkt befaßt. Wenn die beiden jedoch bei ihren Ermittlungen auf fahndungsrelevante Sachverhalte stoßen, geben sie die Tips an das Referat TB 23 ZF weiter, die Zielfahndung unter Leitung von Kriminaldirektor Hans Schmid. Aus der Vernehmung des 78jährigen Frankfurter Gutachters Dr. Werner Neumann ergeben sich keinerlei Tips für die Jagd nach dem verschwundenen Investor. Doch die Aussagen des alten Herrn werfen ein bezeichnendes Licht auf die Seriosität, mit der die Deutsche Bank die Kreditanträge des Dr. Jürgen Schneider geprüft hat.

»Peanuts« vom »Klassenprimus«

»Das persönliche Gefühl für Geld ist mir abhanden gekommen.«
(Hilmar Kopper in einem »Spiegel«-Interview am 2. Mai 1994)

Montag, 25. April 1994, 10 Uhr.

Pressekonferenz der Deutschen Bank AG in Frankfurt zum »Fall Jürgen Schneider«. Hunderte Journalisten aus ganz Europa drängen sich im riesigen Konferenzraum.

Mit leichter Verspätung und gespielter Heiterkeit treten sie auf, die Spitzenbankiers der Republik. Im Gänsemarsch, allen voran Hilmar Kopper, im dunklen Anzug, weißes Hemd, rote Krawatte, gefolgt von Georg Krupp, zuständig für Hypothekenkredite, im dunklen Anzug, weißes Hemd, rote Krawatte. Hinter ihm kommt Vorstandsmitglied Dr. Ulrich Weiss von der Mannheimer Filiale, dunkler Anzug, weißes Hemd, rote Krawatte. Nur Koppers Pressechef Helmut Hartmann trägt ein grünbraunes Sakko mit kleinen Karos und eine blaue Krawatte, vielleicht, um sich ein bißchen solidarisch mit der auch an diesem Tag rücksichtslos jeansgewandeten Presseschar zu geben.

Etwas mühsam bahnen sich die Herren einen Weg durch den Pulk der Fotografen. Hilmar Kopper versucht sogar einen Scherz. Als er sich ans Podium setzt und sich, wie auf Kommando, sämtliche Kameras auf ihn richten, fragt er einen der Kameramänner: »Filmen Sie denn auch mit der bewährten ›Schneider-Optik‹? Ist die wirklich so gut, oder verzerrt die?« Als niemand lacht, lacht Kopper selbst.

Sein Pressechef bemüht sich, das wilde Gedränge der Fotografen und Beleuchter, die sich allzu dicht am Podium drängen, zu ordnen. Ebenfalls um einen Scherz bemüht, fordert er »eine Lichtgasse für die Wahrheit«. Auch darüber lacht niemand.

Die Pressekonferenz, gedacht als Reparaturveranstaltung für den lädierten Glorienschein der Frankfurter Großbank, gerät zu einem Spießrutenlaufen all der feinen Vorstandsmitglieder. Die Nachbereitung in den Medien wird fürchterlich, auch für Hilmar Kopper: »Er hatte sich alle Mühe gegeben. Aus dem 32. Stock, wo er nahe den Wolken in Frankfurt arbeitet, war Hilmar Kopper herniedergekommen und hatte den verwirrten Menschen wieder und wieder erklärt, wie alles geschehen konnte.« Diese wunderbare Beschreibung von »Gottvater Kopper«, der sich mehr als drei Stunden lang durch eine öde Pressekonferenz quälen muß, »die schweren Hände über Kaffeetasse und Gebäck«, ist im »Spiegel« nachzulesen, der sich im Anschluß an diese Pressekonferenz Gedanken macht über das Image der Deutschen Bank und ihren Chef.

Kopper hat eine feine Rede vorbereitet. Fotokopiert und zusammengeheftet liegt sie auf jedem Platz, in einer weißen Mappe, oben rechts das quadratische Logo der Deutschen Bank, mit dem aufwärts strebenden Querbalken in der Mitte. Es gilt das gesprochene Wort. Doch Hilmar Kopper weicht nicht um ein Komma vom vorgedruckten Manuskript ab. Mit monotoner Stimme verliest er seine sechs Seiten und schaut nur gelegentlich in die großen Augen der vielen Kameras, die sich vor dem Podium drängen.

Seit Tagen steht die Deutsche Bank im Kreuzfeuer der öffentlichen Kritik, und zwar nicht nur in den Medien. Selbst im Bonner Kabinett wird der »Fall Schneider« diskutiert, und es hagelt Vorwürfe gegen die Kreditgeber. Von Verantwortungslosigkeit ist die Rede, Kritiker behaupten, die Banken hätten dem »Baulöwen« das üble Spiel erleichtert, weil sie bei dem Großkunden »nicht so genau hingesehen hätten«.

»Dies ist eine große Blamage der deutschen Banken«, wettert der ehemalige Wirtschaftsminister Otto Graf Lambsdorff und zeigt mit dem Finger auf die Deutsche Bank. Plötzlich fallen alle über das Institut her, so als hätten sie nur darauf gewartet, daß der Primus endlich mal einen Fehler macht.

Hilmar Kopper weiß genau, daß es mit dem Ruf seines Hauses nicht zum besten steht. An diesem Tag macht sich der große Mann plötzlich klein und reiht sich, ungewohnt bescheiden, ein in die Reihe der vielen, die von einem »ausgebufften Betrüger« über den

Tisch gezogen worden sind: »Die Deutsche Bank ist wie andere Opfer eines Kreditbetruges. Daß ihr dies offenbar niemand abnehmen wollte, ist bedauerlich, ändert aber nichts an der Tatsache. Dabei gibt mir zu denken, daß die Öffentlichkeit geradezu mit Schadenfreude und Lustgewinn aus dem Opfer bereitwillig einen Mittäter macht. Endlich hat es den ›Klassenprimus‹ mal erwischt. Der Fall Schneider macht klar, welches Ausmaß die negative Haltung gegenüber Banken insgesamt in Deutschland erreicht hat. Das gibt mir zu denken. Natürlich muß ich mich fragen, inwiefern wir selbst zu diesem Zerrbild beigetragen haben. Andererseits spielen hier gerade in unserem Lande auch tiefsitzende und schwer zu fassende Vorurteile eine Rolle. Das Ausland mokiert sich kräftig darüber, mit welchem Eifer hierzulande starke und kundenorientierte Banken an den Pranger gestellt werden.«

Hilmar Kopper personifiziert wie kaum ein anderer Banker in Deutschland die mächtige Finanzwelt. Der 60jährige Vorstandssprecher der Deutschen Bank, der als Bauernsohn geboren wurde und es ohne Studium, mit einer einfachen Banklehre, ganz nach oben schaffte, steht nach eigenem Bekunden ungern im Zentrum des öffentlichen Interesses.

Diese außerordentliche Pressekonferenz ist ihm sichtbar zuwider. Er mag sie nicht, diese Journalisten, vor denen er jetzt erklären muß, warum sich der gesamte Vorstand der Deutschen Bank, all die distinguierten Herren im Zweireiher, von einem Toupetträger haben auf die Matte legen lassen.

Doch bevor er diesen peinlichen Fehler eingesteht, rückt Hilmar Kopper erst einmal die Dimensionen zurecht: »Ich will das Ausmaß der Schneider-Pleite nicht bagatellisieren. Andererseits sollte man die Kirche doch im Dorf lassen. Für den Konzern Deutsche Bank macht das Schneider-Engagement etwa drei Tausendstel des Kreditvolumens aus; von diesen drei Tausendsteln steht nur ein Bruchteil im Feuer. Kreditgeschäft bedeutet immer auch Risiko. Das ist das Wesen unseres Geschäftes, auch wenn es in jedem Einzelfall natürlich mit allergrößter Sorgfalt betrieben wird. Maßgeblich für das Risiko ist die gesamte Mischung des Kreditportefeuilles, und die ist bei uns nach wie vor gut. An der Solidität der Deutschen Bank und des deutschen Bankensytems insgesamt kann es keinen Zweifel geben. Für eine Vertrauenskrise besteht kein Grund.«

Vorstandssprecher Hilmar Kopper betont ausdrücklich, daß er mit diesem »Schlitzohr« Schneider nie persönlich zu tun hatte. Und daß er es überhaupt nicht versteht, wenn dieser Köngsteiner »Immobilienhai« jetzt in manchen Medien hochstilisiert wird zu einem »Helden des Alltags«, der die »Raubritter in ihren Glaspalästen« ausgetrickst hat. Das macht Kopper richtig böse.

Mit finsterem Blick liest er die nächste Passage in seinem Presse-Manifest: »Der Eindruck, man brauche nur selbstsicher bei der Deutschen Bank aufzukreuzen, um einen großen Kreditbetrag zu ergaunern, ist lächerlich. Das ist Stoff fürs Kintopp und hat mit der Realität nichts zu tun. Schneider ist kein Hauptmann von Köpenick. Er hat offensichtlich mit krimineller Energie gehandelt. Vor seinem Abgang hat er einige hundert Millionen Mark in Sicherheit gebracht, Geld der Banken, das auch für die Handwerker bestimmt war.«

Das klingt gut, vermittelt Solidarität mit dem »kleinen Mann« auf der Straße, diesem anonymen Liebling der Medien, den sie so oft und gern zitieren.

Doch irgendwann in den nächsten drei Stunden, als das Manuskript längst verlesen ist, die Journalisten aber immer weiterfragen, passiert das Mißgeschick. Dabei wollte Hilmar Kopper doch nur die frohe Botschaft verbreiten, daß die Deutsche Bank alle Handwerkerrechnungen bezahlen wird. Und ausgerechnet in diesem Zusammenhang rutschen ihm die »Peanuts« heraus – ein Unwort hat Premiere.

Später wird sich Kopper damit rechtfertigen, daß er sich bei den vielen Fragen der vielen Journalisten »gräßlich gelangweilt« habe, und da sei ihm die Kleinigkeit einfach passiert.

Der »Spiegel« nennt die »Peanuts« einen publizistischen GAU und bescheinigt Hilmar Kopper, daß er »mit einem einzigen Wort die ganze Nation in Rage gebracht habe.«

Kopper werden die »Erdnüsse«, jene sonderbare neue Maßeinheit im Kreditwesen, von den Medien immer wieder vorgezählt. Daß er die unbezahlten Rechnungen in Höhe von 50 Millionen Mark, die Schneider bei den Handwerkern zurückgelassen hat, als »Kleinkram« bezeichnet, das hätte ihm an diesem Tag einfach nicht passieren dürfen. Denn er war doch angetreten, dieses unangenehme Image von Kälte und Arroganz ein wenig zu korrigieren, hatte sich vorgenommen, der »wohltätige, reiche Onkel« zu sein, der alles wieder gut macht. Doch in dieser Rolle ist Hilmar Kopper eine glatte Fehlbesetzung.

Dennoch gelingt dem Banker an diesem Tag ein grandioser Coup. Als er erklären muß, warum gerade die Spitzenexperten seines Hauses solche Dummheiten gemacht haben, wälzt er die Schuld von seinen Mitarbeitern ab und schiebt sie weit weg ins Reich eines anonymen Gutachters: »Der gravierendste Fehler war, daß wir uns haben täuschen lassen. Das nagt an unserem Ehrgefühl. Wir können noch nicht abschließend sagen, ob hier menschliches Versagen vorliegt, eine Schwäche des System bei der Vergabe von Hypothekarkrediten oder beides. Ganz offensichtlich aber ist, daß der ›Centralboden‹ falsche Gutachten von öffentlich bestellten, vereidigten Sachverständigen vorgelegt worden sind und mit manipulierten Mietverträgen gearbeitet wurde. Der Kreditbetrug ist mit Vorsatz und systematisch vorbereitet und durchgeführt worden.«

Mit diesem Argumentationstrick schiebt Kopper zwischen sich und den von ihm bereits überführten Baubetrüger eine Art Prellbock: die Gutachter. Er schildert sie als sachverständige Männer ohne Fehl und Tadel, öffentlich bestellt, vereidigt, unabhängig und kompetent.

Die Journalisten haken nach. Doch Kopper ist zunächst nicht bereit, mehr über diese Sachverständigen zu berichten. Die Journalisten lassen nicht locker. Als einer unterstellt, die Deutsche Bank habe Gefälligkeitsgutachten von Jürgen Schneider für bare Münze genommen, springt Vorstandsmitglied Georg Krupp dem Mann fast ins Gesicht: »Es handelt sich bei den Gutachten, die hier vorgelegt worden sind, nicht um Gutachten von Herrn Schneider. Sie müssen sich das folgendermaßen vorstellen: Die Hypothekenbanken haben Gutachter in den einzelnen Regionen des Landes gelistet. Und dieser Gutachter, der hier tätig geworden ist, war ein von der ›Centralboden‹ gelisteter Gutachter, der die Gutachten für die ›Centralboden‹ hergestellt hat, für die ›Centralboden‹, nicht für Herrn Schneider, das waren Gutachten eines von der ›Centralboden‹ gelisteteten Gutachters für die ›Centralboden AG‹.«

Deutlicher geht es nicht mehr. Doch der Wirtschaftsjournalist Dr. Gerhard Czerwensky, der bei dieser Pressekonferenz in der ersten Reihe sitzt, bohrt immer noch nach: »Auf die hat er sich dann doch berufen, der Schneider, auf diese Gutachten!« Und Krupp, ganz Banker und auf der Seite seiner Sachverständigen, entgegnet unwirsch: »Ich weiß nicht, auf was sich Herr Schneider beruft, Herr Schneider interessiert mich in diesem Zusammenhang nicht.«

Gequält lächelnd nimmt Georg Krupp die nächste Frage entgegen: »Wenn Sie jetzt so schnell wissen, daß diese Gutachten, die ja quasi von einem ihrer eigenen Leute erstellt wurden, falsch waren, warum hat man die dann nicht schon viel früher überprüft?« »Die Gutachten sind durchaus auf Plausibilität überprüft worden.« »Und warum sind sie dann heute falsch und waren es damals nicht?« Krupp schüttelt verständnislos den Kopf. Er gibt keine Antwort. Vom anderen Ende des Podiums her kommt Vorstandskollege Ulrich Weiss zu Hilfe und ruft ihm zu: »Weil die Mietverträge gefälscht waren!«

Gereizt greift jetzt auch Hilmar Kopper wieder ein: »Ich füge hinzu, wie soll ein Gutachter redlich gutachten, wenn die Basis, nämlich die Erträge, ihm in gefälschter Form vorgelegt wurden? Da sind wir wieder bei den Mietverträgen. Deswegen habe ich mich vorhin auch dagegen gewehrt, hier zu unterstellen, daß die Gutachter irgend etwas Unrechtes getan haben. Zumindest habe ich gesagt, sie haben falsche Gutachten abgegeben, warum, wird weiter untersucht. Daran haben die Herren auch ein großes Interesse, darauf können Sie sich verlassen.«

Uns fällt auf, daß der gesamte Vorstand der Deutschen Bank den Gutachtern sehr energisch zur Seite steht. In der Entlastungsrede von Hilmar Kopper wird den Gutachtern eine undurchschaubare Schlüsselrolle im Schneiderschen Betrugssystem zugewiesen. Einerseits sollen sie falsche Gutachten abgeliefert haben, anderseits erteilt er ihnen die Absolution, indem er darauf besteht, daß sie trotzdem nichts Unrechtes getan haben. Mit diesem merkwürdigen Spagat schiebt Kopper alle Schuld auf Dr. Jürgen Schneider und vermittelt den Eindruck, als habe der Königsteiner alle reingelegt – auch die perfekten Sachverständigen.

Hilmar Kopper verschweigt an diesem Tag bewußt, wer dieser wunderbare, großartige und überaus kompetente Mensch ist, nach dessen Expertisen die Deutsche Bank Schneider Kredite in Milliardenhöhe gab. Und das hat seinen Grund.

Frühlingsrollen für Millionen

»Insgesamt habe ich Herrn Dr. Schneider nur zweimal gesehen.«

(Dr. Werner W. Neumann in seiner Vernehmung am 29. Juni 1994)

Der Bausachverständige der Deutschen Bank ist der damals 78jährige Frankfurter Dr. Werner W. Neumann. Seine öffentliche Bestellung als Sachverständiger, zugelassen bei der Industrie- und Handelskammer Frankfurt, endete offiziell 1985.

Es gelang Dr. Neumann, seine Zulassung mehrfach zu verlängern, indem er darum bat, begonnene Projekte beenden zu dürfen. Tatsächlich aber hat er im Auftrag der Deutschen Bank seit 1990 fünf neue große Objekte begutachtet.

Dazu gehören die Frankfurter Schneider-Bauten in der »Neuen Mainzer Straße 18«, das »Börsencenter«, die »Zeil-Galerie« sowie das Wiesbadener Hotel »Rose« und das »Haus am Kurfürstendamm« in Berlin.

Während dieser Gutachtertätigkeit wurde Dr. Werner W. Neumann von der Industrie- und Handelskammer Frankfurt mehrfach aufgefordert, seine Sachverständigen-Unterlagen zurückzugeben.

Als Neumann nicht reagiert, veröffentlicht die Industrie- und Handelskammer Frankfurt am 15. August 1991 in ihren Mitteilungen auf der Seite 38 unter der Rubrik »Sachverständigenwesen« folgende Kurzmitteilung:

> Die öffentliche Bestellung des Sachverständigen
> Dr. Ing. Werner W. Neumann für »Städtebau, Siedlungswesen u. Fertigbauweisen« ist gemäß § 24 c der
> Sachverständigenordnung erloschen.

An jenem Tag, als wir ihn beim Betreten des Bundeskriminalamts in Wiesbaden filmen, macht Dr. Neumann in Begleitung seines Rechtsanwaltes Walter B. vor Kriminaloberkommissar M. und dessen Kollegin D. vom Wirtschaftsprüfdienst des BKA folgende Aussage: »In einem Schreiben vom 24. 7. 1991 wurde ich gebeten, meine Sachverständigen-Unterlagen zurückzureichen. Zu der Zeit hielt ich mich im Krankenhaus auf, so daß ich nicht sofort auf das Schreiben reagieren konnte. Das letzte Schreiben der IHK datiert vom 13. 8. 1992, worin die Veröffentlichung des Erlöschens der Sachverständigenbestellung beigefügt war, wovon mein Büro im September 1991 unterrichtet worden war. In diesem Schreiben wurde ich um Rückgabe der Bestallungsunterlagen gebeten. Wie aus dem Schriftverkehr ersichtlich, waren die Kontakte relativ informell. Im Ergebnis wurde mir von der IHK zugestanden, die begonnenen Objekte zu Ende zu führen.«

Die vernehmenden Beamten interessieren sich dafür, wie es zu dieser schicksalhaften Beziehung zwischen Neumann und Schneider gekommen ist: »*Seit wann kennen Sie Herrn Dr. Jürgen Schneider, beziehungsweise seit wann haben Sie beruflich mit ihm zu tun? In welcher Form arbeiteten Sie direkt mit Herrn Dr. Schneider zusammen?*«

Dr. Neumann bemüht sein Langzeitgedächtnis: »Das erste Projekt für Herrn Dr. Schneider war der Fürstenhof im Jahre 1987. Einen direkten Kontakt zu Herrn Dr. Schneider hatte ich erst am 13. 9. 1991 bei der ersten Überprüfung von zehn ausgewählten Mietverträgen für die ›Zeil-Galerie‹. Insgesamt habe ich Herrn Dr. Jürgen Schneider nur zweimal gesehen. Der zweite Kontakt fand am 2. Dezember 1992 statt, anläßlich der Überprüfung aller 62 Mietverträge für die ›Zeil-Galerie‹ ... Zum allgemeinen Verständnis möchte ich hinzufügen, daß der Beginn meiner Zusammenarbeit mit der Deutschen Centralbodenkredit AG in das Jahr 1968 zurückreicht. Sie beschränkte sich also in keinem Fall lediglich auf die Begutachtung von Schneider-Objekten. Darüber hinaus war ich auch noch für andere Banken tätig, zum Beispiel Frankfurter Sparkasse oder ›Rheinboden‹ in Köln.«

Die Aussage des Zeugen Dr. Werner W. Neumann liefert die fast unglaubliche Begründung für das Schweigen der Banker. Offensichtlich hat Hilmar Kopper, Vorstandssprecher einer der größten Banken der Welt, gemeinsam mit seinen vorgeblich so ausgebufften Experten auf das Urteil eines Gutachters im bereits fortgeschrittenen Rentenalter blind vertraut.

Der sachverständige Rentner, der es verstanden hatte, seine Lizenz noch vom Krankenbett aus zu verteidigen und sie wie ein Gummiband zu dehnen, war im Fall Schneider verantwortlich für Objekte mit einem Kreditvolumen von rund 1,2 Milliarden Mark.

Die Gutachten des alten Herrn, der seine Zeugenvernehmung mit zittriger Hand krakelig unterschreibt, werden von den Bankern gläubig wie die Heilige Schrift gelesen. Weil Neumanns Expertisen die enorme Werthaltigkeit der Schneider-Objekte belegen, gibt die Deutsche Bank dem Königsteiner lange Jahre Kredite ohne Ende.

Wie sorgfältig der weißhaarige Werner W. Neumann begutachtet hat, wird erst nach dem Verschwinden von Dr. Jürgen Schneider deutlich werden. Bestes Beispiel dafür ist die Frankfurter »Zeil-Galerie«. In seinem Schlußgutachten, das am 17. 4. 1992 erstellt wurde, legt Dr. Werner Neumann auf zwölf Seiten eine Ertragswertberechnung für dieses Objekt vor.

Seine Kriterien faßt er, schon mit eigenen Kommentaren versehen, auf Seite 11 zusammen: »Im vorliegenden Fall sind im Gutachten die einzelnen Kriterien von Bedeutung:

1. Standort
   umsatzstärkste Einkaufsstraße Deutschlands
2. Mietpreissituation
   großer Nachfragemarkt, hohes Niveau
3. Marktsituation
   prosperierende Entwicklung von Frankfurt am Main
4. Beurteilung der zukünftigen Entwicklung
   positive Tendenz
5. multifunktionale Nutzung
   vielseitiger Warenmix, Handel und Werbung
6. international interessante Größenordnung.

Dieser Kriterienkatalog ist so schlicht gestrickt, daß sich kein Student im ersten Semester Betriebswirtschaftslehre gewagt hätte, ein solches Elaborat abzugeben.

Doch dieses Meisterwerk betriebswirtschaftlicher Analytik aus der Feder von Werner W. Neumann reicht der Deutschen Bank, um die Werthaltigkeit der »Zeil-Galerie« zu akzeptieren. Für die Banker besteht daraufhin kein Zweifel: Ein so wunderbares Objekt mit multifunktionaler Nutzung, mit vielseitigem Warenmix und international interessanter Größenordnung auf der umsatzstärksten Einkaufsstraße Deutschlands – wenn einem soviel Gutes widerfährt ... Der Deutschen Bank jedenfalls war das 431 Millionen Mark wert.

Die ausführlichen Erläuterungen zu diesem kleinen Katalog halten das Niveau und bestätigen die außerordentliche Qualität des Kurzexposés.

Werner W. Neumann berichtet: »Die CIP AG als die für die Vermietung des Objektes verantwortliche Firma hat mit Schreiben vom 1. Juli 92 neben den Mieterlisten vom 17. 6. 91 und 30. 8. 91 nach Vollvermietung die gesamte Verkaufs- und Medienfläche fortgeschrieben (siehe Anlage).

Die Netto-Mieten per anno ohne Nebenkosten und Mehrwertsteuer, betragen 57 697 249,– DM.

Nach eingehender Prüfung ist eindeutig festzustellen, daß sich mit Fortschreiten der Baumaßnahmen die Vermietungssituation immer positiver entwickelt hat, da den Mietinteressenten die außerordentliche Attraktion des Baus sowohl in der werbewirksamen Zugkraft der Fassade als auch in der inneren funktionellen Ausstattung zusehends erkennbarer wurde.

Meine Stellungnahme vom 12. 9. 1991 wurde auch dahingehend bestätigt, daß meine vorsichtigen Prognosen vom 19. 2. 1990 wesentlich übertroffen wurden. Dies trifft auch auf die Voraussagen zu den positiven Entwicklungstendenzen der Stadt Frankfurt am Main und des Rhein-Main-Gebietes zu. Eine Entwicklung übrigens, die auch im veränderten politischen Rahmen nach Analysen der IHK und der internationalen Großmaklerfirmen ihre Gültigkeit behält. Zur Wertsteigerung haben auch die hauseigenen strukturellen Verbesserungen durch den Nachbarschaftsvertrag mit der Kaufhof AG beigetragen.

Die Vorstellungen des Investors hinsichtlich der Realisierung eines multifunktionalen Zentrums mit der zukunftsweisenden modernen Verkaufspsychologie konnten voll verwirklicht werden.

Hierzu gehört, daß ein Mediencenter mit 2821 qm mit allen Zusatzeinrichtungen hoher Technik installiert werden konnte, das über Rundfunk- und Fernsehen direkte und indirekte Objektwerbung mit großer Öffentlichkeitswirkung betreibt.

Als Schlaglicht über die kreativen einprägsamen Werbemittel verweise ich auf den Beitrag der FAZ vom Juli 1992 über die modernen Installationen und Einrichtungen.«

Diesen naiven Ausführungen heftet Dr. Werner W. Neumann als Anlage seine Ertragswertberechnung an.

Hierbei geht er von jährlichen Mieteinnahmen in Höhe von 57 697 249,– DM aus und kommt unter Berücksichtigung des Multiplikators 14 auf einen Ertragswert von 795 871 900,– DM.

Bei seiner Verkaufswertberechnung bringt es die »Zeil-Galerie« sogar auf 966 082 754,– DM, also fast eine Milliarde Mark. Die astronomischen Summen beeindrucken die Banker tief.

Die Berechnungen haben nur einen kleinen Haken – sie sind absolut falsch.

Grundlagen für die Ermittlungen des Beleihungswertes eines Gebäudes sind der Bau- und Bodenwert, der Ertragswert und der Verkehrswert. Nach dem Hypothekenbankgesetz(§ 12 Hyp Bank G) darf der Beleihungswert »den durch sorgfältige Ermittlung festgestellten Verkaufswert nicht übersteigen«. Nach den Wertermittlungsanweisungen der Hypothekenbanken soll bei Renditeobjekten der Ertragswert die Obergrenze des Beleihungswertes sein. Bei jeder Beleihung ab 200 000 Mark muß ein förmliches Wertgutachten über Sachwert und Ertragswert von einem öffentlich bestellten und vereidigten Sachverständigen vorgenommen werden.

Der Ermittlung des Ertragswertes muß der voraussichtlich nachhaltig erzielbare Ertrag – also die jährliche Miete – zugrunde liegen.

Das Ertragswertgutachten von Dr. Werner W. Neumann für die Frankfurter Zeil-Galerie »Les Facettes«, Zeil 112–114 stützt sich im wesentlichen auf eine Liste der Mietverträge vom 17. Juni 1991.

Angeblich wurden in der Galerie Mieten in schwindelerregender Höhe erzielt. Die Zahlen lesen sich wie ein Märchen aus Tausendundeiner Nacht. Auf mehreren Seiten mit dem Briefkopf der CIP Center Aktiengesellschaft Immobilien und Passagen werden detailliert mit exakter Quadratmeterangabe die Firmennamen der Mieter und der monatliche Mietzins aufgelistet. Die CIP AG, ein hundertprozentiges Tochterunternehmen der Schneider-Gruppe, hatte innerhalb des Königsteiner Bauimperiums die Aufgabe, die Schneider-Objekte zu vermieten und zu verwalten.

Mieter in Schneiders »Zeil-Galerie« sind mehr als sechzig renommierte Fachgeschäfte und gute Restaurants. In der mehr als dubiosen Mieterliste taucht zum Beispiel »Marché Mövenpick« dreimal auf, mit insgesamt 800 Quadratmetern und einer Monatsmiete von 200 000 Mark.

Die Parfümerie »Douglas« soll rund 210 Quadratmeter zum Monatspreis von 49 500 Mark gemietet haben, das Bekleidungshaus »Hennes & Mauritz« muß für 1980 Quadratmeter Verkaufsfläche angeblich jeden Monat 495 000 Mark bezahlen.

Wenn »Benetton« die Miete in der »Zeil-Galerie« auf die Preise seiner Jeans draufgeschlagen hätte, könnte sich niemand mehr die Hosen leisten, denn für 798 Quadratmeter zahlte die Firma laut Schneiders Liste monatlich 199 999,98 Mark.

Das China-Restaurant »Yeung« ist mit einem Monatszins von 100 000 Mark in der Zwangslage, jährlich mindestens für 1,2 Millionen Mark Glasnudeln und Frühlingsrollen servieren zu müssen.

In dieser Mieterliste gibt es auffällige Mehrfachnennungen, so daß sich die Mietfläche und die Mieteinnahmen auf wundersame Weise verdoppeln und verdreifachen.

Auch die Jüngsten waren Schneider lieb und vor allem teuer. Das zeigt sich deutlich an der Höhe der Monatsmiete für den Kinderhort in der »Zeil-Galerie«: Sie beträgt 207 000,– Mark, macht im Jahr fast 2,5 Millionen Mark – ein Betrag, für den Gemeindeväter normalerweise eine mittlere Kindertagesstätte inklusive Schwimmbad bauen würden.

Die in dieser Liste vermerkten phantastischen Monatsmieten zählt der Gutachter Dr. Werner W. Neumann einfach zusammen und kommt unter dem Strich auf eine Summe von rund 57,6 Millionen Mark, die letztlich als Nettojahresmiete ausgegeben werden.

Doch ob diese Mieterliste, die ihm als Grundlage für sein Gutachten überreicht wurde, echt ist, überprüft Neumann nicht. Er überzeugt sich auch nicht davon, ob die Firmen – von »Benetton« bis »Mövenpick« – tatsächlich Mietverträge in so exorbitanter Höhe haben. Vertrauen ist gut, Kontrolle braucht Werner W. Neumann nicht.

Er hat offensichtlich nur die ihm vorgelegte Liste aller Mieter mit den dazu passenden Mietverträgen verglichen, fein säuberlich, Kopie für Kopie. Um die Originale hat er sich nicht bemüht.

Dabei hätte ihm schon eine Frühlingsrolle die Augen geöffnet. Der freundliche Chef des Yeung China-Restaurants will uns zwar nicht sagen, was er an Miete bezahlt, doch er ist ganz sicher, daß es sich nicht um 1,2 Millionen Mark im Jahr handelt.

Der Chinese und seine Kollegen aus Bistros und Boutiquen werden, als die Schneider-Pleite bekannt wird, für ein paar Tage zu Medienstars. Immer wieder erzählen sie vor laufenden Kameras in jedes hingehaltene Mikrophon, daß sie niemals so hohe Mieten bezahlt haben, und beklagen sich nach alter Kaufmannsart über die schlechten Umsätze in der »Zeil-Galerie«.

In seiner Vernehmung vor dem Bundeskriminalamt schildert Dr. Werner W. Neumann auch bereitwillig, wie er zu seinen Aufträgen kam und wie er seine Gutachten gemacht hat: »Seit etwa 1968 hatte ich geschäftlichen Kontakt zu Herrn Dr. Möll, der freiberuflich tätig ist und in dieser Eigenschaft auch als Repräsentant der Deutschen Centralbodenkredit AG aufgetreten ist. Über ihn erhielt ich während der letzten Jahrzehnte zahlreiche Aufträge vermittelt, zur Erstellung von Gutachten. Die Aufträge zur Erstellung von Wertgutachten wurden dabei fernmündlich oder mündlich über Herrn Dr. Möll an mich vermittelt. Dr. Möll hatte jeweils die Kontakte zu den Investoren. Im Fall der ›Zeil-Galerie‹ lief die Auftragserteilung in gleicher Weise, wie sich im übrigen auch aus einem Schreiben vom 22. 12. 1988 von Dr. Jürgen Schneider und seiner Ehefrau ergibt.«

Dieser Brief ist für Werner W. Neumann sehr wichtig, denn er beweist, daß der Auftrag für sein »Galerie«-Gutachten direkt vom Repräsentanten der »Centralbodenkredit AG« kam. Das betont Dr. Neumann in seiner Vernehmung ausdrücklich: »Aus diesem Schreiben wird ersichtlich, daß Herr Dr. Schneider und seine Ehefrau Herrn Dr. Möll beauftragen, ein Wertgutachten für die ›Zeil-Galerie‹ erstellen zu lassen, wobei das Honorar zwischen diesen Beteiligten bereits festgelegt wurde. Herr Dr. Möll hat dann seinerseits mit Herrn Dr. Huvendick von der Deutschen Centralbodenkredit AG mich mit der Erstellung des Wertgutachtens ... beauftragt, das heißt, genauer gesagt, Dr. Möll hat diesen Auftrag an mich vermittelt. Alle Aufträge für die Einzelgutachten bezüglich der ›Zeil-Galerie‹ wurden über Dr. Möll an mich herangetragen, und zwar jeweils telefonisch oder mündlich. Mit Herrn Dr. Schneider oder seiner Frau hatte ich in keinem dieser Beauftragungsfälle in irgendeiner Weise zu tun.«

Dieser enge Zusammenhang zwischen der Centralbodenkredit AG und Neumanns Gutachtertätigkeit ist den Ermittlern des Bundeskriminalamtes auch durch einen ganz besonderen Umstand aufgefallen: Die Gutachten für die »Zeil-Galerie« sind auf Briefbögen der Deutschen Centralbodenkredit AG, einer hundertprozentigen Tochter der Deutschen Bank, zuständig für das Immobiliengeschäft, ausgefertigt. Die Beamten bezweifeln wohl, daß dies mit der Deutschen Bank abgestimmt war, und fragen Dr. Neumann danach.

Der sieht nichts Ungewöhnliches im Gebrauch von Bankenbriefpapier: »Da die Begutachtung im Einvernehmen mit der Deutschen Centralbodenkredit AG erstellt wurde, hat mir Herr Dr. Möll die entsprechenden Vordrucke zur Verfügung gestellt. Bei früheren Gutachten, die nichts mit Herrn Dr. Schneider zu tun hatten, wurde dies genauso gehandhabt ... Grundsätzlich möchte ich festhalten, daß ich meine Gutachten Herrn Dr. Möll persönlich oder durch Boten übergeben habe. Was Herr Dr. Möll mit diesen Gutachten weiter unternommen hat, entzog sich meiner Kenntnis.«

Bei seiner Vernehmung betont Dr. Werner W. Neumann immer wieder und mit großem Nachdruck, daß er nicht etwa im Auftrag von Dr. Jürgen Schneider gehandelt hat, sondern im Einvernehmen mit der Deutschen Bank und ihrer Immobilientochter als Sachverständiger eingesetzt war. Dr. Neumann wörtlich: »Aufgrund des

Schreibens vom 22. 12. 1988 ergibt sich darüber hinaus, daß meine Bestellung als Gutachter am 2. 1. 1989 mit der Deutschen Centralbodenkredit AG, Herrn Dr. Huvendick, abgesprochen war.«

»*Wer hat Ihnen die von Ihnen überprüften Mietverträge am 13. 9. 1991 und 2. 12. 1992 vorgelegt? Verfügen Sie über Kopien dieser Mietverträge?*« wollen die Beamten wissen, und Neumann gibt präzise Antwort: »Die ersten zehn Mietverträge wurden von mir aufgrund der mir vorliegenden CIP-Listen ausgewählt. Nach einer ersten Vorlage von 14 oder 15 Mietverträgen habe ich dann eine engere Auswahl getroffen. Bei der Überprüfung war Herr Dr. Möll als Repräsentant der Deutschen Centralbodenkredit AG anwesend.

Die Verträge wurden von Dr. Schneider persönlich vorgelegt. Über die Einsicht in diese Mieterverträge habe ich einen Vermerk unter dem Datum vom 13. 9. 1991 gefertigt. Am 2. 12. 1992 hat Dr. Schneider zweiundsechzig Mietverträge vorgelegt, und zwar entsprechend der Reihenfolge aus den CIP-Listen vorsortiert. Herr Dr. Schneider hat in meiner Gegenwart die Mietverträge auf den CIP-Listen durchnumeriert.

Danach habe ich alle zweiundsechzig Verträge in Gegenwart von Herrn Dr. Möll geprüft.

Anschließend hat Herr Dr. Schneider mit Dr. Möll den Raum verlassen.«

Aus dieser Aussage des Sachverständigen Dr. Werner W. Neumann geht eindeutig hervor, daß das entscheidende Gutachten für den Millionenkredit an Dr. Schneider im stillen Kämmerlein entstanden ist – und zwar in Anwesenheit von drei Männern: dem Investor Dr. Jürgen Schneider, dem Repräsentanten der Deutschen Bank, Dr. Friedrich Möll, und Dr. Werner W. Neumann.

Neumann hat lediglich die Unterlagen geprüft, die man ihm gegeben hat. Ob diese Unterlagen jedoch der Wahrheit entsprachen, das hat er nicht nachkontrolliert.

Im Ertragswertgutachten des Dr. Werner W. Neumann findet sich auch jene völlig überhöhte Flächenangabe zur »Zeil-Galerie«, die nach dem Verschwinden von Dr. Schneider die Runde machte und der Deutschen Bank von allen um die Ohren gehauen wurde.

Laut Dr. Neumann sind in dem Einkaufszentrum 20 513 Quadratmeter vermietet.

Tatsächlich umfaßt die vermietbare Hauptnutzungsfläche der schmalen Galerie auf der »Zeil« nur rund 9400 Quadratmeter.

Aus dem 31. Stock der Deutschen Bank hat man einen ausgezeichneten Blick über die Stadt am Main. Die Zentrale der Deutschen Bank liegt etwa fünf Minuten Fußweg von der »Zeil-Galerie« entfernt.

Schon ein kleiner Spaziergang hätte gereicht, um den Unterschied zwischen den angegebenen 20 000 Quadratmetern und der tatsächlichen Fläche von 9400 Quadratmetern deutlich vor Augen zu haben. Diese Zahl war nämlich auf dem großen Schild zu sehen, das während der Bauzeit präzise Auskunft gab über den Bauherrn, den Architekten, die bauausführenden Firmen und selbstverständlich die Hauptnutzungsfläche von 9308,09 qm. Doch diesen Fußmarsch zur »Zeil« haben weder der Gutachter Dr. Werner W. Neumann noch einer der verantwortlichen Herren aus der Deutschen Bank damals für nötig gehalten.

Bei seiner Vernehmung macht Werner W. Neumann einen absolut glaubwürdigen Eindruck. Seine Schilderung der Vorgänge ist schlüssig, bereits vorliegende Ermittlungsergebnisse des Bundeskriminalamtes bestätigen seine Darstellung. Damit ist klar: Dieser alte Mann taugt nicht zum Kronzeugen gegen Dr. Jürgen Schneider. Mit seinen Aussagen läßt sich nicht beweisen, daß der Investor Unterlagen gefälscht hat. Denn davon weiß Dr. Werner W. Neumann überhaupt nichts.

Auch der Verdacht der Ermittler, daß Werner W. Neumann vielleicht auf schriftliche Anweisung von Dr. Jürgen Schneider hin Berechnungen und Bauunterlagen eigenhändig gefälscht habe, hat sich nicht bestätigt.

Damit entfällt auch der Vorwurf, daß Dr. Neumann aktiv beim vermuteten Betrug mitgewirkt hat. Denn er hat offenbar in blindem Vertrauen auf die ihm vorgelegten Kopien seine Gutachten geschrieben.

Nach seiner Ansicht waren die Mieterlisten, die ihm auf Briefbögen der CIP Center AG Immobilien und Passagen überreicht worden waren, über jeden Zweifel erhaben. Deshalb fügte er seinem Gutachten unter anderem auch ein zweiseitiges Dokument vom 7. Juli 1992 bei, das die Unterschrift vom Vorstand der CIP, Herrn Gerhard Wieland, trägt. Diese Aufstellung beinhaltet die falsche Quadratmeterzahl von 20 513 und den falschen Jahresmietertrag von 57 697 249,– Mark.

Die Unterschrift des Herrn Gerhard Wieland auf den Flächen- und Mieterlisten vom 7. Juli 1992 ist gefälscht.

Das aber hat Dr. Werner W. Neumann damals nicht gewußt.

Zacken im großen »W«

»Das ist nicht meine Unterschrift,
und ich weiß nicht, wer sie gefälscht hat.«
(Dr. Gerhard Wieland in einem Gespräch mit »Frontal« im Mai 1994)

Die ersten, die davon erfahren, daß die CIP-Aufstellung mit den unrichtigen Zahlen und Mietangaben zur »Zeil-Galerie« auch eine gefälschte Unterschrift trägt, sind nicht etwa Ermittler des Bundeskriminalamtes oder der Staatsanwaltschaft, sondern die Herren der Deutschen Bank in ihrer Sonderfunktion als »Hobbydetektive«.

In seinem Abschiedsbrief vom 4. April 1994 hatte Dr. Jürgen Schneider die Deutsche Bank um Hilfe bei seinen Schwierigkeiten gebeten. Dieser Brief war für die Banker eine direkte Einladung, als eine Art »Gläubigerpolizei« in der »Villa Andreae« tätig zu werden. »Die sind hier eingefallen wie die Heuschrecken und haben sich benommen wie Gutsherren«, schildert uns Joachim Schneider seine Begegnung mit den Bankern im Hause seines Bruders. Bei ihren Untersuchungen fanden die »Fahnder« der Deutschen Bank auch verwirrende Unterlagen.

Zu identischen Objekten – beispielsweise der Zeil-Galerie »Les Facettes«, gab es verschiedene Aufstellungen mit ganz unterschiedlichen Angaben zu Flächen und Mieten.

Da wurden die so lange sorglosen Banker plötzlich hellwach. Sie telefonieren mit der CIP AG Center Immobilien & Passagen in Frankfurt und machen Druck. Zu diesem Zeitpunkt warten in der »Villa Andreae« am Faxgerät des verschwundenen Hausherrn die »Zivilfahnder« Michael Cremer und Grosse-Wördemann von der Deutschen Bank AG.

Am 10. April 1994 um 8.40 Uhr wird zurückgefaxt. Zum ersten Mal halten die Herren der Deutschen Bank die echten Zahlen über die Mietfläche und über den Mietertrag der »Zeil-Galerie« in der Hand, schockierende Dokumente, die mit ihren Kreditunterlagen so gar nichts gemeinsam haben. Und jetzt kommt ihnen der schreckliche Verdacht, daß die Dokumente, die dem Gutachten von Dr. Werner Neumann zugrunde liegen, manipuliert sein müssen. Doch diese offenbar unrichtigen Listen tragen die Unterschrift von Gerhard Wieland, dem Vorstand der CIP AG.

Noch am gleichen Tag bewegen sich die Herren Michael Prinz zu

Sachsen-Weimar und Eisenach sowie Peter Klam von der Deutschen Bank AG nach Frankfurt. Diese Herren, vor allem der Prinz, waren mitverantwortlich für die Kreditvergabe an Schneider. In der Rossertstraße legen sie Gerhard Wieland jene Unterlagen aus dem Neumann-Gutachten vor, die Wielands Unterschrift tragen. Dabei stellt sich heraus: Die Unterschrift ist gefälscht.

Am 11. April 1994 geben Michael Prinz von Sachsen-Weimar und Eisenach und Peter Klam eine eidesstattliche Versicherung ab. Der Text wird am gleichen Tag um 12.07 Uhr aus der Rechtsabteilung der Deutschen Bank, Filiale Mannheim, an die Zentrale in Frankfurt gefaxt. Beide Banker versichern in wortgleichen Erklärungen zur Sache: »Die Deutsche Bank AG Filiale Baden steht der Dr. Jürgen Schneider Gruppe mit Krediten zur Verfügung. Als maßgebliche Unterlage für die Einräumung der Kredite diente ein Bewertungsgutachten der CIP Center Aktiengesellschaft Immobilien und Passagen, Frankfurt, vom 7. Juni 1992 über die Mieterträge Zeil-Galerie ›Les Facettes‹, Zeil 112–114, Frankfurt am Main.

Dieses Gutachten weist eine Gesamtfläche von 20 513 qm mit einer Jahresmiete von 57. 697. 249,– Mark aus.

Es ist von Herrn »Gerhard Wieland, Vorstand der CIP« unterschrieben. Bei dem persönlichen Gespräch mit Herrn Wieland am 11. 4. 1994 erklärte Herr Wieland, daß diese Unterschrift nicht von ihm stammt und somit gefälscht ist. Dies ergab sich auch aus einem Unterschriftsvergleich auf seinem Personalausweis.

Mit diesen Unterlagen und dem Beweis für die Fälschung stellt die Deutsche Bank über das Rechtsanwaltsbüro Pünder, Volhard, Weber & Axter dann ihre Strafanzeige gegen Dr. Jürgen Schneider.

Darin schildert sie den vermuteten Betrug und die Urkundenfälschung: »In den letzten Tagen hat sich herausgestellt, daß die Angaben über die Miethöhe und vermietbare Fläche der ›Zeil-Galerie‹ in keiner Weise den Realitäten entsprachen, sowie daß die zur Einsicht vorgelegten Mietverträge offensichtlich manipuliert worden waren.

Die CIP Center AG hat der Bank hierzu mit Telefax vom 10. 4. 1994 bestätigt, daß für die Zeil-Galerie tatsächlich lediglich von einer vermietbaren Fläche von 9308 qm und einer Jahresmiete von ca. DM 8,5 Mio. (wovon entgegen der früheren Erklärung ca. DM 6 Mio. für nicht auf die Mieter abwälzbare Nebenkosten benötigt werden) auszugehen sei.

Herr Wieland, Vorstand der CIP Center AG und angeblicher Unterzeichner des Bestätigungsschreibens der CIP Center AG vom

07. 07. 1992 über die Jahresnettomiete von DM 57,7 Mio. (welches Grundlage für das von ›Schlußgutachten‹ Dr. Neumann war), hat gegenüber Michael Prinz von Sachsen-Weimar und Herrn Peter Klam (beide Deutsche Bank AG, Filiale Mannheim) erklärt, daß die Unterschrift unter diesem Schreiben nicht von ihm stamme, sondern gefälscht sein müsse ... Wäre der tatsächliche Mietertrag bekannt gewesen, hätten beide Institute die Kredite nicht gewährt ... Die Kreditnehmer haben ihre Zahlungen eingestellt: Der Aufenthaltsort von Herrn Dr. Jürgen Schneider ist nicht bekannt ... Die Recherchen der letzten Tage haben daneben noch weitere erhebliche Hinweise auf mögliche Unregelmäßigkeiten und vermutlich falsche Angaben ergeben.«

Auf eine zynische Art hat Hilmar Kopper in seiner »Peanuts«-Pressekonferenz die Rolle des Gutachters richtig dargestellt. Dieser Werner Neumann ist tatsächlich eine »tragische Figur«, und natürlich sind er und sein schludriges Gutachten mit schuld an der außerordentlich unangenehmen Lage, in der die Deutsche Bank jetzt steckt. Doch die Bank mit ihrer aufgeblasenen Kreditkontrolle, der es nach Schneiders Verschwinden innerhalb von wenigen Tagen gelang, exakt festzustellen, wo die Fehler lagen, hat über Jahre hinweg versagt.

Als das Kind dann so richtig im Brunnen liegt – und das ist das Zynische an Koppers Argumentation –, sind angeblich die anderen, und vor allem Werner W. Neumann, »unschuldig schuldig« geworden. Daß die Banker nun ihr eigenes Fehlverhalten auf einen 78jährigen Mann abwälzen, ist eigentlich ziemlich schäbig.

Denn es wäre Sache der Bank gewesen, die auffallend schlichten Gutachten des alten Sachverständigen sachlich und technisch zu überprüfen. Im Fall der »Zeil-Galerie« wäre dann sofort deutlich geworden, daß die Flächen- und Mietangaben nicht korrekt waren.

Bei einer internen Bankkontrolle soll später auch herauskommen, daß es »in Sachen Dr. Neumann« bei zwei Gutachten schon negative Hinweise auf den Sachverständigen gab. Darüber hinaus wird seine Beurteilung der »Zeil-Galerie« als reines »Gefälligkeitsgutachten« kritisiert. Die Deutsche Bank hat mit Dr. Werner W. Neumann in fahrlässiger Weise hartnäckig auf ein bekannt schwaches Pferd gesetzt, das sie nun als Sündenbock präsentiert.

Gerhard Wieland, der Mann, dessen gefälschte Unterschrift so entscheidend wird, ist Schwabe. Für die CIP Center AG arbeitete er hauptsächlich im Stuttgarter Büro. Schon seit ein paar Tagen versuchen wir, ihn zu erreichen. Doch Wieland ist viel unterwegs, die Konkursabwicklung der CIP AG hält den Mann auf Trab.

An einem Sonntag abend erreichen wir ihn endlich in seinem kleinen schwäbischen Heimatort. Am Telefon ist Gerhard Wieland sehr zugeknöpft. Doch schließlich ist er damit einverstanden, sich mit uns in Frankfurt zu treffen.

In der Rossertstraße, dem Hauptsitz der CIP Center AG, empfängt uns der ältere Herr freundlich. Seine Sekretärin bringt Kaffee und Gebäck. Der Besprechungsraum im 1. Stock der Frankfurter Patriziervilla ist mit wertvollen Antiquitäten eingerichtet.

Gerhard Wieland, so scheint es uns, ist von den Ereignissen der letzten Tagen wirklich betroffen. Er erklärt uns, wie präzise im Haus der CIP gearbeitet wurde.

Als Beweis für die seriöse Arbeit, die er als Vorstand zusammen mit Geschäftsführer Horst Obermayr zu verantworten hatte, zeigt er uns zahlreiche Unterlagen von verwalteten und vermieteten Objekten. Für diesen Mann ist es unvorstellbar, daß in seinem unmittelbaren Verantwortungsbereich getrickst und gefälscht wurde. Das schlimmste für ihn aber ist, daß seine persönliche Unterschrift offensichtlich für einen großangelegten Kreditbetrug mißbraucht wurde.

Er ist sehr nachdenklich. »Für meine Mitarbeiter«, so versichert er uns, »lege ich die Hand ins Feuer. Ich kann mir absolut nicht vorstellen, daß jemand aus diesem Büro meine Unterschrift gefälscht hat.«

Gerhard Wieland erzählt uns, daß er von den Beamten des Bundeskriminalamtes befragt wurde. Die Ermittler wollten genau wissen, welche Erklärung er persönlich dafür hat, wie seine Unterschrift unter die falschen Quadratmeterangaben und Mieterträge der »Zeil-Galerie« gekommen sein könnte. »Aber ich konnte den Ermittlern nichts anderes erzählen als das, was ich Ihnen heute auch sage. Es ist nicht meine Unterschrift, und ich weiß nicht, wer sie gefälscht hat.«

Und nun nimmt Gerhard Wieland auf unsere Bitte hin ein weißes Blatt Papier und schreibt mit schwarzem Kugelschreiber mehrfach deutlich seinen Nachnamen auf den Bogen. Diese Unterschriftenprobe vergleichen wir mit dem Namenszug auf der CIP-Liste mit den falschen Angaben zur »Zeil-Galerie«.

Die echte Unterschrift von Gerhard Wieland wirkt sehr flüssig, ohne Schnörkel und mit glatten Hauptlinien. So weist zum Beispiel der Anfangsbuchstabe »W« am oberen Ende keine Schlußbögen auf. Insgesamt schreibt Wieland mit leichter Rechtsneigung.

Der gefälschte Schriftzug hingegen ist zunächst steil und weist dann nach links. Im unmittelbaren Vergleich springt sofort ins Auge, daß der Anfangsbuchstabe, das große »W«, zackige Ausbuchtungen nach unten hat und oben mit langen Häkchen endet. Kein Zweifel, dies ist nicht dieselbe Unterschrift.

Aus seinem Gespräch mit den BKA-Ermittlern hat Wieland den Eindruck gewonnen, daß die Beamten Jürgen Schneider als den Fälscher im Verdacht haben. Nach ihrer Ansicht habe er ganz allein in seinem Kämmerlein höchstpersönlich Hand angelegt.

Auch das kann sich der Schwabe Wieland, so sagt er es uns an diesem Tag, eigentlich nicht vorstellen.

HEISSE LUFT

Der Agent

»Wenn Sie das veröffentlichen, mit meinem Namen, dann gefährden Sie das Leben unschuldiger Menschen.«

(Graf Lambsdorff in einem Telefongespräch mit »Frontal« im Juni 1994)

»In dieser Zeit trat der Bundesnachrichtendienst an Jürgen Schneider heran. Trotz ›saumäßiger Englisch-Kenntnisse‹ (so Freunde), spitzelte Schneider für die Bundesrepublik Deutschland. Regelmäßig lieferte er Berichte und Fotos aus dem Iran und Libyen. Er sammelte alles.« Mit dieser sensationellen Information deckt die »Münchner Abendzeitung« das mysteriöse Doppelleben des Milliardenpleitiers auf. Die balkendicke Überschrift titelt: »Dr. Schneider – er spionierte für den BND.« In seiner Pfingstausgabe liefert das Boulevardblatt den schockierten Lesern die Einzelheiten aus dem Schattenreich des Geheimdienstes:

»Mysteriös wie sein Verschwinden, so mysteriös war auch sein Doppelleben«, enthüllt die Münchner Abendzeitung. »Er liebte nicht nur beruflich das Riskio. In den siebziger Jahren trat der Bundesnachrichtendienst (BND) in Pullach an ihn heran. Neben seiner Bautätigkeit im Nahen Osten diente Schneider als informeller Mitarbeiter (IM) für den BND.«

Die »Abendzeitung« kennt geradezu atemberaubende Einzelheiten: »Nicht nur die Stasi hatte ihre IMs, auch im Pullacher BND-Bunkerbau, genannt ›das Camp‹, setzte man auf die Dienste der Spitzel im Ausland. Einer von ihnen war Dr. Jürgen Schneider. Der quirlige Mega-Pleitier erschien den BND-Offizieren als Idealbesetzung. Ein ›Abenteurer und Hasardeur‹. Reichlich Erfahrung sammelte Schneider bereits als V-Mann der Polizei in der Frankfurter Rauschgiftszene. Nach seinem Studium an der Technischen Hochschule in Mannheim übernahm er in den siebziger Jahren die Bauleitung für die Philipp Holzmann AG (Straßenbau, Häuser) im Nahen Osten.«

Aus dem »Baulöwen« Jürgen Schneider macht die »Münchner Abendzeitung« einen James Bond der Baubranche, der mit Schirm, Charme und Toupet im Dienste Deutschlands die Brennpunkte des gesamten Nahen Ostens ausspioniert hat.

Informant der Abendzeitung ist angeblich ein Mann aus Geheimdienstkreisen. Dieser zum »Top-Spion« hochgeschriebene Informant soll die Flucht des Jürgen Schneider organisiert haben. Denn, so weiß der Geheimdienstler im AZ-Interview zu berichten: »Schneider war ein Mann, der nicht einmal in der Lage war, sich selbst eine Fahrkarte vom Flughafen in die Innenstadt zu lösen.«

Es folgen Einzelheiten aus dem Leben des »Löwen«. Die vielen Frauengeschichten, die über Schneider gerüchteweise verbreitet werden, dementiert der feinfühlige Informant mit den netten Worten: »Der Mann hat doch viel zuviel Angst vor Frauen. Der ist klein, dick und hat eine Glatze. Der würde sich doch nie nackt vor einer ausziehen.«

Der erfahrene Geheimdienstler analysiert für die Abendzeitungsleser auch mögliche Fluchtländer von Dr. Jürgen Schneider. Knapp, aber bestimmt sagt er den Journalisten: »Iran scheidet aus. Wenn die da unten hören und lesen, daß jemand mit ein paar hundert Millionen in ihrem Land sitzt, nehmen sie ihm das Geld gleich ab.«

Daraus folgert die »Abendzeitung«, daß sich der Gesuchte in friedlichere Gefilde abgesetzt haben muß, und schreibt: »Schneider atmet frische Bergluft auf einer Almhütte in der Schweiz, nahe der französischen Grenze.«

Dieser spannende Artikel, den die »Abendzeitung« für ihre Lesergemeinde zu Pfingsten geschneidert hat, hat leider den Nachteil, daß nur wenig daran richtig ist.

Doch wie bei den meisten dieser Boulevardberichte, so findet sich auch hier das berühmte Körnchen Wahrheit. Es ist in diesem Fall in einem undeutlichen Foto mit Balken versteckt. Der Balken verläuft quer über den Augen eines 54jährigen Mannes, der auf dem Bild rechts in der Ecke direkt hinter Dr. Jürgen Schneider steht. Das Foto hat die Unterzeile: »Immer bei ihm: Der adlige Ex-BND-Oberst (54, geblendet) hinter dem Milliardenpleitier Jürgen Schneider (60).«

Wir wissen aus unseren eigenen Recherchen, daß es im engen Umfeld von Dr. Jürgen Schneider nur einen Adligen gibt: es ist Ralf Matthias von der Wenge Graf Lambsdorff.

Dieser Graf, ein Neffe des Ex-FDP-Vorsitzenden und ehemaligen Wirtschaftsministers Otto Graf Lambsdorff, war Generalbevollmächtigter der Jürgen Schneider AG. Er hatte nicht nur ein Jahresgehalt von 430000 Mark, sondern auch lebenslanges Wohnrecht in einer Schneider-Villa in der noblen Kuglmüllerstraße 7 in München, im feinen Stadtteil Nymphenburg.

Auch das Bundeskriminalamt interessiert sich für die Rolle des Grafen im Schneider-Imperium. In einem Aktenvermerk notieren die Fahnder ihre Gründe: »Nach hier vorliegenden Erkenntnissen stellt Herr Ralf von der Wenge Graf Lambsdorff, geboren am 22. 9. 1937 in Berlin, eine enge Kontaktperson zu den Gesuchten und der Familie dar. Er besitzt eine geschäftliche Vollmacht über den Tod hinaus, ausgestellt von dem Gesuchten, war Vorstandsmitglied der Schneider AG in München und seit Januar 1994 zuständig für das Festgeldmanagement. Zudem ist er Pate beider Kinder der Gesuchten.« Das Bundeskriminalamt regt daher bei der Staatsanwaltschaft Frankfurt an, sicherheitshalber sämtliche Postsendungen, »soweit diese von den Beschuldigten herrühren oder Tatsachen dafür vorliegen, daß sie mangels anderer konkret feststehender Dritter die Absender sein könnten«, zu beschlagnahmen. Überwacht werden auch die telefonischen Daten des »Grafen-Handys« und die Unterlagen seiner Kreditkarte.

Den Königsteiner Immobilienhändler hatte Ralf Matthias Graf Lambsdorff 1988 in München kennengelernt, als Schneider von der Familie Konrad Bernheimer das »Palais am Lenbachplatz« erwarb. Lambsdorff arbeitete zu dieser Zeit für den Antiquitätenhandel Bernheimer als eine Art »Unternehmensberater« und »Repräsentant«.

Lambsdorffs Adresse und Telefonnummer sind uns aus unseren Recherchen seit längerem bekannt. Nun wollen wir wissen, ob er der Mann ist, den die »Münchner Abendzeitung« als Geheimdienstagenten geoutet hat. Wir rufen ihn in seiner Münchner Privatwohnung an.

Der Graf ist hörbar erschrocken, daß sich Journalisten bei ihm melden. Wir telefonieren lange mit ihm. Das Gespräch quält sich dahin, weil der Graf immer wieder versucht, mit gestelzten, antiquierten Floskeln auszuweichen, und auf klare Fragen zunächst keine Antwort gibt, vor allem dann nicht, wenn wir ihn auf seine Zugehörigkeit zum Bundesnachrichtendienst ansprechen.

Gerade dann versucht er, uns mit unverbindlicher Höflichkeit vom eigentlichen Thema abzubringen. Doch damit läßt er uns keine Wahl. Weil wir zur Sache kommen wollen, kündigen wir ihm an, in unserem nächsten Filmbericht vor einem Millionenpublikum die »Münchner Abendzeitung« zu zitieren und ihn als Ex-BND-Oberst und Führungsoffizier von Jürgen Schneider zu outen, dem er wahrscheinlich auch die Flucht organisiert hat.

Der Mann schluckt. Damit hat er nicht gerechnet. Das will er auf keinen Fall.

Der Graf wechselt Tonart und Redestil. Nun ist er nicht mehr charmant und höflich, sondern sehr kurz angebunden. »Jawohl, ich war Mitarbeiter des Bundesnachrichtendienstes im Range eines Oberst. Aber ich bin zu lebenslangem Schweigen über meine Tätigkeit verpflichtet. Deshalb werde ich Ihnen nichts darüber sagen.«

Mit eindrucksvollen Worten malt Ralf Matthias Graf Lambsdorff nun ein drohendes Gefahrenszenario. Plötzlich ist nicht nur die Sicherheit Deutschlands in Gefahr, sondern das Verderben lauert überall. Sogar Menschen sind bedroht. Wörtlich sagt er: »Wenn Sie das veröffentlichen, mit meinem Namen, dann gefährden Sie das Leben unschuldiger Familien.«

Der Graf, fest entschlossen, uns zu beeindrucken, greift mit seinen Argumenten tief in die »Agenten-Kiste«. Gern, so wissen wir aus unserer journalistischen Arbeit, verbreiten Leute aus dem Spionageapparat den Eindruck, daß sie aus einem ganz besonderen Holz geschnitzt sind und zu einer Elite gehören, die ständig unter abenteuerlichsten Umständen ihr Leben risikiert.

Selbstlos setzen sie sich großen Gefahren aus, um permanent die nationale Sicherheit gegen alle Feinde des Staates zu verteidigen.

Der Geheimdienstexperte Erich Schmidt-Eenboom läßt kein gutes Haar an diesen Schlapphüten, die sich so betont mit einer geheimnisvollen Aura umgeben. In seinem Standardwerk »Der BND – Schnüffler ohne Nase« schreibt Erich Schmidt-Eenboom über die Auswirkungen der BND-Legenden und Mythen: »Dieser Nimbus reicht weit ins Alltagsbewußtsein der Menschen, weil ganze Literaturgattungen wie Spionage-Thriller und Action-Romane, Abenteuer- und Dokumentarfilme dieses Image pflegen, vertiefen und idealisieren. Entzauberung und Transparenz zu schaffen ist für eine ernsthafte Auseinandersetzung ... jedoch unabdingbar.« Genau darum geht es uns jetzt ganz konkret im »Fall Lambsdorff«.

Mit dem Bundesnachrichtendienst in Pullach haben wir uns bei Recherchen zu anderen Filmprojekten schon intensiv befaßt. Der BND verfügt über einen unmäßig aufgeblähten Apparat und beschäftigt heute rund 6500 Mitarbeiter. Damit arbeiten mehr Menschen in geheimer Mission, als das Auswärtige Amt weltweit besoldet. Die Zentrale in Pullach bei München ist wie eine Festung ausgebaut. Meterhohe Mauern, Stacheldrahtverhau und Überwachungskameras sichern das knapp dreiviertel Million Quadratmeter große Gelände.

Daß hier einst Hitlers Stellvertreter Rudolf Heß residierte, hat die Auswahl des Standortes damals nicht beeinflußt.

Für Kanzleramtsminister Schmidbauer, als Geheimdienstkoordinator unmittelbar Helmut Kohl unterstellt, ist der BND heute für viele Aktionen gut.

Für den Steuerzahler aber ist er vor allem teuer. Eine Milliarde Mark verschlingt die Arbeit des Dienstes jährlich, obwohl nach Expertenmeinung vier Fünftel seiner Informationen aus offenen Quellen stammen, etwa aus Zeitungen, Rundfunk und Fernsehen oder allgemein zugänglichen Druckwerken.

Weil der BND oftmals wichtige Entwicklungen einfach verschlafen oder falsch bewertet hat, gilt er beim amerikanischen Geheimdienst CIA lange schon als »Mickey-Maus-Dienst«.

Unsere telefonische »Anbahnung« mit dem Geheimdienstler aus Schneiders Umfeld endet mit einer Verabredung zum persönlichen Treffen in München. Allerdings hatten wir Ralf Matthias Graf Lambsdorff zugesagt, vorläufig nichts über ihn zu veröffentlichen. Doch er weiß nun, daß wir von ihm eine plausible Erklärung erwarten, wenn wir uns auf Dauer mit einer Berichterstattung zurückhalten sollen. Vor allen Dingen wollen wir genau wissen, ob das Szenario der bedrohten Völker der Wahrheit entspricht oder nur eine Agentenstory ist.

Ganz Geheimdienstmann, inszeniert Graf Lambsdorff das Meeting mit allen Zutaten aus dem Lehrbuch des BND, Kapitel 1: »Konspirative Treffen – leicht gemacht«. Weder seine Wohnung noch irgendein Büro oder ein Restaurant kommen in Frage, es muß ein unauffälliger Ort in München sein.

Der Geheimgraf schlägt uns ausgerechnet den »Franz-Josef-Strauß-Flughafen« in Freising am »Erdinger Moos« vor. Dort will er sich uns aber nicht allein stellen. Er besteht darauf, daß sein Anwalt aus Frankfurt einfliegt.

Weiter erhalten wir die Anordnung, uns am »Meeting-Point« pünktlich um 11.30 Uhr einzufinden. »Dort wird Sie jemand in meinem Auftrag abholen. Ich möchte auf gar keinen Fall gefilmt oder fotografiert werden. Deshalb habe ich in der VIP-Lounge einen Nebenraum für unser vertrauliches Gespräch reservieren lassen. Da warte ich auf Sie.« Und süffisant fügt der Graf hinzu: »In der VIP-Lounge herrscht absolutes Drehverbot.«

Wie jeder weiß, kommt Fernsehen ohne Bilder nicht aus. Deshalb sind wir entschlossen, diesen Grafen in jedem Fall zu filmen. Der Mann gehörte zum engsten Umfeld des flüchtigen Bauunternehmers Jürgen Schneider. Er war sein Generalbevollmächtigter bis Mitte März 1994. Als das Imperium zu wackeln beginnt, setzt Jürgen

Schneider den unbekannten Mainzer Rechtsanwalt Horst Schneider an die Stelle des Grafen. Vermutet wird, daß er damit den adligen Promi aus der Schußlinie nehmen wollte. Der Name Lambsdorff sollte wohl nicht mit der Schneider-Pleite in Verbindung gebracht werden.

Doch das hat dem Grafen nicht viel geholfen. Kaum war Schneider weg, setzte sich das Bundeskriminalamt doch auf seine Spur. Unsere Recherchen weisen deutlich darauf hin, daß wir mit Lambsdorff, Ex-BND-Oberst und Intimus von Jürgen Schneider, auf einen Mann gestoßen sind, der wahrscheinlich sehr viel mehr über die Hintergründe der Schneider-Pleite weiß, als er bisher zugegeben hat. Für unseren Fernsehbericht ist dieser Mann ohne jeden Zweifel eine wichtige Figur.

Doch da ist das Problem mit den Bildern. Außer diesem einen – mit dickem Balken geblendeten – Foto in der »Münchner Abendzeitung« gibt es offenbar nirgendwo Bilder des Grafen.

Die Kollegen der Abendzeitung können uns das Original-Foto nicht zur Verfügung stellen, denn – wie uns die Fotografin Christine S. erzählt – deswegen hat es einen Riesenkrach gegeben. Mit Hilfe seines Anwalts hat Graf Lambsdorff der »Münchener Abendzeitung« untersagt, das Foto herauszugeben. Sollte es noch jemals irgendwo erscheinen, werde er die Zeitung auf Schadenersatz verklagen.

Mit diesem Grafen ist offenbar nicht zu spaßen. Er will wohl mit allen Mitteln verhindern, daß noch mehr über ihn berichtetet wird.

Genau das bereiten wir nun sorgfältig vor. Immerhin kann es ja durchaus sein, daß es sich bei Lambsdorff tatsächlich um einen mit allen Wassern gewaschenen BND-Oberst handelt, und wenn wir einen solchen Mann unbemerkt filmen wollen, müssen wir uns schon etwas Besonderes einfallen lassen.

Der vereinbarte Treffpunkt, die abgeschirmte VIP-Lounge mit Drehverbot, ist unser größtes logistisches Problem. Daß wir dort offen mit einer Kamera hantieren, ist ausgeschlossen. Ebenso sinnlos ist es, wenn wir vor dem vereinbarten Zeitpunkt im Eingangsbereich der VIP-Lounge darauf warten, daß wir den Geheimgrafen beim Betreten unbemerkt abfilmen können: wir haben den Mann nie gesehen, das Zeitungsfoto mit dem Balken über seinen Augen ist zur Identifizierung völlig ungeeignet.

Es gibt nicht viele Möglichkeiten, eine Kamera so zu installieren, daß sie verborgen bleibt. Vor allem die richtige Technik stellt uns vor eine schwierige Aufgabe. Wir probieren einiges aus und entscheiden uns schließlich für die Variante, bei der das Risiko, entdeckt zu werden, wahrscheinlich am geringsten ist.

Samstag, 11. Juni 1994, 11.25 Uhr, Franz-Josef-Strauß-Flughafen in München. Wir sitzen drei Meter vom Meeting-point entfernt im Cafe »Lindbergh«. Fünf Minuten vor dem großen Augenblick, in dem wir den BND-Oberst treffen sollen, hocken wir wie zwei Häufchen Elend auf unseren Stühlen. Wir sind völlig frustriert. Unser schöner Plan ist gescheitert, denn wir haben kein Kamerateam.

Zur Vorbereitung unseres doch eigentlich so schlau ausbaldoverten Agentenstückchens hatten wir uns in der Nacht davor mit dem Kameramann getroffen, der die Aufnahmen machen sollte. Als wir ihm von dem BND-Oberst erzählen, den er für uns unbemerkt filmen soll, sagt er schlicht: »Nein, das mache ich nicht. Das ist mir zu gefährlich.«

In dieser Nacht versuchen wir verzweifelt, in ganz Deutschland ein Kamerateam zu finden, das mit der erforderlichen technischen Ausrüstung und mehr Mumm am anderen Morgen pünktlich in München sein kann. Wir telefonieren bis drei Uhr früh. Doch wir finden niemanden.

Wir hätten gar kein Spezial-Team gebraucht. Unsere generalstabsmäßig ausgedachten Pläne waren völlig überflüssig.

Denn um 11.30 Uhr erscheint am Meeting-point nicht etwa irgendein Mittelsmann des Grafen, der uns unauffällig einen Wink gibt.

Statt dessen fallen uns zwei vornehme Herren auf, die sich eklatant von der bunten Touristenschar unterscheiden, die an diesem warmen Frühsommertag in Shorts, T-Shirt und Turnschuhen die Flughafenhalle bevölkert.

Der eine, größere und augenscheinlich ältere trägt grauen Flanell und eine Fliege zum weißen Hemd. Der jüngere Mann kommt im dunkelblauen Nadelstreifenanzug. Sie verhalten sich nicht wie normale Geschäftsreisende, sondern schlendern langsam durch die große Halle, vorbei am Meeting-point, dem sie besondere Aufmerksamkeit widmen. Diese beiden wohlgewandeten Herren müssen Ralf Matthias Graf Lambsdorff und sein Frankfurter Anwalt sein. Die zwei betreten das Café und nehmen ein paar Tische von uns entfernt Platz.

Wir können es kaum glauben: Der mit allen Wassern gewaschene BND-Oberst, der vorgeblich eine Heidenangst davor hat, fotografiert zu werden, sitzt im Café, offen, wie auf einem Präsentierteller. Ein erstaunlich sorgloses Verhalten für jemand, dessen »outing« angeblich Menschenleben in Gefahr bringt. Jedes Kamerateam der

Welt mit einer ganz normalen Ausrüstung hätte ihn hier in aller Ruhe und problemlos filmen können, ohne daß dies dem Grafen aufgefallen wäre.

Wir stehen auf, gehen zum Tisch der beiden Männer und sprechen den Herrn im Flanell an. Und natürlich, es ist der Graf. Nach kurzer Begrüßung bittet uns Lambsdorff, ihm zu folgen. Doch er geht nicht in Richtung »VIP-Lounge«, sondern durchquert mit seinem Anwalt die riesige Haupthalle des Münchner Flughafens. Vorbei an Ladenpassagen und verschiedenen Restaurants führen die beiden uns über lange Laufbänder schließlich aus dem Gebäude heraus. Wir überqueren eine Straße und gehen dann zum sogenannten »Busineß-Center« des Münchner Flughafens. In diesem Bereich können Konferenz- und Büroräume für geschäftliche Treffen angemietet werden.

Am Eingang des »Busineß-Centers« werden wir bereits von einer Sekretärin erwartet. Sie gibt Graf Lambsdorff den Schlüssel zu einem mittelgroßen, kahlen Konferenzzimmer. Auf dem runden Besprechungstisch stehen die üblichen Erfrischungen: Saft, Kaffee, Gebäck.

Graf Lambsdorff ist ein stattlicher Mann mit dichtgelockter, graumelierter Haarfülle. Wir schätzen, daß er etwa 1,90 Meter groß ist. Er ist leicht gebräunt und hat strahlend blaue Augen, die sein Gesicht geradezu jugendlich erscheinen lassen. Sein kleiner, gepflegter Oberlippenbart verbirgt, daß seine oberen Schneidezähne stark vorstehen. Das fällt erst auf, wenn er spricht. Der Graf bewegt sich elegant und selbstsicher. Als er uns offiziell begrüßt, hat er einen überraschend festen Händedruck. Den Mann an seiner Seite stellt er uns als Professor Dr. Georg Gounalakis vor. Dieser Anwalt, so betont Lambsdorff, sei der führende Medienrechtler der Republik.

Bevor Lambsdorff mit seinen Erklärungen beginnt, besteht sein Anwalt darauf, daß wir keinerlei schriftliche Notizen während des Gesprächs machen. Das gefällt uns nicht, doch erst als wir dieser Bedingung zustimmen, kommt Lambsdorff zur Sache. »Ich werde Ihnen jetzt schildern«, sagt er sehr ruhig und bestimmt, »warum Sie auf gar keinen Fall und unter keinen Umständen über mich berichten dürfen: Ich war fünfzehn Jahre lang beim Bundesnachrichtendienst im Rang eines Oberst, und zwar von 1971 bis 1986.«

Der Mann fühlt sich sicher. In diesem abgelegenen Konferenzraum im Beisein seines Rechtsprofessors, der uns das Mitschreiben verboten hat, vertraut er uns nun sein größtes Geheimnis an: »In dieser Zeit habe ich fast vierzehn Jahre lang die operative Abteilung ›Internationaler Terrorismus‹ geleitet. In den siebziger Jahren, auf dem Höhepunkt des Terrorismus der ›Roten Armee Fraktion‹, habe ich mit meinen Leuten auch diese höchst gefährliche Szene observiert.« Der Graf holt Luft: »Wie Sie wissen, hatten Teile der RAF ihre Operationsbasen und Ausbildungscamps im Nahen und Mittleren Osten. Schwerpunktländer unserer operativen Einsätze waren deshalb Jemen, Libyen, Iran und Irak. Selbstverständlich haben unsere Agenten auch im Libanon, vor allem in der heißen Phase des Bürgerkriegs, gearbeitet.«

Nun macht der BND-Oberst eine Kunstpause. Wir sind tatsächlich beeindruckt. Noch bevor wir Fragen stellen können, setzt der Graf seine enthüllende Schilderung fort: »Nach sorgfältiger Planung und mit größter Vorsicht«, so sagt er, »haben wir in diesen Ländern des Nahen und Mittleren Ostens unsere frontfirms aufgebaut.«

Mit vielsagendem Blick ergänzt er: »Das sind Tarnfirmen, die zunächst wirtschaftlich völlig unabhängig und nach außen hin ganz normal arbeiten, tatsächlich aber BND-Firmen sind. Das kann eine Lampenfabrik sein, ein Teppichhandel, ein Restaurant oder eine Autowerkstatt. In diesen Firmen arbeiten an den wichtigen Stellen immer Leute, die zum BND gehören. Aber hier sind auch viele Zivilisten beschäftigt, also Menschen, die gar nicht wissen, wem ihre Firma wirklich gehört. Sie bekommen ihren ganz normalen Lohn aus einem für sie ganz normalen Arbeitsverhältnis. Unsere Tarnfirmen waren immer Unternehmungen, die die Möglichkeit bieten, mit vielen Menschen unauffällig in Kontakt zu kommen. Auf diese Weise konnten wir diese Firmen als Operationsbasen nutzen, um Informationen über das Lebensumfeld der Terroristen zu sammeln. In einigen Fällen gelang es uns sogar, das die gesuchten RAF-Leute Kunden unserer Unternehmen wurden. So besuchten sie ahnungslos genau das Restaurant, das wir aufgebaut und unter Kontrolle hatten. Nach außen hin hatten unsere Firmen nämlich immer ganz harmlose Legenden.«

Das ist eine verblüffend offene Darstellung der operativen Geheimnisse des BND bei der Terroristenfahndung durch einen Ex-Oberst, dazu äußerst ungewöhnlich, denn normalerweise sind solche Leute dazu verpflichtet, über ihre gesamte Arbeit lebenslang zu schweigen. Mit genau diesem Argument hatte doch Lambsdorff selbst versucht, uns schon am Telefon abzuwimmeln. Wir können uns auch nicht daran erinnern, daß es dem BND jemals gelungen ist, im operativen internationalen Einsatz spektakuläre Erfolge zu erzielen.

Doch der adlige Geheimdienstler fährt weitere Geschütze auf: »Wenn Sie nun mein Foto ohne unkenntlich machende Maske veröffentlichen, dann hat das schlimmste Folgen für die Familien, deren Mitglieder heute noch bei Firmen arbeiten, die ich in meiner aktiven Zeit einst weltweit als Tarnfirmen eröffnet habe.«

An diesem Junitag, im Konferenzraum des »Busineß-Centers« am Münchner Flughafen, vergessen wir für kurze Zeit die ganze Schneider-Pleite. Jetzt interessiert uns vor allem die Agentengeschichte des Grafen. Wir fragen ihn nach Namen, Ortsangaben und Jahreszahlen und versuchen, mehr über die interne Struktur seiner »Abteilung 1« zu erfahren.

Jetzt gibt sich der Graf wieder bedeckt: »Diese Einzelheiten, das müssen Sie verstehen, kann ich Ihnen aus Sicherheitsgründen nicht geben. Nur soviel: das Referat ›Internationaler Terrorismus‹ der Abteilung 1 hat das BND-interne Kürzel 11 B.«

Wir fragen weiter. Doch als Lambsdorff nun anhebt, zusätzliche Einzelheiten aus Pullach zu berichten, fällt ihm Anwalt Gounalakis ins Wort. Er ermahnt den Grafen, der offensichtlich gerne aus seiner Agentenzeit erzählt, nicht zuviel auszuplaudern.

Damit sind wir wieder beim Thema »Dr. Jürgen Schneider«. Auch in der Firma des Königsteiner Bauunternehmers, so stellt es Ralf Matthias Graf Lambsdorff jetzt dar, war er ein außerordentlich wichtiger Mann mit Leitungsfunktion. Erst ihm sei es gelungen, Dr. Jürgen Schneider dazu zu überreden, auch einmal Verantwortung an Vorstandsmitglieder und Mitarbeiter zu delegieren. Nur auf seinen Rat hin habe Schneider viele Entscheidungen, die er bis dahin immer allein getroffen habe, auch einmal anderen überlassen. Lediglich in die Finanzgeschäfte habe sich Dr. Schneider niemals hineinreden lassen.

Er habe jede Rechnung selbst unterschrieben. »Geld«, so sagt Lambsdorff, »war ausschließlich Schneiders Bereich, zu dem kein anderer Mitarbeiter Zugang hatte.« Lambsdorff schildert uns weiter, daß Jürgen Schneider die Finanzierungsunterlagen für seine Objekte äußerst akribisch ausgefüllt habe. Die Banken hätten jeweils eine Kopie dieser bis ins Detail präzisen Kalkulation bekommen.

Wörtlich sagt Graf Lambsdorff: »Die Banken hatten jederzeit Gelegenheit, die Unterlagen zu überprüfen, und soweit ich weiß, haben die Banken das auch oft getan. Zweimal war ich sogar selbst mit einem Bankgutachter bei den Objekten und habe die genaue Überprüfung der Schneiderschen Finanzierungsunterlagen miterlebt. Das war in Leipzig.«

Daß die Banken trotzdem Fehler gemacht haben, führt Lambsdorff auf ein über Jahre gewachsenes Vertrauensverhältnis zwischen Schneider und seinen Kreditgebern zurück. Dadurch sei wohl in den letzten Jahren bei vielen Objekten nicht mehr so genau geprüft worden.

Lambsdorffs Version von Schneiders Verschwinden erinnert an einen Agententhriller. Zunächst, so der Graf, habe er geglaubt, daß sein Chef entführt worden sei. »Ich bin davon überzeugt, daß eine große Organisation hinter seinem Verschwinden steht. Der Doktor hat sein Haus im Fasanenweg auf ungeklärte Weise verlassen. Er ist auf keinen Fall mit dem Taxi weggefahren. Die Autos der Familie Schneider sind aber nach wie vor in Königstein.«

Der BND aber, so versichert uns Lambsdorff, habe mit Schneiders Verschwinden nichts zu tun. »Ich weiß nicht, wo Schneider ist. Wenn ich es erfahre, werde ich das sofort melden. Schneider hat mich ruiniert.«

Zur Bestätigung zieht er aus seiner schwarzen Aktenmappe eine Fotokopie, die er uns über den Tisch schiebt. Jetzt wird es peinlich, denn in diesem Augenblick verwandelt sich der Geheimdienstoberst mit einem bisherigen Jahreseinkommen von 430 000 Mark monatlich in einen Arbeitslosen. Vor uns liegt die Kopie des Meldebogens »Arbeitsamt München II«, ausgestellt auf den Namen Ralf Matthias von der Wenge Graf Lambsdorff. Der Adlige ist schlagartig verarmt. Sein Chef ist auf der Flucht, damit ist die Geldquelle Schneider versiegt. Die Wohnung mit lebenslangem Wohnrecht für den Edelmann ist Konkursmasse, Lambsdorff soll raus.

Außerdem muß er, wie auch alle anderen Vorstandsmitglieder der Jürgen Schneider AG, im nachhinein Steuern für die großzügigen Tantiemen bezahlen, die der Doktor ihnen jeweils am Jahresende per Scheck überreicht hatte.

Was die damals glücklichen Empfänger der Tantiemen nicht wußten, hat mittlerweile die Steuerfahndung herausgefunden: Schneider hatte die Weihnachtsgratifikationen nie versteuert.

Seine Mitarbeiter aber ließ er in dem Glauben, daß alles ordnungsgemäß mit dem Finanzamt abgerechnet war. Um einer Strafe zu entgehen, hat sich Lambsdorff nun selbst angezeigt. Unser Mitleid mit dem adligen Promi hält sich in Grenzen. Statt dessen stellen wir uns vor, wie der Graf im grauen Zweireiher mit dem Laufzettel in der Hand im Arbeitsamt München II von Büro zu Büro eilt und mit den Beamten um ein Arbeitslosengeld von über 400 000 Mark feilscht.

In diesem vierstündigen Gespräch, das wir mit Lambsdorff geführt haben, ist der Graf ganz allmählich immer mehr geschrumpft: vom erfolgreichen Terroristenjäger zum wahrscheinlich ersten adligen Obdachlosen Münchens, der von der »Stütze« lebt.

Der Graf hat alle Register gezogen. Zunächst, so glaubt er, hat er uns den Terroristenschock versetzt. Und mit seinem Arbeitslosenzettel wollte er wohl Mitleid wecken. Beides gute Gründe, davon ist Ralf Graf Lambsdorff überzeugt, ihn und seine Geschichte niemals zum Gegenstand unserer Berichterstattung zu machen.

Als wir von München nach Hause fahren, sind wir ziemlich enttäuscht. Die Aktion »Lambsdorff« – ein Flop: Erstens keine Bilder, zweitens keine neuen Erkenntnisse über Schneider, und drittens kommt uns die geheimnisvolle BND-Agentenstory des Grafen reichlich übertrieben vor.

Deshalb überprüfen wir seine Aussagen schön der Reihe nach. Dabei bestätigt sich zunächst, daß er sich arbeitslos gemeldet hat und aus der Münchner Schneider-Wohnung in der Kuglmüllerstraße ausziehen muß. Das erfahren wir vom Konkursverwalter. Die Geschichte vom sozialen Abstieg hat also einen wahren Hintergrund.

Falsch hingegen sind alle Aussagen, die Graf Lambsdorff über seine Tätigkeit beim Bundesnachrichtendienst gemacht hat. Von einem absolut zuverlässigen BND-Insider, mit dem wir seit Jahren Kontakt haben, erfahren wir die Wahrheit über Lambsdorffs Arbeit in Pullach.

Die Abteilung I des Bundesnachrichtendienstes umfaßte damals die Referate 11 bis 16. In Lambsdorffs aktiver Zeit hatte das Referat für »Internationalen Terrorismus das Kürzel 16 c«. Das Referat 11 b, von dem Lambsdorff sprach, hatte mit Terrorismusfahndung überhaupt nichts zu tun.

Lambsdorff agierte – so unser Informant – unter dem Decknamen »Heller«. Weil »Heller« alias Graf Lambsdorff gleich nach dem Abitur in die Bundeswehr eintrat, hatte er keinen zivilen Beruf. Bei seinem Wechsel zum »Amt für Militärkunde« – in München die Dienststellentarnbezeichnung für alle Soldaten im BND – hatte er bereits den Dienstgrad »Oberstleutnant«.

Heller alias Lambsdorff war im Bereich der »Abteilung I« für die sogenannte Beschaffung zuständig. Über lange Zeit war er mit der Suche von Quellen für die Spionage gegen die DDR befaßt, als sogenannter »Anbahner«. Seine Aufgabe lag darin, Tips und Hinweise aus der Unterabteilung »Zentrale Aufgaben (11)« dahingehend zu prüfen, ob die Informationen für ihren regionalen oder thematischen Aufgabenbereich erfolgversprechend waren.

»Anbahner« arbeiten auf der Basis eines genehmigungspflichtigen Operationsplans. Ziel ihrer Arbeit ist es, ihre zukünftige Quelle vom beiderseitigen Nutzen einer Zusammenarbeit zu überzeugen. Die Basis dieser Zusammenarbeit kann sowohl ideologisch motiviert sein als auch eher materiell orientiert. Vom Bargeschäft auf ein Schweizer Nummernkonto bis zur Förderung wirtschaftlicher Fireninteressen im In- und Ausland – der »Anbahner« kann ein weites Spektrum finanzieller Anreize bieten.

»Heller« alias »Lambsdorff« hatte als einer von rund 170 sogenannten Anbahnern lediglich den Rang eines Oberstleutnant, und mit diesem Rang hat er den BND auch verlassen.

Danach hat der Graf sich wahrscheinlich selbst befördert, indem er bei Nennung seines Dienstgrads den »Leutnant« einfach unterschlug und so hausgemacht zum Oberst aufstieg.

Sein langjähriger Vorgesetzter, der Chef der Abteilung I, Volker Foertsch, charakterisiert den ehemaligen Anbahner Lambsdorff als »eher kleines Licht«: »Lambsdorff ist einer, der sich überschätzt, aber allenfalls Mittelmaß war, nicht gerade unfähig, aber sein zur Schau gestelltes Bild vom erfolgreichen BNDler stimmt mit seinen dienstlichen Leistungen bei weitem nicht überein. Intern nannten wir den Adeligen auch ›Baron von Münchhausen‹.«

Volker Foertsch, Deckname »Flemming«, war im Juni 1994 in der Abteilung 5 für »Sicherheit und Abwehrlage« zuständig.

Uns gegenüber tritt er dem Gerücht entgegen, der BND habe irgend etwas mit dem spurlosen Verschwinden von Dr. Jürgen Schneider und seiner Frau Claudia zu tun.

Er räumt allerdings ein, daß in dem »großen Apparat« gelegentlich die eine Hand nicht weiß, was die andere gerade tut. Er selber habe deshalb, weil es auch hierüber Gerüchte gab, alle Blanko-Pässe, die der BND zur Verfügung hat, überprüfen lassen. Er habe keine Unregelmäßigkeiten festgestellt, alle Pässe seien noch da. Auf dem BND-Ticket sei Schneider also nicht gereist.

Am Ende dieser Recherche müssen wir uns eingestehen, daß wir durch unseren Kontakt mit Lambsdorff in Sachen Schneider nicht viel weiter gekommen sind. Jedenfalls haben wir keine bahnbrechenden Erkenntnisse über die Hintergründe der Pleite zusammengetragen.

Allerdings scheint uns die Geschichte des Grafen Lambsdorff ein weiterer Beweis dafür zu sein, daß Jürgen Schneider ein wahrer Meister im Aufbau von Fassaden und der Inszenierung eines »adeligen« Lebensstils war. Der vornehme Graf aus dem Hause Lambsdorff paßte wunderbar in dieses Konzept. Es macht schon Eindruck, wenn ein Unternehmer als Repräsentant seines Imperiums einen Grafen vorweisen kann.

Daß sein Repräsentant jahrelang als »Anbahner« vom Bundesnachrichtendienst bezahlt wurde, will Dr. Jürgen Schneider nicht gewußt haben, so sagt er jedenfalls nach seiner Verhaftung. Lambsdorff habe ihm davon nie etwas erzählt. Sollte »Graf Plaudertasche« seine Agentenstories ausgerechnet seinem Chef vorenthalten haben?

Lambsdorff hat uns mit vielen Versprechungen und großangelegtem Agentenszenario zu täuschen versucht. Doch ganz so einfach wollen wir den Grafen nicht auslassen. Wir finden heraus, daß der arbeitslose Lambsdorff einen Vorstellungstermin in Frankfurt hat und dabei auch bei seinem Anwalt vorbeischauen will. Beim Betreten der Kanzlei filmen wir ihn in voller Schönheit.

Der Adelsmann, offenbar ständig hin- und hergerissen zwischen Traum und Wirklichkeit, hatte uns mit seinen Andeutungen über seine »wichtige Stellung« im Hause Dr. Jürgen Schneider noch einen weiteren Tip gegeben, den dann auch das Bundeskriminalamt so ernst nahm, daß die Beamten gegen Graf Lambsdorff ermittelten. Die Fahnder fanden heraus, daß Jürgen Schneider nämlich tatsächlich wesentliche Aufgaben an seinen feinen Repräsentanten delegiert hatte, Lambsdorff also über Bankgeschäfte, Scheinfirmen und Steuerhinterziehungen wahrscheinlich besser Bescheid wußte als die übrigen Vorstandsmitglieder der Dr. Jürgen Schneider AG.

In München hatte uns Lambsdorff mit verschmitztem Lächeln von seinen in rotes Leder gebundenen »Kladden« erzählt, Memoranden, in denen er alle wesentlichen Vorgänge »im Hause Schneider« fein säuberlich aufnotiert habe. Den Ermittlern – so berichtete er mit verhaltenem Stolz – seien diese Kladden nicht in die Hände gefallen, da er sie früh genug einem Frankfurter Rechtsanwalt übergeben habe, für alle Fälle. Welche »Fälle« er damit meinte, wollte er – ganz Geheimdienstmann – in München nicht erzählen.

Die Fahnder haben es trotzdem geschafft, dem trickreichen Adelsmann ein Ermittlungsverfahren anzuhängen. Und die »Kladden« hat ihnen der Lambsdorff dann doch freiwillig ausgeliefert. Die Tagebücher des Geheimnisgrafen lesen sich wie eine Begleitbroschüre zu Schneiders gewagten Unternehmungen.

Grund genug für Graf Lambsdorff, mit einiger Unruhe auf den Prozeß gegen Jürgen Schneider zu warten. Nach seiner Verhaftung hatte ihn der »Chef« noch voller Hochachtung als einen »tüchtigen Mann« bezeichnet. In einem Interview behauptete Dr. Jürgen Schneider, er habe »Graf Lambsdorff viel zu verdanken.« Eine solche Bemerkung ist eher ein Grund zu Alpträumen.

Die Iran-Connection

»Von unserer Seite hätten wir kein Problem damit, Herrn Schneider Asyl zu gewähren.«

(Seyed Hossein Moussavian, Iranischer Botschafter, am 16. 9. 1994 in der »FAZ«)

Am 1. Juni 1994 wird in Frankfurt der iranische Teppichhändler Mehdi Djawadi verhaftet. Er war einer der engsten Vertrauten von Dr. Jürgen Schneider. Im Haftbefehl heißt es: »Der Beschuldigte ist dringend verdächtig, Anfang 1994 in Königstein/Ts. und anderen Orten vorsätzlich einem anderen zu dessen vorsätzlich begangener rechtswidriger Tat (Bankrott in einem besonders schweren Fall) Hilfe geleistet zu haben.« Konkret wird Djawadi vorgeworfen, daß er Dr. Jürgen Schneider geholfen habe, große Geldsummen ins Ausland zu schaffen, und zwar zu einem Zeitpunkt, als Schneider hätte wissen müssen, daß ein Konkurs seines Unternehmens unvermeidbar war: »Als die Mitbeschuldigten Eheleute Schneider in Königstein/Ts. Anfang des Jahres 1994 angesichts ihrer desolat gewordenen Lage nach einer Möglichkeit suchten, ihr frei verfügbares und liquides Privatvermögen ins Ausland zu verbringen und dadurch der Konkursmasse zu entziehen, vermittelte der Beschuldigte Djawadi den Kontakt der Mitbeschuldigten Eheleute Schneider zu der Bank UBP in Genf, um es diesen dadurch zu ermöglichen, dort ein Konto zu eröffnen.«

Bei Djawadi – so unterstellt der Haftbefehl mit Verweis auf § 112, Absatz 2 Nr. 2 und 3 StPO – bestehe Flucht- und Verdunklungsgefahr. Amtsrichter Dimde beschreibt diese riskante Lage in bestem Juristendeutsch: »Der Beschuldigte ist iranischer Staatsbürger und verfügt über gute Beziehungen zu seinem Heimatland Iran. Es bestehen angesichts der ihm im Verurteilungsfalle drohenden erheblichen

Freiheitsstrafen hier keine entsprechenden fluchthemmenden Bindungen.« Wir telefonieren mit der »fluchthemmenden Bindung«: Ehefrau Ilse und die beiden Kinder von Prof. Dr. Mehdi Djawadi wohnen seit ein paar Jahren in Bingen am Rhein. Ehefrau Ilse läßt kein gutes Haar an der deutschen Justiz: »Nur weil die den Schneider nicht finden, brauchen sie jetzt ein Bauernopfer, um die Öffentlichkeit zu beruhigen. Das ist eine Unverschämtheit. Mein Mann hat nichts getan.« Diese Haltung ehrt Frau Ilse, bringt uns aber in der Recherche nicht weiter.

Etwas mühsam besorgen wir uns zunächst die biographischen Daten: Dr. Mehdi Djawadi, geboren am 1. September 1939 in Mashhad, ist iranischer Staatsbürger. Als er 26 Jahre alt ist, kommt er in die Bundesrepublik, um am staatlichen Studienkolleg in Mainz Mathematik und Physik zu studieren. 1972 erwirbt er sein Diplom, zwei Jahre später promoviert er zum Doktor der Mathematik. Ende 1974 erhält er einen Ruf als Professor an die iranische Universität Mesched und kehrt in sein Heimatland zurück. Als Vizepräsident der Universität wird er auch Berater des damaligen Ministerpräsidenten Amosegar.

1980 kommt Dr. Djawadi wieder nach Deutschland und betätigt sich als Teppichhändler. In dieser Eigenschaft will er auch Jürgen Schneider kennengelernt haben. Nach seiner vorläufigen Festnahme schildert er bei seiner Vernehmung im Bundeskriminalamt, wie es dazu kam: »Nach Fertigstellung der ›Villa Andreae‹ sprang ich 1988/89 für meinen entfernt verwandten Teppichhändler Ferry Yachni ein und präsentierte erstmals eine Teppichkollektion. Meines Erachtens war Herr Dr. Jürgen Schneider nicht einmal anwesend. Danach erfolgten weitere Präsentationen und Verkäufe, praktisch bis zum Februar 1994, für diverse Objekte der ›Schneider-Gruppe‹. Ich wurde praktisch zum Hoflieferanten im Schloß.«

Es gelingt Dr. Mehdi Djawadi, den Schloßherrn für sein Heimatland zu interessieren. Gemeinsam mit Dr. Djawadi und Professor Dr. Horst Fissenewert, dem Geschäftsführer seiner Leipziger »Bau- und Planungsgesellschaft«, reist Jürgen Schneider im November 1992 zum ersten Mal in den Iran.

Djawadi bringt Jürgen Schneider mit iranischen Ministern zusammen. Und weil der gutbetuchte Schneider diesen Herren gegenüber durchblicken läßt, daß er durchaus im Iran investieren könne, kommt Djawadi zu einer besonderen Auszeichnung: die Regierung ernennt ihn schriftlich zum »Sonderbotschafter des Iran«, der als

»Generalbevollmächtigter zum Aufbau des Landes« zukünftig Dr. Jürgen Schneider zu betreuen habe.

Mit der Verhaftung des Iraners Mehdi Djawadi wird auch die Presse auf Schneiders Iran-Connection aufmerksam. Sofort wird wild spekuliert, daß der »Immobilienhai« in der islamischen Republik eine neue Heimstatt gefunden habe – zumal der Iran, ebenso wie China, die Mongolei oder Nordkorea, Wirtschaftsflüchtlinge nicht ausliefert. Aus diesen Ländern – so der gültige Rechtsgrundsatz – findet »ein Auslieferungsverkehr nicht statt«.

Dr. Jürgen Schneider ist seit fast zwei Monaten verschwunden. Jetzt vermutet ihn die gesamte Medienwelt im Iran, und auch das Bundeskriminalamt beginnt, die islamischen Spuren auszuwerten.

Da gelingt der »Bild-Zeitung« ein spektakulärer Coup: für den stolzen Preis von 50 000 Mark kaufen Unterhändler des Boulevard-Blatts beim Konkursverwalter der Schneider-Gruppe, dem Frankfurter Rechtsanwalt Dr. Gerhard Walter, zwei Fotos.

Die Bilder stammen aus einem in Leder gebundenen Privatalbum des Pleitiers und zeigen ihn gemeinsam mit Dr. Mehdi Djawadi vor einer prächtigen Villa. »Baulöwe Dr. Jürgen Schneider. Sein Versteck« titelt »Bild« und richtet einen gewaltigen Pfeil auf das Buntfoto der Villa. »Ein Traum aus 1001 Nacht«, schwärmt der Reporter, »schattige Balkone und Terrassen in einem dicht bewachsenen, üppigen Park.« Und das alles, wie »Bild« ermittelt hat, zum Preis von 14,6 Millionen Mark.

Mit Hunderten von Millionen, so wird gemutmaßt, soll sich Schneider zudem den Schutz der iranischen Regierung erkauft haben.

»Bild« zitiert auch einen tieftraurigen Zielfahnder, der angeblich davon ausgeht, daß Schneider sich im Iran aufhält: »Dort ist er sicher. Solange ihn die iranischen Behörden schützen, können wir nicht zugreifen.«

Dr. Gerhard Walter, Konkursverwalter des Milliardenunternehmens Schneider, hat die Fotos an die Presse verkauft. Der Sequester hatte keine Skrupel, mit dem Mittelsmann der »Bild-Zeitung« zu dealen: »Ich versuche, soviel wie möglich zu versilbern, das ist meine gesetzliche Aufgabe. Ich muß versuchen, alle Vermögenswerte, die da sind, zu verwerten, das heißt, zu Geld zu machen. Zur Konkursmasse gehören selbstverständlich auch Bilder. Wenn sie denn jemand kauft und bezahlt, möge er sie haben. Das ist doch ein völlig legitimes Verfahren.«

Als wir bezweifeln, daß es Aufgabe eines Konkursverwalters ist,

Material an die Presse zu verkaufen, betont Dr. Walter, daß ihm die Person des Kunden völlig gleichgültig ist. »Hauptsache, ich verkaufe. An wen auch immer.«

Walters Foto-»Deal« hatte in der »Frankfurter Allgemeinen Zeitung« zu harscher Kritik geführt. Uns gegenüber wischt er diese Kritik mit lockeren Sprüchen weg. Trotzdem gefällt es ihm gar nicht, daß er in der Presse wie ein Krämer dasteht, der die Privatalben Schneiders plündert. Seine Aufgabe ist es eigentlich, knapp hundert repräsentative Immobilien zu vermarkten. Für die seriösen Geschäfts- und Finanzkreise hat der Foto-Handel deshalb ein »Geschmäckle«, und Walters Ruf ist leicht lädiert.

Wir sprechen mit ihm in seiner Kanzlei in der Frankfurter Cronstettenstraße ausführlich über die Hintergründe der vermuteten Iran-Connection von Dr. Jürgen Schneider. Der 56jährige Dr. Gerhard Walter ist ein Machertyp, mit graumeliertem Haar und großer Brille, immer wohlgekleidet und wohlgelaunt. Mit der Schneider-Pleite hat sich Walter einen »Super-Konkurs« an Land gezogen, dessen professionelle Abwicklung eine hervorragende Werbung für die Kanzlei »Walter & Walter« ist. Wichtiger aber ist, daß der Königsteiner Bankrott auch die Kasse des Konkursverwalters reichlich füllt: bei jedem Verkauf gehen drei Prozent des erzielten Preises an die Kanzlei.

Dr. Walter und seine Mitarbeiter arbeiten fast rund um die Uhr. In den ersten Wochen der Schneider-Pleite melden sich scharenweise hilflose Banker in der Cronstettenstraße, um von Dr. Walter Unterstützung bei der Abwicklung ihrer verwirrten Schneider-Engagements zu erbitten. Nur gelegentlich hat Dr. Walter auch eine »konkursfreie« Stunde. Dann plaudert er ganz gerne. Das Thema »Iran« fasziniert auch ihn. Er deutet an, daß er sehr viel mehr über Schneiders Aktivitäten im Iran weiß, als bislang öffentlich wurde. Er kennt auch den exakten Kaufpreis der Villa, die teurer war als in der »Bild-Zeitung« vermutet. Jürgen Schneider, so sagt uns Dr. Walter damals, hat wahrscheinlich insgesamt 17 Millionen Mark investiert.

Wir können kaum glauben, daß der »Frankfurter Bub«, der seine sämtlichen Bau- und Immobilienaktivitäten stets auf Deutschland konzentriert hat, sich ausgerechnet im Reiche der Ayatollahs ein Ferienhaus gekauft hat. Der Konkursverwalter zeigt uns die Kopie einer Quittung. Sie belegt, daß Schneider für die Traumvilla mehr als eine Million in bar und 16 Millionen per Scheck gezahlt hat. Ob der Scheck allerdings eingelöst wurde, ist zu diesem Zeitpunkt nicht geklärt. Auf der Quittung hat Schneider handschriftlich vermerkt:

»Mein Haus steht der iranischen Regierung jederzeit unentgeltlich zur Verfügung.«

Walter sagt uns nun auch, daß die Fotos der Villa aus einem aufwendig in Leder gebundenen Album stammen, das Dr. Jürgen Schneider als Gastgeschenk von der iranischen Regierung überreicht worden war.

Es gibt noch ein weiteres Gastgeschenk der Ayatollahs: einen professionell gemachten Videofilm, den die iranische Regierung für Schneider bei einer seiner Reisen gedreht hat. Das Filmteam hat ihn auf all seinen Stationen begleitet.

Diesen Film werten vor allem die Zielfahnder des Bundeskriminalamtes sorgfältig aus, aber auch wir sehen uns »Schneider im Iran« mit Begeisterung an. Das Filmdokument belegt: die Ayatollahs haben Schneider als zukünftigen Investor wie einen Staatsgast empfangen.

Im Oktober 1992 landet der Königsteiner mit seinem Privatjet in Teheran, begleitet von seinem Freund Mehdi Djawadi und Professor Fissenewert von der Leipziger Bau- und Planungsgesellschaft BUP.

Mit schwarzen Mercedeslimousinen und großer Motorrad-Eskorte, so ist es im Film zu sehen, wird die deutsche Baudelegation aus Königstein zum Regierungssitz gefahren. Die Iraner geben sich alle Mühe, den Aufenthalt nett und abwechslungsreich zu gestalten.

So gibt es auch Filmszenen, die Dr. Schneider, Professor Dr. Djawadi und Professor Dr. Fissenewert bei einer Sightseeing-Tour mit einer von einem Schimmel gezogenen Kutsche durch Teheran zeigen.

Das Besuchsprogramm für die deutschen Gäste ist ganz auf die Wünsche des Bauherrn Schneider abgestimmt. Voll Stolz präsentieren die Mullahs ihre edelsten Paläste. Schneider ist sichtlich beeindruckt von der alten persischen Baukunst. Im Film ist festgehalten, wie er andächtig mit der Hand über die glattpolierte Wandfläche einer Moschee streicht und die filigranen Steinmetzarbeiten in Marmor sehr genau betrachtet. Die Iranis erweisen Dr. Jürgen Schneider auch eine ganz besondere Ehre: als erster Staatsgast nach der islamischen Revolution darf er den geheiligten Goldsaal in Isfahan betreten.

Interessanter als Goldsaal, Pferdekutsche und Marmor sind für uns jedoch die Aufnahmen, die Schneider zusammen mit hohen Regierungsmitgliedern des Irans zeigen.

Diese Sequenz des Iran-Videos sehen wir uns mehrfach an: In einem prunkvoll ausgestalteten Saal mit golddurchwirkten Tapeten und schwarzen Ebenholzstühlen sitzt Dr. Jürgen Schneider in der Gesellschaft von hohen geistlichen Würdenträgern und den einflußreichsten Politikern des Regimes. Im Hintergrund des Raumes, in dunklen Anzügen, stehen bärtige Männer in wachsamer Haltung – die Sicherheitskräfte der Mullahs. Jürgen Schneider hat auf einer wuchtigen dreisitzigen Couch Platz genommen. Auf einem Sessel mit hoher Lehne unmittelbar neben ihm sitzt der entscheidende Mann des Treffens: es ist Mohsen Rafighdoust.

Rafighdoust war früher der Chef der iranischen revolutionären Garden, der sogenannten Pasterani. Nach Einschätzung ausländischer Beobachter steht Rafighdoust an Machtfülle dem iranischen Staatspräsidenten Rafsandschani kaum nach.

Mohsen Rafighdoust ist Chef der politisch einflußreichen und überaus wohlhabenden iranischen Bonyad-e-Mostazafan-Stiftung. Auf Anweisung von Ayatollah Chomeini wurde diese Mostazafan-Stiftung 1980 gegründet. Ihre Aufgabe war es, das nach der islamischen Revolution beschlagnahmte Eigentum der Schah-Familie zu übernehmen und zu verwalten. Dieses Vermögen der Stiftung sollte dazu dienen, die Helden und Märtyrer der islamischen Revolution und ihre Familie sozial zu unterstützen. Sinngemäß übersetzt bedeutet der Name der Stiftung auch »Stiftung der Unterdrückten«.

Unter der geschickten Leitung des mächtigen Rafighdoust gelang es, international Firmen aufzukaufen und Aktienpakete bei Banken in aller Welt zu deponieren. Unter seiner Ägide wurde so aus der karitativen Stiftung der Pasterani eine Art Geheimorganisation.

Mit diesem weltweit gespannten Netz, dessen Fäden in Teheran zusammenlaufen, ist es die neue Aufgabe der Spezialorganisation, mit Hilfe von Tarnfirmen vor allem solche High-Tech-Produkte für das Reich der Ayatollahs zu beschaffen, die militärisch genutzt werden können und dem Aufbau von Nukleartechnik dienen. Offiziell laufen die Aktivitäten dieser Organisation unter dem harmlosen Begriff »Technologie-Transfer«. Den legalen Mantel und die Logistik für die Operationen stellt die Mostazafan-Stiftung.

Der Bericht des Bundesamtes für Verfassungsschutz charakterisiert die iranische Stiftung als einen »horizontalen Mischkonzern«, der von »Landwirtschaft bis High-Tech« weltweit mit zahlreichen Firmen kooperiert. In diesem Bericht heißt es: »Die Mostazafan-Stiftung ist vergleichbar mit der ›Kommerziellen Koordinierung‹ (KoKo) des Alexander Schalck-Golodkowski.«

In Deutschland – so verlautet aus Geheimdienstkreisen – ist die

Mostazafan-Stiftung »ein Staat im Staate«. Zu ihr gehören vor allem Import-Export-Firmen, die sich auf Technologie-Transfer spezialisiert haben. Dazu werden auch zwei Unternehmen aus Düsseldorf gezählt.

Ein interner Bericht des Bundesnachrichtendienstes beschreibt den »Technologie-Transfer« des Ayatollah-Regimes. Unter der Überschrift »Iranische Beschaffungsbemühungen im Bereich der Nuklear-Technik, ABC-Waffen und Raketen« werden die iranischen Rüstungsbeschaffungsorganisationen geoutet. Der BND stellt eine deutliche Steigerung des sogenannten Technologie-Transfers fest: »Der Iran hat seine Beschaffungsbemühungen für Rüstungstechnik (Dual-use-Technik) im Laufe der letzten Jahre deutlich verstärkt. Das Meldungsaufkommen läßt zwar keine quantitativen Angaben zu, es entsteht jedoch der Eindruck, daß Deutschland neben der VR China, Argentinien, der Schweiz und Österreich einen Schwerpunkt darstellt.«

Über die Rüstungsbeschaffungsorganisationen dokumentiert der interne BND-Bericht folgendes: »Der Iran verfügt über die Beschaffung von Rüstungsgütern über Organisationen, die das Wort ›Defense‹ oder ›Military‹ im Namen führen (z. B. DEFENCE INDUSTRIES ORGANISATION (DIO)). Wo die Möglichkeiten dieser Organisationen enden, setzen die Beschaffungsaktivitäten von Firmen ein, die sich ganz oder teilweise in iranischem Besitz befinden. Über diese Netze und mit Hilfe des iranischen Nachrichtendienstes wird die ›sensitive Technologie‹ beschafft.«

Ein durchaus tragfähiges Netz für Verschiebungen von Rüstungsgütern aller Art bildet seit Jahren die Bonyad-e-Mostazafan-Stiftung des Rafighdoust. Und ausgerechnet mit diesem Mann schließt Dr. Jürgen Schneider im November 1992 den millionenschweren Kaufvertrag für die Villa Khodadad in Teheran ab.

Doch die Verbindung zwischen den beiden geht noch weiter. Schneider, beeindruckt von der Gastfreundschaft der Stiftung, zeigt sich großzügig und überreicht Rafighdoust einen Scheck in Höhe von einer Million Mark für dessen Arbeit.

Einige Wochen später, im Dezember 1992, wird eine hochrangige iranische Delegation den Bauunternehmer in der »Villa Andreae« in Königstein besuchen. Auch diesmal wird sich Iran-Freund Schneider nicht lumpen lassen. Nobel werden die islamischen Gäste im Kronberger »Schloßhotel« einquartiert und mit Tiffany-Porzellan und Cartier-Uhren reichlich beschenkt.

Schon beim ersten Treffen zwischen Schneider und den Mullahs in Teheran ging es nicht nur um den Kauf eines Ferienhauses, jene Villa Khodadad. Später verfolgt das Bundeskriminalamt in Teheran Spuren, wonach auch über den Kauf eines Hochhauses und den Erwerb von Erzminen verhandelt worden sein soll.

Zum Imperium des Dr. Jürgen Schneider gehörte damals eine Elektrofirma, die sich schwerpunktmäßig mit Kabeln und Leitungen, Datentechnik und Lichttechnik beschäftig . Das muß den Mullahs wohl bekannt gewesen sein. Bei den Geschäftsgesprächen soll auch angedeutet worden sein, daß man an Produkten dieser Firma sehr interessiert sei.

In Aussicht genommen wurde eine Lieferung in größerem Umfang.

Schneiders Elektrohandel war die Firma »Mödinger«, ansässig im schwäbischen Göppingen mit einer Niederlassung in Eislingen, zum damaligen Zeitpunkt zu 100 Prozent in seinem Besitz.

Elektrogeschäfte des Dr. Jürgen Schneider mit der »Mostazafan-Stiftung« des Iran? Das muß der Beginn einer »gefährlichen Freundschaft« sein! Wir telefonieren mit der Firma »Mödinger« in Göppingen. Ein freundlicher Mitarbeiter im Büro der Geschäftsleitung bestätigt uns, daß Schneider seine Firma angewiesen hat, sich auf einen Großauftrag für den Iran einzurichten und ihn zu kalkulieren. Als wir den Mann fragen, welche Waren denn geliefert werden sollen, will er zunächst nicht so recht mit der Sprache heraus. Dann sagt er uns jedoch: »Es soll sich um zwölftausend Kühlschränke handeln.« Der freundliche Mitarbeiter ist schließlich sogar bereit, uns Kalkulationsunterlagen zu zeigen. Wir verabreden uns mit ihm in Göppigen.

Doch bevor es zu diesem Treffen kommt, erreicht uns eine »verbindliche Erklärung« des Geschäftsführers der Firma »Mödinger«. Der Gesprächstermin wird abgesagt. In der »verbindlichen Erklärung«, die dieses freundliche Adjektiv nicht verdient, bestreitet der Geschäftsführer der Firma Mödinger, daß es überhaupt zu einer Geschäftsbeziehung mit dem Iran gekommen sei. Demzufolge habe die Firma auch niemals ein detailliertes Angebot abgegeben, speziell keine Stückzahlen genannt. Wörtlich aber heißt es dann: »Es handelt sich vor allen Dingen um eine Anfrage aus einer Beteiligungsgesellschaft, die im Iran ansässig ist.« Daß die Schneider-Firma Mödinger eine Beteiligungsgesellschaft im Iran hat, ist für uns neu. Die Terminabsage wird durch dieses Bekenntnis erst recht brisant. Und dann dementiert Geschäftsführer Rainer E. Steffens schriftlich – per Fax und per Brief – auch noch einen Vorwurf, den wir in den Vorgesprächen nie gemacht haben: »Falls das Unternehmen Mödinger ... als potentielles Unternehmen für den Waffenhandel apostrophiert wird, werden wir uns rechtliche Schritte vorbehalten sowie Schadensersatz anmelden.«

Vor diesem Hintergrund lesen wir jetzt doch noch einmal im internen BND-Bericht zum Rüstungsbeschaffungsprogramm des Iran. Der Bericht schließt mit der grundsätzlichen Feststellung: »Zur Deckung des Bedarfs an modernen Anlagen zur Fertigung und zur Know how-Gewinnung ist er auf Zulieferung aus und Kontakte mit leistungsfähigen Industrienationen angewiesen.« In dieses Konzept fügt sich die Tatsache, daß bereits Anfang der neunziger Jahre die britischen Zeitungen »Sunday Times« und »The Independent« gemeldet hatten, daß die islamische Republik Iran ihr Europabüro für die Waffenbeschaffung nach Deutschland verlagert hat. Die Zeitungen stützten sich dabei auf Informationen des amerikanischen Geheimdienstes CIA. Den US-Geheimdienst-Informationen zufolge ist das Londoner Büro nach Frankfurt verlegt worden, wo bereits »iranische Zellen« bestehen sollen, denen sich demnächst Revolutionswächter anschließen werden. Über das Londoner Büro liefen – so der CIA-Bericht – angeblich über 80 Prozent aller Waffenkäufe des Iran.

Schneiders Iran-Connection wird immer spannender. Noch einmal sehen wir uns das Video an. Neben Jürgen Schneider und seinem Intimus Prof. Mehdi Djawadi ist auch Professor Dr. Horst Fissenewert von der Leipziger Bau- und Planungsgesellschaft bei allen Gesprächen mit den iranischen Regierungsmitgliedern dabei.

Das Bundeskriminalamt hat Fissenewert als Zeuge vernommen, um ein wenig Licht in die »Märchen aus 1001 Nacht« zu bringen. Der Mann, der seit 1987 für Jürgen Schneider gearbeitet hat, schildert den Ausflug ins Reich der Mullahs als einen »Informationsbesuch allgemeiner Art«. Schneider persönlich hatte ihn dazu eingeladen, um zu »klären, ob gemeinsame Geschäfte mit dem Iran möglich sind«. Zu seiner persönlichen Funktion führt Fissenewert aus: »Ansonsten fungierte ich als Begleitung und Übersetzer von Dr. Jürgen Schneider. Herr Schneider ist keiner Fremdsprache mächtig.« Fissenewert berichtet von Villenkauf und Kutschfahrt, von der Begegnung mit Rafighdoust und der Spende für die Mostazafan-Stiftung. Die Ermittler erkundigen sich nach sonstigen Ergebnissen der Reise. »Der Hintergrund für die Iraner war wohl, daß sie in der Person des Dr. Jürgen Schneider einen milliardenschweren Investor sahen, an den man für Devisen alles verkauft hätte«, beschreibt Fissenewert die aus seiner Sicht »geldgierigen Mullahs«.

Auch im Gespräch mit uns schildert Professor Dr. Horst Fissenewert die Iran-Reise als eher sonderbare Unternehmung ohne großes Ergebnis. Wie eine Fluchtvorbereitung sei ihm der Ausflug nach Teheran nicht vorgekommen. Viel mehr will uns Fissenewert nicht erzählen.

Der Professor ist ein Mann, der seine Zeiten im Hause Schneider mit Diskretion behandelt. Mit ihm hatte Jürgen Schneider – der ein »Händchen« für außerordentlich qualifiziertes Personal besaß – einen absoluten Profi gewonnen, einen Fachmann allerdings, der dem Immobilienhai schon früh gesagt hatte, wohin der Hase läuft. Fissenewert hatte Schneider gewarnt, bei seinen Investitionen »zuviel zu riskieren«. Schneider hat sich die Tips des Professors, dem er als kaufmännischem Leiter seiner GdbR ein Jahresgehalt von immerhin einer viertel Million zahlte, nicht zu Herzen genommen. Fissenewert seinerseits – so sagt er uns am Telefon – habe zum Zeitpunkt der Iran-Reise auch nicht gewußt, daß »Schneider das Wasser eigentlich schon bis zum Halse stand«. Schließlich nennt er uns den Namen eines weiteren Schneider-Mitarbeiters, der ebenfalls in der »Reisegruppe« gewesen sei. Es ist Dr. Claus Fischer, Geschäftsführer der 100prozentigen Schneider-Firma »Kies- und Natursteine Leipzig«.

Wir treffen uns mit ihm in der Firma KNL in Beucha bei Leipzig. Dr. Claus Fischer erweist sich als begeisterter Experte für den weltweiten Einkauf hochwertiger Natursteine. In breitestem Sächsisch erzählt uns der Steinfachmann von seiner Expedition ins Reich der Ayatollahs: »Die Idee Iran ist nicht direkt von mir gekommen. Dr. Schneider hat mich gefragt, ob es nicht möglich wäre, im Iran nach besonderen Steinsorten zu schauen. Das ist ein Land, in dem es viele Rohstoffe gibt, da muß man sich vor Ort überzeugen, ob da gute Qualitäten vorhanden sind. Eigentlich wollte ich eine ganze Woche bleiben. Es war geplant, in die Steinbrüche zu fahren, falls die gezeigten Proben unseren Ansprüchen genügen. Doch was man uns zeigte, war nichts Besonderes. Und dann sind wir sogar nach ein, zwei Tagen wieder zurückgeflogen.«

Durch unsere Fragen nachdenklich geworden, resümiert er: »Nun, eigentlich hätte jeder, der sich beim Bau auskennt, bei den Steinproben schon erkennen können, daß die nichts Besonderes haben. Nach meiner Ansicht war die ganze Reise ziemlich überflüssig.«

Die Reiseaktivitäten des Dr. Jürgen Schneider in den Iran – mit großer Delegation und Expertenteam – kommen uns nach allem, was wir nun wissen, mehr als merkwürdig vor. Vielleicht ist die »Bild-Zeitung« der Wahrheit doch sehr nah, wenn sie behauptet, daß sich Schneider aufgrund seiner guten Kontakte im Iran in seiner abgeschirmten Villa Khodadad versteckt?

Wir entschließen uns zu einer Routine-Recherche bei der Botschaft der islamischen Republik Iran, rechnen aber eigentlich nicht mit einer wahrheitsgemäßen Antwort. Vom Pressesprecher der Botschaft, Herrn Hoda, wollen wir wissen, ob Dr. Jürgen Schneider über ein Visum für die islamische Republik verfügt und ob er sich derzeit dort aufhält.

Auf unsere Anfrage erhalten wir per Fax noch am gleichen Tag eine Antwort. Das erstaunt uns, denn üblicherweise sind gerade die Botschaften der Länder des Nahen und Mittleren Ostens eher zurückhaltend, besonders dann, wenn es sich um kritische Fragen handelt. Die Veröffentlichung in der »Bild-Zeitung«, so kommt es uns vor, muß in der iranischen Botschaft auf großes Mißfallen gestoßen sein, so daß man um schnelle Aufklärung bemüht ist.

In seinem Fax schreibt Seyed Hossein Moussavian, Botschafter der islamischen Republik Iran:

»Betrifft: Dr. Schneider.

1. Es trifft zu, daß Herr Dr. Schneider ein Visum für den Iran beantragt hatte, allerdings schon am 21.2. 1994 ...

Das Visum, das auch erteilt wurde, sollte zu einem zweiwöchigen Aufenthalt im Iran zum Zwecke eines Gemeinschaftsunternehmens zwischen Iran, Usbekistan und der Schneider-Gruppe für Steinverarbeitung dienen. Das Unternehmen kam wegen des Ausscheidens Usbekistans nicht zustande.

2. Nach der Flucht von Dr. Schneider habe ich mich persönlich im Iran erkundigt, ob er von seiner Einreiseerlaubnis Gebrauch gemacht hat. Es wurde festgestellt, daß er in den Iran nicht eingereist ist. Er hat sich also im Iran nicht aufgehalten.«

Der Herr Botschafter dementiert also alle Gerüchte. Und damit sollen wir zufrieden sein? Seit Wochen haben wir Hinweise und Erkenntnisse über die Schneiderschen Iran-Aktivitäten zusammengetragen. Da ist die Freundschaft des Königsteiners mit Dr. Mehdi Djawadi, dem iranischen Mathematikprofessor, der im Teppichhandel groß wurde. Da ist der Kauf der Villa Khodadad, für die Schneider 17 Millionen bezahlt haben soll, die Nutzungsrechte aber großzügig an iranische Regierungsmitglieder abtritt; da gibt es die millionenschwere Freundschaft zu Mohsen Rafighdoust, dem Chef der Mostazafan-Stiftung, hinter der sich eine geheime Rüstungsbeschaffungseinrichtung des Iran verbirgt; da sind Schneiders zahlreiche Reisen, die zum Teil von der Sache her in keiner Weise zu rechtfertigen sind, dazu die Gegenbesuche der Iranis mit Übernachtung im noblem Schloßhotel in Kronberg und erlesenen Gastgeschenken – und jetzt auch zu alledem auch noch die Bestätigung: Schneider hat ein Visum für den Iran.

Auch das Datum, an dem Schneider dieses Visum beantragt hat, ist bemerkenswert: Am 21. Februar 1994, rund vier Wochen vor seinem Verschwinden, bemühte sich Jürgen Schneider um die Einreisegenehmigung. Begründet hat er seinen Antrag mit einer vermeintlichen Connection des Iran mit dem Reich des Islam Karimow, dem usbekischen Regierungschef, bei dem deutsche Sicherheitskreise schon seit langem Verbindungen zur Usbekenmafia vermuten. Und dieses sogenannte Gemeinschaftsunternehmen sollte auch noch dem Handel mit Steinen dienen, die der Leipziger Experte Dr. Claus Fischer zu Recht für Bruch gehalten hat.

All diese Merkwürdigkeiten lassen sich vom Mainzer Lerchenberg aus nicht aufklären. Und der freundliche Pressechef der Botschaft, dieser Herr Hoda, ist auch nicht besonders hilfreich. Nett, aber deutlich gibt er uns zu verstehen: »Selbst wenn Sie mir jetzt versichern, daß Sie nur über unser wunderbares Land und die Erfolge der islamischen Revolution berichten werden, gebe ich Ihnen kein Visum. Denn Sie wollen ja nur herausfinden, wo Jürgen Schneider sich aufhält.« Der Mann hat recht, aber das bestätigen wir ihm nicht.

Botschafter Seyed Moussavian gibt inzwischen arrogante Presseerklärungen zum Fall Schneider ab: »Von unserer Seite hätten wir kein Problem damit, Herrn Schneider Asyl zu gewähren. Wenn er darum gebeten hätte, hätte er aus humanitären Gründen Asyl erhalten.« Und lakonisch fügt er hinzu: »Schneider ist kein großer Krimineller, der tausend Menschen ermordet hat. Aber«, und damit beendet der Botschafter seine humanitären Ausführungen, »Schneider ist nicht im Iran.«

Das glaubt ihm zu diesem Zeitpunkt eigentlich niemand. Der oppositionelle Nationale Widerstandsrat Iran nutzt in Berlin die Gunst der Stunde, um der Regierung in Teheran abgefeimte Verhandlungsstrategien in Sachen Schneider zu unterstellen. Der Sprecher der oppositionellen Organisation, Javad Dabiran, erklärt, Jürgen Schneider halte sich in einem Vorort von Teheran auf. Die Mullahs würden ihn jedoch nur ausliefern, wenn Deutschland dem Iran weitere Kredite gebe. Außerdem – so Dabiran – forderten die Mullahs im Gegenzug zur Auslieferung Schneiders die Freilassung eines Mannes, der im sogenannten »Mykonos«-Prozeß wegen der Ermordung von vier Oppositionellen vor Gericht steht. Und wie es der Zufall will, verwechselt der regierungstreue Richter Ayatollah Yazdi bei einer Pressekonferenz in Teheran zwei Namen und bestätigt, daß sich Jürgen Schneider im Iran aufhält.

Jetzt sind alle Zeiger im roten Bereich.

Eine intensive Suche nach Schneider im Iran beginnt. An dieser Schnitzeljagd nach dem flüchtigen Königsteiner beteiligen sich nicht nur zahlreiche Journalisten, sondern das Auswärtige Amt in Bonn, die deutsche Botschaft in Teheran und schließlich auch das Bundeskriminalamt in Wiesbaden. Im offiziellen Dreieck zwischen Bonn, Teheran und Wiesbaden wird hektisch und verschlüsselt hin- und hergefaxt.

Außer Spesen nichts gewesen

»Es wurde versichert, daß im ganzen Land nach Schneider gefahndet werde. Sei er hier, werde er sofort festgenommen.«

(Kriminaldirektor Hans Schmid im Dienstreisebericht aus Teheran)

Am Montag, dem 31. Oktober 1994, ist es soweit: nach langen Verhandlungen ermöglicht Seyed Hossein Moussavian, der Botschafter der islamischen Republik Iran mit Sitz in Bonn, eine Dienstreise zweier BKA-Beamten nach Teheran »zum Zwecke eines polizeilichen Informationsaustauschs«, wie es später im Reisebericht von Kriminaldirektor Hans Schmid und seinem Begleiter, Kriminalhauptkommissar B., heißen wird. Freimütig gestehen die beiden Zielfahnder zu Beginn ihres Berichts ein, daß ihr Interesse am Iran vornehmlich durch die Medien geweckt wurde: »Seit Beginn der Fahndung nach Schneider Anfang Juni häuften sich Pressemeldungen, die auf einen möglichen Aufenthalt des Schneider im Iran hindeuteten.« Dann betonen die BKA-Beamten, daß auch ihre eigene Recherche in Richtung Iran deutet: »Weiterhin wurden durch

Ermittlungen im Verlaufe der Fahndung mehrere iranische Staatsangehörige als Kontaktperson des Schneider bekannt.« Das reicht. Die Flugreise wird genehmigt.

Die beiden Zielfahnder treffen wohlgemut in Teheran ein, voll Vertrauen auf die Erklärung des Botschafters Moussavian, »daß die zuständigen iranischen Behörden zur kooperativen Zusammenarbeit bereit wären«.

Doch die Welt der Ayatollahs ist voller Geheimnisse. Und so sollte die Reise für die beiden wackeren deutschen Beamten zu einem wahren Erlebnisurlaub werden, der sie vertraut machte mit der Mentalität im Land der handgeknüpften Teppiche.

Kriminaldirektor Hans Schmid ist Schwabe. Er ist ein kleiner, kräftiger Mann mit Vollbart, der hin und wieder gern ein Pfeifchen raucht. Der Schwabe, an sich und nach Hegel ein »Weltgeist«, muß auf dieser Reise in das Reich von Tausendundeiner Nacht erkennen, daß der Geist im Lande der Mullahs ganz anders weht als daheim – und das gefällt dem Beamten Hans Schmid überhaupt nicht. Dies jedenfalls ist dem kommentierenden Teil seines »Iranischen Tagebuchs« zu entnehmen, das den Verlauf und das Ende einer erfolglosen Dienstreise bürokratisch korrekt, aber auch mit einem Augenzwinkern beschreibt.

Als Hans Schmid und sein Kollege B. abends gegen 21 Uhr in Teheran eintreffen, werden sie von einem buntgemischten Komitee empfangen, bestehend aus Polizeibeamten und Botschaftsangehörigen.

Und schon die erste Lektion aus dem umfangreichen Lehrbuch der iranischen Beamtenmentalität ist für die Wiesbadener ein schwieriges Kapitel.

Denn während sich der Herr Kriminaldirektor und sein Hauptkommissar selbstverständlich korrekt ausweisen, lassen die Sheriffs der Ayatollahs ihre Identität so lange wie möglich im dunkeln. Irritiert registrieren Schmid und Kollege B., daß im Iran in Sachen »Höflichkeit« andere Gesetze gelten als daheim in Wiesbaden. In seinem »Iranischen Tagebuch« beschreibt Hans Schmid später die Begrüßungszeremonie zwischen den Herren aus Teheran und dem Fahndungsduo aus Wiesbaden als eine Art Verhör, das die deutschen Beamten dank ihrer Hartnäckigkeit zumindest mit einem Teilerfolg abschließen durften: Die Herren Mothlag, Assadi und Rahimi »stellten sich nicht selbst vor und gaben ihre Namen und Dienststellen erst nach mehrmaligem Befragen an«. Nur einer, so protokolliert der

Schwabe mißmutig, gab auf dringende Bitten hin seine Telefonnummer bekannt. »Die anderen Herren bemerkten, sie wären ohnehin telefonisch kaum zu erreichen, und unterließen es, eine Telefonnummer ihrer Dienststelle anzugeben.«

Iranische Dienststellen – dies sollten die Fahnder als nächstes lernen – sind hermetisch abgeschirmte Räume, in denen Ausländer nichts zu suchen haben, denn der Iraner an sich könnte durch den Aufmarsch fremder Mächte in Verwirrung geraten.

»Es wurde strikt abgelehnt, daß die BKA-Beamten im Dienstgebäude der Teheraner Kollegen erscheinen. Dies wurde mit Publikumsverkehr begründet.«

Die daraufhin eigentlich heimatlosen Zielfahnder beschließen, die Deutsche Botschaft aufzusuchen, um das verlorengegangene »Dienststellengefühl« wiederzubeleben. Doch auch das ist eine Pleite: »Der Botschafter war verhindert, da er eine Delegation begleitete.« Die Gespräche zwischen den deutschen Zielfahndern und den Herren Motlagh, Assadi und Colonel Bakhtiari von Interpol Teheran finden schließlich im Hotel »Homa« statt. Die deutsche Botschaft hat wenigstens einen Dolmetscher vermittelt, einen Iraner namens Rahid, der die iranische Amtssprache Farssi beherrscht, denn die Englischkenntnisse der Herren Motlagh, Assadi und Bakhtiari fallen weit hinter die Fähigkeiten der Wiesbadener zurück. Die BKA-Fahnder, wohlvorbereitet, tragen den islamischen Kollegen einen langen Katalog von Ermittlungswünschen vor. So interessiert es sie, ob die Villa Khodadad, von der sie unter anderem aus der »Bild-Zeitung« wissen, wirklich Schneider gehört und ob er sich gar dort aufhält. Geschickt versuchen sie, die Visumsunterlagen vom Februar 1994 an Land zu ziehen, damit sie in den Besitz eines neuen Fotos von Dr. Jürgen Schneider kommen.

Ganz ausführlich erkundigen sie sich nach Schneiders Besuchen im Iran und vor allem nach den Teilnehmern jener iranischen Delegation, die sich in Kronberg mit Tiffany-Porzellan und Cartier-Uhren hatte beschenken lassen. In ihrem berechtigten Eifer forschen sie sogar nach, ob der Scheck für die Mostazafan-Stiftung des Rafighdoust – immerhin in Höhe von einer Million – eingelöst worden sei, und erbitten konkrete Auskünfte »über Kontenbesitz des Schneider oder seiner Kontaktpersonen im Iran«.

Die Iraner bleiben gelassen. Im Reisebericht des BKA wird vermerkt:

»Die Ermittlungsansätze wurden von den iranischen Vertretern notiert ... Es wurde nun versichert, daß im ganzen Land nach Schneider gefahndet werde, sei er hier, werde er sofort festgenommen. Der gesamte iranische Polizeiapparat sei auf Schneider angesetzt.« Nach diesen beruhigenden Erklärungen verabschiedet sich Interpol Teheran, nicht ohne zu versprechen, am nächsten Tag wieder ins Hotel zu kommen, »mit ersten Ergebnissen«.

Die verbleibende Zeit bis zur erneuten Dienstbesprechung im Hotel »Homa« vertreiben sich die Zielfahnder mit einer genauen Erkundung der ominösen Villa Khodadad.

Zu befürchten ist, daß sie ein Exemplar der »Bild-Zeitung« zwecks Identifizierung mitgenommen hatten, denn in ihrem Reisebericht notieren sie später: »Die hier vorliegende Beschreibung stimmt, lediglich zwei begrenzende Parallelstraße wurden zwischenzeitlich umbenannt. Die Villa liegt im nördlichen Stadtteil Schemiran in einer reichen Villengegend.

Sie liegt inmitten eines parkähnlichen Geländes, ist von meterhohen Mauern und einem starken Stahltor umgeben und wird von vier Straßen begrenzt. Zufahrt und Zugang ist nur durch das Stahltor möglich. Von der Villa ist nur der obere Stock und das Dach zu sehen. Sie ist von außen videoüberwacht, nachts voll ausgeleuchtet und von uniformierten Posten innerhalb der Mauern gesichert.«

Mehr wird nicht ermittelt, denn – so vermerken die vorsichtigen Fahnder in ihrem Bericht aus Teheran: »Eine längere Erkundung war aus taktischen Gründen nicht geboten.«

Beim nächsten Treffen mit der iranischen Polizei, wieder im gleichen Hotelzimmer, überreichen die Wiesbadener zunächst ihre Gastgeschenke: je ein Exemplar des Haftbefehls für Jürgen und Claudia Schneider – gedacht für den Fall, daß die Iraner bei ihrer fieberhaften Suche auf die Flüchtigen treffen –, einen Pressebericht über den Schneideraufenthalt im Iran, der die Notwendigkeit der Suche zu unterstützen trachtet, und – falls zur Identifizierung nötig – ein paar ältere Fotos von Jürgen und Claudia sowie Aufnahmen von Dr. Mehdi Djawadi.

Erwartungsfroh sind die deutschen Fahnder sodann bereit, die versprochenen »ersten Ergebnisse« der Iraner entgegenzunehmen. Doch statt der erhofften Auskünfte liefern die Iraner ein bißchen orientalisches Schulterzucken.

Im Reise-Tagebuch heißt es entsprechend enttäuscht: »Die Vertreter der Teheraner Polizei konnten mit keinem Ergebnis aufwarten. Der Frage nach dem momentanen Bewohner der Villa und dem Namen des Eigentümers wurde ausgewichen, dazu brauche man einen richterlichen Beschluß. Ebenso war angeblich ein richterlicher Beschluß für den Visumsantrag des Schneider erforderlich. Es sei sehr schwer, daranzukommen.«

Die Iraner beantworten nicht eine einzige der vielen Fragen, die ihnen vom BKA vorgelegt werden. Statt dessen bemühen sie sich, dem Besuch aus Wiesbaden zu erklären, daß er auf absolut falscher Fährte sei: »Nun äußerten die Vertreter der Teheraner Polizei, daß die Iran-Spur bewußt eine Trugspur sei, um vom wahren Aufenthaltsort des Schneider abzulenken.« Bei einem sogenannten letzten Abschlußgespräch im Hotel »Homa« – protokolliert als »völlig ergebnislos« – festigt sich bei den Wiesbadener Fahndern langsam, aber sicher der Eindruck, »daß die Beamten der Teheraner Polizei nicht kompetent für den Fall waren. Offenbar mußten sie für jede aufgeworfene Frage eine Entscheidung an höherer Stelle einholen, durften nicht in der geringsten Weise eigene Ideen einbringen oder selbst kleinere Entscheidungen fällen.«

In einem Fall jedoch hatten die Iraner eine Idee, und die haben sie auch hartnäckig verfolgt. Der einzige Mann, für den sich die Sheriffs der Ayatollahs wirklich interessieren, ist Schneiders Freund Dr. Mehdi Djawadi, der zu dieser Zeit bereits in Untersuchungshaft in einem Darmstädter Gefängnis sitzt. Der Mathematikprofessor gilt bei den Mullahs als Oppositioneller. Er hatte 1980, nach dem Sturz des Schah-Regimes, das Land verlassen und sich in Deutschland niedergelassen.

»Mit bohrenden Fragen«, so notiert Kriminaldirektor Schmid in seinem Teheran-Bericht, »erkundigten sich die Iraner nach Djawadi.« Man wollte wissen, was er ausgesagt hatte. Die Antwort, daß er als Beschuldigter nichts zur Sache aussagen muß, stieß auf Unverständnis. Die Iraner, das wird den beamteten Fahndern aus Wiesbaden mehr und mehr deutlich, haben wohl ein etwas anderes Verständnis rechtsstaatlicher Grundsätze als hierzulande üblich.

Bei jedem der in Sachen »Schneider« völlig ergebnislosen Treffen schneiden die Iranis das Thema »Djawadi« an, gnadenlos und dreist: »Es wurde sogar der Wunsch vorgetragen, daß Vertreter der iranischen Polizei den Djawadi in Deutschland vernehmen könnten, er würde bestimmt eine Aussage machen.« Daran hat auch der Schwabe Schmid keine Zweifel, denn die ortsüblichen Gesprächsmethoden der Ayatollah-Polizei, die sind auch im BKA in Wiesbaden hinlänglich bekannt. Und jetzt, nach drei Tagen Erfahrung mit den iranischen »Kollegen«, die genau dann schweigen, wenn es wichtig ist, reagiert nun auch der Schwabe in Persien mit orientalischer Gelassenheit: Er nimmt dieses Ansinnen einfach nicht zur Kenntnis.

So richtig nett werden die Perser erst, als ihre deutschen Gäste von Abflug reden. Eifrig versprechen sie, »die gewünschten Ermittlungsergebnisse, die einige Zeit in Anspruch nehmen könnten, auf dem Interpolweg oder über die Deutsche Botschaft an das Bundeskriminalamt zu übermitteln«.

Erfreulich gestaltet sich das Ende der Dienstreise. Am 4. November gegen 6.00 Uhr morgens erscheinen Herr Bakhtiari und Herr Motlagh und begleiten die BKA-Beamten zum Flughafen. In schöner Erinnerung notiert der Kriminaldirektor: »Sie ebneten alle Wege in vorbildlicher Weise und verblieben in der Abflughalle, bis die Maschine geschlossen wurde.« Wahrscheinlich wollten die Iranis ganz sicher sein, daß diesen bohrenden Fragern der Rückweg auch tatsächlich abgeschnitten war.

»Außer Spesen nichts gewesen.« Es ist anzunehmen, daß sich die Iran-Touristen zu Hause im Bundeskriminalamt mehrfach diesen bösen Scherz anhören mußten. Und zu all dem Übel blieb die wichtigste Frage auch nach dem Ausflug ins Reich der Mullahs unbeantwortet: War Schneider nun dort, oder war er es nicht? Resigniert bindet Kriminaldirektor Schmid seinen Reisebericht mit der Feststellung ab: »Sollte Schneider im Iran sein, dann mit Wissen der dortigen Behörden, die ihn decken.« Denn nach seinem Bildungsurlaub in Teheran hält Kriminaldirektor Hans Schmid dort alles für möglich.

DER HAFTBEFEHL

Sechs Vorwürfe gegen Dr. Jürgen Schneider

»Spätestens am 5. April 1994 verließen sie unter Hinterlassung von Schulden in Höhe von über 5 Milliarden Deutsche Mark die Bundesrepublik.«

(Staatsanwalt Dieter Haike im Haftbefehl gegen Dr. Jürgen Schneider)

»Ich heiße Dieter Haike, bin 43 Jahre alt, von Beruf Staatsanwalt, wohnhaft in Frankfurt am Main, mit dem Beschuldigten Utz Jürgen Schneider nicht verwandt und nicht verschwägert.«

In seiner Freizeit trägt der Staatsanwalt am liebsten Lederjacken. Er ist passionierter Flieger.

»Ich bin deutscher Staatsangehöriger und habe seit 1985 das erste juristische Staatsexamen in Frankfurt am Main und 1988 das zweite juristische Staatsexamen in Wiesbaden abgelegt. Während meiner Ausbildung und meiner Tätigkeit als Staatsanwalt habe ich umfassende Kenntnisse des deutschen Rechts, insbesondere des Strafrechts, erworben.«

Von der Schneider-Pleite erfährt Dieter Haike auf Kreta, im Osterurlaub, auf der Rückfahrt zum Flughafen. Im Taxi läuft das Radio, der Sprecher berichtet vom Zusammenbruch des Immobilienunternehmens und daß Dr. Jürgen Schneider verschwunden sei. Haike, in Urlaubsstimmung, glaubt und hofft, der Fall rausche an ihm vorbei. Er irrt sich.

Nach wenig mehr als fünf Jahren staatsanwaltschaftlicher Praxis fällt dem »Berufsanfänger« Dieter Haike der Schneider in den Schoß. Noch vor Ablauf der im Handwerk üblichen Gesellenzeit muß er sein Meisterstück abliefern: die Anklage gegen den »größten Baubetrüger der Nachkriegszeit«.

Die biographischen Daten des Dieter Haike sind Bestandteil einer Aussage, die der Staatsanwalt am 9. Juni 1995 vor der Frankfurter Amtsrichterin Walter macht. Es geht um das Auslieferungsbegehren der deutschen Justiz an die US-Behörden. Dr. Jürgen Schneider und seine Frau Claudia sitzen seit drei Wochen im Federal Detention Center in Miami.

Im April 1994, nach dem Verschwinden des Ehepaars, gelang

Staatsanwalt Dieter Haike lediglich das Konzept zu einem umfänglich recht bescheidenen Haftbefehl, den das Amtsgericht Frankfurt dann auch am 25. April 1994 ganz schnell erläßt, für den Fall, daß die Fahnder überraschend plötzlich auf den Toupetträger treffen. Gegen den flüchtigen Beschuldigten, der seit knapp drei Wochen verschwunden ist, wird die Untersuchungshaft angeordnet: »Der Beschuldigte ist dringend verdächtig, am 14. August 1992 durch ein und dieselbe Handlung

a) in einem besonders schweren Fall, in der Absicht, sich einen rechtswidrigen Vermögensvorteil zu verschaffen, das Vermögen eines anderen dadurch beschädigt zu haben, daß er durch Vorspiegelung von Tatsachen einen Irrtum erregte,

b) zur Täuschung im Rechtsverkehr eine unechte oder verfälschte Urkunde gebraucht zu haben.«

In diesem ersten Haftbefehl stützt sich Staatsanwalt Dieter Haike wesentlich auf die Angaben, die die Deutsche Bank in ihrer Strafanzeige vom 13. April 1994 gegen Jürgen Schneider gemacht hat. Es geht dabei um den Vorwurf, daß Jürgen Schneider sich einen Kredit in Höhe von 45 Millionen Mark zur Finanzierung der Frankfurter »Zeil-Galerie« durch gefälschte Unterlagen und falsche Flächen- und Jahresmietangaben erschwindelt haben soll.

In den kommenden Wochen wird Haike kräftig nachbessern, und am 3. Juni 1994 kann er eine zweite, schon etwas deutlichere Version eines Haftbefehls bieten, denn inzwischen haben die Ermittler herausgefunden, daß Schneider Millionen nach Genf geschafft hat. In dieser erweiterten Version wird Jürgen Schneider daher vorgeworfen, »in Kenntnis der ihm drohenden Zahlungsunfähigkeit ... seine sämtlichen freien und liquiden Vermögenswerte in Höhe von über 245 Mio. DM über London und Nassau/Bahamas auf Konten von Treuhandgesellschaften bei der Bank UBP in Genf« transferiert zu haben.

Am 7. Juli 1994 verleiht Haike in der »dritten Auflage« des Haftbefehls den Vorwürfen aus Version zwei mehr Gewicht, indem er nicht mehr nur von Betrug und Bankrott »durch Beiseiteschaffen von Vermögenswerten« spricht, sondern beides als »besonders schwere Fälle« einstuft.

Schließlich, nach mehr als einem Jahr, gelingt ihm dann ein vierter, neuer erweiterter Haftbefehl gegen Jürgen und Claudia Schneider. Beschlossen wird dieser Haftbefehl am 26. Mai 1995 vom Amtsgericht Frankfurt und unterzeichnet vom dortigen Richter Dimde.

Dieser Haftbefehl mit seinen sechs Vorwürfen wird zunächst Grundlage des Auslieferungsbegehrens, denn zu diesem Zeitpunkt sitzen Jürgen und Claudia Schneider seit dem 18. Mai 1995 im Gefängnis in Miami. Mit diesem Schriftstück begründet die deutsche Justiz, daß das Ehepaar in seiner Heimat vor Gericht gestellt werden muß.

Nach mehr als einem Jahr hat es Staatsanwalt Haike schließlich auf 22 Seiten und sechs Vorwürfe gegen Schneider gebracht.

Zu den bereits aus Version eins, zwei und drei bekannten Vorwürfen des Bankrotts »durch Beiseiteschaffung von Vermögen«, des Betrugs in zwei Fällen und des Kreditbetrugs in einem Fall sind ein Vorwurf und ein weiterer des Kreditbetrugs im Zusammenhang mit Leipziger Immobilien hinzugekommen. Dabei geht es um die Finanzierung der »Mädler-Passage« und des Hauses »Zentralmessepalast« in Leipzig.

Diese sechs Vorwürfe bilden auch die Basis für die Anklage gegen Dr. Utz Jürgen Schneider und seine Frau Claudia, die im Herbst 1996 erhoben werden soll. Folgender Sachverhalt wird im Haftbefehl zur Last gelegt: »Der Beschuldigte und seine Mitbeschuldigte Ehefrau Claudia waren als persönlich haftende Unternehmer von Königstein aus auf dem Immobiliensektor gewerblich tätig. Ihre Geschäfte bestanden im wesentlichen darin, daß sie mit Hilfe von Bankkrediten Immobilien aufkauften, um sie aufwendig zu renovieren oder neu aufzubauen.

Zuletzt hatten sie über hundert Immobilien in ihrem Besitz. Spätestens am 5. April 1994 verließen sie unter Hinterlassung von Schulden in Höhe von über 500 000 000,00 Deutsche Mark die Bundesrepublik Deutschland.«

Diese Zahlen, die Staatsanwalt Dieter Haike in seinem Haftbefehl als erwiesen ausgibt, decken sich sowohl mit den Ermittlungsergebnissen der »Sonderkommission Schneider« beim Bundeskriminalamt als auch mit den Daten, die der Konkursverwalter des Schneider-Imperiums, Dr. Gerhard Walter, vor dem Amtsgericht Königstein bereits in seinem Bericht zur ersten Gläubigerversammlung vorgelegt hatte. Mit einer Prozeßeröffnung gegen Schneider und seine Frau wird im Frühjahr 1997 gerechnet. Sollte er dann in allen Punkten schuldig gesprochen werden, so droht ihm eine Haftstrafe von bis zu zehn Jahren. Sein Anwalt Christoph Rückel hat im Mai 1996 der Monatszeitschrift »Capital« ein Interview gegeben. In diesem Gespräch kündigt Rückel nicht nur an, daß er im Namen seines Mandanten Schadensansprüche gegen die Deutsche Bank einreichen werde, sondern behauptet auch: »Mein Mandant ist ein klassisches Opfer von Bankenwillkür.« In diesem »Capital«-Bericht wird darüber spekuliert, daß Dr. Jürgen Schneider schon recht bald nach seinem Prozeß ein freier Mann sein könnte: »Insider rechnen im für Schneider günstigsten Fall mit einer 60monatigen Haftstrafe. Bekommt Schneider das letzte Drittel auf Bewährung, bleiben 40 Monate. Wird die zehnmonatige Haft in Miami aufgrund verschärfter Bedingungen doppelt gerechnet, bleiben 20 Monate übrig. Sollte das Urteil im Februar 1997 gesprochen werden, hat Schneider bereits ein Jahr abgesessen. Er wäre im Oktober 1997 wieder auf freiem Fuß.«

Staatsanwalt Dieter Haike sieht das anders.

Die neunzig Seiten des DJS

»Ich bin mehr oder weniger auf der Baustelle groß geworden.«

(Dr. Jürgen Schneider über seinen Werdegang)

Noch im Hochsicherheitstrakt des »Federal Detention Center« in Miami hat der Untersuchungshäftling Dr. Jürgen Schneider eine neunzigseitige Stellungnahme verfaßt, in der er ausführlich Stellung nimmt zu all den Vorwürfen, die Staatsanwalt Haike gegen ihn zusammengetragen hat. Das umfassende Schriftstück läßt er kurz vor seiner Rückkehr von einem seiner Anwälte bei der Frankfurter Staatsanwaltschaft abgeben.

Mit einer kleinen Meldung, die sie am 16. Februar 1996 an die Presseagenturen gibt, bestätigt die Frankfurter Staatsanwaltschaft den Empfang der neunzig Seiten: »Der Bauspekulant Jürgen Schneider hat sich ausführlich zu den gegen ihn erhobenen Vorwürfen geäußert. Wie der Sprecher der Frankfurter Staatsanwaltschaft, Oberstaatsanwalt Job Tilmann, erklärte, hat Schneiders Anwalt Christoph Rückel der Justizbehörde ein etwa 90 Seiten umfassendes Schriftstück seines Mandanten übergeben. Nicht bestätigt hat Job Tilmann einen Bericht des Nachrichtenmagazins ›Focus‹, wonach Schneiders Stellungnahme Anlaß für weitere Ermittlungen bei den 55 Gläubigerbanken gewesen sei.«

Dr. Jürgen Schneider hat bislang eigentlich nur die berühmte

»heiße Luft« abgesondert. Seine Botschaft aus dem Versteck, die er uns per Tonkassette zugespielt hatte, war mit Andeutungen auf das Fehlverhalten der Deutschen Bank nur so gespickt. Beweise fehlten. Das Tonband war dennoch ein aufregendes Dokument, denn Schneider war zu dieser Zeit über ein Jahr spurlos verschwunden, wurde bereits in einigen Zeitungsartikel für tot gehalten und weltweit gejagt.

Doch auch nach seiner Verhaftung, in seinem SAT.1-Fernsehinterview im Gefängnis in Miami, war es ihm gelungen, wüste Beschuldigungen auszustoßen, ohne daß ihn die Reporter mit kritischen Fragen auf den Boden der Realität nageln konnten.

Am 16. Februar 1996 liegt der Staatsanwaltschaft nun also endlich eine schriftliche Stellungnahme von Schneider zu den Vorwürfen im Haftbefehl vor – neunzig Seiten Schneider pur.

Selten haben uns in den vergangenen zwei Jahren bedruckte Seiten so sehr interessiert wie Schneiders Stellungnahme. Also setzen wir all unsere Beziehungen ein, um »Schneiders Werke« zu bekommen.

Es gibt Wege und Quellen, über die Journalisten nie etwas berichten werden. Der § 53 Strafprozeßordnung, das sogenannte Zeugnisverweigerungsrecht, gibt Journalisten die Möglichkeit, den Anspruch auf solche Verschwiegenheit zu erheben. An dieser wichtigen Stelle unserer Reportage über den Fall Schneider und die Recherchen der Einzelheiten spielt der Paragraph 53 StPO eine entscheidende Rolle.

Das exakt zweiundneunzigseitige Dokument trägt den Namen der Kanzlei Rückel, Trenkner & Collegen. Es ist auf dem Schreibcomputer geschrieben und übersichtlich in vierzehn Kapitel geordnet. Zwei Seiten der Stellungnahme sind einem sauber gegliederten Inhaltsverzeichnis gewidmet, das über den Aufbau des Gesamtwerks informiert. Aus dieser Übersicht wird deutlich, daß sich Schneider in seiner Erwiderung streng an den Haftbefehl anlehnt. Jedem Vorwurf ist ein kleines Kapitel gewidmet. Das äußerlich so sachlich wirkende Exposé trägt in Wortwahl, Satzbau und natürlich Aussage ausschließlich die Handschrift von Dr. Jürgen Schneider. Es ist sein schwülstiger Sprachstil, den wir in der »Edition Villa Andreae 1990« kennengelernt, in seinen Tonbandäußerungen wiedererkannt haben und in seinem Fernsehinterview ertragen mußten. Jürgen Schneider hat dafür gesorgt, daß die Kanzlei Rückel, Trenkner & Collegen ihn stets mit den Initialen »DJS« zitiert. Die Buchstabenkombination erinnert an das »FJS« des »unvergessenen« Franz-Josef Strauß, der sich für ebenso unfehlbar, mächtig und unangreifbar hielt, wie sich dies Jürgen Schneider offenbar für seine Person auch wünscht.

Hybris und Größenwahn des Dr. Jürgen Schneider manifestieren sich auf jeder Seite dieser Stellungnahme. Dieser Eindruck verdichtet sich beim mehrmaligen Lesen.

Dr. Jürgen Schneider hat in diesen neunzig Seiten exakt aufgeschrieben, wie er sich zu verteidigen gedenkt. Diese Stellungnahme ist der Versuch einer seriösen Rechtfertigung, auch wenn in nahezu jedem Satz das übersteigerte Geltungsbedürfnis Schneiders und seine Realitätsferne deutlich werden. Das Dokument ist ein eindrucksvolles Beispiel unbelehrbarer Selbstüberschätzung. Deshalb sind wir sicher: Jürgen Schneider meint das, was er schreibt, ernst und vertraut darauf, daß er auch seine Ankläger mit diesen Argumenten überzeugen kann.

Bei seinen wochenlangen ausführlichen Vernehmungen im April und Mai 1996 räumt Schneider gegenüber Staatsanwalt Dieter Haike und Beamten des Bundeskriminalamtes schließlich ein, daß er in dem einen oder anderen Fall gelogen, gefälscht und getäuscht hat. Doch von seiner grundsätzlichen Haltung, seine eigenen Fehler zu entschuldigen, seine Arbeit als unverzichtbare »Hilfsaktion für Deutschlands Städte« zu charakterisieren und vor allem Banker und Mitarbeiter zu beschuldigen, weicht er auch in den Vernehmungen nicht ab. Nur wenn die Ermittler ihm ganz konkrete Beweise – Dokumente oder Zeugenaussagen – vorhalten können, gibt Schneider zu, was unumgänglich ist.

Mühsam versucht er, auch im Knast in Preungesheim noch möglichst viel von dem Glanz zu erhalten, mit dem er in guten Zeiten alle geblendet hat. Schon seine »Kurzbiographie«, mit der er die neunzig Seiten eröffnet, ist unangenehm eitel: »Ich bin gelernter Maurer, mit abgeschlossenem Hochschulstudium als Bauingenieur, Zusatzstudium (ohne Abschluß) in Architektur, sowie zweitem Universitätsstudium und Promotion in Betriebswirtschaft. Nachdem meine Familie in Frankfurt seit Generationen eine Baufirma hatte, hat mich viel mit dem Baugewerbe verbunden, und ich bin mehr oder weniger auf der Baustelle groß geworden. Ich war daher im Thema, ich war selbst zwanzig Jahre lang als Bauunternehmer tätig. Der Beginn der aktiven Tätigkeit meinerseits hinsichtlich des Erwerbs von Immobilien (stadtbildprägende Häuser) datiert ca. 12 bis 15 Jahre zurück.«

Selbstverständlich dementiert Schneider sofort zu Beginn seiner »Entlastungsschrift«, daß er und seine Frau geflüchtet sind: »Wir verbrachten die ganze Zeit im Alexandertower in Miami und bereiteten uns auf unsere Rückkehr vor. Die leicht durchführbaren Ausweichmöglichkeiten zu den benachbarten Bahamas, dem naheliegenden Costa Rica oder nach Südamerika lehnten wir strikt ab, weil uns dies als Flucht ausgelegt werden würde. Wir blieben in den USA, in welche wir auch offiziell eingereist waren, wir wollten den Zeitpunkt unserer Rückreise selbst bestimmen, nachdem uns ansonsten durch die Einleitung des unbegründeten Konkursverfahrens und Ermittlungsverfahrens alle Handlungsmöglichkeiten genommen waren.«

Ganz Unternehmerpersönlichkeit, widmet Schneider sein 2. Kapitel seiner »Geschäftsidee«, die »im wesentlichen auf zwei Grundpfeilern basiert«. Unter Punkt a) fabuliert er zunächst über sein Lieblingsthema, die sogenannten »stadtbildprägenden Immobilien«, und beschreibt sie als »alte – weitaus überwiegend denkmalgeschützte – Bauten im Stadtkern, die in der Betrachtung und Bewertung dem Kunstgegenstand näherstehen als einer bloßen Immobilie. Der Wert der alten Immobilie wird bei Berücksichtigung der folgenden Überlegungen nachvollziehbar: Für diese im Stadtkern angesiedelten, toprenovierten, instandgesetzten Immobilien ist kaum mit Mietschwankungen oder Schwankungen in der wesentlichen Mieterstruktur zu rechnen. Daher ist insbesondere in Zeiten wirtschaftlicher Schwächen auch in diesen Objekten mit einer guten Vermietbarkeit und einem guten Return zu rechnen ... Der Verkaufswert derartiger Häuser ist insbesondere für ausländische Investoren unvergleichbar höher als bei herkömmlichen Immobilien, da die Häuser der GdbR wie ›Antiquitäten‹ oder ›Werke alter Meister‹ einen Seltenheitswert in bester Stadtkernlage auf Dauer haben.«

Als zweiten Pfeiler seiner Grundidee bezeichnet Jürgen Schneider die Arbeit an einer Immobilie, die erst mit deren Fertigstellung beginne: »Die Immobilien werden durch weitere Investitionen von Geld und Fach-Know-how hochgemanagt und in den Markt gebracht. Das geschieht gleichsam einem Segelschiff, welches nach dem Bau und dem Verlassen des Hafens sorgfältig in den Wind gedreht wird, bis es volle Fahrt nimmt.«

Der zweite Pfeiler der Grundidee von »Kapitän Schneider« besteht darin, immer mehr gutzahlende Mieter mit an Bord zu nehmen. Der selbsternannte Hochsee-Segler beschreibt dies als »Ausprägung der Mieter-Struktur«, durch die es ohne weiteres möglich sei, »mit beständiger Arbeit die Entwicklung dahin zu bringen, daß die Rendite acht bis zwölf Prozent beträgt«. Die Geschichte seines Imperiums zeigt, daß diese Philosophie, die Schneider in seiner Stellungnahme über drei Seiten hin ausbreitet, allenfalls die Qualität von Seemannsgarn hatte.

Der »Zentralmessepalast«

Mitten in Leipzig liegt ein schönes, altes Geschäftshaus, auf einem Grundstück von mehr als 1400 Quadratmetern. Es wurde im Jahre 1925 errichtet und hat neun Stockwerke. Schneider plante, wie üblich, das Gebäude bis auf den Rohbau zu entkernen, nachträglich »wertlose« bauliche Ergänzungen zu entfernen und den »Zentralmessepalast« in seiner ursprünglichen architektonischen Gestalt wiederherzustellen.

Der Staatsanwalt wirft ihm im Fall des Zentralmessepalastes »Kreditbetrug in Tateinheit mit Urkundenfälschung« vor, Vergehen nach den Paragraphen 265 b, Absätze 1 und 3, 267 Absatz 1, 52 Absätze 1 und 2 des Strafgesetzbuches.

Dieter Haike präzisiert seine Vorwürfe: »Am 18. Juni 1991 richtete der Beschuldigte zur Finanzierung des Ankaufs und Umbaus des Grundstücks Grimmaische Straße 10 und 16 (Zentralmessepalast) in Leipzig eine schriftliche Kreditanfrage über insgesamt 126 000 000,00 Deutsche Mark an die deutsche Bau- und Bodenbank Aktiengesellschaft (BaubodenBank) in Frankfurt am Main. Darin gab er an, daß er – neben dem Kaufpreis in Höhe von 44 500 000,00 Deutsche Mark an die Voreigentümer – zur Abfindung von Ansprüchen Dritter 29 000 000,00 Deutsche Mark an die Gesellschaft European Pacific in Sydney, Australien, gezahlt habe, und er legte als Beleg dafür die Fotokopie einer im Namen dieser Gesellschaft an ihn gerichteten Rechnung vom 25. Januar 1991 über 29 000 000,00 Deutsche Mark bei. Diese Angaben waren, wie der Beschuldigte wußte, falsch. Tatsächlich war die Rechnung gefälscht, und es sind auch nicht 29 000 000,000 Deutsche Mark an die Gesellschaft European Pacific gezahlt worden.

Vielmehr hatte die Gesellschaft keinerlei Geschäftsbeziehungen zu den Eheleuten Schneider, und sie hatte auch im übrigen keine Geschäfte dieser Größenordnung getätigt. Aufgrund dieser falschen Angaben des Beschuldigten zahlte die BaubodenBank am 19./20. Dezember 1991 an ihn zunächst 77 600 000,00 Deutsche Mark zur Finanzierung des Ankaufs des Objekts Zentralmessepalast aus.

Ohne die falschen Angaben wären 29 000 000,00 Deutsche Mark weniger an den Beschuldigten ausgezahlt worden.«

Die falsche Rechnung

»Er verlangte Bestechungsgeld, welches gezahlt wurde.«

(Jürgen Schneider zu seinen Kaufverhandlungen beim »Zentralmessepalast«)

Die Idee ist Jürgen Schneider beim Schnorcheln gekommen, in der Nähe des Great Barrier Rief in Australien. Dort habe er – so sagt er in einer seiner vielen Vernehmungen im April 1996 – mit seinen Kindern Urlaub gemacht und bei dieser Gelegenheit auch seinen alten Geschäftsfreund Hans-Peter Gassner in Sydney besucht. Schneider war auf der Suche nach einer »Partnerfirma«, die ihm gelegentlich mit getürkten Rechnungen für seine Kreditgeschäfte aushelfen könnte.

Die Verhandlungen mit Hans-Peter Gassner in Australien liefen um den Jahreswechsel 1990/91, im Juni 1991 stellte Jürgen Schneider – wohlvorbereitet – seine Finanzierungsanfrage für den »Zentralmessepalast« an die BaubodenBank Frankfurt.

In seiner neunzigseitigen Verteidigungsschrift bestätigt er, daß sich die Finanzierungsumme für das Objekt auf insgesamt 126 Millionen Mark belief, davon ein Konsortialkredit von 88 Millionen für den Ankauf des Gebäudes sowie ein weiterer Kredit für die Umbau- und Modernisierungskosten über 38 Millionen.

Mit beschwörenden Worten hebt Schneider ab auf die Pflicht der Banken, alles zu prüfen: »Grundlage für die Beurteilung der Finanzierungsanfrage an die Deutsche BaubodenBank (Baubo) war der Antrag mit Anlagen. Aufgrund dieser schriftlichen Grundlage hatte die Bank die Möglichkeit und Verpflichtung, eine eigene Prüfung vorzunehmen. In der Regel hat die Bank – wie auch in diesem Fall –

ein eigenes Gutachten erstellt, welches als Betriebsgeheimnis behandelt wird.« Als Kunde – so Jürgen Schneider – habe er »sogar einen Rechtsanspruch auf eine strenge und genaue Prüfung«. Nach dieser drohenden Vorbemerkung holt Schneider zu einem schweren Schlag gegen die Folgen der Wiedervereinigung aus. Er moniert, daß sich in den neuen Bundesländern nach Öffnung der Mauer auf dem Immobilienmarkt Unsitten ausgebreitet hätten, gegen die er als Investor nur unter Einsatz erheblicher Mittel ankämpfen konnte.

Tatsächlich meldeten in der Übergangszeit nach Auflösung der DDR all jene Menschen Besitzrechte an Häusern und Grundbesitz an, die von den Machthabern des SED-Regimes zwangsenteignet worden waren. Für den Immobilienmarkt ergab sich daraus eine unübersichtliche Lage über die wirklichen Besitzverhältnisse. Auf vielen Objekten lagen Rechtsansprüche der verschiedensten Interessengruppen, die vor einem Ankauf langwierig und unter schwierigsten Umständen geklärt werden mußten.

Dr. Jürgen Schneider behauptete damals gegenüber der Bauboden-Bank, daß es auch beim Objekt »Zentralmessepalast« Restitutionsansprüche von Dritten gab. Er schreibt: »Solche Restitutionsansprüche wurden in diesem Anfangsjahr nach der Öffnung der Mauer von berechtigten, meist aber von unberechtigten Anspruchstellern gestellt. Diese hatten das Ziel, die Verkaufsverhandlungen und eine Grundstücksprotokollierung so lange zu blockieren, bis der tatsächlich Berechtigte festgestellt ist. Diese unberechtigten Anspruchsteller hatten so die Chance, die Käufer unter Druck zu setzen. Bei einer Geldabfindung halten sie sich zurück. Das war ein Unwesen in der damaligen Zeit.«

In seinem Kampf gegen vorgeblich unberechtigte Restitutionsansprüche entwickelt das »tapfere Schneiderlein« nun eine ausgefuchste Strategie, die zum einen dazu dienen soll, alle Ansprüche abzuwehren, zum anderen vor allem dazu, ihm selbst die Taschen zu füllen.

Jürgen Schneider betont, daß er für den »Zentralmessepalast« »einen sehr günstigen Verkaufspreis von 44 Millionen Mark ausgehandelt habe«. Schneider verweist darauf, daß gerade der günstige Verkaufspreis den Anspruchstellern die Möglichkeit gab, durch erhöhte Forderungen wirkungsvollen Druck auf ihn auszuüben.

Der Bank allerdings, so beschreibt er offen seinen blitzgescheiten Plan für die Kreditverhandlungen, will er die wahren Anspruchsteller nicht namentlich nennen. Banken, so wird aus seinen Ausführungen deutlich, haben kein Talent in Verhandlungen mit solch »unberechtigten Anspruchstellern«. Gespräche dieser Art will Schneider mit dem ihm eigenen Geschick lieber selbst führen. Doch weil er die Millionen braucht – und es tatsächlich ja keine »Restitutionsrechnung« gibt, präsentiert er der Frankfurter BaubodenBank der Einfachheit halber eine Rechnung der australischen Gesellschaft »European Pacific« in Höhe von 29 Millionen Mark.

Die Vorlage dieses Belegs rechtfertigt er mit folgendem Argument: »Mein Interesse ging dahin, die behaupteten Restitutionsansprüche zu berücksichtigen und mit einzukalkulieren (Worst-case-Szenario-Betrachtung) und gleichzeitig den Versuch zu unternehmen, diese Ansprüche zu beseitigen, um die stillen Reserven des Objektes dem eigenen Vermögensbereich voll zuzuführen, so wie dies in meiner eigenen Finanzakte auch berücksichtigt ist ... Durch die Rechnungslegung mit der ›European Pacific‹-Rechnung sollten meine Verhandlungstaktik und Verhandlungsfreiheit gegenüber den Antragstellern erhalten bleiben.«

Staatsanwalt Dieter Haike vermerkt in seinem Haftbefehl zur »European-Pacific«, daß die Rechnung gefälscht sei, niemals 29 Millionen an die Gesellschaft gezahlt wurden und »die Gesellschaft keinerlei Geschäftsbeziehungen zu den Eheleuten Schneider« hatte.

Staatsanwalt Haike stützt sich dabei auf eine Vernehmung der australischen Bundespolizei, die im Auftrag der deutschen Justiz den Geschäftsführer der »European Pacific Investment PTY Ltd.«, Hans-Peter Gassner, gehört hat.

Bei dieser Vernehmung bestreitet Gassner jegliche Verbindung mit der GdbR Schneider und gibt im übrigen zu Protokoll, daß Geschäfte in der Größenordnung von 29 Millionen nie getätigt worden seien.

Für den Staatsanwalt ist damit der Fall klar: Schneider hat eine gefälschte Rechnung vorgelegt, um der Bank gegenüber Kosten nachzuweisen, die es nie gegeben hat. Mit dieser falschen Angabe erhielt der Bauspekulant dann einen Kredit für die sogenannte Abfindungszahlung, den er für sich selbst behielt.

Um sich dafür zu rechtfertigen, fährt Schneider eine Art Präventivangriff: Er versucht, den Zeugen der Staatsanwaltschaft madig zu machen. Schneider behauptet, daß er Gassner seit 25 Jahren kenne und mit ihm zusammengearbeitet habe: »Dieser war damals für die Beschaffung von Bauaufträgen im Ausland eingesetzt. Gassner ging in Liechtenstein pleite. Er ging dann nach Australien, wo er Australier wurde und heute lebt. Die ›European Pacific‹ ist Gassners in

Australien tätige Firma, die sicherlich einen kleineren Radius hat, als es die Rechnung über DM 29 Mio. vermuten läßt.«

Jürgen Schneider berichtet weiter, er habe »Gassner zum früheren Zeitpunkt mit einem Darlehen von 75 000,00 Mark unterstützt, das Hans-Peter Gassner nicht zurückzahlte. Sein schwerster Vorwurf gegen den Zeugen des Staatsanwalts: »Die Vernehmung Gassners in Australien ist insoweit falsch, als er behauptet, er kenne den Sachverhalt nicht.« Schneider behauptet nun seinerseits, Gassner habe mit ihm gemeinsame Sache gemacht. Er habe seinen Vorschlag, Zahlungen über die Firma »European Pacific« laufen zu lassen, nur allzu gerne angenommen. In seiner Vernehmung nennt Schneider auch den angeblichen Grund für Gassners Entgegenkommen: »Ich habe ihm gesagt, daß wir dann die Sache mit dem Darlehen irgendwann einmal vergessen können.« Hans-Peter Gassner, so Schneider in seinem eifrigen Bestreben, möglichst viele Mitschuldige um sich zu versammeln, hat das üble Spiel aus Gewinnsucht mitgespielt. Mit seinem Einverständnis – so stellt es Jürgen Schneider dar – habe er einige Briefbögen der »European Pacific« aus Australien mit nach Königstein genommen. Auf diesen Vordrucken stellte der »Investor« dann eigenhändig Rechnungen in Millionenhöhe aus. Die Unterschrift des Hans-Peter Gassner imitiert er recht gekonnt. Nicht nur die BaubodenBank fällt offenbar auf den australischen Schwindel herein, auch der Deutschen Bank präsentiert Schneider erfolgreich seine Bögen aus dem fernen Sydney.

In seiner Vorwärtsverteidigung geht Untersuchungshäftling Schneider noch einen Schritt weiter. Er gibt selbstverständlich zu, daß er »die in der ›European Pacific‹-Rechnung ausgewiesenen 29 Millionen Mark nicht an unberechtigte Anspruchsteller bezahlt hat«. Die von der BaubodenBank abgeluchsten 29 Millionen Mark behält er und nennt sie stolz einen »Haben-Posten«.

In Schneiders schriftlichen Erklärungen heißt es weiter, daß er hinter den »unberechtigten Anspruchstellern« einen Rechtsanwalt *vermutet*, mit Kanzleien in Regensburg und Leipzig. Dieser Anwalt sei sein Verhandlungspartner gewesen. Er habe ihn sehr ernst genommen und mit ihm über diese Restitutionsansprüche hart verhandelt. Seiner erfolgsorientierten Verhandlungsführung sei es schließlich zu verdanken gewesen, daß die Ansprüche zurückgenommen wurde. Dabei – so schreibt Schneider – habe er ein wenig nachgeholfen.

Mit einer ungeheuren Behauptung belastet er den Anwalt: »Er

verlangte Bestechungsgeld, welches gezahlt wurde. Hierfür gibt es Zeugen.«

Wenn im Prozeß der Punkt »Zentralmessepalast« verhandelt wird, kann Jürgen Schneider dem Strafvorwurf eigentlich nur dadurch entgehen, daß er eine Reihe von Zeugen aufmarschieren läßt, die sowohl die Restitutionsansprüche als auch die Bestechung belegen. Doch seine Ausführungen, die sich so umfassend um das Objekt »Zentralmessepalast« ranken, werden merkwürdig knapp und unpräzise, wenn es um die »Entlastungszeugen« geht. Im Fall des »bestochenen Anwalts« sind die Angaben wachsweich und von Schneider selbst als »Vermutung« gekennzeichnet. Schon deshalb liegt hier der Verdacht nahe, daß dieser Anwalt wahrscheinlich nie gefunden werden und schon gar nicht als Zeuge für Schneider vor Gericht aussagen wird.

Unwahrscheinlich auch, daß neben Jürgen Schneider Banker mit auf der Anklagebank sitzen, wenn der Punkt »Zentralmessepalast« verhandelt wird, obwohl der Ex-Baulöwe in seiner Vernehmung – ebenso wie in der schriftlichen Stellungnahme – behauptet, sie hätten von allem gewußt.

Angeblich hat er sogar mit den entscheidenden Managern der betrogenen BaubodenBank, mit der Deutschen Bank und der Chefetage der Bayrischen Hypothekenbank über seine australische Connection gesprochen. Mit der Auskunft, daß die Firma in Sydney existiere, seien die Geldgeber hochzufrieden gewesen, sagt Schneider in seiner Vernehmung – wieder bemüht, andere mit ins Täterboot zu nehmen. »Wenn ich mich auf Schneider allein stützen würde, müßte ich wohl Ermittlungen gegen Mitarbeiter der Banken einleiten«, erklärt Oberstaatsanwalt Job Tilmann Anfang Juli 1996, betont dann aber: »Schneiders Darstellung verträgt sich nicht mit den Ermittlungsergebnissen.«

Schneiders Geständnis, daß er selbst mit wenig Mühe den Schriftzug »Gassner« unter die gefälschten Rechnungen gesetzt hat, wird ihm im Fall »Zentralmessepalast« wohl zum Verhängnis werden. Damit punktet die Staatsanwaltschaft bei ihrem ersten Vorwurf im Haftbefehl eindeutig gegen Jürgen Schneider.

Die Bank unter der Lupe

»Wir sehen § 18 KWG als nicht erfüllt an.«
(Aus dem Prüfbericht der BDO Deutsche Warentreuhand AG)

Dr. Jürgen Schneider verschweigt, daß er die BaubodenBank schon bei der Aushandlung der Kreditbedingungen »ausgetrickst« hat. Dies geht aus dem Prüfbericht der Wirtschaftsprüfungsgesellschaft BDO Deutsche Warentreuhand Aktiengesellschaft hervor. Sie hat bereits im Mai 1994, also knapp vier Wochen nachdem sich Schneider abgesetzt hatte, eine Prüfung nach § 44 des Kreditwesengesetzes im Haus der Deutschen Bau- und Bodenbank AG in Frankfurt vorgenommen. Auftraggeber war das Bundesaufsichtsamt für das Kreditwesen in Berlin. Diese Prüfung erstreckte sich – so heißt es in dem BDO-Bericht – »auf die Ordnungsmäßigkeit der Bearbeitung aller an die Dr. Utz Jürgen Schneider-Gruppe in Königstein vergebenen Kredite«. Geprüft wurde speziell, »welche Unterlagen und Sicherheiten der Bank bei Kreditgewährungen und -erhöhungen jeweils vorgelegt bzw. gestellt wurden und wie die Bank die Richtigkeit der ihr gemachten Angaben bzw. der vorgelegten Unterlagen überprüft hat«.

Die BDO-Prüfer, die aus Hamburg nach Frankfurt anreisten und dort in den Räumen der BaubodenBank alle nötigen Unterlagen sichteten, notieren in ihrem Bericht, daß die Bank bereitwillig »Kreditvorlagen, Kreditverträge, Bewertungsunterlagen, Schriftverkehr, Grundbuchauszüge sowie Unterlagen über die wirtschaftlichen Verhältnisse der Kreditnehmer zur Verfügung« stellte. Offenbar wollte die BaubodenBank tatsächlich gern wissen, welche Fehler sie selbst in Sachen »Schneider« gemacht hatte.

Nach § 18 KWG muß ein Kreditnehmer bei Antragstellung genaue Nachweise über Vermögen, Schulden und das Einkommen vorlegen. Schon bei diesem ersten Schritt hat Schneider die Bank mit der berüchtigten »Klenke-Liste« hinters Licht geführt. Der BDO-Bericht merkt an: »Für die Eheleute Dr. Jürgen Schneider und Claudia Schneider-Granzow lagen zum 31. Dezember 1993 und zum 30. September 1992 Vermögensaufstellungen vor, die mit Prüfungsvermerken eines Wirtschaftsprüfers versehen waren. Sie waren von den Kreditnehmern *nicht* unterschrieben. Die Wertansätze waren teilweise nicht nachvollziehbar. Das gilt insbesondere für den Wertansatz der Beteiligungen, für den Wert der vermieteten Immobilien, bei denen der Vermögenswert als Differenz zwischen dem Verkehrswert und der Beleihung ermittelt wurde, für den Wert der im Bau befindlichen Immobilien, bei denen ein ›Nettovermögenswert nach Abzug aller Belastungen‹ dargestellt wird, sowie für die zwischenvermieteten Vorhalteobjekte, bei denen die ›Gesamtreserven nach dem Pakkagestilverfahren bei Zugrundelegung der projektierten Vermietungsflächen‹ ausgewiesen werden. Der Prüfungsbericht zum 30. September 1992 enthält den Hinweis, daß das Vermögen in der Zeit vom 1. Januar 1992 bis zum 30. September 1992 um DM 1039,1 Mio. gestiegen ist.« Die Prüfer haben sämtliche Unterlagen danach durchforstet, ob für diesen gigantischen Zuwachs von mehr als einer Milliarde Mark in so kurzer Zeit Belege vorhanden waren, und notieren abschließend: »Prüfbare Nachweise über die erfolgte Auswertung der Unterlagen haben wir in den Akten nicht gefunden.«

Jürgen Schneider weiß sehr wohl, warum er beim Kapitel »Zentralmessepalast« so deutlich auf die Verpflichtung der Banken abhebt, Finanzierungsanfragen genau zu prüfen. Die BaubodenBank hat es tatsächlich in sträflicher Weise versäumt, die »märchenhaften Unterlagen« ihres Kreditnehmers zu kontrollieren. Auch als ihr Zweifel kamen an der Vollständigkeit der von Schneider präsentierten Akten, hat sie sich von ihm hinhalten lassen. Die BDO-Prüfer kritisieren: »Für die Zeit vor dem 1. Januar 1992 liegen von den Kreditnehmern selbsterstellte Vermögensaufstellungen und Cash-flow-Rechnungen vor. Einkommensnachweise hat die Bank vor Kreditvalutierung angefordert und später wiederholt angemahnt, ohne daß entsprechende Unterlagen von den Kreditnehmern vorgelegt wurden.«

In ihrer Hilflosigkeit – und weil sie sich offenbar gegenüber diesem Schneider einfach nicht durchsetzen konnten – griffen die Banker zu einer Notlösung: »Aus den Vermögensnachweisen und den Cash-flow-Rechnungen hat die Bank versucht, mit Hilfe von Näherungsrechnungen Informationen über die Einkommenssituation der Kreditnehmer abzuleiten.« Die BDO stellt aufgrund dieser Situation eindeutig fest: »Wir sehen § 18 KWG als nicht erfüllt an.« Die BaubodenBank hat also nicht, wie in diesem Paragraphen vorgeschrieben, »die wirtschaftlichen Verhältnisse, insbesondere durch Vorlage der Jahresabschlüsse« entsprechend sorgfältig geprüft.

Schneider ist es aber noch mit einem weiteren Schachzug gelungen, sich gegenüber seinem Kreditgeber Vorteile zu verschaffen. Die Wirtschaftsprüfer beschreiben dies so: »Eine im Kreditvertrag angestrebte Mietabtretung für das Beleihungsobjekt konnte gegenüber dem Kreditnehmer nicht durchgesetzt werden.« Ein Armutszeugnis für eine Bank, die nicht in der Lage ist, berechtigte Forderungen durchzusetzen und auf der Einhaltung ihrer eigenen Kreditbedingungen zu bestehen.

Der Bank passiert noch ein weiterer, schwerer Lapsus: Wie viele andere auch, so läßt sich auch die BaubodenBank durch überhöhte Flächenangaben und falsche Gutachten von Jürgen Schneider täuschen. Die BDO-Prüfer stellen bei der Prüfung der Sicherungswerte zunächst fest: »Beim Zentralmessepalast waren die Ermittlungen der Beleihungswerte für den Ist-Zustand (vor Umbau) vom 30. Dezember 1991 und den Soll-Zustand (nach Umbau) vom 9. Juli 1991 fehlerhaft. Mit der Antragstellung vom 20. Juni 1991 hatte Dr. Jürgen Schneider neben einer ausführlichen schriftlichen Finanzierungsanfrage selbsterstellte Baupläne (Datum 20. Juni 1991) sowie handschriftliche Zusammenstellungen vorgelegt, aus denen die Nutzflächen und Kubaturen hervorgingen. Nach den uns vom Gutachter gemachten Angaben hat eine detaillierte Nachmessung der Flächenangaben während der ersten Begehung nicht stattgefunden.« Statt dessen übernimmt auch in Leipzig, wie bei der »Zeil-Galerie« in vielen anderen Fällen, ein »naiver Bankgutachter« die von Schneider gemachten Angaben. Der Prüfbericht kritisiert: »Die vom Kreditnehmer gemachten Angaben zu den Nutzflächen sind vom Gutachter der Bank nach der Objektbesichtigung am 1. Juli 1991 nicht angezweifelt worden. Die in die Gutachten eingeflossenen Flächen und Nutzungsangaben entsprechen den Daten aus der Finanzierungsanfrage des Kreditnehmers.«

Und sie sind, wie meist bei Schneider, völlig überhöht. Das stellt die BaubodenBank leider erst nach dem Verschwinden ihres »Kreditnehmers« fest, als sie ihre Bewertungsobjekte überprüfen läßt: »Dabei sind wesentlich geringere Nutzflächen gegenüber den Angaben bei der Geschäftsanbahnung festgestellt worden. Bei den Angaben des Kreditnehmers sind offenbar fehlende Gebäudeecken, noch entstehende Gebäudeeinschnitte (Auflage für eine Baugenehmigung), Lichthöfe sowie Abzüge für Mauer- und Verkehrsflächen nicht in Abzug gebracht worden.«

Dieses Muster Schneiderscher Fassadenkunst ist bekannt. Beim Renommierobjekt »Zeil-Galerie« schlug Schneider zwei komplette Etagen, die für Haustechnik- und Wirtschaftsflächen vorgesehen waren, den vermietbaren Flächen zu und steigerte auf diese Weise auf dem Papier den Ertragswert des Objektes. Auch beim »Zentralmessepalast« gelingt ihm dieser Trick, ohne daß es dem Bankgutachter auffällt. Dahinter kommen erst die Wirtschaftsprüfer. Das vernichtetende BDO-Gutachten in Sachen »Zentralmessepalast« wird Schneider zwar nicht dabei helfen, die gegen ihn bestehenden Vorwürfe des Betrugs und der Urkundenfälschung zu entkräften, aber es zeigt in drastischer Weise, wie leicht ihm jedenfalls die BaubodenBank Frankfurt das »Fälscherhandwerk« gemacht hat. Obwohl ihr ein Schaden von 29 Millionen Mark entstanden ist, hat die Frankfurter BaubodenBank keine Anzeige gegen Dr. Jürgen Schneider erstattet.

Das »Kurfürsteneck«

Der Dreh mit dem »Kurfürsteneck« ist wohl der frechste Trick, den sich Dr. Jürgen Schneider je zur Ansammlung guter Gelder für schlechte Zeiten hat einfallen lassen.

Das Strafgesetzbuch kennt für derartige Manipulationen den Paragraphen 265 B, Absätze 1 und 3. Er sieht vor, daß mit Freiheitsstrafen bis zu drei Jahren oder mit Geldstrafe bestraft wird, »wer einem Betrieb oder Unternehmen im Zusammenhang mit einem Antrag auf Gewährung, Belassung oder Veränderung der Bedingungen eines Kredits für einen Betrieb oder ein vorgetäuschtes Unternehmen

1. über wirtschaftliche Verhältnisse

a) unrichtige oder unvollständige Angaben, namentlich Bilanzen, Gewinn- und Verlustrechnungen, Vermögensübersichten oder Gutachten vorlegt oder

b) schriftlich unrichtige oder unvollständige Angaben macht, die für den Kreditnehmer vorteilhaft und für die Entscheidung über einen solchen Antrag erheblich sind, oder

2. eine solche Verschlechterung der in den Unterlagen oder Angaben dargestellten wirtschaftlichen Verhältnissen bei der Vorlage nicht mitteilt, die für die Entscheidung über einen solchen Antrag erheblich sind.

3. Im Sinne des Absatzes 1 sind

1. Betriebe und Unternehmen unabhängig von ihrem Gegenstand solche, die nach Art und Umfang einen in kaufmännischer Weise eingerichteten Geschäftsbetrieb erfordern;
2. Kredite, Gelddarlehen aller Art, Akzeptkredite, der entgeltliche Erwerb und die Stundung von Geldforderungen, die Diskontierung von Wechseln und Schecks und die Übernahme von Bürgschaften, Garantien und sonstigen Gewährleistungen.«

Diesen Paragraphen bringt der Frankfurter Staatsanwalt im Fall des Berliner Objektes »Kurfürsteneck« gegen Dr. Jürgen Schneider in Anschlag. In Haikes Haftbefehl heißt es: »Am 11. November 1993 richtete der Beschuldigte zur Finanzierung des Ankaufs und Umbaus des Grundstücks Kurfürstendamm 237/Rankestraße 1 (Kurfürsteneck) in Berlin eine schriftliche Kreditanfrage über insgesamt 365 000 000,00 Deutsche Mark an die Niederlassung der Dresdner Bank in Berlin.

Darin gab er an, daß er für eine Firma ›Laetsch Properties‹ in Wiesbaden handele, die das Grundstück für 370 000 000,00 Deutsche Mark von einer Firma ›Arnaud de Vienne‹ in Hamburg erworben habe, und daß aus der Vermietung des auf dem Grundstück stehenden Gebäudes Mieteinnahmen in Höhe von 8 500 000,00 Deutsche Mark jährlich erzielt würden. Auf Nachfrage des bei der Dresdner Bank angestellten Zeugen Warnecke ließ der Beschuldigte vortragen, daß die Firmen ›Laetsch‹ und ›Arnaud de Vienne‹ für ihn fremde Firmen seien.«

Der Staatsanwalt weiter: »Nachdem die Dresdner Bank festgestellt hatte, daß die Vorerwerberin ›Arnaud de Vienne‹ das Grundstück erst im Sommer 1993 für 130 100 000,00 Deutsche Mark erworben hatte, erklärte der Beschuldigte mit Schreiben vom 24. Januar 1994 gegenüber der Dresdner Bank, daß die Höhe des jetzigen Kaufpreises von 370 000 000,00 Deutsche Mark unter anderem dadurch bedingt sei, daß die Vorerwerberin ›Arnaud de Vienne‹ zur Abfindung weiterer Interessenten 160 000 000,00 Deutsche Mark gezahlt habe. Alle diese Angaben waren, wie der Beschuldigte wußte, unrichtig. Tatsächlich besaß der Beschuldigte über Treuhandverträge sowohl die Firma ›Laetsch Properties‹ als auch die Firma ›Arnaud de Vienne‹, und die Firma ›Arnaud de Vienne‹ hatte keine Abfindungen an weitere Interessenten gezahlt. Auch beliefen sich die jährlichen Mieteinnahmen für das Grundstück in Wahrheit nur auf 2 000 000,00 Deutsche Mark.

Auf der Grundlage der Finanzierungsanfrage und der dazu abgegebenen Erklärungen gewährte die Dresdner Bank dem Beschuldigten am 24. Januar 1994 einen Kredit über zunächst 325 000 000,00 Deutsche Mark, der in Höhe von 165 000 000,00 Deutsche Mark an die Firma ›Arnaud de Vienne‹ ausgezahlt wurde.

Weitere 100 000 000,00 Deutsche Mark wurden als Sicherheit von der Dresdner Bank einbehalten und sollten nach Beginn des beabsichtigten Umbaus freigegeben werden, und weitere 60 000 000,00 Deutsche Mark dienten zur Ablösung einer auf dem Grundstück eingetragenen Grundschuld. Im Ergebnis hatte der Beschuldigte durch seine falschen Angaben erreicht, daß er für den tatsächlichen Kaufpreis in Höhe von 130 100 000,00 Deutsche Mark einen Kredit in Höhe von 165 000 000,00 Deutsche Mark – und somit 34 900 000,00 Deutsche Mark zur freien Verfügung – ausgezahlt erhielt.«

Soweit der Betrugsvorwurf im Fall des Berliner Gebäudes »Kurfürsteneck«. Staatsanwalt Haike untermauert seine Vorwürfe mit den Treuhandverträgen der fraglichen Firmen »Laetsch Properties« und »Arnaud de Vienne«, die Kriminalhauptkommissarin Klaudia B. von der »Sonderkommission Schneider« bei ihrer Ermittlungsarbeit in den Akten des verschwundenen Unternehmers gefunden hat. Ein Angestellter der ursprünglichen Eigentümerin des Grundstücks, der Zeuge Rolf B., hat außerdem angegeben, daß es für das Grundstück – nach Aufnahme der Verhandlungen mit der Firma »Arnaud de Vienne« – keine weiteren Mitbewerber gegeben habe.

Die perfekte Tarnung

»Die Verschwiegenheit liegt in der Natur der Sache.«

(Jürgen Schneider zu seinen Kaufverhandlungen beim »Kurfürsteneck«)

»Es handelt sich bei dem Gebäude »Kurfürsteneck« um das Kronjuwel des sehr umfangreichen Immobilienbesitzes der BuB AG«, stellt Schneider in seiner Verteidigungsschrift klar, um zu betonen, daß er wieder einmal hinter einer »stadtbildprägenden Immobilie« her war. Die Brau- und Brunnen AG Dortmund (BuB) ist einer der größten deutschen Getränkekonzerne, zu dem unter anderem auch die Dortmunder Aktienbrauerei (DAB), die Schultheiss-Brauerei und »Apollinaris« gehören.

Schneider bestätigt, daß er das Objekt für zunächst 130,1 Millionen Mark erworben habe, und notiert noch im nachhinein freudig: »Der Preis war sehr günstig.«

Hier lügt sich Schneider, ganz seiner Gewohnheit treu, selbst in die Tasche. Tatsächlich hatte die Brau und Brunnen AG vor Beginn ihrer Verhandlungen mit Schneider nur ein Angebot in Höhe von 60 Millionen Mark, das eine Kölner Maklerfirma abgegeben hatte. Der BuB war das zuwenig, 80 Millionen sollten es schon sein.

Wie zufällig machte dann ein Kölner Notar – der seine Kanzlei seinerzeit unter der gleichen Adresse hatte wie Schneider-Intimus Mehdi Djawadi seinen Teppichhandel – den »Handlungsreisenden« der BuB, Rolf Meyer, auf Dr. Jürgen Schneider aufmerksam, der doch bekanntlich stets gut zahle. Meyer, angestellt als Geschäftsführer der BuB-Immobiliengesellschaft, die die Häuser des Getränke-Riesen verwaltet, ließ sich die Königsteiner Adresse nicht zweimal sagen. Der flinke Meyer wußte, was er zu tun hatte: Ohne Ehrfurcht vor dem Baulöwen – eine Haltung, die den meisten Bankern im Umgang mit dem Investor fremd war – pokerte er in der »Villa Andreae« ums große Geld. Er nennt für das »Kurfürsteneck« seines Flaschenkonzerns einen unglaublich hohen Preis: 121 Millionen Mark – so behauptet Rolf Meyer – sei der Anteil der BuB wert, wohl wissend, daß das Haus am Kudamm mit knapp der Hälfte richtig gut bezahlt wäre. Dr. Jürgen Schneider feilscht nicht. Er stimmt zu. Um hervorzuheben, welches Schnäppchen er mal wieder gemacht habe, beschreibt er in seiner Verteidigungsschrift ausdrücklich die hervorragende Lage des »Kurfürstenecks«: »Es ist dort der unbestritten beste Einzelhandelsstandort in Berlin direkt an der Übergangsstelle von Kurfürstendamm und Tauentzienstraße.« Diese Vorteile, das hat der Immobilienfreund wohl sofort durchschaut, konnte er für seine Zwecke nutzen, das »Kurfürsteneck« war perfekt geeignet, um den »Superbluff« abzuziehen. Dr. Jürgen Schneider zahlt den völlig überhöhten Kaufpreis von 121 Millionen an die BuB und findet zusätzlich den Kaufmann ab, dem neben der BuB ein Sechzehntel des Hauses »Kurfürsteneck« gehört. Freund Djawadi überreicht dem erfreuten Anteilseigner, der auf Fuerteventura lebt, einen Kaufvertrag in Höhe von 9,1 Millionen Mark. Zu diesem Zeitpunkt – im Sommer 1993 – hatte Schneider also gut 130 Millionen Mark in das Berliner Gebäude investiert – eine Ausgabe, die er sich zu diesem Zeitpunkt überhaupt nicht mehr leisten konnte. Aus diesem Grund greift Schneider ganz tief in seine Trickkiste, um einen zusätzlichen »Privatgewinn« – ein bißchen »Frostgeld« an Land zu ziehen.

Schon der erste Schritt ist wohlüberlegt: Obwohl Jürgen Schneider die Verhandlungen mit der BuB und ihrem Rolf Meyer selbst geführt hat, tritt er auf dem Papier nicht als Käufer in Erscheinung. Er gründet eine »GdbR Kurfürsteneck«, deren Hauptgesellschafter mit 97% die Firma »Arnaud de Vienne« mit Sitz in Hamburg ist.

Der nächste und der dritte Schritt sind lange vorbereitet: Schneider benutzt zwei seiner eigens gegründeten Tarnfirmen, um das »Kurfürsteneck« von der einen zur anderen zu verkaufen – so lange, bis er der Dresdner Bank Berlin vorgaukeln kann, das Objekt sei 370 Millionen Mark wert.

Zur Rechtfertigung seiner Aktion »Kurfürsteneck« benötigt Schneider ebenfalls sieben Seiten, und auch hier fällt ihm zu jeder Finte eine scheinbar logische Begründung ein: »Ich wählte die Treuhandfirma ›Arnaud de Vienne GmbH‹ aus Anonymitätsgründen. Es sollte nicht bekannt werden, daß die GbR wieder ein großes Objekt erworben hat.« Weiter räumt er ein, daß die Firma ›Arnaud de Vienne GmbH‹ ihm zu 97 % und seiner Frau Claudia zu 3 % gehört.

Was er nicht erwähnt, ist die Tatsache, daß die in Hamburg ansässige Firma Arnaud de Vienne Société Immobilière mbH erst 1992 gegründet wurde. Im Handelsregister ist die Firma unter der Registernummer HRB 51 545 am 20. 11. 1992 mit einem Stammkapital von 30 Millionen Mark eingetragen worden. Als Geschäftsführer wird Rechtsanwalt Jens-Peter Meckel genannt, mit Wohnsitz in Hamburg. Gesellschafter ist ein »Arnaud de Vienne« aus Paris – tatsächlich ein Strohmann, der für Schneider zeichnet, und eine Haus- und Wohnungsbau GmbH in Hamburg, die von Helgard Meckel vertreten wird, der Ehefrau des Anwalts Jens Peter Meckel.

Die renommierte Auskunftei »Schimmelpfeng« sieht sich noch im August 1993 außerstande, eine Bonitätsbeurteilung der Firma »Arnaud de Vienne« abzugeben, weil »aufgrund der kurzen Geschäftstätigkeit die wirtschaftlichen und finanziellen Verhältnisse nicht beurteilt werden können«.

Drei Monate später ist die Firma »Arnaud de Vienne« in der Lage, das »Kurfürsteneck« in Berlin für 131 Millionen Mark zu erwerben, weil in Wahrheit Jürgen Schneider höchstpersönlich hinter der zunächst bescheidenen Neugründung steckt und sie mit dem nötigen Kapital versieht – das er sich, selbstredend, bei einer Bank geliehen hat. Schneider nennt derartige Vorgänge gern »Zwischenfinanzierung«. Im Fall des Hauses »Kurfürsteneck« hatte die M. M. Warburg Bank in Hamburg die Ehre. Sie borgte Schneider für fünf Monate 60

Millionen Mark, die in Berlin investiert wurden. Der Bank in Hamburg erzählte Schneider konsequent, daß er für die Firma »Arnaud de Vienne« (AdV) um die Millionen ersuche, eine Gesellschaft, an der auch er und seine Frau Claudia »in ganz kleinem Stil« beteiligt seien. Ganz gern hätte er von den Hamburgern die kompletten 130 Millionen ausgeliehen, doch die Privatbank zeigte sich knauserig. Also nahm Schneider, was er kriegen konnte, stockte auf und kaufte als »GdbR Kurfürsteneck« das gleichnamige Haus.

Im November 1993 gehört ihm, nach außen hin getarnt, das angebliche »Kronjuwel« auf der Berliner Einkaufsmeile.

Und nun setzt Jürgen Schneider seine private »Geldmaschine« in Bewegung. Dabei geht er mit einer ungeheuren Chuzpe vor, denn er zockt genau die Bank ab, von der er zuvor die Immobilie mit Hilfe seiner Tarnfirma »Arnaud de Vienne« erworben hat.

Mit seiner zweiten Tarnfirma – »Laetsch Properties« mit Sitz in Wiesbaden – kauft er nun von Tarnfirma Nr. 1 zum Preis von 370 Millionen Mark das Objekt »Kurfürsteneck«, das ihm tatsächlich aber schon gehört. Und mit einem geschickten Manöver sowie vorgespiegelten, fiktiven Mieteinnahmen gelingt es ihm, von der Dresdner Bank für diesen Deal 325 Millionen Mark Kredit zu bekommen. Nach Abzug des Kaufpreises von 130,1 Millionen – und weil die Dresdner Bank für Grundschulden sowie zur Sicherheit insgesamt 160 Millionen Mark vorläufig einbehält – hat Dr. Jürgen Schneider 34,9 Millionen Mark gutgemacht. Den Gebrauch von Tarnfirmen – so schreibt Schneider – könne man ihm nicht ernsthaft anlasten: »Es wird vorgeworfen, ich hätte verschwiegen, daß die Firmen ›Arnaud de Vienne GmbH‹ und ›Laetsch Properties‹ eigene Treuhandfirmen sind. Ich bin selbst nie danach gefragt worden. Es liegt in der Natur einer Treuhandfirma, daß diese Hintergründe nicht überall ausgeplaudert werden. Die Treuhandgesellschaft ist eine Angelegenheit des deutschen Rechts. Die Verschwiegenheit liegt in der Natur der Sache … Die Gründe hierzu liegen in dem von mir aufgezogenen, anonymen Verkaufssystem meiner Häuser.« Das alles, so Schneider, seien hervorragende und vor allem absolut legale Begründungen für Verkaufsverhandlungen mit Hilfe zweier Tarnfirmen.

Während der Staatsanwalt ihm an dieser Stelle kriminelle Machenschaften und Kreditbetrug vorwirft, geriert sich Jürgen Schneider zu seiner Rechtfertigung als ausgebuffter Immobilieninsider. Belehrend läßt er durchblicken, daß er das Geschäft nicht nur von der Oberfläche her kenne – so wie es sich in Zahlen, Daten, Fakten ausdrücken läßt –, sondern auch den harten Kampf hinter den Kulissen. Schließt man sich den »Kriegsberichten« an, die Jürgen Schneider als Kommentar zum »Kampf um das Kurfürsteneck« geschrieben hat, dann ist das Immobiliengeschäft in Wahrheit eine gefährliche Schlacht, in der die »tapferen Developer« gegen die »heimtückischen Störer« kämpfen.

Die nötige Grundausstattung für eine solche Schlacht ist – wie jede »ordentliche Kriegsausrüstung« – extrem teuer und liefert Schneider somit eine Begründung für die Explosion von 130 Millionen Kaufpreis auf schließlich 370 Millionen Mark. Schneider beschreibt diesen Kampf der Giganten ausführlich in seiner Verteidigungsschrift: »Nun traten am Markt trotz aller Vorsichtsmaßnahmen die gefürchteten Störer auf. Der Markt hatte von dem günstigen Deal in letzter Minute Wind bekommen. Die Störer mußten mit hohen Versprechungen hingehalten werden. Der günstige Kaufpreis drohte durch Überbietungen verlorenzugehen. Die Kosten der Störer wurden daher mit DM 160 Mio. reichlich in der Kalkulation (worst case) veranschlagt. Das war eine Vorsichtsmaßnahme.« Doch das Imperium konnte die gefürchteten Störer zurückschlagen. In seinem »Frontbericht« gestattet Schneider, ganz Feldherr einer Immobilienschlacht, auch Einblick in überlegte Einzelheiten seiner Verteidigungsstrategie: »Die Störer wurden später abgewehrt, indem ich mich aus Objekten, die wieder die Störer interessierten, heraushielt. Man hielt so gleichzeitig den Grundstückspreis unten ... 160 Millionen Mark, welche einen Teil der stillen Entwicklungsreserven aufgezehrt hätten, wurden somit *verdient*.«

Schneider verschweigt, wie es ihm gelungen ist, im Rahmen dieser geheimen »Kriegsstrategie« bei seinen Verhandlungen sowohl als Repräsentant der Firma »Arnaud de Vienne« als auch der »Laetsch Properties« und schließlich seiner eigenen Firma aufzutreten, ohne daß dies jemandem aufgefallen ist.

Vielleicht ist ihm dies durch den gezielten Einsatz der ihm ständig zur Verfügung stehenden Requisiten gelungen? Vielleicht hat er morgens mit und abends ohne Toupet verhandelt?

Nähere Angaben hierzu lassen sich in den Akten des Staatsanwalts nicht finden, jedoch ist bekannt, daß Dr. Jürgen Schneider mindestens über sechzehn verschiedene Toupets verfügte.

Zur Rechtfertigung seines »Störberichtes« – das kündigt Schneider in der Stellungnahme »Kurfürsteneck« drohend an, werde er zum gegebenen Zeitpunkt auch Namen nennen. Falls man ihm seine Darstellung im Prozeß nicht glaubt, will er seine Berliner Feinde gnadenlos an Terminator Dieter Haike ausliefern: »Die Nennung der Störer bleibt vorbehalten.«

Im Haftbefehl wird zum Objekt »Kurfürsteneck« neben dem vermuteten Kreditbetrug mit Hilfe der Tarnfirmen »Arnaud de Vienne« und »Laetsch Properties« noch ein zweiter Vorwurf erhoben. Schneider, so vermerkt Staatsanwalt Haike, habe falsche Angaben über die Höhe der erzielten Mieteinnahmen des Gebäudes gemacht.

So hatte er in der Finanzierungsanfrage angegeben, daß die Mieteinnahmen des »Kurfürstenecks« vor dem Umbau 8,5 Millionen Mark betragen hätten.

Schneider räumt ein, daß er in der Anfrage tatsächlich Mieteinnahmen in so exorbitanter Höhe vermerkt hat. Und er gibt sogar zu, daß in Wahrheit sehr viel weniger Geld eingenommen wurde: »Tatsächlich wurden damals nur DM 2,0 Mio. erzielt.« Doch ganz Spekulant, findet er auch für diesen Widerspruch eine Lösung: »Die DM 8,5 Mio. waren ein theoretischer Wert, da das Haus nach dem Programm der Finanzierungsanfrage ja für DM 49 Mio. Baukosten total verändert werden sollte.« Außerdem, so gibt er zu bedenken, wäre es ihm auch gelungen, ohne jeden Umbau 8,5 Mio. aus dem »Kurfürsteneck« herauszuholen: »Hierzu hätte das Haus entmietet und neu vermietet werden müssen. Aufgrund der Spitzenlage und des Zustands des Hauses sowie der damaligen hohen Marktmieten wäre dies leicht möglich gewesen.«

Dreist wirft Schneider auch im Fall des »Kurfürstenecks« vor allem der kreditgebenden Bank völliges Versagen vor. Ein kleiner Besuch auf dem »Kurfürstendamm«, so Bauherr Schneider zynisch und mit Verweis auf andere Betrügereien, hätte vielleicht manches geändert: »Ein Gebäude ist nichts Imaginäres wie Spekulationspapiere (wie in den Fällen von Nick Leeson oder der Metallgesellschaft). Ein Gebäude ist auch kein Aktengeheimnis. Ein Gebäude ist für jedermann begehbar. Für jeden Interessierten liegt die Baugenehmigung mit allen Plänen und Flächenberechnungen bei der Behörde als öffentliche Urkunde zusätzlich aus. Es war für die Bank also leicht, meine Vorstellungen von 8,5 Millionen Jahresmiete vor der Genehmigung des Finanzierungsantrages nachzuprüfen, wenn die Zahl für sie von wesentlicher Bedeutung war. Dann war die Prüfung allerdings auch die Pflicht der Bank. Ich habe«, schreibt Schneider, um sich damit selbst zum wiederholten Male zu zitieren, »einen Anspruch auf die rechtzeitige und richtige Prüfung dieser Zahlen.« Und um dem »Kurfürsteneck« tatsächlich die Krone aufzusetzen, beendet Schneider seine Ausführungen in diesem Schadensfall mit der Bemerkung: »Alle haben an meiner Idee letztendlich kräftig verdient. Der Konkursverwalter hat 60 Millionen und die Dresdner Bank hat für wenig Geld ein Spitzenobjekt erhalten.«

In seiner Verteidigungsschrift wundert sich Jürgen Schneider im nachhinein ganz ungeniert, daß niemand seine Strategie durchschaut habe. Und er macht tatsächlich einen Mann ausfindig, der ihm eigentlich hätte auf die Schliche kommen können: es ist Dr. Hans Günter Adenauer, Vorstandsmitglied der Dresdner Bank, die Schneider für das »Kurfürsteneck« im November 1993 den Millionenkredit gegeben hat. Ganz typisch für Jürgen Schneider ist nun, daß er in seinem Rechtfertigungstext versucht, den Banker als »Alleinschuldigen« aufzubauen. Schneider behauptet: »Unter genauer Betrachtung könnte sich allenfalls Herr Dr. Adenauer strafbar gemacht haben, da er in seiner hochgestellten Funktion auf zwei Seiten der Geschäftsabläufe sein Amt mißbraucht oder sein Wissen unterschlagen haben könnte.«

Dr. Hans Günter Adenauer ist nämlich nicht nur Banker, sondern er sitzt auch im Aufsichtsrat der Brau und Brunnen AG.

Das Haus »Kurfürsteneck« befand sich seinerzeit ja zu 95 Prozent im Besitz des Getränkekonzerns und wurde von einer Immobiliengesellschaft verwaltet, an der die BuB beteiligt ist. Als Rolf Meyer sein »Bombengeschäft« mit Dr. Schneider machte, kam er an Dr. Adenauer nicht vorbei: Weil die BuB-Immobiliengesellschaft der Brau und Brunnen AG selbst nur zu 40 Prozent, zu je 30 Prozent aber der Dresdner Bank und der Bayrischen Hypotheken- und Wechselbank gehört, mußte sich Meyer den Verkauf des Hauses von dieser Bank genehmigen lassen: Am 29. Juni 1993 segnete der Aufsichtsrat der BuB den Verkauf des »Kurfürstenecks« ab. Ausdrücklich stimmte auch Dr. Hans Günter Adenauer zu, im Hauptberuf Vorstandsmitglied der Dresdner Bank Frankfurt. Genau daraus will Schneider dem Banker nun einen Strick drehen, obwohl er selbst bei den Kaufverhandlungen unter falscher Flagge gesegelt ist.

In der Untersuchungshaft wiederholt Schneider seine schon schriftlich erhobenen Anschuldigungen gegen Dr. Adenauer, der in seiner »Doppelfunktion« als Aufsichtsratsmitglied der Brau und Brunnen AG und Vorstandsmitglied der Dresdner Bank miterleben durfte, wie der Kaufpreis des »Kurfürstenecks« innerhalb von fünf Monaten von 130 Millionen auf 370 Millionen anschwoll – eine Wertsteigerung, die einem Banker eigentlich zu denken geben müßte.

Daß die Dresdner Bank auf seinen Trick mit den Treuhandfirmen »Arnaud de Vienne« und »Laetsch Properties« hereingefallen ist, hält Dr. Jürgen Schneider jetzt auf einmal für ausgeschlossen. Mitgespielt hätten sie, läßt er die Ermittler bei seiner Vernehmung in der U-Haft wissen. Wenn die Dresdner Bank heute behaupte, sie habe nicht gewußt, das seine Tarnfirmen reine Schneiderkinder waren, »dann lügen sie«.

Doch Staatsanwalt Haike beißt nicht so recht an. Schließlich sind den Ermittlern Tagebuch-Notizen in die Hände gefallen, in denen Schneider im August 1993 die große »Offensive« ankündigt: »Jetzt gilt es! Nochmals alle Tricks!«

Obwohl der Dresdner Bank, Niederlassung Berlin, ein Schaden von 34,9 Millionen Mark entstanden ist, hat sie keine Anzeige gegen Schneider erstattet.

Die Strohmänner

Als es langsam richtig eng wurde, schon Ende 1992, verfiel Dr. Jürgen Schneider auf die ertragreiche Idee, seine Schattenfirmen zur Ausweitung der Kreditlinie zu nutzen. Einige waren bereits gegründet, bei anderen wurden die Formalitäten zügig abgewickelt, denn es galt, mit Hilfe dieser »Treuhandgesellschaften« die benötigten »Frostmittel« einzuholen. Stets brauchte Schneider Strohmänner, die mit ihrem Namen für seine Neugründungen eintraten.

In einem Fall hat der Zufall ganz verrückt gespielt. Der Mantel von Schneiders Schattenfirma »Quicktulane« – gehalten von Strohmann Dr. Mehdi Djawadi mit Unterstützung von Schneiders späterem Fluchthelfer Mostafa El Kastaui – stammt aus einer angesehenen Frankfurter Anwaltskanzlei, und zwar genau der Kanzlei, die im Namen der Deutschen Bank im April 1994 die einzige Strafanzeige gegen den abwesenden Bauherrn stellt. Die Firma, die später zu Schneiders Trickgesellschaft »Quicktulane« wurde, trug den Namen »Klüberstraße 16 erste Vermögensverwaltung GmbH« und hatte ihren Sitz in Frankfurt. Sie wurde am 3. Juni 1992 mit einem Stammkapital von 50 000 Mark gegründet, als sogenannte »Schubladen-GmbH«.

Knapp ein Jahr später, am 19. Mai 1993, meldet Professor Dr. Mehdi Djawadi beim Amtsgericht in Frankfurt am Main, Handelsregister B, folgende Satzungsänderung zur Eintragung an: »Die Firma der Gesellschaft ist geändert in »Quicktulane Grundstücksverwaltung GmbH«. Der Gegenstand des Unternehmens ist geändert in: »Erwerb, Entwicklung, Vermietung und Verwaltung eigenen Grundbesitzes«.

Djawadi teilte dem Amtsgericht mit, daß nunmehr er zum Geschäftsführer bestellt wurde.

Am Vormittag des gleichen Tages hatte Djawadi in der Kanzlei Dr. Stöckle, die viele Notariatsgeschäfte für Dr. Jürgen Schneider abwickelte, von einem bevollmächtigten Bürovorsteher der Anwaltskanzlei den Firmenmantel »Klüberstraße 16 erste Vermögensverwaltung« für 55 000 Mark zuzüglich etwa seit Gründung auf das Stammkapital erzielter Zinsen gekauft. Die »Schubladen-GmbH« macht an diesem Tag, ohne es zu wissen, ein Geschäft mit Jürgen Schneider – dem Mann, den die Kanzlei, die die GmbH gegründet hatte, knapp ein Jahr später wegen Betrugs im Auftrag der Deutschen Bank anzeigen wird.

Vor Notar Stöckle gibt Professor Mehdi Djwadi an, daß er ein »State Link Institute Inc. Three Christina Centre, 201 N. Walnut Street, Wilmington, News Castle, Delawar 19 801 USA« vertrete. Die nötigen Urkunden hat er mitgebracht – und Geld. Das Stammkapital der frischen »Quicktulane« wird von fünfzigtausend Mark um 49 950 000,00 Mark auf 50 Millionen erhöht. Djwadi unterschreibt die Urkunde in deutscher und persischer Schrift. Er selbst läßt seinen Anteil mit 5 Millionen eintragen, 45 Millionen – so sagt er – bringt das »State Link Institute« aus Delaware ein. Hinter diesem »Institut« steckt kein anderer als Mostafa El Kastaui. Er verbirgt sich bei der Gründung der Gesellschaft am 22. Juni 1992 hinter einer gewissen Vanessa Foster, die ihn und seine Frau Myrta am 24. Juli 1994 dann vor dem Notar Mark Moroney zu uneingeschränkt Bevollmächtigten – auch über das Vermögen der »State Link« bestellt. Merkwürdigerweise findet diese notarielle Beurkundung in Douglas, Isle of Man, statt.

Aus der harmonischen Kombination von Geld und diversen Firmenmänteln wird dann die »Quicktulane« – frei übersetzt etwa mit »Nichts wie weg!« Das Stammkapital kommt in Wirklichkeit aus Königstein – überwiesen via Dresdner Bank von Dr. Jürgen Schneider an Mehdi Djawadi (5 Millionen) und an die State Link des Mostafa El Kastaui (45 Millionen). Kurz nach Gründung der »Quicktulane« jongliert Schneider mit dem Stammkapital: Bis auf einen kleinen Rest läßt er alles an seine Firma »CIP Center Immobilien« überweisen.

Djawadi kassierte beachtlich für seinen Job als Strohmann.

30 000 Mark monatlich zahlte ihm Jürgen Schneider als Gehalt, und Geschäftsführer Djawadi durfte in die Nähe seiner Firma – und seines Chefs – umziehen. In Bingen am Rhein bewohnte Djwadi zusammen mit Frau Ilse und den Kindern eine riesige Villa mit Garten und Pool, fuhr Mercedes und kassierte auch nebenbei ganz ordentlich für Rat und Tat.

Djawadi hat bekanntlich als einziger für sein enges Verhältnis zu Dr. Jürgen Schneider richtig büßen müssen – er wurde verhaftet. Was er davon hält, daß es bislang – vom Ehepaar Schneider abgesehen – nur ihn getroffen hat, kann man ihn nicht fragen. Djawadi hat sich an den Namen seiner Treuhandfirma gehalten und ist nach der Entlassung aus der Untersuchungshaft »nichts wie weg«.

Die »Quicktulane« – ein Schattenkind, mit dem Schneider offenbar mehr vorhatte, als er noch geschafft hat, ereilt ein merkwürdiges Schicksal. Kurz vor Schneiders Verschwinden, am 2. März 1994, läßt sich Mehdi Djawadi als Geschäftsführer abberufen. Zum alleinigen Geschäftsführer läßt sich der Mann bestellen, der wenige Wochen später als neuer Generalbevollmächtigter der GdbR Schneider Schlagzeilen machen sollte: Rechtsanwalt Horst Schneider aus Mainz. Über die Gründe dieses Wechsels in der Geschäftsführung schweigt sich Horst Schneider – ganz diskreter Anwalt – bis heute aus. Auch diesmal wird der Vorgang in der Kanzlei des Notars Karl Stöckle beurkundet. Wenige Wochen später – auch Jürgen Schneider ist inzwischen »nichts wie weg« – ist das wieder vorbei, und ein Notar in Simmern hat die Ehre: Vor Götz Kraus erscheinen Mehdi Djawadi und ein Mitarbeiter des Konkursverwalters Dr. Gerhard Walter. Djawadi, immer noch Gesellschafter der »Quicktulane«, war zu einer »Gesellschafterversammlung« zusammengetreten und hatte Rechtsanwalt Horst Schneider als Geschäftsführer wieder abberufen. Zum neuen, einzigen Geschäftsführer der »Quicktulane« wird nunmehr der Mitarbeiter des Konkursverwalters, Arno Wifling, berufen. Das Kapital der »Quicktulane« ist allerdings durch die Aktivitäten des Dr. Jürgen Schneider auf kümmerliche Tausender geschwunden – die Millionen sind weg. Aber so einen Firmenmantel, meint der Konkursverwalter, kann man immer gebrauchen.

Wie nützlich Schattenfirmen sind – wenn die richtigen Strohleute mitmachen – zeigt vor allem das Beispiel der »französischen Gesellschaft«.

Im Oktober 1992 wurde die »Arnaud de Vienne Société Immobilière mbH« gegründet, jene erfolgreiche Tochter, die Schneider beim »Kurfüsteneck« Millionen sicherte.

Diesen »Arnaud de Vienne« gibt es tatsächlich. Der Mann ist sogar von Adel, sein vollständiger Name lautet »Arnaud Guy Comte de Vienne«, und er soll von Geheimnisgraf Lambsdorff für Schneider angeworben worden sein. Angeblich hat Lambsdorff seinem französischen Partner zunächst erzählt, es ginge um die Gründung einer »deutsch-französischen« Gesellschaft. Ob Monsieur de Vienne ihm diese Jumelage-Geschichte abgenommen hat, darf bezweifelt werden, denn Kultur ist nicht eigentlich Sache des Parisers. Arnaud de Vienne kommt aus dem Bankgeschäft, arbeitete für Investmentfirmen und war durchaus mehr an schönen Scheinen als an ebensolchen Künsten interessiert. Auf dieser Grundlage kam man schließlich zusammen. Mit im Boot: der Hamburger Rechtsanwalt Jens Peter Meckel, ein ehemaliger Kollege von Schneiders Bruder Joachim. Er hatte seine Kanzlei in Hamburg, bevor Bruder Jürgen ihn nach Königstein in die »Villa Andreae« holte. Joachim Schneider kannte Meckel gut aus hanseatischen Tagen und hatte ihm beim Abschied seinen Mandantenstamm vermacht.

Auf Anweisung von Dr. Jürgen Schneider wurde am 21. Oktober 1992 die Société gegründet. Geschäftsführer wurde Jens Peter Meckel, der in die neue Firma auch gleich noch eine GmbH einbrachte, die durch seine Frau vertreten war: die kleine Haus- und Wohnungsbau Hamburg, viel geringer, als ihr Name ahnen läßt, war vor vielen Jahren von Rechtsanwalt Meckel »mal so« als Firmenmantel für alle Fälle gekauft worden. Das Stammkapital für die »Arnaud de Vienne« in Höhe von 30 Millionen Mark zahlte Schneider – und alles weitere bestimmte er dann auch. So sorgte er dafür, daß durch komplizierte Überweisungsvorgänge nicht nachvollzogen werden konnte, wer die GmbH-Anteile bezahlt hatte. Das gelang Schneider mit Hilfe seiner holländischen Tarnfirmen – und unter Einsatz des schönen Firmenmantels, den ihm Jens Peter Meckel mit seiner »Haus- und Wohnungsbau GmbH« zur Verfügung stellte. Auf das Konto dieser Hamburger Firma zahlte Schneider – mit Umweg über Holland – die nötigen Einlagen. Gut getarnt, um zu täuschen und zu tricksen, entstand so mit der »Arnaud de Vienne« eine Firma, deren Heimathafen Königstein allen verborgen blieb. Angeblich – so behauptet der Hamburger Rechtsanwalt Jens Peter Meckel in seiner Vernehmung – hat er nicht gewußt, wozu diese Manöver nötig waren. Auch Arnaud de Vienne zuckt die Schultern und streitet jede Beteiligung an Schneiders Betrügereien ab.

Als die Gerüchteküche im Herbst 1994 Dr. Jürgen Schneider im Iran vermutete – und auch wir an eine Verbindung ins Reich der Mullahs glaubten –, recherchierten wir seinerzeit bei Schneiders Elektrofirma Mödigern im schwäbischen Göppingen. Der damals auskunftsfreudige Angestellte wurde von Geschäftsführer Rainer E. Steffens energisch gebremst. Was wir zu diesem Zeitpunkt nicht wußten: Rainer Steffens war nicht nur Chef der Elektrofirma, sondern auch Geschäftsführer der Schneiderfirma »Laetsch Properties« in Wiesbaden, jener Gesellschaft, die der kaufwütige Königsteiner in seinem Berliner Roulett rund ums »Kurfürsteneck« so erfolgreich einsetzte. Als wir in Sachen »Mödinger« im Herbst 1994 bei Rainer E. Steffens anriefen, legte er, nach ein paar Verbalinjurien, mit der Bemerkung auf, daß er mit der ganzen »Schneider-Geschichte« eigentlich gar nichts zu tun habe. Tarnen, täuschen, tricksen – auch die Strohmänner waren geübt.

Tatsächlich haben sich Dr. Jürgen Schneider und Rainer E. Steffens schon Anfang der achtziger Jahre kennengelernt. Steffens seinerseits war befreundet mit Gregory Laetsch, einem amerikanischen Geschäftsmann, den er bei seinem Aufenthalt in den Staaten kennengelernt hatte. Die Freundschaft geriet ein wenig in Vergesssenheit, denn Steffens hatte, zurück in der Heimat, alle Hände voll zu tun für den ausgabefreudigen Herrn in Königstein. Er engagierte sich beim Verkauf des Frankfurter »Fürstenhofs«, kümmerte sich um den Erwerb des Wiesbadener Hotels »Rose« und streckte, auf Anweisung aus der »Villa Andreae«, hier und da anonym seine Fühler aus, was denn die Schneider-Objekte auf dem Markt wirklich wert seien. Und als der Immobilienkönig so hart an die Kante gefahren war, daß er plötzlich tatsächlich ans Verkaufen denken mußte, erinnerte sich Rainer E. Steffens an den alten Freund in den Staaten und die Möglichkeit, aus einer solch weiten Verbindung kurzfristig Kapital zu schlagen. Die Idee – so berichtete er den Ermittlern später – kam ihm bei einem Gespräch mit Jürgen Schneider in der »Villa Andreae«. Gemeinsam habe man den Gedanken »ventiliert«, eine Art »internationale Verkaufsgesellschaft« für Schneider-Objekte zu gründen, die – gut getarnt – das eine oder andere Gebäude zu Geld machen könne, und zwar so anonym, daß der »Herr der Häuser« seinen guten Ruf als »Bewahrer und Sanierer« nicht aufs Spiel setzen müßte.

Der richtige Mann, der seinen Namen für eine solche Gesellschaft sicher gern leihen würde und auch über entsprechende internationale Kontakte verfügte, falls tatsächlich einiges »verdealt« werden sollte, das war Gregory Laetsch. Anfang Juni 1993 buchte der Amerikaner einen Flug nach Frankfurt, und am 14. Juni gründeten die beiden alten Freunde Steffens und Laetsch die »Laetsch Properties« mit Sitz in Wiesbaden, abgesegnet und ausgestattet mit einem Stammkapital von 40 Millionen Mark aus Königstein. Die beiden Herren wurden gut versorgt: Gregory Laetsch bekam einen Provisionsvertrag, Rainer E. Steffens wurde zum Geschäftsführer ernannt. Für den Amerikaner war der Provisionsvertrag eine feine Sache: er sollte ein halbes Prozent aus allen Finanzierungen behalten dürfen, die über das Konto der »Properties« abgewickelt wurden. Da Schneider schon wenig später seinen Einkauf in Berlin mit Hilfe der neuen Gesellschaft abwickelte, flossen Laetsch wohl auch Einnahmen aus dem Verschiebespiel um das »Kurfürsteneck« zu. Auch für weitere Geldgeschäfte hat Dr. Jürgen Schneider seine Strohmänner ins Feuer geschickt.

Noch sind nicht alle Vorgänge ausermittelt, denn Schneider hat es verstanden, die Aktivitäten seiner gut getarnten Firmenverbindungen durch trickreiche Buchungsvorgänge so zu verschleiern, daß die Ermittler vor einer wahren Sisyphusarbeit stehen, wenn sie alles entflechten wollen. Selbst Konkursverwalter Dr. Gerhard Walter, geübt im Auseinanderdröseln künstlich komplizierter Konstruktionen, räumt ein: »Da haben wir zunächst überhaupt nicht durchgeblickt. Der Schneider hatte Firmen in der ganzen Welt – auf den niederländischen Antillen, in Monaco, in den Niederlanden und in Südafrika. Und er hat sein Geld nach allen Regeln der Kunst hin- und hergeschoben, hat mal der einen Firma, dann der anderen ein Darlehen gegeben, dann das Geld wieder abgezogen, wenn es woanders gebraucht wurde.« So wurde beispielsweise das Eigenkapital der Firma »Arnaud de Vienne« schon nach kurzer Zeit auf das Konto einer anderen Schneiderfirma überwiesen. Auch mit den Einlagen der »Laetsch Properties« spielte Schneider ein Wechselspiel. Und als Schneider seine »Frostgelder« auf die heiße Reise nach Genf schickte, war die »Arnaud de Vienne« wiederum an der Reihe: Über ihr Konto flossen die Millionen zunächst nach London, um schließlich in der großen Fluchtkasse bei der Union Bancaire Privée in Genf zu landen.

Es fällt den Ermittlern offenbar schwer, Schneiders Strohmännern nachzuweisen, daß sie von seinen trickreichen Aktionen gewußt haben. Rainer E. Steffens behauptet in seiner Vernehmung, er habe stets nur getan, wie ihm geheißen, ohne genau zu wissen, warum. Arnaud de Vienne und Meckel zucken nach wie vor die Schultern, Djawadi ist weg, und Mostafa El Kastaui lächelt und schweigt. Soviel Ahnungslosigkeit ist kaum glaubhaft. Allerdings – dies hat sich bisher auch im Fall der Banken gezeigt: Dummheit allein ist nicht strafbar.

Die »Mädler-Passage«

Die »Mädler-Passage« gehört seit fast hundert Jahren zu den Wahrzeichen der Stadt Leipzig. Dr. Jürgen Schneider hat sie in den Jahren 1992/1993 umfassend, mit sehr viel Stilgefühl, aber auch mit hohem Aufwand vorbildlich renovieren lassen und zu einem eleganten Zentrum der Messestadt gemacht.

In seiner Edition »Villa Andreae 1990« beschreibt Dr. Jürgen Schneider die »Mädler-Passage« fast schwärmerisch: »Eine einzigartige Verbindung von Geschichte und Gegenwart macht das Geschäftshaus zum Anziehungspunkt im Zentrum Leipzigs.«

Dieses Zentrum hat auch eine magische Anziehungskraft auf die Ermittler ausgeübt. Der »Mädler-Passage« ist nämlich eine beachtliche Strecke im Haftbefehl vom 26. Mai 1995 gewidmet: »Gegen Ende des Jahres 1991 plante der Beschuldigte, das Grundstück Mädlerpassage in Leipzig zu erwerben. Dieser Erwerb sollte durch den Ankauf von Geschäftsanteilen der Grundstückseigentümerin, der Firma Mädlerpassage Leipzig Grundstückskommanditgesellschaft, erfolgen.

Wegen der Finanzierung des Ankaufs der Anteile wandte sich der Beschuldigte an die BaubodenBank in Frankfurt am Main. Nach längeren Verhandlungen räumte diese am 13. Januar 1992 dem Beschuldigten einen zunächst bis zum 30. November 1992 befristeten und dann bis zum 8. April 1994 verlängerten Kredit über 48 000 000,00 Deutsche Mark ein. Dieses wurde am 7. und 14. August 1992 in zwei Teilbeträgen von 16 000 000,00 und 32 000 000,00 Deutsche Mark ausgezahlt.« Im Haftbefehl heißt es weiter: »Weil die BaubodenBank eine weitere Bank an der Kreditvergabe beteiligen wollte und eine

Absicherung des Kredits über die Abtretung von Gesellschaftsanteilen der Firma Mädlerpassage Leipzig Grundstückskommanditgesellschaft den beteiligten Banken nicht ausreichend erschien, wurden folgende Vereinbarungen mit den Beschuldigten getroffen:

– Die Berliner Handels- und Frankfurter Bank Kommanditgesellschaft auf Aktien (BHF-Bank) beteiligt sich mit 24 000 000,00 Deutsche Mark an dem Kredit.

– Der Kredit wird teilweise durch die Verpfändung von 16 000 000,00 Deutsche Mark des Beschuldigten abgesichert.

– Der verbleibende Kreditbetrag in Höhe von 32 000 000,00 Deutsche Mark wird durch eine Grundschuld auf das im Eigentum des Beschuldigten stehende Grundstück Rahmhofstraße 2–4 (Haus an der Börse) in Frankfurt am Main abgesichert. Hintergrund dieses letzten Teils der Vereinbarung war, daß der Beschuldigte im Rahmen anderer Finanzierungsanfragen vom 25. Oktober 1990 und vom 5. August 1991 gegenüber der BHF-Bank umfangreiche Angaben zu dem Grundstück Haus an der Börse gemacht hatte. Insoweit hatte der Beschuldigte angegeben, daß das Haus an der Börse eine vermietbare Fläche von 12 538 Quadratmetern besitze.« Der Staatsanwalt vermerkt nun dazu im Haftbefehl die Ergebnisse der Nutzflächenermittlung: »Tatsächlich aber besaß das Haus an der Börse, wie der Beschuldigte wußte, nur eine vermietbare Fläche von maximal 8664 Quadratmetern. In Anbetracht der tatsächlich um rund ein Drittel geringeren Nutzflächen des Grundstücks Haus an der Börse und einer bereits darauf voreingetragenen Grundschuld in Höhe von 158 000 000,00 Deutsche Mark war die weitere Grundschuld über 32 000 000,00 Deutsche Mark von Anfang an nicht werthaltig und damit der Rückzahlungsanspruch der BaubodenBank und der BHF-Bank gefährdet. Nach Fälligkeit des Kredits am 8. April 1994 erfolgte keine Rückzahlung, so daß nach Verwertung des als Sicherheit zur Verfügung gestellten Festgeldes in Höhe von 16 000 000,00 Deutsche Mark bis heute der Restkreditbetrag von 32 000 000,00 Mark bei den beiden Banken offensteht.« Staatsanwalt Haike klassifiziert das Vorgehen des Dr. Jürgen Schneider beim Erwerb der »Mädler-Passage« als »Betrug in einem besonders schweren Fall«.

Der Nettogrundrißflächenberechnungstrick

»Die Banken wollten an mein bekannt hohes Festgeld von über 600 Mio. gerne heran.«

(Jürgen Schneider zu seinen Kaufverhandlungen bei der »Mädler-Passage«)

Wieder einmal ist ein Banker abgeblich schuld an der Misere, die Jürgen Schneider in Leipzig betroffen hat. Nach Dr. Adenauer von der Dresdner Bank, der in Berlin beim »Kurfürsteneck« alles verdarb, heißt der »schuldige Banker« im Fall der Leipziger »Mädler-Passage« zufällig Helmut Schmitt – ein Name, der ebenfalls an einen ehemaligen Bundeskanzler erinnert. Der Mann gehört zur Frankfurter BaubodenBank.

Die BaubodenBank treibt mit der Berliner Handels- und Frankfurter Bank Kommanditgesellschaft auf Aktien (BHF-Bank) hinter dem Rücken des Investors ein böses Spiel. So schildert es Schneider in seiner Verteidigungsschrift. Diesmal investiert er zehn Seiten in seine Rechtfertigung. Helmut Schmitt von der Baubodenbank – so beurteilt es Schneider – ist einerseits wild entschlossen, das Geschäft in Sachen »Mädler-Passage« mit ihm zu machen. Doch das Risiko für den 48-Millionen-Kredit will er nicht allein tragen.

Helmut Schmitt holt deshalb die BHF-Bank als Partner mit ins Boot, denn – so schreibt Schneider: »Diese Bank zeigte ebenfalls starkes Interesse an dieser sehr imageträchtigen historischen Einkaufspassage im Zentrum Leipzigs. Die BHF-Bank finanzierte das damals im Bau befindliche ›Haus an der Börse‹ mit der Schiller-Passage in Frankfurt.«

Für Jürgen Schneider, der stets eine ausgefeilte »Worst-case«-Planung betrieben hat, tritt nun der »schlimmste Fall« angeblich ein. Sein Bericht erinnert an die Beschreibung einer Vergewaltigung. Die Banker dringen in sein Imperium ein. Sie zwingen ihn, die Sicherheiten für den Kredit zu splitten. Szeneninsider nennen diese Praktik »Syndizierung«. Jürgen Schneider war es immer schon zuwider, »mehrere Objekte miteinander zu verkoppeln«. Geradezu angewidert kommentiert er diese Gewaltanwendung der Banker mit dem Satz: »Es gibt in meinem Imperium nicht einen einzigen solchen Fall.« Doch unter dem Druck von Helmut Schmitt und der BHF-Bank, so bekennt er resignierend, gibt er sich der Syndizierung »nach Zögern« hin.

Jürgen Schneiders Geschäftsprinzip war es, immer nur – und dies betont er mehrfach in seiner Verteidigungsschrift – mit einer einzigen Bank jeweils objektbezogen Kreditverträge abzuschließen. Eine Begründung hierfür gibt er nicht, doch es ist zu vermuten, daß er die geballte Macht mehrerer Banken, ihren Informationsaustausch untereinander und das Know-how allzu vieler Experten fürchten mußte.

Und tatsächlich, bei der ersten »Vermischung« geht es schief. Jürgen Schneider ist der Ansicht: »Die Wahrheit kann nur sein, daß die Banken hinter meinem Rücken ein Spiel getrieben haben ... um an mein bekannt hohes Festgeld von 600 Millionen Mark zu kommen.« »Das böse Spiel der Konsortialpartner«, so lamentiert Schneider weiter, bestand darin, daß man ihm die Werthaltigkeit seines Objektes »Haus an der Börse« in Frankfurt nicht so recht abnahm. Das »Haus an der Börse« sollte als Sicherheit für den weiteren Kredit der »Mädler-Passage« eingesetzt werden. Eigentlich wollte er das auf keinen Fall und zierte sich, solange er nur konnte. Doch irgendwann mußte er nachgeben. In seiner Exkulpationsschrift entwickelt Schneider zusätzlich zum »bösen Spiel der Konsortialpartner« noch die Idee, daß die beiden Banken – jede für sich gierig auf sein Festgeld – sich gegenseitig betrogen hätten: »Die BHF-Bank hat bewußt die BaubodenBank mit falschen, nicht mehr gültigen, zu günstigen Unterlagen versorgt. Die BHF wollte ja unbedingt bei dem Imageprojekt ›Mädlerpassage‹ mitmachen. Sie schlich sich in die Partnerschaft mit der BaubodenBank und bot ihr eine Sicherheit an, die nach ihrer eigenen Ansicht gar keinen Wert mehr hatte. Heute schiebt man das mir in die Schuhe.«

Weil Staatsanwalt Haike in seinem Haftbefehl von »falschen Flächenangaben« beim »Haus an der Börse« ausgeht, findet Schneider auch dafür einen Schuldigen – die BHF-Bank: »Die BHF-Bank benutzt diese Behauptung, um sich gegenüber dem Konsortialpartner BaubodenBank aus der Verantwortung zu stehlen bzw. diese hereinzulegen. Es ist nun das Ziel der BHF, die BaubodenBank ganz aus dem wertvollen Objekt ›Haus an der Börse‹ herauszuhalten.

Wie wertvoll das Objekt tatsächlich war, sollten die Banker erfahren, als sie die Nettogrundrißflächenangaben des Jürgen Schneider – natürlich erst nach seinem Verschwinden, gründlich unter die Lupe nehmen. Dann nämlich stellen sie fest, daß es dem Investor, den sie so geschickt zur »Syndizierung« gezwungen hatten, doch gelungen ist, sie gründlich hereinzulegen. Sie akzeptierten nämlich zur Absicherung ihres »Mädler-Kredits« eine Grundschuld auf das »Haus an der Börse« in Frankfurt, deren Werthaltigkeit nicht gegeben war.

Tatsächlich, so stellt der Staatsanwalt später fest, verfügt das »Haus an der Börse« nicht etwa über 12 538 Quadratmeter Nettogrundrißfläche, sondern an dieser Summe fehlen 3874 Quadratmeter, das heißt, Schneider hatte tatsächlich nur 8664 Quadratmeter vermietbare Fläche erstellt.

Wenn Jürgen Schneider gar nicht weiterweiß, unterstellt er seinen Gegnern Unkenntnis und Inkompetenz. Als es um die Werthaltigkeit des Hauses an der Börse und vor allem um die Nettogrundrißfläche geht, behauptet er in seiner Verteidigungsschrift: »Der Staatsanwalt hat dieses komplexe System der Nettogrundrißflächen, Mietflächen und Nebenflächen mit allen Notwendigkeiten und Abhängigkeiten bis heute nicht aufgeklärt.« Die Komplexität bestehe darin, so versucht Schneider es dem Staatsanwalt in aller Ruhe zu erklären, daß die gesamte Haustechnik zunächst zwar ins »Haus an der Börse« eingebaut wurde, später aber, nach dem Erwerb eines Nebengebäudes, wieder ausgebaut werden sollte, was die Nettogrundrißflächen dann wieder entscheidend erhöht hätte.

Im Klartext heißt das: Heizung, Installation und EDV-Räume erst rein und dann wieder raus. Für die Wertberechnung aufgrund von Mieteinnahmen spielt es laut Schneider keine Rolle, wo sich die Heizung gerade befindet. Er erläutert: »Der Begriff vermietbare Fläche ist nicht exakt und leider dehnbar. Meine Häuser wurden alle multifunktional, d. h. mit variabel nach den Wünschen der Mieter zu gestaltenden Grundrissen konzipiert. Ohne dies dem Architekten zu sagen, hatte ich vor, die ganze Technik aus diesen Räumen wieder herauszunehmen und in die mir inzwischen gehörenden Nachbarhäuser wie geplant einzubauen. Mir gehörte Ende 1993 das gesamte Quartier an der Frankfurter Börse. Die Technik für das gesamte Quartier sollte nach meiner persönlichen Planung später einmal zentral in den im Bau befindlichen Nachbarhäusern im Quartier untergebracht werden.« Schneider resümiert: »Die Flächen wurden nur anders verwendet, und die Nettogrundrißflächen sind nur richtig zu bewerten. Wenn man das berücksichtigt, stimmt die Planung wieder.« Mit diesem großzügigen »Nettogrundrißflächenberechnungstrick« zockt Schneider von der BaubodenBank und der BHF-Bank einen Kreditbetrag von 32 Millionen ab, der bis heute offensteht. Beide Banken haben keine Anzeige gegen Schneider erstattet. Als Kronzeuge für die Richtigkeit seiner Flächenberechung beruft Jürgen Schneider sich auf einen bewährten Mitarbeiter, dessen Aussage später eine ganz besondere Bedeutung haben wird. Es ist der Techniker und persönliche Assistent des Investors, Karl-Heinrich Küpferle.

Die »Zeil-Galerie«

In der Berichterstattung über den Fall Schneider ist wohl kein Objekt so oft genannt worden wie die »Zeil-Galerie«. Jeder Journalist der Republik, der überhaupt einmal mit dem Fall Schneider befaßt war, hat damit gerungen, in der Beschreibung dieser Betrügerei Formulierungen zu finden, die noch keinem anderem eingefallen waren. Der ausgefallene Spaziergang der Banker zur Frankfurter Einkaufsmeile, der zur Aufklärung der tatsächlich vermietbaren Flächen entscheidend beigetragen hätte, wurde in jenen Apriltagen 1994 nach Schneiders Verschwinden zu einem so wichtigen Gang, daß er den nach Canossa kurzfristig in den Schatten stellte. Am Frankfurter Einkaufszentrum »Zeil-Galerie« läßt sich Schneiders Betrugssystem exemplarisch aufzeigen. Hier hat er nicht nur am frechsten gelogen, die Sachverhalte zu diesem Objekt sind auch am besten ermittelt, durch Akten und Zeugenaussagen belegt. Im Fall »Zeil-Galerie« – so hat Schneider in seiner Vernehmung zugegeben – wurden die Mieteinnahmen reichlich »geschönt«, um mehr und mehr Kredit von der Deutschen Bank abzukassieren.

Am 13. April 1994 erstattet die Deutsche Bank Strafanzeige gegen Dr. Jürgen Schneider, Königstein, Fasanenweg 5, obwohl sie genau weiß, daß er dort nicht mehr ist. Er hat es ihnen in seinem Abschiedsbrief vom 4. April 1994 selbst mitgeteilt. Aber es gibt ja Vorschriften für die Abfassung einer Strafanzeige, und an die hält sich die Deutsche Bank ganz genau. Für eine Vielzahl von Unregelmäßigkeiten wird beispielhaft die Finanzierung des Objektes »Zeil-Galerie« genannt, bei der die Centralbodenkredit AG an die Eheleute Schneider Kredite in Höhe von insgesamt 431 Millionen gezahlt hat. Die Kredite wurden als das Darlehen Nr. 2 556 340 bearbeitet. Auf fünf Seiten führt die Deutsche Bank für das Objekt »Les Facettes

Zeil-Galerie« folgende festgestellte Unregelmäßigkeiten aus: »Aus dem Kreditvertrag vom 14. 8. 1992 ergibt sich als ausdrückliche Grundlage für die weitere Darlehnsvalutierung die Angabe der Darlehnsnehmer, daß die ›für das Beleihungsobjekt abgeschlossenen Mietverträge‹ ein ›Gesamtmietaufkommen von 57,7 Mio. p.a. (Netto)‹ darstellen und der Bank die abgeschlossenen Mietverträge ›zur Einsicht‹ gewährt würden, da die Mietertragssituation für die finanzierende Bank die entscheidende Kreditgrundlage war.

Der Centralbodenkredit AG wurde von den Kreditnehmern im Juli 1992 ein sogenanntes »Schlußgutachten« von dem öffentlich bestellten Sachverständigen Dr. Werner W. Neumann über das Objekt Zeil 112–114 vom 14. 7. 1992 vorgelegt. Dieses Gutachten geht ebenfalls von einer Nettomiete per anno von DM 57,7 Mio. aus und bezieht sich dazu auf ein dem Gutachten als Anlage beigefügtes Schreiben der CIP Center AG (eine Gesellschaft, die der Dr. Schneider-Gruppe zugerechnet wird) vom 7. 7. 1992, in welchem die Jahresnettomiete von DM 57,7 Mio. und eine gesamtvermietbare Fläche von 20 513 qm näher aufgeschlüsselt sind. Dieses Schreiben der CIP Center AG weist als Unterzeichner Herrn Wieland, ein Mitglied des Vorstands dieser Gesellschaft, aus.«

Die Strafanzeige der Deutschen Bank erläutert, daß Sachbearbeiter der Centralbodenkredit AG die Mieterliste anhand von vorgelegten Mietverträgen ausführlich studiert hätten. »In den letzten Tagen hat sich herausgestellt, daß die Angaben über die Miethöhe und vermietbare Fläche der ›Zeil-Galerie‹ in keiner Weise den Realitäten entsprachen sowie daß die zur Einsicht vorgelegten Mietverträge offensichtlich manipuliert worden waren. Die CIP Center AG hat der Bank hierzu mit Telefax vom 10. 4. 1994 bestätigt, daß für die ›Zeil-Galerie‹ tatsächlich lediglich von einer vermietbaren Fläche von 9308 qm und einer Jahresmiete von ca. DM 8,5 Mio. (wovon entgegen der früheren Erklärung ca. DM 6 Mio. für nicht auf die Mieter abwälzbare Nebenkosten benötigt werden) auszugehen sei. Herr Wieland, Vorstand der CIP Center AG ... erklärt, daß die Unterschrift unter diesem Schreiben nicht von ihm stamme, sondern gefälscht sein müsse ... Wäre der tatsächliche Mietertrag bekannt gewesen, hätten beide Institute die Kredite nicht gewährt ... Die Kreditnehmer haben ihre Zahlungen eingestellt: der Aufenthaltsort von Herrn Dr. Schneider ist nicht bekannt. Die Kredite können aus den tatsächlichen Mieten bei weitem nicht bedient werden. Da der Wert des Objektes auf Grund der oben dargestellllten Mietsituation weit unter dem Gesamtbetrag der für dieses Objekt gewährten Kredite liegt, müssen beide Institute mit einem erheblichen Ausfall rechnen. Die Recherchen der letzten Tage haben daneben noch weitere erhebliche Hinweise auf mögliche Unregelmäßigkeiten und vermutlich falsche Angaben ergeben.« Diese Strafanzeige der Deutschen Bank und die daraufhin einsetzenden Ermittlungen des Bundeskriminalamtes führen schon zwölf Tage später zum ersten »kleinen« Haftbefehl. Im endgültigen Haftbefehl, der mehr als ein Jahr später ergeht, hat Staatsanwalt Dieter Haike die Vorwürfe präzisiert.

Im Fall der »Zeil-Galerie« werden Dr. Jürgen Schneider Vergehen nach den Paragraphen 263, Absätze 1 und 3, 267 Absatz 1, 52 Absätze 1 und 2 des Strafgesetzbuches vorgeworfen. Der Vorwurf lautet auf »Betrug in einem besonders schweren Fall in Tateinheit mit Urkundenfälschung«. Im Haftbefehl heißt es: »Aufgrund eines in Königstein am 14. August 1992 unterzeichneten Vertrages erhielt der Beschuldigte Dr. Schneider am 20. August 1992 von der Deutschen Centralbodenkredit Aktiengesellschaft in Köln zur Finanzierung des Bauprojektes Zeil-Galerie in Frankfurt am Main einen Kredit in Höhe von 45 000 000,00 Deutsche Mark.

Zur Erlangung dieses Kredites hatte der Beschuldigte Schreiben der mit der Vermietung der Zeil-Galerie beauftragten Firma CIP Center Aktiengegesellschaft Immobilien und Passagen vorgelegt, auf denen die Unterschrift des bei dieser Firma angestellten Zeugen Wieland gefälscht war und in denen die vermietbaren Flächen des Objekts mit 20 513 Quadratmetern und die Jahresmieteinnahmen mit 57 697 249,00 Deutsche Mark angegeben waren. Wie der Beschuldigte wußte, betrugen die vermietbaren Flächen jedoch nur 9308,09 Quadratmeter und die Jahresmieteinnahmen zum Stichtag am 3. September 1992 nur 11 602 439,40 Deutsche Mark. Wie der Beschuldigte ebenfalls wußte, waren mit den tatsächlichen Mieteinahmen die für das Objekt Zeil-Galerie eingegangen Verbindlichkeiten nicht zu erfüllen. Rückzahlungen auf den am 14. August 1992 gewährten Kredit in Höhe von 45 000 000,00 Deutsche Mark wurden bislang aufgrund der Zahlungseinstellung des Beschuldigten nicht geleistet.« Schneider hat für die »Zeil-Galerie« insgesamt 431 Millionen Mark Kredit bekommen. Sein Gutachter Dr. Werner W. Neumann rechnete der Deutschen Bank vor, daß dieses Objekt einen Ertragswert von 766 Millionen Mark habe. Hätte sich jemand als Käufer für die »Zeil-Galerie« interessiert, so weist Neumanns Gutachten aus, hätte er einen Kaufpreis von fast einer Milliarde Mark hinlegen müssen, denn am 14. 7. 92 schätzt Neumann den Verkaufswert des schmalen Einkaufszentrums auf exakt 966 000 000,00 DM.

Durch seine eigene Firma »Realty Development« hatte sich Jürgen Schneider stets Gewißheit über den tatsächlichen Marktwert seiner Objekte verschafft. Mathias Düsterdick, der damalige Geschäftsführer der »Realty Administration«, berichtete uns, daß der von ihm ermittelte Verkaufswert für die »Zeil-Galerie« bei 154 Millionen Mark lag. Dies, so Düsterdick damals, »ist das absolute Maximum, das ein Käufer für ›Les Facettes‹ zahlen würde«.

Mit seiner Marktanalyse aus dem Jahr 1993 lag Düsterdick recht gut. Damals war Dr. Schneider noch ein angesehener Mann, die neueröffnete »Zeil-Galerie« mit dem interessanten Baukonzept hatte positive Schlagzeilen und galt als hochwertige Immobilie. Nach der Konkurseröffnung gingen die Werte zunächst in den Keller. Trotzdem taxiert der Konkursverwalter die »Zeil-Galerie« immer noch auf einen maximalen Verkaufswert von 130 Millionen. Vermutlich liegt der wahre Verkaufswert irgendwo zwischen der Marktanalyse von Düsterdick – 154 Millionen Mark – und der Schätzung des Konkursverwalters.

Schneider aber jonglierte mit einem sehr viel höheren Preis. Er gibt den Wert der Galerie mit einer Millarde Mark an und bekommt daraufhin 431 Millionen Mark Kredit. Damit ist der Kredit fast dreimal so hoch wie der tatsächliche Verkaufswert der »Zeil-Galerie«. Für einen solchen Kredit mußte Schneider – bei einer Verzinsung von 8,95 % – jährlich allein rund 38 Millionen Mark Zinsen bezahlen, ohne Tilgung.

Mit Mieteinnahmen in Höhe von 11 Millionen Mark – denn nur soviel hat die »Zeil-Galerie« tatsächlich eingebracht – konnte dieser Kredit natürlich nicht zufriedenstellend bedient werden. Die GdbR Schneider machte also auf diese Weise jährlich mindestens 27 Millionen Mark Minus, allein bei diesem einen Objekt »Zeil-Galerie Frankfurt«. Dies konnte auf Dauer natürlich nicht gut gehen. Der Staatsanwalt wirft Schneider schon im ersten Haftbefehl vom 25. April 1994 vor, daß er mit manipulierten Mieteinnahmen, einer gefälschten Unterschrift und falschen Flächenangaben den Wert der »Zeil-Galerie« auf betrügerische Art und Weise erhöht hat.

Die Mietenlüge

»Wer die falsche Unterschrift gemacht hat, weiß ich nicht. Vermutlich war es Herr Wieland selbst.«

(Dr. Jürgen Schneider zur Urkundenfälschung des Namens »Wieland« beim Objekt »Zeil-Galerie«)

Damit der in Schneiders Augen architektonisch vollkommen unkundige Frankfurter Staatsanwalt überhaupt begreift, um welch zukunftsträchtiges Gebäude es geht, beschreibt der Spekulant eingangs seiner fünfzehnseitigen Rechtfertigung zur »Zeil-Galerie« zunächst ausführlich das Frankfurter Wunderwerk aus der Schneiderwerkstatt: »Das Objekt ›Zeil-Galerie‹ weist sich dadurch aus, daß es eine bautechnische Neuheit darstellt. Ähnlich dem Guggenheim Museum in New York ist die Ansiedlung der gesamten Nutzfläche auf einer Spirale erfolgt, nicht auf direkt übereinanderliegenden Stockwerken. Die Spirale ist so gebaut, daß sie als Bau nach oben verlängert werden kann, damit erhält die Immobilie ein ausbaufähiges Entwicklungspotential.«

In dieser kleinen Architekturgeschichte versteckt Schneider schon ganz zu Beginn die Begriffe, mit denen er sich im Fall »Zeil-Galerie« aus der Schlinge ziehen will: Es geht um die »Nutzfläche« auf der Spirale und das »Entwicklungspotential«. Doch weil ihm diese Argumente für die Frankfurter Durchstechereien nicht reichen, führt Schneider – ähnlich wie in Berlin die »Störer« – auch hier eine intrigante Gruppe ein, die nur darauf aus war, ihm zu schaden. Schneider nennt sie »Verschwörer«, sie sitzen im Glaspalast der Deutschen Bank und in seinem eigenen Haus, der »Villa Andreae« in Königstein.

In seinem Rechtfertigungsschreiben beklagt Schneider ein Komplott, das unter Anleitung der Banker gegen ihn geschmiedet wurde. Die Deutsche Bank habe ihn bewußt kriminalisiert und ihn fertiggemacht.

Verbittert stellt Schneider in seiner Verteidigungsrede fest: »Der Plan ist bis heute gelungen.« Doch in einem Punkt hätten sich die Herren in den Bankhäusern reichlich verschätzt: »Nur eines war nicht einkalkuliert, daß ich gesund zurückkomme und mich wehre und daß ich in den inzwischen 7000 Blatt Gerichtsakten Beweise gegen die Deutsche Bank gefunden habe, die ich zu Beginn der

Aktion der Deutschen Bank im April 1994 niemals hätte haben können.«

Dr. Jürgen Schneider bemüht sich, die Vorwürfe des Haftbefehls mit Bezug zur »Zeil-Galerie« so weit wie möglich zu relativieren.

Doch weil er am entscheidenden Punkt, nämlich den falschen Miet- und Flächenangaben, nicht weiterkommt, konstruiert er das »böse Komplott«, das er nicht habe verhindern können.

Die Verschwörer – und dies ist Schneiders Hauptargument – hätten ein wichtiges Dokument vernichtet, um ihm zu schaden und ihn zu »kriminalisieren«.

Seine Rechtfertigungs-Arie ist auch sprachlich so verfaßt, daß wir den Eindruck haben, der Bauspekulant Jürgen Schneider hält Wolkenkuckucksheim tatsächlich für eine solide, natürlich »stadtbildprägende Immobilie« mit hohem Ertragswert. Nur so können wir uns erklären, daß in seiner Stellungnahme vor allem die Zukunft beschworen wird, von Zielplanungen und Zielmieten die Rede ist, die die Grundlagen für seine sogenannte »Kalkulationskonstante« und die »Bauconceptbasis« bildet.

Bei seinen Anstrengungen, seine Schwindeleien bei der »Zeil-Galerie« zu erklären, fällt auf, daß Schneider stärker als in anderen Passagen seiner Rechtfertigungsschrift mit nebulösen Umschreibungen und monströsen Sprachgebilden einem wenig konkreten Text Gewicht geben will. Tatsächlich gelingt es ihm, beim Kernpunkt »Zeil-Galerie« jede klare Aussage konsequent zu vermeiden.

Und wie schon an anderen Stellen der neunzig Seiten kommt es uns auch diesmal so vor, als ob Schneider die verbal und juristisch »hochgemanagten« Worthülsen selbst für bare Münze nimmt.

Das Schlußgutachten von Werner W. Neumann und die entscheidende Miet- und Flächenaufstellung der CIP Center Immobilien AG weisen 20 513 qm vermietbare Fläche und die Nettojahresmieteinnahme mit 57 697 249,00 Mark aus.

Diese Zahlen rechtfertigt Jürgen Schneider mit dem sogenannten Zukunftswert: »Die Zielmiete sollte nach Jahren erreicht werden, und damit sollten sich die Aufwendungen der GdbR für dieses besondere Objekt, welches eine Weltneuheit darstellt, nach und nach verringern.«

DJS beschreibt das programmatische Wachsen und die Werte an und für sich: »Die ›Zeil-Galerie‹ wächst nämlich nach Programm in den Zukunftswert. Sie hat den Entwicklungswert in sich!«

Der Staatsanwalt war wohl eher außer sich, als er diese futuristische Begründung für falsche Mietangaben gelesen hat.

Bei der Lektüre der Schneiderschen Wahrheit befinden wir uns jetzt auf Seite 75. Offenbar näheren wir uns einem literarischen Höhepunkt der Ausführungen, denn nun lernen wir die Grundzüge von Schneiders Flächenwachstumstheorie kennen. Dieses Wachsen von Flächen ist ein offenbar natürlicher Vorgang, der vom Bauherrn jeweils freudig aufgenommen wird: »Die Flächen änderten sich während der Bauzeit naturgemäß laufend. Auch wurde im Nachtrag der gesamte Bereich zwischen ›Zeil-Galerie‹ und ›Kaufhof‹ ebenfalls überbaut. Dies brachte Mehrungen.«

Diese »naturgemäßen Mehrungen« gibt Schneider mit rund 3000 qm an. Bei diesen Ausführungen versuchen wir, zugegeben laienhaft, uns eine Fläche von 3000 Quadratmetern vorzustellen, und kommen auf eine beachtliche Anzahl von Einfamilienhäusern. Schneider betont nun, daß er diese Flächen eigentlich der Gesamtfläche der »Zeil-Galerie« noch hätte zuschlagen können und dann sogar auf eine vermietbare Gesamtfläche von mehr als 23 000 qm gekommen wäre. Doch solide, wie er nun mal sei, habe er darauf verzichtet und wäre redlich »trotzdem bei der seit 1990 festgelegten Kalkulationskonstante von 20 513 qm geblieben.«

Auf dem Papier ergeben sich für Jürgen Schneider »25 % Flächen als zusätzliche Reserve für Nebenflächen. Alle anderen Flächen der Weltneuheit ›Zeil-Galerie‹ sollten auf die Mieter umgelegt werden … Diese Umlage der Fäche, die sich aus der Flächenkonstante seit 1990 entwickelte, war eine Kalkulations- und Rechengröße. Diese Flächen enthielten das Toilettengeschoß mit den Waschgelegenheiten und der Technik. Dazu kam das Lagergeschoß. Ebenfalls das Verladegeschoß (Warenanlieferung und Warenumschlag), ebenso die Zuwegungen und der Empfangsbereich sowie die Spiralstraße und anderes. Diese Flächen sollten kalkulatorisch auf die großen Mieter, die auch Umsatzmieten zahlen, umgelegt werden.« Schneider war fest entschlossen, aus jedem Quadratmeter des Gebäudes Miete zu ziehen. Um auf seine mehr als 20 000 qm vermietbare Fläche zu kommen, schlägt er die Nebenflächen den Basisflächen zu: »Zu den reinen Basisflächen, die direkt als einzelne, festumrissene Mieteinheit bezeichnet waren, mußten diese Flächen hinzugeschlagen werden. Dieser Zuschlag der Flächenumlage sollte in Entwicklungsabschnitten erfolgen, je nachdem, wie die ›Zeil-Galerie‹ hochgemanagt und diese Flächenumlage für die Großmieter aus der Umsatzentwicklung möglich wird.«

Den Mietern der »Zeil-Galerie« jedoch hat Schneider selbstverständlich nichts davon gesagt, daß er vorhatte, sie abschnittsweise, Jahr für Jahr, immer mehr »hochzumanagen« und damit ansteigend abzukassieren.

Mit einer komplizierten Rechnung, die für Außenstehende fast nicht nachvollziehbar ist, versucht Schneider nun zu beweisen, daß bei seiner »Flächenberechnung Zeil« alles korrekt und mit rechten Dingen zugegangen ist.

Bei der Berechnung der »reinen Nettobasisflächen der einzelnen, vermieteten derzeitigen Einheiten ohne alle Umlageflächen« kommt er schließlich auf wunderbare Weise auf 10 772 qm. Damit nähert er sich auffällig der vom Staatsanwalt als richtig ausgewiesenen Quadratmeterzahl von 9308,09 qm.

Mit dieser Darstellung gibt Jürgen Schneider dem Vorwurf der Staatsanwaltschaft eigentlich recht, daß mit getürkten Flächenberechnungen Werte vorgetäuscht und Kredite erschwindelt wurden.

Doch Schneider nennt in seiner Vernehmung die »Zeil-Galerie« einen »Sonderfall« und hebt ab auf seine futuristischen Konzepte, die nur wenige richtig begreifen könnten. Verblüffend offen schließt Schneider sein Kapitel »Mietberechnung Zeil-Galerie« mit dem Satz ab: »Es kommt immer darauf an, wie man letztendlich die gesamte Nutzfläche für die Mietbereiche aufschlüsselt.« Doch seine vorausgegangen Ausführungen haben bewiesen, nach welchen Prinzip Schneider offensichtlich verfahren ist: Im Zweifel »schlüsselte« er zu seinen Gunsten und in die eigene Tasche.

Vornehme Zurückhaltung wahrt Schneider in seinen schriftlichen Äußerungen beim brenzligen Thema »Mieteinnahmen«. In seiner Vernehmung im Mai 1996 erklärt er dem Staatsanwalt, daß er diese gewinnbringende Schwindelei nicht selbst inszeniert habe, räumt aber ein, den Täter zu kennen und von seinen Manipulationen gewußt zu haben. Energisch beschuldigt er vor den Ermittlern den Repräsentanten der Deutschen Bank, Dr. Friedrich Möll, der mehr als fünfzehn Jahre im Auftrag der Deutschen Bank als Kreditvermittler für ihn tätig war, in der »Villa Andreae«, dem Zentrum des DJS-Imperiums, eng mit ihm zusammengearbeitet und angeblich alle Kreditanträge gemeinsam mit ihm konzipiert hat. Möll habe zusammen mit dem alten Gutachter Dr. Werner W. Neumann die Mieteinnahmen in solch exorbitante Höhen getrieben. Zögernd gesteht Schneider ein, daß er die beiden bei dem »bösen Spiel« hat gewähren lassen. Er habe, läßt er durchblicken, nur widerwillig Toleranz gezeigt bei dieser an sich »überflüssigen« Fälschung, für die er dann aber tüchtig Kredit kassierte. Er selbst, sagt Schneider, habe zunächst völlig korrekte Finanzierungsanfragen gemacht und auf der Basis dieser Anfragen die Mieterlisten im Juni 1991 auch fortgeschrieben.

In seiner neunzigseitigen Stellungnahme tauchen vage Erinnerungen an die angeblichen Untaten des Dr. Friedrich Möll auf: »Im Papierkorb fanden sich zerrissene Kopien dieser Liste. Weiterhin befand sich, zerrissen im Papierkorb, eine Kopie der Liste vom 17. 6. 1991, die zu 75 % den Inhalt der Gesamtliste vom 7. 7. 92 ausmacht und die richtige Wieland-Unterschrift trägt ... Dieses wichtige Original mit der echten Unterschrift des Herrn Wieland ist verschwunden. Dr. Möll weiß nicht, wo es ist. Dieses Originaldokument gehört ebenfalls in die Originalakte der Bank (vermutlich ist sie auch dort und/oder wurde dem BKA nicht ausgehändigt). Die Fotokopien der richtigen, von Wieland unterschriebenen Liste vom 17. 6. 1991 befindet sich mehrfach in den Gerichtsakten. Das Original, so es nötig ist, würde mich für den Fall ›Zeil-Galerie‹ völlig entlasten und die Wahrheit beweisen.«

Schneider bitter und zugleich geheimnisvoll: »Das Original dieser Liste ist verschwunden.«

Schließlich holt der Spekulant zum Rundumschlag aus und schreibt im Februar 1996 in seiner Informationsschrift für den Staatsanwalt: »All diese Fakten belegen den richtigen Schluß, es können nur Centralboden, Deutsche Bank und Herr Wieland zusammengewirkt haben ... Ich mußte in Abwesenheit als Betrüger kriminalisiert werden, damit ermöglicht wird, daß die Centralboden aus der Verantwortung schlüpft.« Mit glasklarer Analytik schließt Jürgen Schneider: »Wer die falsche Unterschrift gemacht hat, weiß ich nicht. Vermutlich war es Herr Wieland selbst.« Und damit diese Verdächtigung nicht hilflos im Raum schwebt, liefert Schneider auch die Motive der »Verschwörer«.

Dr. Friedrich Möll habe als Kreditbeschaffer der Deutschen Bank kräftig mitkassiert, nach dem Motto: je höher der Kredit, desto höher die Provision. Schneider kenntnisreich: »Dr. Möll seinerseits bekam aufgrund des Agenturvertrages vom 9. November 1967 für die Hypothekenbeschaffung 1 % Prozent der Darlehnssumme. Er hat durch mich überschlägig ca. 15 Millionen Mark verdient. Dr. Mölls Personal bestand aus einer Sekretärin, die nur sehr wenige Stunden in der Woche anwesend war. Dr. Möll seinerseits schrieb die Briefe meistens selbst. Die Deutsche Bank hat durch diese vertragliche Regelung ihren Geschäftserfolg mit dem Erfolg eines einzelnen Bankiers verbunden.«

Ex-Bautycoon Schneider wirft nun diesem einzelnen Bankier Dr. Friedrich Möll vor, im Fall der »Zeil-Galerie« allein aus reiner Geldgier die entscheidenden Gutachten hochgelogen zu haben, um für sich persönlich mehr Provision zu kassieren. Und die Deutsche Bank – so behauptet Schneider – hat das üble Spiel mitgespielt, um ihrerseits Vorteile daraus zu ziehen. »Sowohl der Deutschen Bank als auch Dr. Möll muß jederzeit klar gewesen sein, daß Hypothekendarlehn unter den strengen Voraussetzungen des Hypothekenbankgesetzes ausgereicht werden dürfen. Dies gilt insbesondere, wenn die Deckungsstockfähigkeit von Hypothekendarlehn erreicht wird. Letztendlich belasten Hypothekendarlehn die Liquidität der Bank nicht, da sie sich durch das im Hypothekenbankgesetz eingeräumte Emissionsrecht durch die Emission von Pfandbriefen refinanzieren kann.« Und Schneider, der Deutschland unter Zurücklassung von 5 Milliarden Schulden verlassen und sich mehr als ein Jahr versteckt hatte, rühmt sich in seiner noch im Gefängnis verfaßten Rechtfertigungsschrift: »Letztlich war ich ein begehrter Sonderfall in der Immobilienbranche, da ich meine Finanzierungen grundsätzlich mit Hypotheken in außergewöhnlicher Höhe abwickelte. Ich habe mich somit den besonders strengen Regeln der Bankprüfung nach dem Hypothekenbankgesetz unterworfen. Die Hypothekenbanken bestätigten mir infolge der erfolgten Prüfung letztendlich auch den insoweit zugrunde gelegten Wert der Immobilie (60 % des Wertes durch Hypotheken finanziert). Dr. Möll und die Banken machten ihr Geschäft wiederum nur, wenn der Vertrag zustande kam und die Hypothek auch ausgezahlt war. Dies bedeutet, daß sowohl Dr. Möll als auch die Hypothekenbank ein außerordentliches Interesse daran hatten, einen hohen Verkaufswert zu errechnen, damit die 60 %-Grenze hoch liegt und das Darlehen auch als Hypothek ausgezahlt werden kann.«

Das niedrige Motiv der »Verschwörer« in den Banken liegt also, laut Schneider, in der Erhöhung des Deckungsstocks im Hypothekenbereich, weil sich damit ja durch Pfandbriefe Geld verdienen läßt. Im Schulterschluß – so stellt es Schneider dar – marschieren der Kreditbeschaffer der Deutschen Bank, Dr. Möll, und die hundertprozentige Tochter der Deutschen Bank, die Centralbodenkredit AG, auf die höchstmöglichen Bemessungswerte zu, um so die Legitimation zur Auszahlung hoher Kredite zu haben.

Daran verdienen beide – Dr. Möll bekommt die Provision, die Bank die Pfandbriefgewinne.

Und nur Dr. Jürgen Schneider – so stellt er es in seiner Verteidigungsschrift dar – ist das bedauernswerte Opfer, obwohl er eigentlich nichts anderes will als »bauen, bauen, bauen«. Doch sein Wille, in die »Werke alter Meister« zu investieren, wird von den »Verschwörern« für ihre üblen Geschäfte als legaler Mantel genutzt. Sein Lebenswerk wird im Zusammenspiel der Banken, Kreditvermittler und Gutachter vernichtet, er selbst zerrieben zwischen diesen bösen Mächten, die aus ihm nur Profit gesaugt haben. Diese Erklärungen sind derart an den Haaren herbeigezogen, daß sie schon satirischen Charakter haben. Würde man Schneiders Logik auch folgen, so bliebe er doch eine ganz entscheidende Antwort schuldig: Welchen Sinn hätte es für die »Verschwörer« in den Banken gemacht, diesen doch angeblich so gut funktionierenden »Goldesel« Schneider zu schlachten?

Doch selbst auf diese hypothetische Frage weiß Jürgen Schneider schon im voraus eine Antwort. Er greift auf die griechische Mythologie zurück und beschreibt die Deutsche Bank in einer Situation zwischen Scylla und Charybdis: »Die Bank jedoch mußte das Objekt in Anbetracht der riesigen Kreditsumme in den Deckungsstock bringen oder es im Deckungsstock halten. Einmal war sie im Interesse ihrer eigenen Liquidität und ihrer weiteren Geschäfte dringend auf die Deckungsstockfähigkeit angewiesen. Weiter war die Kreditprüfung des Bundesaufsichtsamtes bereits tätig. Außerdem wollte sie kein Problem mit mir und keine Medienwirkung haben. Die Syndizierungspartner sollten befriedigt werden, und weiterhin mußte nach dem Strategiepaier der Bank gehandelt werden. Ein komplexes Vorhaben!« meint Dr. Schneider und folgert: »Die Deutsche Bank hatte somit ein immenses Interessse an einer hohen Bewertung ... Die Probleme der Deutschen Bank lagen auf der Hand. Einzige Möglichkeit war es, mich zu kriminalisieren.« Schriftlich beschuldigt Schneider sie alle: Die Deutsche Bank, ihren Kreditvermittler Dr. Friedrich Möll, Gutachter Werner W. Neumann und den Vorstandschef seiner eigenen Firma CIP AG, Gerhard Wieland. Er bezichtigt sie genau der Vergehen, die im Haftbefehl gegen i h n angeführt werden: Betrug und Urkundenfälschung. So biegt sich Schneider die Fakten zurecht, beschreibt sich selbst als gefangen im Würgegriff der geldgierigen Banken. Dr. Jürgen Schneider kennt auch den Zeitpunkt, zu dem die »Verschwörer« trotz allem beschlossen haben, den

»Goldesel« Schneider zu schlachten. Es war der 7. April 1994, jener Tag, an dem die Deutsche Bank seinen Abschiedsbrief bekam: »Mein Schreiben kam völlig unerwartet. Die schwerwiegende Aufgabe der Deutschen Bank war, daß ich alle Banken in ein Boot unter der Führung der Deutschen Bank bringen wollte. Unter den Banken waren auch die Syndizierungspartner der Deutschen Bank und viele, die angeworben worden waren, aber abgesagt hatten. Die Deutsche Bank hatte jedoch nur die Bauconcepte und ihr darauf beruhendes Gutachten den Syndizierungspartnern gegenüber verwendet. Diese Situation mußte nun automatisch bekannt werden. Die Probleme der Deutschen Bank lagen auf der Hand.«

Schneider hat in seinen mündlichen Vernehmungen eingeräumt, daß er von den getürkten Mieteinnahmen wußte – wirklich schuldig sind in seinen Augen die anderen. Um an sein Geld zu kommen, hätten die Banken nach seinem Verschwinden ihre eigenen Untaten natürlich bewußt verschwiegen.

Und bitter schließt Dr. Jürgen Schneider mit dem schon einmal vorwurfsvoll erhobenen Satz: »Einzige Möglichkeit war es, mich zu kriminalisieren.«

Der alte Küpferle

»Ich äußerte Herrn Schneider gegenüber meine Bedenken für ein solches Vorgehen ... hatte jedoch letztlich keine Wahl.«

(Karl-Heinrich Küpferle in seiner Vernehmung vor dem Bundeskriminalamt)

Wir gehen einen schmalen, asphaltierten Weg entlang, gesäumt von hohen Hecken, vorbei an kleinen Vorgärten, durch eine uniforme Reihenhaussiedlung rechts der Hauptstraße in Schwalbach im Taunus.

Unmittelbar hinter uns folgt, mit laufender Kamera, unser Filmteam. Wir sind auf dem Weg zu dem Mann, dessen Zeugenaussage Dr. Jürgen Schneider schwer belastet. Seine Angaben in der Vernehmung durch das Bundeskriminalamt stützt die Hauptvorwürfe der Frankfurter Staatsanwaltschaft, die Dr. Schneider Urkundenfälschung und schweren Betrug vorwirft.

Nach einigem Suchen finden wir schließlich am Ostring das Haus Nr. 160.

An der dunkelgrau gestrichenen Eingangstür hängt noch ein weihnachtlich dekorierter Kranz aus Tannenzapfen und künstlichem Grün. Die Gardine im großen Fenster rechts neben der Tür ist ziemlich vergilbt, auf der Fensterbank stehen zwei Blumentöpfe. Die Pflanzen machen einen vernachlässigten Eindruck. Die Klingel ist auf den Putz geklemmt, auf das Schild hat jemand einen schmalen Papierstreifen geklebt. Der Name ist von Hand geschrieben.

Wir klingeln, und die Tür öffnet sich zaghaft. »Guten Tag, Herr Küpferle.« In der halbgeöffneten Tür stehen wir einem fünfundsechzigjährigen Mann gegenüber, der uns aus kurzsichtigen Augen erstaunt anschaut. Der Mann hat ein schmales Gesicht, schütteres dunkelblondes Haar, trägt eine weinrote Strickjacke und ausgetretene braunkarierte Hausschuhe. Wir stellen uns Herrn Küpferle vor. »Wir sind die Journalisten, die in den letzten Tagen schon mehrfach mit ihnen telefoniert haben. Wir möchten gerne noch einmal in Ruhe mit ihnen über ein paar Dinge reden und ein Interview machen.« Als Küpferle die Kamera entdeckt, macht er die schon geöffnete Tür sofort bis auf einen kleinen Spalt wieder zu. Durch diesen Spalt unterhält er sich ein paar Minuten mit uns: »Mehr, als ich Ihnen schon am Telefon gesagt habe, kann ich Ihnen auch jetzt nicht sagen. Ich kann Sie auch nicht reinlassen. Sie kennen doch meine private Situation, meine Frau ist schwer krank und braucht Ruhe.« Am Telefon haben wir die Geschichte mit der kranken Frau für eine Ausrede gehalten. Doch jetzt glauben wir dem Mann. Er sieht mitgenommen aus, wie jemand, der wirklich rund um die Uhr eine Schwerkranke zu versorgen hat. Und nach dem kurzen Gespräch zwischen Tür und Angel verabschieden wir uns von Karl-Heinrich Küpferle. Dieser ängstliche alte Mann wird uns kein Fernsehinterview geben. Für unsere Berichterstattung müssen wir uns mit dem begnügen, was er uns am Telefon gesagt hat – und was wir aus uns vorliegenden Akten wissen.

Karl-Heinrich Küpferle wurde am 5. August 1931 in Frankfurt am Main geboren. Bei seiner Vernehmung im Bundeskriminalamt gibt er zu Protokoll, daß er bereits in der Firma des Vaters von Dr. Jürgen Schneider jahrelang gearbeitet hat. 1953 absolvierte er die Staatsbauschule in Mainz als Bauingenieur und war bis 1956 in einem Ingenieurbüro in Kaiserslautern beschäftigt. Bei der Firma Josef Kunz & Söhne, dem Bauunternehmen von Senator Richard Schneider, war Karl-Heinrich Küpferle bis 1988 als Bauingenieur angestellt. Er wechselte zu Jürgen Schneider nach Königstein, als die Firma Josef Kunz & Söhne in Konkurs ging. Bei Jürgen Schneider war er fünf Jahre lang beschäftigt.

Karl-Heinrich Küpferle hat sein ganzes Leben lang für die Schneiders gearbeitet, erst dreiunddreißig Jahre für den Vater und dann – bis zum Konkurs der GdbR im April 1994 – für Sohn Jürgen Schneider. Daß Jürgen Schneider ihn, den bereits 58jährigen Bauingenieur, nach der Pleite von Josef Kunz & Söhne ins Schloß holte und ihm Arbeit gab, das muß Karl-Heinrich Küpferle vorgekommen sein wie eine soziale Wohltat. In der »Villa Andreae« wurde er in die Technische Abteilung übernommen, hatte aber dort keine konkrete Aufgabenbeschreibung. Vielmehr, so gibt er zu Protokoll, war »Herr Dr. Schneider zu jedem Zeitpunkt« sein direkter Vorgesetzter und Ansprechpartner. Damit war Küpferle eine Art »Mädchen für alles«.

Mit Karl-Heinrich Küpferle hatte Dr. Jürgen Schneider wohl jemanden gefunden, der aus Dankbarkeit ihm gegenüber absolut loyal und ergeben war. »Herr Dr. Schneider persönlich schaltete mich immer dann ein, wenn er neue Objekte kaufen wollte und er die dafür notwendigen bautechnischen Informationen brauchte. Unter bautechnischen Informationen war zu verstehen, daß ich erforderliche Pläne sowie die dazugehörige Massenberechnung (qm, cbm) erstellte.« Küpferle erklärt den fragenden Kriminalbeamten präzise vor allem zur »Zeil-Galerie«, was er im Auftrag von Dr. Jürgen Schneider hat tun müssen: »Von mir waren in diesem speziellen Fall lediglich Berechnungen für Flächen und umbaute Räume durchzuführen. Diese Unterlagen habe ich Herrn Dr. Schneider vorgelegt. Im allgemeinen wurden solche Berechnungen zweifach angefertigt. Die darüber hinaus notwendigen Ausfertigungen, zum Beispiel sechsfache Ausfertigung für die ›Zeil-Galerie‹ wurden direkt von Herrn Dr. Neumann, einem externen Gutachter, angefordert.« Hier bestätigt sich indirekt die Aussage des Gutachters Dr. Neumann, der stets angegeben hatte, bereits komplett ausgearbeitete Flächenberechnungen aus dem Hause Schneider als Grundlage für seine Ertragswertermittlungen bekommen zu haben. Da Dr. Neumann diese Flächenberechnungen für sein Gutachten übernommen hat, entfällt der Verdacht, daß Neumann selbst gefälscht hat. Was bleibt, ist der Vorwurf, daß er die vorgelegten Zahlen ungeprüft verarbeitet hat.

Ein wichtiger Punkt bei der »Zeil-Galerie« ist die Berechnung der tatsächlichen Mietfläche, bei der es sich realistisch um 9308 qm gehandelt hat. Schneider jedoch gibt immer die weit überhöhte Zahl von 20 513 qm an. Bei dieser Berechnung spielt der Unterschied zwischen der sogenannten Hauptnutzungsfläche (HNF) und der sogenannten Nebennutzungsfläche (NNF) im Baubereich eine zentrale Rolle. Deshalb wollen die vernehmenden BKA-Beamten von Bauingenieur Küpferle genau wissen, welche Flächenarten nach seinem Verständnis als »vermietbare Flächen« anzusehen sind. Karl-Heinrich Küpferle antwortet fachgerecht: »Grundlage hierfür ist grundsätzlich die DIN 277 . . . unter HNF sind zum Beispiel Läden, Büroflächen usw. zu verstehen. Der Begriff NNF umfaßt Räume wie Sozialräume, WC-Räume und Flure. HNF wird grundsätzlich zu höheren Preisen vermietet als NNF. Durchaus geläufig ist auch die Bildung eines Mischpreises zwischen beiden Flächenarten, der naturgemäß *unter* dem des Quadratmeterpreises für HNF liegen muß. Die DIN 277 unterscheidet darüber hinaus noch Funktionsflächen (FF), wie zum Beispiel Technikräume, Aufzüge, Rolltreppen, und Verkehrsflächen (VF), wie zum Beispiel Andienung, Rampenflächen, gerade Flächen vor den Rampen, Treppenhäuser und Flure, die grundsätzlich nicht zu vermieten sind.«

Die Beamten legen Karl-Heinrich Küpferle nun einen Computerausdruck mit der Überschrift »Projekt Kaufhaus Zeil 112–114, Hauptnutzungsflächenberechnung« vor. Bei diesem Ausdruck, so gibt Küpferle an, handele es sich offenbar um einen alten Computerausdruck.

Dies könne man an einem Notizzettel mit der Aufschrift »alt« sehen. »Alt« bedeute hier, daß diese Flächenberechnung überholt ist und offenbar durch eine neue ersetzt wurde. Die Berechnung, so Küpferle, habe er von Herrn Dr. Schneider persönlich erhalten.

Dieser Computerausdruck ist ein wichtiges Indiz, mit dem die Kriminalbeamten dokumentieren können, wie Schneider die »Zeil-Galerie« von 9308 Quadratmetern auf 20 513 Quadratmetern »hochgemanagt« hat.

Das Dokument enthält zahlreiche handschriftliche Notizen, von denen Küpferle wissen muß, was die gekritzelten Kürzel bedeuten und von wem sie stammen.

Karl Heinrich Küpferle gibt hierzu klare Auskunft. »Die handschriftliche Notiz stammt vermutlich von Herrn Dr. Schneider. Üblicherweise erhielt ich handschriftliche Aufträge von ihm auf den von mir dafür angefertigten Zusammenstellungen. Es ist aber durchaus schon mal, wie in diesem Fall, vorgekommen, daß er solche gelben Notizzettel angeheftet hat.«

Auf diesem gelben, selbstklebenden Notizzettel finden sich folgende handschriftliche Anmerkungen:

1. Kellergeschoß weg.
2. netto → hinsch ... Kopie
3. brutto löschen
4. Zusammenstellung (Seite 9) HNF netto schreiben, Kellergeschoß weg.
5. Seite 11, 10 (brutto durch netto ersetzen)
6. Seite 11 → letzten vier Seiten löschen.«

Karl-Heinrich Küpferle betrachtet den Zettel genau und in aller Ruhe. Und was er dann aussagt, belegt eindeutig: das Operettenschloß »Villa Andreae« in Königstein auf dem Geißberg war eine Fälscherwerkstatt.

Die Anweisungen kamen von Dr. Jürgen Schneider, ausgeführt hat sie sein alter Küpferle: »Ich kann aus meiner heutigen Erinnerung sagen, daß ich diese Veränderungen wohl vorgenommen habe. Klar ist aber auch, daß dies auf ausdrückliche, schriftliche Anweisung von Herrn Dr. Jürgen Schneider geschehen ist. Grund war offensichtlich, den vorhandenen Computerausdruck dazu zu benutzen, die Flächenangaben zu erhöhen, um eine größere vermietbare Fläche zu erhalten. Bei der Berechnung handelt es sich zum einen um Brutto-Flächen, bei denen zum damaligen Zeitpunkt noch nicht einmal die zu vermietende Fläche zu erkennen war, zum anderen entspricht die Berechnung in keinster Weise den später vorgelegten Architekturplänen.«

Restaurieren à la Schneider. In solider Handarbeit wurden Baupläne zu seinen Gunsten und auf seine Anweisung hin verändert.

Auf dem Schreibtisch von Dr. Jürgen Schneider im noblen Arbeitszimmer der »Villa Andreae« müssen sich auch kleine Hilfsmittel befunden haben, wie sie in jedem guten Haushalt vorhanden sind. Schneider machte damit Milliarden: Tipp-Ex, Schere, Notizzettel und Klebestift.

Karl-Heinrich Küpferle berichtet, wie es wirklich war: »Er erteilte mir, gemäß dem vorgehefteten Notizzettel, den Auftrag, die Berechnung entsprechend zu verändern, damit dem beauftragten Gutachter, Dr. Neumann, eine plausible Flächenberechnung vorgelegt werden können.«

Karl-Heinrich Küpferle hat mitgefälscht. Doch der alte Mann versucht, seine Manipulationen mit dem ungeheuren Druck, den Schneider auf ihn ausgeübt habe, zu rechtfertigen. Mit bewegten

Worten schildert er, was sich in den Räumen von Schneiders Fälscherwerkstatt abgespielt hat: »Ich äußerte Herrn Dr. Schneider gegenüber meine Bedenken für ein solches Vorgehen, hatte jedoch letztlich keine Wahl, mich seinen Anweisungen zu widersetzen, da ich ansonsten mit einer Kündigung zu rechnen hatte. Die handschriftlichen Anweisungen wurden von mir in der Weise befolgt, daß ich die Bezeichnung »Kellergeschoß« mit Tipp-Ex entfernte, desgleichen auch die Bezeichnungen »brutto« und »netto« auf den Seiten 10 und 11 der Berechnungen. Anschließend schnitt ich das Wort »netto« aus und klebte dieses auf den beiden letzten Seiten über die Rubrik, in der die Brutto-Zahlen standen. Die vier letzten Zeilen auf der Seite 11 wurden von mir ebenfalls mit Tipp-Ex entfernt. Dem genauen Betrachter hätten diese Veränderungen auffallen können, da ich auf den ersten Seiten die Bezeichnungen »brutto« und »netto« in der ursprünglichen Form belassen hatte. Bei flüchtigem Überfliegen könnte allerdings durchaus der Eindruck erweckt werden, daß es sich bei den vorgelegten Zahlen um Hauptnutzflächen = vermietbare Ladenflächen handelte.«

Wertlose Kellergeschosse wurden also mit Tipp-Ex übertüncht und auf diese Weise in profitträchtige Mietflächen verwandelt und – wovon jeder Steuerzahler träumt – das Ganze brutto für netto: Schneider ließ es mit Schere und Klebestift machen. Im Fall »Zeil-Galerie« wurden so fast 11 000 Quadratmeter Fläche dazugeklebt. Beim Fälschen der dazu passenden Mieterträge hat Schneider – so sein ehemaliger Bautechniker Küpferle – persönlich Hand angelegt: »Von mir hat Herr Dr. Schneider ausschließlich die geänderten Berechnungen und Pläne bekommen. Die Mietzusammenstellungen wurden von Herrn Dr. Schneider persönlich gefertigt beziehungsweise in seinem Büro geschrieben.«

Die Deutsche Bank ist in Sachen Tipp-Ex mindestens in drei Fällen dabei: bei der Zeil-Galerie »Les Facettes« in Frankfurt, beim Palais am Lenbachplatz in München und dem Hotel »Rose« in Wiesbaden. Überall zahlte sie hohe Kredite für hochgelogene Flächen und nur vermeintlich hohe Mieteinnahmen.

Küpferles Aussagen beweisen: Dieser Dr. Jürgen Schneider ist kein »Robin Hood« der Bankenwelt, der mit genialen Schachzügen pfiffig den Reichen das Geld aus der Tasche gezogen hat, um es den Armen zu geben. Schneider hat die Millionen für sich behalten, und er hat die soziale Abhängigkeit eines einfachen alten Mannes schamlos für seine Manipulationen ausgenutzt.

Schneiders vermeintliche Größe reduziert sich für uns – beim Lesen der »Küpferle-Protokolle« – auf das Format einer Tipp-Ex-Flasche.

Für die BKA-Beamten muß die Aussage von Karl-Heinrich Küpferle geradezu phantastisch geklungen haben, denn sie fragen nach seinen langen Ausführungen immer wieder nach, ob die Zahlen der Flächenberechnungen für die »Zeil-Galerie« nicht vielleicht doch der Realität entsprochen haben können. Küpferles Antwort ist eindeutig: »Ganz klar muß man hierzu allerdings sagen, daß es sich in jedem Fall um Brutto-Flächen handelt. Soweit diese Zahlen als vermietbare Fläche vorgelegt wurden, *ist dies sicherlich falsch* ... Beispielhaft möchte ich noch erwähnen, daß die Ebenen 3 und 4 keinerlei vermietbare Fächen beinhalten. Sie mußten ausschließlich für technische Zwecke genutzt werden. Oftmals wurden auch Flächen, die eigentlich für technische Zwecke notwendig waren, als Lager ausgewiesen, so daß zumindest ein geringer Mietertrag veranschlagt werden konnte.«

Die Zeugenvernehmung von Karl-Heinrich Küpferle umfaßt acht Blatt. Auf diesen Seiten werden zum ersten Mal klare Aussagen gemacht, die Schneiders Fälschungssystem beschreiben.

Weil es, zumindest theoretisch, möglich ist, daß Karl-Heinrich Küpferle aus ganz anderen Motiven gehandelt hat und jetzt seinen Chef Jürgen Schneider vielleicht grundlos belastet, wollen wir von der Frankfurter Staatsanwaltschaft wissen, wie sie die Aussage des Zeugen Küpferle einschätzt. Ihr Sprecher, Oberstaatsanwalt Job Tilmann, versichert uns: »Es ist richtig, daß nach der Aussage Küpferles er im Auftrag von Schneider Pläne, die Grundrißpläne und dergleichen, verfälscht hat, damit Schneider dann diese Unterlagen vorlegen kann und den Banken belegen kann, daß da Mietflächen vorhanden sind, die tatsächlich viel geringer gewesen sind. Die Aussage von Küpferle erscheint uns glaubhaft, es ist ein Beweismittel, das belegt, daß Schneider tatsächlich den Banken wissentlich falsche Unterlagen vorgelegt hat.«

Der alte Küpferle, ein ängstlicher Mann, hat sich von den entscheidenden »Notizzetteln« und »Fälschungsanweisungen« in der »Villa Andreae« Kopien gemacht. Für alle Fälle – und um eines Tages beweisen zu können, daß er auf Anweisung gehandelt hat.

Diese Unterlagen helfen ihm jetzt wenig. Denn die Staatsanwaltschaft ermittelt seit Dezember 1995 auch gegen Karl-Heinrich Küpferle – wegen Beihilfe zur Urkundenfälschung und zum Betrug des

Dr. Jürgen Schneider. Doch bei unserem kurzen Gespräch zwischen Tür und Angel hat uns Karl-Heinrich Küpferle zuversichtlich wissen lassen: »Mir passiert gar nichts. Das hat man mir versprochen. Ich muß nicht ins Gefängnis.« Mit ein bißchen Glück könnte der alte Herr tatsächlich als »Kronzeuge« der Staatsanwaltschaft im Prozeß gegen Dr. Jürgen Schneider straffrei ausgehen.

Nach allem, was wir jetzt über die Praktiken des Dr. Schneider wissen, hat es beim Objekt »Zeil-Galerie« weder eine »Kalkulationskonstante mit Flächenangabe als Bauconceptbasis« gegeben, noch haben seine »Zukunfts- und Zielmieten« je existiert.

Als wir die schlichten Aussagen des Karl-Heinrich Küpferle mit jener wolkigen Stellungnahme Schneiders in seiner Rechtfertigungsschrift zum Punkt »Zeil-Galerie« vergleichen, stellen wir erneut fest, daß der Investor mit großen Worten ein Lügengebäude errichtet hat, das in sich äußerst instabil ist. Richtig ist nur eins: Jürgen Schneider hat die »Zeil-Galerie« tatsächlich »hochgemanagt« – aber mit Tipp-Ex und Klebstoff, auf dem Papier. Der Königsteiner Immobilienhändler wird in seinem Prozeß sicher ausreichend Gelegenheit haben, die unfreiwillige Zusammenarbeit der Firma Tipp-Ex mit der Schneider-Gruppe zu erklären und seinen erhöhten Verbrauch an kleinen gelben Notizzetteln zu rechtfertigen.

Tauentzienstraße Berlin

Dr. Friedrich Boyens kann es bis heute nicht begreifen.

Mit ganzseitigen Anzeigen in den Berliner Tageszeitungen und einem »Offenen Brief« an den Ministerpräsidenten des Landes Niedersachsen, Gerhard Schröder, macht der Mittelständler, einst Besitzer eines Bettenhauses in der Berliner Tauentzienstraße, auf sein Schicksal aufmerksam.

Dr. Friedrich Boyens kann stundenlang mit wachsender Empörung davon erzählen, wie die Norddeutsche Landesbank die Schadensbegrenzung aus einer grob fahrlässig verursachten 100-Millionen-Pleite auf seinem Rücken betrieben hat. »Große Schäden«, so sagt Friedrich Boyens, »entstehen nur durch große Fehler.« Der Mann hat im November 1995 sein Bettenhaus in der Tauentzienstraße räumen müssen. »Die Norddeutsche Landesbank ist moralisch keinen Deut besser als Schneider.« vermutet Dr. Boyens und schließt daraus: »Gleich und gleich gesellt sich gern!«

Staatsanwalt Dieter Haike macht in seinem Haftbefehl allerdings ausschließlich Dr. Jürgen Schneider verantwortlich für den Betrug in besonders schwerem Fall in Tateinheit mit Urkundenfälschung. Die Vergehen – so Haike – sind zu bestrafen nach den Paragraphen 263 Absatz 1 und 3, 267 Absatz 1, 52 Absätze 1 und 2 des Strafgesetzbuches sowie nach Paragraph 53, Absätze 1 und 2, StGb. Der dringende Tatverdacht ergibt sich aufgrund von Ermittlungen und Zeugenaussagen aus folgenden Tatsachen: »Ende 1992 beabsichtigte der Beschuldigte, das Grundstück Tauentzienstraße 7b/c in Berlin für 83 000 000,00 Deutsche Mark von der Firma Barawexco zu erwerben und anschließend umzubauen. Wegen der Finanzierung des Kaufs und des Umbaus richtete er am 3. Dezember 1992 eine Kreditanfrage über insgesamt 186 000 000,00 Deutsche Mark an die Filiale der Norddeutschen Landesbank (NordLB) in Braunschweig. In dieser gab er wahrheitswidrig an, daß der Kaufpreis des Grundstücks 151 000 000,00 Deutsche Mark betragen habe. Auf der Grundlage dieser Angabe räumte die NordLB durch ihre Filiale Hannover dem Beschuldigten mit am 21. Dezember 1992 in Königstein unterzeichnetem Vertrag zunächst für den Ankauf des Grundstücks einen Kredit in Höhe von 131 000 000,00 Deutsche Mark ein. Zur Auszahlung des Kredits legte der Beschuldigte am 12. Januar 1993 in Königstein dem Zeugen Goebel als Vertreter der Nord LB neben dem tatsächlich geschlossenen Kaufvertrag vom 5. Janaur 1993 über 83 000 000,00 Deutsche Mark einen gefälschten ergänzenden Kaufvertrag über weitere 68 000 000,00 Deutsche Mark vor, um so einen Gesamtkaufpreis von 151 000 000,00 Deutsche Mark vorzutäuschen.

Daraufhin zahlte die NordLB gegen Eintragung einer auf sie lautenden Grundschuld in Höhe von 186 000 000,00 Deutsche Mark am 15. und 19. Januar 1993 in zwei Teilbeträgen insgesamt 131 000 000,00 Deutsche Mark zugunsten des Beschuldigten aus. Wie der Beschuldigte aufgrund des tatsächlichen Ankaufpreises in Höhe von 83 000 000,00 Deutsche Mark wußte, stellte die Grundschuld zum Zeitpunkt ihrer Bestellung nur für diesen Ankaufswert des Grundstücks eine Absicherung des gewährten Kredites dar, so daß für die darüber hinausgehende Kreditsumme von 48 000 000,00 Deutsche Mark keine Sicherheit bestand und folglich der Rückzahlungsanspruch der NordLB in dieser Höhe gefährdet war. Der Beschuldigte hat seine Zinszahlungen an die NordLB seit April 1994 eingestellt, ohne daß auf den gewährten Kredit Rückzahlungen geleistet wurden.«

Die Störer

»Man verlangte unverschämt und frech ...
60 Millionen Festgeld als Schweigegeld.«

(Jürgen Schneider zu seinen Verhandlungen mit der Norddeutschen Landesbank)

Beim Kreditantrag für das Objekt »Tauentzienstraße« zeigt Schneider wahre Meisterschaft. Diesmal verwendet er die beiden Tricks, die sich am besten bewährt hatten: Er läßt seine Berliner »Störer« erneut aufmarschieren und gibt, wie im Fall »Zeil-Galerie«, Zielmieten als Ist-Mieten aus. Neu, so lernen wir bei der Lektüre seiner Verteidigungsschrift, ist seine Sprachkompetenz, die er auch zu feinsten semantischen Differenzierungen zu nutzen versteht. So unterscheidet DJS in seinem Finanzierungsantrag ausdrücklich zwischen »Kaufpreis« und »Gesamtanschaffungskosten«. Für die Banker liefert er in seinen Auslassungen auch gleich die Auflösung des semantischen Rätsels: »Es war im Finanzierungsantrag nichts von ›Kaufpreis laut Kaufvertrag DM 151 Mio.‹ gesagt, sondern es heißt ausdrücklich ›1. Gesamt-Anschaffungskosten DM 151 Mio.‹ Der Bank wurde mit der Bezeichnung ›Gesamt-Anschaffungskosten‹ angezeigt, daß neben dem Kaufpreis laut Kaufvertrag noch andere Kosten, die mit der Anschaffung des Grundstücks und Gebäudes in Zusammenhang stehen, anfallen. Diese Bezeichnung ist eindeutig.«

Mit dieser »eindeutigen« Begründung ist es Schneider gelungen, von der NordLB zum Ankauf des Objektes Tauentzienstraße 7b/c in Berlin einen Kreditvertrag in Höhe von DM 151 Mio. abzuschließen. Die NordLB vereinbarte mit ihm eine sofortige Auszahlung von 131 Millionen, die restlichen DM 15 Mio. sollten bei Erteilung der Baugenehmigung und Entmietung bezahlt werden. DJS empört sich heute noch über die sperrigen Banker: »Es war für mich nachgewiesenermaßen eine absolute Besonderheit, daß mein Kreditwunsch nicht 100 %ig sofort erfüllt wurde.« Und Schneider macht beim Objekt

»Tauentzienstraße« zum ersten Mal etwas, was sonst in seiner Verteidigungsschrift nie vorkommt: er lobt die Banker wegen ihrer kritischen Kreditüberprüfung: »Dies liegt an der ausnehmend kritischen Prüfung der NordLB bezüglich der bereits vorhandenen Bausubstanz. Die NordLB hat sogar das Entwicklungs- und Genehmigungsrisiko in Zahlen bewertet, und zwar in Höhe von DM 15 Mio.«

Nach allem, was wir jetzt nach der Lektüre von Schneiders Aussagen wissen, gilt das Prinzip: Vorsicht, wenn ein Schneider lobt, vor allen Dingen, wenn er die Banker lobt. Mit der Behauptung, sie hätten kritisch geprüft, will Schneider an dieser Stelle seines Epos den Eindruck vermitteln, daß sein erschlichener Kredit völlig korrekt und nicht etwa aufgrund heimlicher Betrugsmanövern erteilt wurde. Denn das hätten so kritische Banker ja selbstverständlich bemerkt!

Das Schneider-Lob hat natürlich einen »Pferdefuß«. Auf Seite 89 seiner Rechtfertigungsschrift holt Schneider zum argumentativen Gegenschlag aus. Nachdem die NordLb trotz seiner semantischen Sperenzchen darauf besteht, nun tatsächlich auch den Kaufpreis, so wie er im Kaufvertrag gestanden hat, zu erfahren, bleibt Schneider nicht anderes übrig, als die Karten zumindest teilweise aufzudecken. Schneider berichtet über diesen unangenehmen Vorgang: »Dieser Kaufvertrag hat einen Kaufpreis von DM 83 Mio. Mit dieser Vorlage des Grundstückskaufvertrages war die vertragliche Verpflichtung erfüllt. Mehr hatte ich nicht nachzuweisen!«

Die marginale Differenz von 68 Millionen Mark zum bewilligten und ausgezahlten Kredit begründet Schneider der Bank gegenüber – die sich jetzt natürlich reingelegt fühlt, als sie die viel niedrigere echte Kaufsumme erfährt – mit den bekannten »Störern«: Schneider behauptet: »Der Differenzbetrag in Höhe von DM 68 Mio. an der Gesamtanschaffungssumme waren damals drohende Abfindungsansprüche von Störern, die von dem Geschäft Wind bekamen und mit Überbietungen drohten, um mir das Geschäft wegzuschnappen. Ich habe diese Kosten für die Abfindung der Störer als ›Worst-case-Betrachtung‹ in der Kalkulation meiner Finanzierungsanfrage berücksichtigen müssen.« Und nun gelingt es dem kleinen, dicken Toupetträger mit der nötigen Übung aus dem Bankenbereich, wieselflink die »Störer« ins Leere laufen zu lassen: »Durch die schnelle Kaufvertragsabwicklung ist es mir gelungen, die Störer abzuhängen. Das Geld konnte verdient werden, indem ich auf andere Ansprüche, die ich wiederum in Leipzig hatte – an Objekten, welche die Störer interessierten – diese abtauschte.« Wer zu solch klugen Manövern in der Lage ist, darf das dabei gewonnene Geld selbstverständlich behalten: »Nachdem die Störer abgehängt waren, habe ich in meinen Akten die 68 Mio. DM als stille Kalkulationsreserve ausgewiesen. Ich habe anläßlich des Besuches von Herrn Goebel am 11. 1. 1993 einige Unterlagen der *vorgesehenen* Abrechnung mit den Störern gezeigt.«

Schneider stellt es in seiner Verteidigungsschrift so dar, als habe die Bank dann – nach Einsicht ihres Mitarbeiters Leonhard Goebel in die »Störverträge« – plötzlich und ohne Begründung mehr Unterlagen für die Werthaltigkeit des Objektes sehen wollen.

Dafür gab es allerdings einen ganz konkreten Anlaß, den Schneider in seiner Rechtfertigungsschrift totschweigt. Wir haben ihn in den uns zur Verfügung stehenden Akten gefunden: am 1. März 1994 tauchte bei der NordLB ein Dr. Manfred Wawer aus Bad Soden auf. Dieser Mann sollte frisches Geld für Schneider besorgen. Offenbar hatte ihm sein Königsteiner Auftraggeber aber nicht präzise genug gesagt, bei welchen Banken er schon in der Kreide stand. Und so wandte sich Dr. Manfred Wawer an die Norddeutsche Landesbank, die sein Kreditbegehren mit Erstaunen zur Kennntnis nahm. In seiner Vernehmung vor dem Bundeskriminalamt beschreibt Werner Schildt, ein Vorstandsmitglied der NordLB, die überraschende Begegnung: »Ich habe Herrn Dr. Wawer erklärt, daß wir bereits ein größeres Engagement von Schneider in den Büchern haben und aufgrund der starken Expansion uns Zurückhaltung auferlegt hätten, daß ich mir aber die Vermögensaufstellung ansehen wolle und danach eventuell ein erneutes Gespräch stattfinden könnte.«

Herr Dr. Wawer hatte jene ausdrucksstarke »Klenke-Liste« mitgebracht, auf der Schneiders Privatvermögen mit 3,7 Milliarden Mark beziffert wurde. Werner Schildt betrachtet die drei Seiten und vergleicht sie mit Schneiders Liste aus dem Vorjahr, die der Bank zur Verfügung steht. Dabei fallen ihm gleich zwei Dinge auf, die er auch bei seiner Vernehmung protokollieren läßt:

»1. Das von uns beliehene Objekt war nicht in der Vermögensaufstellung enthalten, und

2. die weiter angewachsene Barliquidität erschien mir bei der anhaltenden Expansion des Dr. Jürgen Schneider nicht schlüssig. Wenn jemand laufend neue Immobilien kauft, die noch keinen Ertrag abwerfen, sondern erst umgebaut oder saniert werden müssen, kann eigentlich sein Barvermögen nicht weiter wachsen, sondern müßte abnehmen. Ich habe dann einige Tage überlegt, wie dieses Phänomen entstanden sein könnte, und hatte dann den Verdacht, daß Herr

Dr. Jürgen Schneider eventuell Überfinanzierungen vornimmt und dadurch die Liquidität zustande kommt.«

Nach der Bedenkzeit schreitet der Banker zur Tat. Er beauftragt eine Mitarbeiterin der Berliner Niederlassung, die Grundakten des fraglichen Objektes in der Tauentzienstraße einzusehen. Dabei entdeckt die NordLB zum ersten Mal, daß sie einen völlig überhöhten Kaufpreis kreditiert hat. Nun folgen weitere Kontrollen. Die NordLB ermittelt bei den Mietern des Geschäftshauses und stellt fest, daß das aus dem Jahre 1961 stammende Büro- und Geschäftshaus nur eine Jahresmiete von DM 242 203,82 erbringt. Dies ist der zweite Schock, denn als tatsächliche Ist-Eingangsmiete für die Ertragsberechnung hatte Jürgen Schneider 780 000 Mark angegeben, mehr als das Dreifache. Solche Unklarheiten müssen beseitigt werden. Zunächst knöpft sich die NordLB die Mieten vor und verlangt von Schneider einen Nachweis über den tatsächlichen Mieteingang des Gebäudes Tauentzienstraße.

In seiner neunzigseitigen Stellungnahme argumentiert Schneider den Widerspruch zwischen den Mietsummen locker weg: »Auch der damalige Mieteingang des Gebäudes war uninteressant.« Dies, so Schneider, habe er der NordLB auch mitgeteilt, denn er habe geplant, das Objekt zu entmieten. »Die theoretische, rechnerische Miete des neu zu vermietenden, vorhandenen Gebäudes konnte kalkulatorisch monatlich DM 780 000 betragen. Diese ist im Finanzierungsantrag kalkulatorisch beschrieben.«

Durch Schneiders Störmanöver und seine hochgerechneten Zukunftsmieten fühlten sich die Banker arg hinters Licht geführt. Der Beleg, auf den der Vertreter der NordLB, Leonhard Goebel, einen Blick werfen darf für die Störerzusatzkosten, reicht ihnen nicht als Nachweis für einen Zusatzkaufvertag in Höhe von 68 Millionen. Als nun die NordLB von Dr. Jürgen Schneider zur zusätzlichen Sicherung ihres Kredites 60 Millionen verlangt, unterstellt ihr Schneider unlautere Motive: »Sie hatte in der Vermögensaufstellung ... gesehen, daß ungewöhnlich hohe Festgelder bei anderen Banken angelegt waren. Von diesem Kuchen will sie etwas abhaben und geht wie folgt vor: Sie schiebt mir in den sich nach ihrer Ansicht abzeichnenden Schwächen des Immobilienmarktes ein konstruiertes Fehlverhalten in die Schuhe. Ich habe den Kaufpreis falsch angegeben. Man setzt mich unter unzulässigen Druck (Erpressung) und versucht dies unter der Androhnung, die Öffentlichkeit herzustellen. Man wußte genau, daß nur eine aus der Luft gegriffene Verleumdung für mich bei meinen Kontakten zu 55 Banken eine Kettenreaktion von ähnlichen Versuchen und Festgeldverlangen auslösen konnte. Man verlangt unverschämt und frech unter Verletzung des Vertrages DM 60 Mio. Festgeld als Schweigegeld. Zwei Fliegen mit einer Klappe!!«

Uns liegt der Brief der Norddeutschen Landesbank, gefaxt am 9. März 1994 um 15.47 aus Hannover nach Königstein, vor. Von »Schweigegeld« ist darin nicht die Rede. Statt dessen schreiben die Banker ihrem »sehr geehrten« Jürgen Schneider: »Offenbar ist es uns nicht gelungen, Ihnen die Ernsthaftigkeit und Dringlichkeit unserer Besorgnis in dieser Angelegenheit vor Augen zu führen. Wir weisen noch einmal darauf hin, daß wir Ihnen in unserem Schreiben vom 7. 3. 1994 klare Handlungsalternativen aufgezeigt haben. Dabei haben wir uns als Alternative für eine bis inklusive 11. 3. 1994 zur erfolgende Sachverhaltsaufklärung zur zwischenzeitlichen Sicherstellung unserer Position die Verpfändung eines Festgeldes zu unseren Gunsten in Höhe von DM 60 Mio. ausbedungen.« Damit ist klar, daß die NordLB – anders, als Schneider es darzustellen versucht – nicht etwa an seine Festgelder kommen will, sondern lediglich darum bittet, bis zu einer Klarstellung ihrer durchaus berechtigten »Besorgnis« die Hypothek durch eine zusätzliche Sicherheit stabil zu machen. Schneider muß sehr genau gewußt haben, daß er die Sorgen der Banker nicht würde zerstreuen können. Es gab nämlich keine korrekte Erklärung für die Differenz zwischen den tatsächlichen monatlichen Mieteinnahmen in Höhe von 242 000,– DM zu der von Schneider angegebenen Einnahme über 780 000 DM.

Also tritt Jürgen Schneider die Flucht nach vorne an und dreht den Spieß um. In seiner Wahrnehmung ist die Besorgnis der Banker bloße Unterstellung und üble Erpressung. Um sich gegen diese »unverschämten« Forderungen der NordLB zu wehren, nimmt sich Jürgen Schneider Anfang März einen Anwalt. Dieser Rechtsberater ist der Mainzer Anwalt Horst Schneider, den der Königsteiner Unternehmer am 17. März 1994, also nur wenige Tage später, zu seinem Generalbevollmächtigten machen sollte.

Die »frechen« Banker der NordLB bestellt Jürgen Schneider zu einer Aussprache in seine »Villa Andreae« nach Königstein.

Bei diesem Gespräch am 11. März 1994 in Königstein treffen sich die Herren Horst von Behren, Direktor der Norddeutschen Landesbank, Filiale Hannover, und Dr. Eike Florkowski, Syndikus in der Rechtsabteilung der NordLB, ebenfalls Filiale Hannover, mit den Herren Schneider und Schneider.

Dieses Treffen interessierte auch die Ermittler des Bundeskriminalamtes. Sie vernehmen den Bankdirektor. Das Protokoll der Zeugenaussage liest sich wie eine Realsatire. Schneider behandelt die angereisten Banker wie »Staubsaugervertreter« und zieht alle Register seiner bis dahin stets erfolgreichen Verhandlungsstrategie. Zunächst einmal stellt er den Bankbesuchern seinen Rechtsanwalt Horst Schneider vor. Horst von Behren erinnert sich: »Zur Begründung für die Anwesenheit eines Rechtsanwaltes merkt Dr. Jürgen Schneider eingangs an, daß die an ihn gerichteten Schreiben der Bank Ausführungen enthielten, die es für ihn angeraten erscheinen ließen, umgehend Rechtsbeistand zu der Besprechung hinzuziehen.« Dann, so von Behren weiter, gibt Schneider seine persönliche Betroffenheit deutlich zu erkennen: »Herr Dr. Jürgen Schneider gab zum Ausdruck, daß ihm derartige Vermutungen, wie sie ihm gegenüber per Brief geäußert worden seien, in seinem ganzen Leben noch nicht untergekommen seien. Dr. Jürgen Schneider wirkte jedoch weder besonders angespannt noch nervös, eher gelassen.« Von Behren hat besonders den Schneiderschen Eröffnungszug zum Sachgespräch in Erinnerung. Dies geschah, so gibt er zu Protokoll, »durch eine Wendung wie: »Ich verstehe gar nicht, was Sie eigentlich wollen, erläutern Sie mir doch einmal, was eigentlich Ihr Anliegen ist.«

Von Behren, derart provoziert, versucht es mit Fakten: »Ich habe versucht, ohne Umschweife oder längere Vorreden ihm den von uns gehegten Verdacht, nämlich über die Höhe des tatsächlichen Kaufpreises getäuscht worden zu sein, anhand der von uns gemachten Feststellungen darzulegen. Die insoweit schon angesprochenen Fakten, die ich im Gegensatz zu den von Dr. Jürgen Schneider gemachten Angaben in der Finanzierungsanfrage gestellt habe, wurden von ihm zunächst nicht kommentiert. Die Gesprächstaktik von Dr. Schneider änderte sich im Gesprächsverlauf häufig. Zunächst versuchte Schneider, unsere Erkenntnisse aus der Grundbucheinsicht unkommentiert im Raume stehen zu lassen und durch vage verbale Grundsatzdarlegungen den Eindruck zu erwecken, daß es am Immobilienmarkt für erstklassige Objekte durchaus üblich sei, neben einem notariellen Kaufpreisanteil einen weiteren, erheblichen Anteil außerhalb des notariellen Kaufvertrages zu bezahlen. Er habe in diesem Fall Mitbewerber und Störer für den von ihm beabsichtigten Erwerb herauskaufen oder abfinden müssen. Auf die Frage, auf welche Rechtspositionen er denn gezahlt habe, reagierte Schneider unwirsch mit dem Bemerken, ich sei wohl über die Praxis im Großimmobilienmarkt nicht informiert.«

Dr. Jürgen Schneider – so schildert von Behren den weiteren Gesprächsverlauf in der »Villa Andreae«, rastet völlig aus und tobt zunächst wüst mit den Bankern. Nach einer Zeitlang kommt Schneider aber wieder auf den vornehmen Teppich zurück. Von Behren dazu: »Im Lauf der Verhandlung änderte Dr. Jürgen Schneider seine Gesprächstaktik dahingehend, daß er in dem Maße, in dem er gegen harte Vorwürfe keine harten Entlastungsargumente oder -nachweise liefern konnte oder wollte, auf mögliche Maßnahmen als Konsequenz aus einem fruchtlosen Gesprächsablauf hinlenkte. Dabei spitzte sich die Alternativenstellung wie folgt zu. Eindeutig stellte Dr. Jürgen Schneider als Konsequenz aus dem Gespräch heraus, daß er die von uns als Alternative angesprochene Sicherheitsverpfändung eines Festgeldes in Höhe von DM 60 Mio. nicht leisten werde.«

Einem Schneider, das macht der Investor den Hannoveranern klar, schlägt man nichts ab, einem Schneider stellt man keine Bedingungen, und an sein Festgeld geht man schon überhaupt nicht. Mit großer Geste verkündet er, er werde den Kredit in Höhe von 131 000 Millionen Mark auf einen Schlag zurückzahlen. In zähen Verhandlungen erreicht er sogar, daß die Bank ihm die Vorfälligkeitszinsen erläßt. Die Banker fahren zurück nach Hannover, nachdem ihnen Schneider fest zugesagt hat, daß er am 20. April 1994 die ihm geliehenen Million zurückbekommen werden.

Zufrieden sind sie damit nicht. Direktor von Behren hatte bereits seit dem Jahreswechsel 1993/94 nicht gerade Erfreuliches über seinen Großkunden Schneider gehört. Befreundete Banken boten gelegentlich nachträgliche Unterbeteiligungen an Schneider-Engagements an. »Überraschend war, daß Schneider-Engagements zu haben waren, ohne daß man diesen nachlaufen mußte. Gleichzeitig mit dieser Auffälligkeit erfolgte ein Anstieg der Gesamtverbindlichkeiten der Schneider-Gruppe.« Obwohl von Zweifel geplagt, kommen der Bankdirektor und sein Syndikus aus der Rechtsabteilung gegen Schneider nicht an. Von Behren hat in unguter Erinnerung, daß Jürgen Schneider massiv damit gedroht habe, daß auf die Bank immense Schadensersatzforderungen zukommen würden, »für den Fall, daß sie aus ihrer ungerechtfertigten Angriffssituation heraus die Reputation der Schneider-Firmengruppe in der Öffentlichkeit stören und einen eventuellen Insolvenzstrudel verursachen sollte.« Schneiders Alternativvorstellungen, so berichtet der Banker, sahen vor:

»Sich in Ruhe verklagen lassen und dies auspauken oder sich einen lästigen Störer vom Halse schaffen, daß man das gestörte Vertrauensverhältnis durch Rückzahlung des Kreditbetrages ein für allemal beendet.«

An diesem 11. März 1994 ist es Jürgen Schneider damit noch einmal gelungen, die Banker mit seinem Auftritt als Bautycoon zu beeindrucken. Zum letzten Mal fallen Geldgeber auf dieses Schauspiel herein.

Zu diesem Zeitpunkt laufen Schneiders Fluchtvorbereitungen bereits auf Hochtouren. Was er den Bankern selbstverständlich nicht erzählt, ist, daß er in diesen Tagen in großen Tranchen bereits Geld ins Ausland transferiert.

Schneider hatte wohl nie ernsthaft vor, der NordLB auch nur einen Pfennig zurückzuzahlen, denn seine Abreise aus Königstein war für Gründonnerstag, den 31. März, bereits fest geplant.

Doch damit sein »Rückzahlungs-Märchen« bis zu diesem Tag glaubhaft bleibt, übergibt er den Vorgang NordLB seinem völlig ahnungslosen Mainzer Rechtsanwalt Horst Schneider, der mit einigen Briefen die Modalität der Rückzahlung mit der Norddeutschen Landesbank abzustimmen versucht.

Die Norddeutsche Landesbank besteht darauf, daß die großen Worte, die Jürgen Schneider beim Treffen in der Villa »Andreae« so gelassen aussprach, nun auch in einem schriftlichen Vertrag bestätigt werden. Sie faxen an Rechtsanwalt Horst Schneider ein Vertragsexemplar, das die Herren von Behren und Dr. Florkowsi bereits unterschrieben haben. Nun fehlt nur noch die Unterschrift von Dr. Jürgen Schneider. Mehrmals und mit immer dringenderem Unterton mahnen die Hannoveraner diese Unterschrift an. Sogar am 8. April 1994 – Jürgen Schneider ist, unbemerkt von der Öffentlichkeit und natürlich auch von der NordLB, bereits seit einigen Tagen auf und davon – drängen die Banker in einem als Fax schon mal vorab versandten Brief an Rechtsanwalt Horst Schneider: »Da unseres Erachtens alle Voraussetzungen geschaffen worden sind, bitten wir um unverzügliche Rückgabe des von Ihrem Mandanten gegengezeichneten Schreibens vom 24. März 1994.«

Dr. Jürgen Schneider hat das Schreiben nie gegengezeichnet. Auch dafür ist ihm im Gefängnis eine Begründung eingefallen, die deutlich werden läßt, daß er sich auch in der Zelle noch für einen Bautycoon hält: »Der Rückzahlungstermin zum 20.4.1994 war allerdings sehr kurz für eine Neufinanzierung, unter besseren Bedingungen als bei der NordLB.« Schneider behauptet, daher habe er seine Unterschrift hinausgezögert, weil er über seinen Anwalt noch einmal verhandeln wollte. Außerdem seien ihm Indiskretionen der NordLB zu Ohren gekommen.Worum es dabei geht, verschweigt Schneider in seiner Stellungnahme, notiert dann aber empört: »Ich fühlte mich bezüglich der ganzen Angelegenheit durch Aussetzung unzulässigen Drucks seitens der NordLB zur Unzeit durch angedrohte Rufschädigung benachteiligt. Die NordLB erhielt Zwischenbescheid am 28.3. 94.«

Dabei ist es auch geblieben: die NordLB hat ihr Geld nie wiedergesehen. Doch Jürgen Schneider hat den wahren Schuldigen ausgemacht und weiß, wo sich die Bank ihr Geld wiederholen kann: »Durch die Maßnahmen der Deutschen Bank (Konkursantrag) konnte das Geschäft nicht zu Ende gebracht werden«, rechtfertigt er sich in der entscheidende Stellungnahme. Die Norddeutsche Landesbank Hannover hat, trotz eines Schadens von 48 Millionen Mark, keine Anzeige gegen Jürgen Schneider erstattet.

Betrügerischer Bankrott

Zehn Jahre Gefängnis. Das ist die Höchststrafe, mit der Jürgen Schneider rechnen muß. Dazu kann ihn der Richter dann verurteilen, wenn er es als erwiesen ansieht, daß Schneider aus »Gewinnsucht gehandelt hat oder wissentlich viele Personen in die Gefahr des Verlustes ihrer Vermögenswerte oder in wirtschaftliche Not« durch einen Bankrott im besonders schweren Fall gebracht hat.

Diese Höchststrafe sieht der Paragraph 283a des Strafgesetzbuches vor.

Staatsanwalt Dieter Haike nennt für den schwersten Vorwurf gegen Schneider, nämlich Bankrott durch Beiseiteschaffen von Vermögenswerten in einem besonders schweren Fall, auch den Paragraphen 283, Absatz 1 Nummer 1 und Absatz 2 Nummer 6 sowie den Paragraphen 53, Absätze 1 und 2 des Strafgesetzbuches.

245 Millionen Mark. So viel soll Schneider beiseite geschafft und dadurch letztlich den Bankrott ausgelöst haben. Im Haftbefehl formuliert Dieter Haike diesen Vorwurf auf knapp einer Seite: »Spätestens ab Anfang 1994 waren der Beschuldigte Dr. Utz Jürgen Schnei-

der und seine Ehefrau mit ihren geschäftlichen Aktivitäten überschuldet, da ihren Verbindlichkeiten in Höhe von 5000 000 000,00 Deutsche Mark nur Vermögenswerte in Höhe rund 3200 000 000,00 Deutsche Mark gegenüberstanden und ihre gesamten Immobilien einen jährlichen Verlust von zuletzt über 250 000 000,00 Deutsche Mark einbrachten. In Kenntnis dieser Situation transferierten sie im Februar und März 1994 ihre sämtlichen frei verfügbaren Vermögenswerte in Höhe von über 245 000 000,00 Deutsche Mark über London und Nassau/Bahamas auf Konten von ihnen gehörenden Treuhandgesellschaften bei der Union Bancaire Privée in Genf und setzten sie nicht zur Erfüllung ihrer Verbindlichkeiten ein. Da mit den Einnahmen aus den laufenden Geschäften die anfallenden Verbindlichkeiten nur zu einem geringen Teil beglichen werden konnten, war der Beschuldigte daraufhin im April 1994 auch zahlungsunfähig, so daß am 18. April 1994 das Konkursverfahren über sein Vermögen eröffnet wurde. Dem vom Gericht eingesetzten Konkursverwalter war infolge der Überweisung der frei verfügbaren Gelder auf ausländische Treuhandkonten der Zugriff auf diese beiseitegeschafften Gelder nicht möglich.

Der Beschuldigte handelte hierbei gewinnsüchtig, um sich ihm nicht zustehende erhebliche Vermögenswerte zu erhalten, und brachte dabei eine Vielzahl von an seinen Immobilienprojekten beschäftigte Handwerker in erheblichen wirtschaftliche Schwierigkeiten.«

Der Familientrust

»Ich wollte auf Sicht mehr Zeit für meine Frau und Sicherheit für meine Kinder schaffen.«

(Dr. Jürgen Schneider zum »family trust« in Genf)

»Der Jürgen war und ist ein Lügenbeutel«, urteilte Vater Richard Schneider über seinen Sohn.

Wie recht der alte Mann hat, das bestätigt sich für uns, als wir in der neunzigseitigen Stellungnahme Schneiders Auslassungen zum Thema »betrügerischer Bankrott« lesen.

Der Mann, der sich als »Retter der Altbauten« und Nobelsanierer in der Öffentlichkeit dargestellt hat, dem es angeblich immer nur darum ging, Werte zu erhalten, offenbart jetzt plötzlich geheime Pläne, die er angeblich schon lange gehegt hat.

Schneider behauptet, er habe das »Immobilieneigentum so umkonstruiert, daß der Verkauf von großen Teilen über das System von anonymen Gesellschaften am Markt geräuschlos durchgeführt werden konnte. Die Verkaufsorganisation stand.« Auf dem Wege der Geheimdiplomatie, so will Schneider glauben machen, wollte er all seine Häuser verkaufen. Damit hat er ganz offensichtlich eine Metamorphose durchlebt: vom Bewahrer zum Verkäufer. So jedenfalls beschreibt er es in seiner Stellungnahme. Zur Begründung fügt er an: »Ich kalkulierte meinen guten Ruf und die Werthaltigkeit meiner Immobilien ein, erwartete aber auf dem Immobiliensektor Probleme. Es wurde deutlich, daß sich im Rahmen der deutschen Wirtschaft die Banken aus dem Osten und dem Ostgeschäft vehement zurückziehen. Ich erwartete zum Ende des Jahres 1994 bis Anfang 1995 weitere Fragen der Banken nach der Entwicklung der Immobilien unter Hinweis auf die kommenden schlechten konjunkturellen Aussichten auf dem Immobiliensektor.«

Wenn man die umständlich beschriebene »Umkonstruierung des Immobilieneigentums« auf den Punkt bringt, so sagt Schneider mit hochtrabenden Worten eigentlich nur eins: Anfang 1994 sollte eine Art geräuschloser Winterschlußverkauf stattfinden: WSV bei DJS. Gewisse Vorbereitungen dazu traf Dr. Jürgen Schneider, wahrscheinlich wohl wissend, daß er völlig überschuldet war, schon im Laufe des Jahres 1993.

Zu diesem Zeitpunkt muß ihm klar gewesen sein, daß er seine Kredite nicht mehr bedienen konnte. Allein das Engagement bei der Deutschen Bank in Höhe von 1,2 Milliarden Mark erforderte – bei einem Zinssatz von 8,95 % – eine jährliche Zinsrückzahlung von 107,4 Millionen Mark, ohne jegliche Tilgung.

Die realen Mieteinnahmen aus seinen Objekten reichten bei weitem nicht, um diese Zinsforderungen abzudecken. So betrugen beispielsweise die tatsächlichen Einnahmen aus dem Objekt »Zeil-Galerie« jährlich nur 11,2 Millionen. Für dieses Objekt fielen jedoch Kreditzinsen von rund 40 Millionen pro Jahr an.

Für seinen Trader-Job, der unbemerkt und »geräuschlos« durchgeführt werden sollte, fand Dr. Jürgen Schneider über »Head Hunter« einen Mann namens Rolf H. Diederich, dessen Exklusiv-Vertrag für die Firma Arcona Ab, Stockholm, gerade ausgelaufen war.

Diederich ist Ingenieur und Architekt. In einer Art Dienstleistungsvertrag zwischen Schneider und Diederich erhielt er die Weisung, für Jürgen Schneider eine Verkaufsabteilung nach dessen Vorstellung aufzubauen. Im April 1993 beginnt die »Realty Administration GmbH« ihre Arbeit. Ziel dieser Gesellschaft war es, nach außen hin mit dem Schneider-Imperium nicht in Verbindung gebracht zu werden, sondern als sogenannter freier Trader Verkaufsverhandlungen über Schneider-Objekte zu führen. Jürgen Schneider wollte offensichtlich aus gutem Grund, daß am Markt seine umfassenden Verkaufsaktivitäten nicht bekannt werden, damit sein mühsam aufgebautes Image als »Bewahrer« nicht angekratzt würde. Als Geschäftsführer der »Realty Administration« arbeitete Mathias Düsterdick, der uns gegenüber – nach dem Verschwinden von Schneider – offen über seinen Auftrag gesprochen hatte.

Die Rolle der »Realty Administration« interessierte auch das Bundeskriminalamt. In seiner Zeugenvernehmung erwähnt Rolf H. Diederich, daß im Prinzip alle Verhandlungen während der gesamten Dauer unter Zeitdruck standen, weil ein kurzes Zahlungsziel seitens der Verkäufer – also von Schneider – Bedingung war. Dies – so macht er in seiner Aussage deutlich – stehe im Gegensatz zur sonst gängigen Praxis, wo stets ein längeres Zahlungsziel Verhandlungs- und Vertragsgegenstand ist.

Schneider muß jedoch zu dieser Zeit bereits unter ungeheurem Druck gestanden haben. Sein Bestreben: alles zu verkaufen, was sich verkaufen läßt, um so schnell wie möglich soviel Geld wie möglich zu retten. Dabei steht sich Schneider aber doppelt im Weg. Er ist einerseits gezwungen, möglichst viel Geld für die überkreditierten Objekte zu bekommen – sonst kann er seine laufenden Kreditverpflichtungen nicht mehr bedienen; andererseits aber ist er offenbar schon so größenwahnsinnig, daß er die realen Marktwerte seiner Häuser nicht mehr richtig einschätzen kann.

Rolf H. Diederich gibt ein genaues Beispiel, das vom Bundeskriminalamt wie folgt protokolliert wird: »Ende 1993 war für das Objekt Leipzig, Bamberger Haus, mit einem möglichen Verkaufspreis von DM 80 Mio. die Zielsetzung erreicht. Dr. Jürgen Schneider wollte zu diesem Preis gleichwohl nicht verkaufen und forderte als erhöhte Zielsetzung DM 100 Mio. ... Aus der von uns gefertigten Übersicht über die Bewertung des Bamberger Hauses entnehme ich folgende Schätzwerte: bei realistisch zu erzielenden Mietansätzen DM 58,5 Mio., bei maximal zu erzielenden Mietansätzen DM 76,8 Mio.«

Für Schneiders Ablehnung dieses am realen Marktwert orientierten, optimalen Kaufangebots kann es nur zwei Gründe geben: Dr. Jürgen Schneider hat bereits im April 1993 den Sinn für Geschäftsrealitäten völlig verloren. Und zweitens steckt er bereits so tief in der Schuldenfalle, daß er den Moment des großen Crashs hinauszuzögern versucht, indem er möglichst teuer verkauft. Doch weil er mit den gebotenen Preisen nicht zufrieden ist, wird überhaupt nichts verkauft.

Zur Begründung seiner heimlichen »Trader«-Aktivitäten fällt Jürgen Schneider in seiner neunzigseitigen Verteidigungsschrift ein romantisches Argument ein: Nach Jahrzehnten »harter Arbeit« als einer der erfolgreichsten Investoren der Republik wollte er – so ab seinem 60. Geburtstag – nur noch »Ehemann und Vater« sein: »Ich wollte mich aus Gesundheitsgründen und auf Bitten meiner Frau aus dem aktiven Firmenleben zu einem großen Teil zurückziehen. Im Jahre 1994 wollte ich mich von der GdbR und den Schneider-Firmen zurückziehen.«

Und damit es seinen Lieben auch immer recht gut gehe, auch wenn ihm etwas zustoßen würde, sollte ein »Familientrust« gegründet werden.

Zum ersten Mal räumt Schneider damit in seiner Stellungnahme ein, daß er alle Vorbereitungen getroffen hat, um Geldsummen aus der GdbR für einen privaten »Familientrust« abzuführen: »Es erfolgte die Vorbereitung eines Familientrusts in Genf bei der UBP als Zukunftsplanung ...« Dr. Jürgen Schneider findet für seine Geldtransaktion in seiner Stellungnahme eine verblüffende Erklärung, mit der er den Eindruck erwecken will, völlig legal gehandelt zu haben. Nie – so sagt er – habe er früher Vermögensübertragungen an Familienangehörige gemacht, doch schon länger über die Notwendigkeit nachgedacht: »Seit Jahren gehörte es zu meiner Idee – wie in anderen vermögenden Familien – einen Teil des Privatvermögens unabhängig von dem im Geschäft vorhandenen Vermögensteil im Ausland und insbesondere in der Schweiz anzulegen. Es war an die Gestaltung eines späteren Familientrusts schon seit einiger Zeit gedacht. Ich wollte auf Sicht mehr Zeit für meine Frau und Sicherheit für meine Kinder schaffen und gleichzeitig damit Gesundheitsrisiken und der Tatsache, daß ich schließlich 60 Jahre alt wurde, entgegenwirken.« Schneider wäre damit der erste gewesen, der mit Geld erfolgreich gegen das Alter angekämpft hätte. Doch die Idee muß seiner Frau gefallen haben: »Claudia Schneider begrüßte diese Vorhaben, aber den geschäftlich dazu eingeschlagenen Weg verstand sie überhaupt nicht. Die juristische und wirtschaftliche Gestaltung war ihr absolut unbekannt.« Nicht dagegen ihrem Ehemann. Jürgen Schneider geht davon aus, daß aus der GdbR ohne weiteres ein Geldbetrag – in diesem Fall 245 Mio. – auf andere Konten transferiert und als beständige Anlage angelegt werden könne.

Und als wolle er zeigen, daß es sich geradezu um einen lächerlichen Betrag handele, führt Schneider aus: »Der Betrag von DM 245 Mio. entspricht etwa 2,45 % des Gesamtwertes meines damaligen Bruttovermögens.«

Tatsächlich, um es salopp zu formulieren, »brennt Schneider zu diesem Zeitpunkt der Kittel«, und von irgendeinem Vermögen – brutto oder netto – kann schon gar keine Rede mehr sein. Anmaßend kommentiert Schneider die Anbahnung des Geldtransfers und die Motive hierfür in seiner Verteidigungsschrift. Er räumt ein, daß Djawadi ihm den Kontakt nach Genf geknüpft und für die Anlage bei der Union Bancaire Privée folgendes festgelegt und vereinbart hat: »Die Anlage des Geldbetrages sollte grundsätzlich in deutscher Währung erfolgen, damit über das Geld jederzeit verfügt werden kann.« Frech fügt er hinzu: »Der Geldtransfer sollte keinesfalls in bar erfolgen, sondern über Konten, damit der Weg immer klar und nachvollziehbar blieb. Und genau so geschah es.« Schneider, so versucht er zu erklären, kann es überhaupt nicht fassen, daß der Staatsanwalt in der Einrichtung seines »Familientrusts« die Herbeiführung eines »betrügerischen Bankrotts« entdeckt hat. Denn auch für die Tatsache, daß das Geld heimlich und über Umwege in die Schweiz geschafft wurde, hat der »Investor« eine Ausrede: »Die letztliche Anlage des Geldes sollte anonym erfolgen, um sich vor angestellten Mitarbeitern und den Medien zu schützen. Hierbei handelt es sich um einen normalen, unter Entnahmegesichtspunkten nach deutschem Recht steuerpflichtigen Vorgang einer GdbR. Die Buchungsanweisung lautete »Festgeldanlage«. Die verschleierten Geldwege des »Familientrusts« sind natürlich nicht auf seine Initiative zustande gekommen. Schneider findet auch hierfür einen Verantwortlichen: »Der Ablauf, der geplante Überweisungsweg und die Gestaltung des family trusts sind ausschließlich auf die Beratung und Entscheidung sowie Vorbereitung der UBP in Genf zurückzuführen.«

SCHWEIZER KONTAKTE

Die Bank an Schneiders Seite

»Er sagte, sein Immobilienvermögen betrage neun Milliarden Mark.«

(Morteza Firouz, UBP, über das erste Gespräch mit Dr. Jürgen Schneider)

Die Abkürzung UBP steht für die bekannte »Union Bancaire Privée«, eine Privatbank mit weltweiten Niederlassungen, so auch in Genf und London. Geleitet wird die Union Bancaire Privée von Edgar de Picciotto. Mit einem neuen Marketing und nach dem Aufkauf der Amexco-Niederlassung in Genf spezialisierte sich die UBP mit am Markt aggressiven Mitteln auf reiche Privatkunden. Sie soll über 35 Milliarden Schweizer Franken verwalten.

Sie gilt bei privaten Anlegern als Top-Adresse, um Geld sicher und profitabel anzulegen und vor unerwünschtem Zugriff zu schützen.

Dr. Jürgen Schneider gibt in seiner Stellungnahme an, er habe »Ende 1993/Anfang 1994 das Immobilieneigentum so umkonstruiert«, daß er verkaufen könne. Er verschweigt aber geflissentlich, was er außerdem noch in die Wege geleitet hat. Denn zu dieser Zeit fährt Schneider bereits zweigleisig. Die Firma »Realty Administration« hat von ihm den Auftrag, Verkaufsangebote für seine Immobilien einzusammeln. Gleichzeitig läßt Schneider von Vertrauten Erkundigungen einziehen, wie Gelder der GdbR für seinen »Familiensozialfonds« unerkannt im Ausland unterzubringen sind.

Nach unseren Recherchen hatte spätestens seit Herbst 1993 sein enger Freund und Vertrauter, der Iraner Mehdi Djawadi, von Schneider den Auftrag, nach Banken im Ausland zu suchen. Schon im September 1993 sprach Mehdi Djawadi einen der Mitarbeiter der UBP, Morteza Firouz, in Genf »ganz allgemein« darauf an, daß Geschäftspartner von ihm an einem Konto in der Schweiz Interesse hätten. Im Auftrag von Dr. Schneider reiste Djawadi dann öfter nach Genf.

Dieser Auftrag sollte Prof. Dr. Mehdi Djawadi unter einen schweren Verdacht bringen. Nach dem Verschwinden Schneiders im April 1994 ermittelt das Bundeskriminalamt gegen den Iraner. Staatsanwalt Haike erwirkt am 1. Juni 1994 einen Haftbefehl gegen Djawadi, in dem er ihm vorwirft, Schneider beim betrügerischen Bankrott

Hilfe geleistet zu haben. Der Staatsanwalt begründet diesen Verdacht auch mit dem Hinweis, daß Djawadi eine Vollmacht für die nach Genf transferierten 245 Millionen Mark hatte. Prof. Mehdi Djawadi verbringt eine halbes Jahr in Untersuchungshaft. Am 24. November 1994 hebt das Oberlandesgericht Frankfurt den Haftbefehl auf, weil der Staatsanwalt Djawadi nicht schlüssig nachweisen konnte, daß dieser bei der Vorbereitung des Geldtransfers für Schneider bereits gewußt habe, daß durch diese Aktion der Konkurs der GdbR Schneider herbeigeführt wird.

Tatsächlich hat sich Mehdi Djawadi bis zum Verschwinden von Jürgen Schneider sehr engagiert, um eine Verbindung zwischen Königstein und Genf zu stricken. Im Januar 1994 reiste Djawadi wieder einmal in die Schweiz. Diesmal wurde er gegenüber dem UBP-Mitarbeiter präziser und nannte erstmals den Namen »Schneider«.

Djawadi – so Firouz später in einer Vernehmung – habe Schneider als einen »Baulöwen« aus Deutschland beschrieben. Der Unternehmer wolle bei der UBP eine Stiftung oder einen Trust gründen.

Daß Djawadi für diese »Stiftungsgründung« Schneider ausgerechnet die UBP empfiehlt, kommt nicht von ungefähr. Morteza Firouz ist Sohn des Ali Firouz und der Heshi, geborene Eshtehardian. Firouz, Jahrgang 1959, ist in Teheran aufgewachsen. Djawadi und Firouz sind beide Iraner, haben sich über gemeinsame Freunde ihrer Familien kennengelernt und sich gelegentlich auch in Deutschland getroffen.

Die UBP und besonders die familiäre Anbindung zwischen Djawadi und Firouz kommen Schneider gerade recht. Nun wird Jürgen Schneider persönlich aktiv. Mit Frau Claudia reist er insgesamt viermal nach Genf, jedesmal in Begleitung von Djawadi, der immer dolmetschen muß. Das Verhältnis zwischen Firouz und den Schneiders wird immer besser, und Anfang 1994 lädt Dr. Jürgen Schneider »seinen Banker« auch nach Königstein ein. In einer seiner ersten Aussagen vor dem Schweizer Staatsanwalt Kasper-Ansermet erinnert sich Firouz an seinen Besuch im Taunus und an den Geschäftssitz des Herrn Schneider, der ihn offensichtlich sehr beeindruckt hat. Dabei, so erzählt er, handelte es sich um ein herrliches Schloß, »welches mit sehr viel Geschmack eingerichtet war. Dieses Anwesen war sehr gut mittels eines ausgefeilten Überwachungssytems bewacht. Vorher hatte mir Herr Djawadi im Detail über den guten Ruf und die gute finanzielle Lage des Herrn Schneider berichtet und auch darüber, daß dieser Gelder aus seinem privaten Immobilienvermögen plazieren wolle.«

Als ein Motiv Schneiders, Privatgelder im Ausland zu deponieren, so erinnert sich der iranische Banker Firouz, schien für Schneider »eine bevorstehende Wahl in Deutschland, die er dahingehend befürchte, daß diese ungünstige Auswirkungen für Privatunternehmer nach sich zieht«.

Schneider war es offensichtlich gelungen, bei den insgesamt drei Besuchen des Monsieur Firouz in Königstein reichlich Eindruck zu schinden. Richtig überzeugen konnte Schneider ihn schließlich mit einer Aussage, die Banker immer wieder gern hören: »Er sagte, sein Immobilienvermögen betrage neun Milliarden DM, wobei diese Immobilien mit Hypotheken von deutschen Banken in Höhe von fünf Milliarden belastet seien. Dr. Jürgen Schneider betonte, daß er immer und ausschließlich mit deutschen Banken, insbesondere mit der Deutschen Bank, zusammengearbeitet habe.«

Was Schneider später mit Vorliebe zu seiner »Entlastung« anführen wird, sind die berühmten Empfehlungsschreiben der Deutschen Bank, der Commerzbank und der Bayrischen Hypotheken- und Wechselbank. Mit diesen Empfehlungsschreiben will er belegen, daß die Banken von ihm persönlich über den Transfer der Festgelder informiert waren. Jürgen Schneider wörtlich: »Ich hatte von unsern privaten Festgeldern 245 Millionen D-Mark auf ein unseren Hauptbanken zuvor benanntes *Genfer* Bankinstitut offiziell überwiesen. Die Banken waren von uns vorher informiert. Die Deutsche Bank und andere haben sogar *dort* sehr gute schriftliche Referenzen für uns abgegeben.«

Das ist eine freche Lüge. Seit dem 3. März 1994 hat Schneider bereits 129,3 Millionen in sechs Tranchen mit Hilfe seiner Tarnfirmen über London und die Bahamas nach Genf transferiert. Als wir die fast wortgleichen, von Schneider als Empfehlungsschreiben für den »Geldtransfer« und die Zusammenarbeit mit der Union Bancaire Privée ausgegebenen Briefe lesen, kommen wir zu ganz anderen Schlüssen.

Empfänger dieser Briefe ist nicht etwa die *Genfer* Union Bancaire Privée in der Schweiz, auf der Schneiders Geld zu großen Teilen bereits gut getarnt eingetroffen ist, sondern die britische Filiale der UBP in *London*. In den Briefen wird auch mit keinem Wort eine Festgeldanlage zu günstigem Zinssatz thematisiert, wie Schneider später behaupten wird. Der Brief der Deutschen Bank, Filiale Baden-Baden, ist ganz anders abgefaßt. Hintergrund des Briefes ist wahrscheinlich, daß Schneider den Bankern gesagt hat, er brauche eine

Art Empfehlung für ein weiteres Bauvorhaben, das ihm die UBP in London finanzieren solle. Dieser Eindruck entsteht jedenfalls, wenn man den Brief genau liest. Da schreibt die Filiale der Deutschen Bank in Baden-Baden, mit der Schneider sein erstes großes Bauprojekt – das »Goldene Kreuz« – finanziert hat, mit Datum vom 9. März an die Union Bancaire Privée in der »Upper Brook Street 39« in London: »Sehr geehrte Damen und Herren, wir kennen Herrn Dr. Schneider aus langjähriger, sehr angenehmer Zusammenarbeit. Die Eheleute Schneider verfügen über erhebliche Immobilienvermögen an erstklassigen Standorten in der gesamten Bundesrepublik. Wir haben wesentliche Objekte der Eheleute Dr. Schneider in einer Größenordnung von weit über DM 100 000 000,– finanziert und schätzen aus diesen Abwicklungen Herrn Dr. Schneider als exzellenten Fachmann für die Realisierung von Großprojekten. Wir gehen davon aus, daß die Objekte, die die Eheleute Schneider angehen, stets voll im Rahmen ihrer Finanzierungsmöglichkeiten liegen.«

Für Schneider natürlich ein Riesenerfolg, daß es ihm gelungen ist, die Deutsche Bank knapp vier Wochen vor seiner Flucht noch zu einem solchen Schreiben zu bewegen.

Sicher war die Briefaktion Teil von Schneiders Gesamtplan. Denn diese »erschlichenen« Empfehlungsbriefe konnte er hinterher als Beweis dafür vorlegen, daß die Banken von seinem Transfer gewußt haben, ihm sogar wegen des günstigeren Zinssatzes dazu geraten hätten. Tatsächlich aber benötigte Schneider derartige Empfehlungsschreiben überhaupt nicht. Denn am 9. März 1994, als die Deutsche Bank, Filiale Baden-Baden, ihren Brief nach London abschickt, hat Schneider den Weg für sein Geld längst freigemacht.

Jürgen Schneider und der Mitarbeiter der UBP Genf, Morteza Firouz, müssen sich schon im Januar 1994 einig gewesen sein. Dank dieser guten Beziehung landen schließlich die berühmten 245 Millionen Mark in Genf auf Konten der UBP.

Es ist Mittwoch, der 8. Juni 1994, 14.30 Uhr im Genfer Justizgebäude. Es erscheint Morteza Firouz, Mitarbeiter der Union Bancaire Privée und Kontoführer des Dr. Jürgen Schneider.

Im einem der Vernehmungszimmer des ehrwürdigen »Palais de Justice« erwarten ihn Dieter Haike, der ermittelnde Frankfurter Staatsanwalt in Sachen Schneider, sowie die beiden Kriminalhauptkommissare Klaudia B. und Georg R. vom Bundeskriminalamt in Wiesbaden. Nachdem Firouz geschworen hat, daß er die Wahrheit sagen werde, ohne Haßgefühle gegen die Parteien und ohne die eine oder andere zu bevorzugen, beginnt ein langes, intensives Verhör. Zunächst interessiert die deutschen Beamten die Frage, welchen Sinn eine Kontoeröffnung Schneiders im Ausland hatte. Schneider hatte erklärt – so Firouz –, »daß er einen Teil seines persönlichen Vermögens abtrennen wolle, um damit einen Familientrust zu errichten, dessen Begünstigte seine Kinder seien. Wir haben Off-shore-Gesellschaften gegründet, deren Begünstigte die Eheleute Schneider waren. Wir haben auch mit der Errichtung eines Trusts begonnen, dessen erste Begünstigte die Eheleute Schneider und nach deren Verschwinden die Kinder Schneider waren. Herr Djawadi sollte der Treuhänder sein.« Den Staatsanwalt interessiert hauptsächlich, wer die Idee einer Gründung von Off-shore-Gesellschaften hatte und warum die Gelder zur Tarnung über London, Nassau/Bahamas nach Genf geleitet werden sollten. Der Zeuge Firouz bestreitet, daß es um Tarnung ging. Vielmehr, so habe ihm Schneider erklärt, wolle er nicht die Aufmerksamkeit seines Personals in der Buchhaltung durch die Plazierung der Gelder auf sich ziehen.

Dann macht Firouz eine sehr wichtige und eindeutige Aussage: »Die Off-shore-Gesellschaften wurden auf Wunsch des Herrn Schneider gegründet. Er hat diesen Wunsch der Gründung von Off-shore-Gesellschaften bereits bei den ersten Gesprächen Anfang Februar 1994 geäußert … Herr Schneider wollte keinen Transfer direkt von London nach Genf. Es handelte sich sehr wohl um 245 Millionen Mark, die auf die Bahamas flossen. Der gleiche Betrag mit dem gleichen Datum der Wertstellung ging in Genf ein. Der Differenzbetrag von ca. 15 Millionen wurde von Herrn Schneider mit zwei Bankschecks entnommen. Es handelte sich hierbei um zwei Inhaberschecks, die ihm persönlich übergeben wurden. Herr Schneider erklärte, daß diese ein Geschenk für seinen Bruder darstellten … Wir wissen, daß diese Schecks bei einer Bank in Liechtenstein eingelöst wurden.«

Diese Aussage des Zeugen Firouz, der seine Angaben beschwört, muß die deutschen Ermittler hoch erfreut haben, denn damit sind im Kern Schneiders »Geldgeschichten« widerlegt. Firouz bestätigt die Vermutung, daß die Initiative für das Beiseiteschaffen der 245 Millionen über London und die Bahamas nach Genf mit Hilfe dreier Off-shore-Gesellschaften von Schneider ausging und diese Modalitäten von langer Hand geplant waren. Auch das Motiv für die Begünstigung der Schneider-Kinder wird von Morteza Firouz benannt: ihnen sollten die Millionen dann gehören, wenn Papa und Mama Schneider »verschwunden« sind.

Bereits zwei Wochen nach seinem Abtauchen, so erfahren die Ermittler von Morteza Firouz, hat Schneider aus seinem Versteck heraus versucht, einen erneuten Transfer der Millionen in die Wege zu leiten.

Morteza Firouz gibt zu Protokoll: »Etwa zwei bis drei Wochen nach dem Arrest über das Vermögen und dem Skandal in Deutschland erhielt ich einen Anruf von Herrn Schneider, der um einen Transfer bat. Den Betrag hat er nicht präzisiert. Bevor er weitere Anweisungen gab, habe ich ihn davon in Kenntnis gesetzt, daß alle Konten gesperrt seien. Er war sehr überrascht. Er hat mich gefragt, ob *alles* gesperrt sei, was ich ihm bestätigt habe.«

Tarnen in Tortola

»Die Dinge mußten auf lange Sicht vorbereitet werden.«

(Jürgen Schneider in seiner Stellungnahme zum Transfer der 245 Millionen)

Die Begriffe »Off-shore-Gesellschaft«, »Off-shore-Finanzierung« oder »Off-shore-Geschäfte« finden sich alle im »Wörterbuch der Geldwäscher«.

Sinn solcher Off-shore-Geschäfte ist die profitable Geldanlage, fast steuerfrei, ohne große Bankenaufsicht und vor allem, wie im Fall Schneider, mit der Möglichkeit, Geldwege vor Dritten zu verbergen.

Morteza Firouz beschreibt in seiner Zeugenaussage exakt, daß die UBP drei Gesellschaften für Jürgen Schneider gegründet hat. Nach langen Recherchen werden uns Dokumente zugespielt, mit denen wir Schneiders Geldtransfer genau rekonstruieren können.

Der 24. Januar 1994 ist für die Herren Carlos Cordero, Lorenzo Marquinez und Jaime E. Alemán ein besonderer Tag.

Ob in der Road Town in Tortola an diesem Tag die Champagnerkorken knallten, läßt sich aus den uns vorliegenden Dokumenten natürlich nicht entnehmen, ist aber eher unwahrscheinlich, denn die Gründung von Tarnfirmen gehört bei diesen Herren zum Berufsalltag.

Fest steht, daß an diesem Tag auf den britischen Virgin Islands drei Firmen gegründet und ins internationale »Business Companies

Ordinance«, eine Art internationales Handelsregister, eingetragen werden.

Es sind die Firmen Kirsten Investments Inc., Hatfield Trading Ltd. und Lansing Overseas Corp. Gründungsmitglieder dieser bedeutenden Firmen sind in allen Fällen die Herren Carlos Cordero und Lorenzo Marquinez. Unterzeichnet und autorisiert sind die Gründungsurkunden jeweils von Jaime E. Alemán. Ein prächtiger Stempel des »Government of the British Virgin Islands« mit der Königskrone im Mittelpunkt legitimiert die Urkunde. Alle drei Herren sind Teilhaber der Kanzlei »Alemán, Cordero, Galindo & Lee Trust Limited, Road Town, Tortola«, die darauf spezialisiert ist, internationalen Anlegern die passende Off-shore-Gesellschaft zu gründen.

Ein paar Tage später, am 8. und 9. Februar 1994, werden die frisch gegründeten Gesellschaften aktiv. Es treffen sich die Herren Carlos Cordero und Lorenzo Marquinez, um die ersten und einzigen Direktoren jeweils für die drei Firmen zu benennen.

Der Einfachheit halber benennen sich die Herren Carlos Cordero und Lorenzo Marquinez gleich selber als erste Direktoren der drei Gesellschaften Kirsten, Hatfield und Lansing. Ihre Ernennung wird jeweils von Jaime E. Alemán, vermutlich dem einzigen Unterschriftsberechtigten der Kanzlei, unterzeichnet.

Am 2. März 1994 kommt es zu einer Generalkonferenz aller drei Gesellschaften. Anwesend sind die Direktoren Carlos Cordero und Lorenzo Marquinez.

Es gibt viel zu tun.

Um 8.00 Uhr treten die Herren Direktoren der Firma Kirsten Investments Inc., Carlos Cordero und Lorenzo Marquinez, zusammen. Sie beschließen einstimmig, einer weiteren Firma, der »Fidulex Management Inc.«, eine begrenzte Vollmacht zur Kontoführung für Kirsten Inv.Inc. bei der Union Bancaire Privée (UBP) in Genf zu erteilen.

Die Konferenzen reißen nicht ab.

Um 11.00 Uhr treten die Herren Direktoren der Firma Hatfield Trading Ltd., Carlos Cordero und Lorenzo Marquinez, zusammen.

Sie beschließen einstimmig, einer weiteren Firma, der »Fidulex Management Inc.«, eine begrenzte Vollmacht zur Kontoführung für die Hatfield Trading Ltd. bei der Union Bancaire Privée (UBP) in Genf zu erteilen.

Nach einer ausgiebigen Mittagspause geht der Streß weiter.

Um 14.00 Uhr treten die Herren Direktoren der Firma Lansing

Overseas Corp., Carlos Cordero und Lorenzo Marquinez, zusammen. Sie beschließen einstimmig, einer weiteren Firma, der »Fidulex Management Inc.«, eine begrenzte Vollmacht zur Kontoführung für die Lansing Overseas Corp. bei der Union Bancaire Privée (UBP) in Genf zu erteilen.

Dieser Konferenzmarathon hat gute Gründe.

Es ist der Schlußpunkt einer ausgeklügelten Taktik, die den Weg von Schneiders Millionen von Königstein bis Genf verschleiern soll.

Mit dem Sitzungsstreß am 2. März 1994 sind alle Voraussetzungen für einen Geldfluß geschaffen, der mit dem Namen »Schneider« nicht mehr in Verbindung zu bringen ist.

Schneider hat jetzt die Möglichkeit, seine Millionen von Königstein aus auf das vorher eingerichtete Konto mit der Konto Nr. 6222 bei der UBP-Filiale in London zu deponieren.

Von hier aus werden die Beträge entsprechend seinen Anweisungen als Gesellschaftsanteile in die Tarnfirmen eingezahlt. Damit verwandelt sich Schneiders Geld auf dem Papier in Gesellschaftsanteile der drei Tarnfirmen. Der Name Dr. Jürgen Schneider als Einzahler für die Gesellschaftsanteile taucht da schon nicht mehr auf. Mit Hilfe der Firma »Fidulex« eröffnen nun die drei Tarnfirmen auf Virgin Islands ihre Geschäftskonten bei der UBP in Genf und überweisen auf diese Konten die ursprünglich von Schneider eingezahlten Millionen. Damit hat Schneider sein Geld dreifach zu sichern versucht.

In seiner neunzigseitigen Stellungnahme geht Jürgen Schneider auf diese Vorgänge in Tortola so gut wie gar nicht ein. Die Namen der Off-shore-Gesellschaften erwähnt er nur am Rande, für ihre Einrichtung gibt er keine Begründung. Er räumt ein, daß er sich in diversen Verhandlungen mit der UBP um einen möglichst anonymen Transfer der Gelder bemüht hat: »Die Dinge mußten auf lange Sicht vorbereitet werden.« Doch die »Dinge«, die man ihm heute anlastet, schiebt er auf das Konto der UBP: »Ich verstand von derartigen Auslandsgeschäften nichts und wußte nicht einmal, wie ein Trust funktioniert ... Es wurden viele Dokumente, die die UBP vorlegte, blind unterschrieben. Es waren dabei auch weiße, unbedruckte Papiere vorhanden, die blanko unterzeichnet wurden. Dies alles geschah, um möglichst selten nach Genf reisen zu müssen und um der Bank für die formale Organisation den entsprechenden Handlungsspielraum einzuräumen.«

Entscheidend an dieser »formalen Organisation« war für Schneider die Garantie, daß er persönlich über seine Millionen verfügen konnte, die formal ja nun den drei Tarnfirmen auf Tortola gehörten. Hierzu gibt es im internationalen Bankgeschäft die Möglichkeit, daß Firmen selbst bestimmen können, wer den wirtschaftlichen Nutzen der Gesellschaftsanteile hat.

Am 28. Februar 1994 unterzeichnen Dr. Utz Jürgen Schneider und Claudia Schneider-Granzow drei Urkunden für die Firmen Kirsten, Hatfield und Lansing, die sie als »Beneficial Owner«, das heißt als »wirtschaftlich Berechtigte«, ausweisen.

Damit ist es dem Königsteiner gelungen, ein verschachteltes System von Tarnfirmen aufzubauen, das den Zugriff auf »Schneider-Geld« zunächst verhindert. Doch die Zusage der »wirtschaftlichen Berechtigung« garantiert ihm selbst, daß er jederzeit Zugang zu seinem gut getarnten Vermögen hat.

Als Schneider von seiner Bank in Genf am 2. März 1994 die Mitteilung erhält, daß die Pipeline für sein Geld fertig ist und die Millionen nun »geräuschlos« fließen können, fängt er an zu pumpen.

Der Geldtransfer auf das Konto Nr. 6222 der UBP in London erfolgt in elf Tranchen und umfaßt sämtliche frei verfügbaren Festgelder der GdbR Jürgen und Claudia Schneider bis auf den letzten Pfennig.

Datum	anweisende Stelle	Betrag	überweisende Stelle
03. 03. 94	DJS	40,0 Mio.	Voba Königstein
03. 03. 94	DJS	13,0 Mio.	T.M.G. Wiesbaden
03. 03. 94	DJS	29,5 Mio.	Arnaud de Vienne
07. 03. 94	DJS	10,7 Mio.	H.C.M. München
08. 08. 94	DJS	25,0 Mio.	Bayer. Hyp. Kempten
08. 03. 94	DJS	11,1 Mio.	Goldmann, Sachs. Ffm.
16. 03. 94	DJS	24,4 Mio.	Bankhaus Lampe
17. 03. 94	DJS	21,0 Mio.	Voba Königstein
18. 03. 94	DJS	16,0 Mio.	Bankhaus Löbbecke
23. 03. 94	DJS	29,0 Mio.	Voba Königstein
29. 03. 94	DJS	25,0 Mio.	Voba Königstein
		244,7 Mio.	

Für uns sind die vorliegenden Dokumente der »Virgin Islands-Offshore«-Gesellschaften und die jetzt nachvollziehbare Verschleierungstaktik ein Beweis dafür, daß Schneider tatsächlich von langer Hand, also schon seit Herbst 1993, Vorbereitungen traf, sein Geld unbemerkt in Sicherheit zu bringen. Darüber hinaus belegen die Unterlagen, daß er durchaus aktiv dafür gesorgt hat, daß die Millionen nicht in London verblieben, sondern ihr Weg so gründlich wie möglich verschleiert wurde. In seiner neunzigseitigen Stellungnahme streitet Jürgen Schneider die entsprechenden Vorwürfe der Staatsanwaltschaft ab: »Der zusätzliche ›Geldpuffer‹ in London war selbstverständlich für das Unternehmen eingeplant und verfügbar.« An dieser Stelle, so scheint es, ist er zwischen »family trust« und »Puffer« so hin- und hergerissen, daß ihm die eigene Argumentationslinie kurzfristig entfallen ist. Schließlich rettet er sich, ganz Geschäftsmann, in eine pekuniäre Begründung: »Die Überweisung des Geldbetrages von 245 Mio. erfolgte in Absprache mit der Buchhaltung nach London, unter dem Hinweis zunächst darauf, daß in London eine bessere Zinszahlung zu erwarten sei. Ich handelte ca. 6 % aus, die mit 5,77 % am 28. 4. 1994 von UBP London für alle nach London transferierten Mittel bestätigt wurde. Zum Zeitpunkt meines Urlaubs im April 1994 war ich der Meinung, daß das Geld dort noch so angelegt sei, wie mir dies am 28. April 1994 bestätigt wurde. Ich selbst ging davon aus, daß das Geld letztendlich in die beiden Gesellschaften Kirsten und Hatfield erst nach zusätzlicher ausdrücklicher schriftlicher Anweisung durch mich fließen werde.«

Daß es so allerdings nicht gewesen sein kann, ergibt sich aus der Zeugenaussage von Morteza Firouz. Unter Eid schildert er dem deutschen Staatsanwalt Dieter Haike das Geschäftsverhältnis zwischen ihm als Verteter der UBP und Dr. Jürgen Schneider: »Die Eheleute Schneider haben mich angewiesen, Geld von London nach Nassau zu überweisen. Sobald die Gelder in London eingegangen waren, hatten wir Anweisung, sie nach Nassau zu überweisen. Herr und Frau Schneider haben mir diese Anweisungen gegeben. Ich erhielt diese Anweisungen Zug um Zug schriftlich in der Bank in Anwesenheit der Eheleute Schneider. Die Anweisungen trugen kein Datum, denn wir wußten nicht, welche Beträge bei uns eingehen würden und auch nicht wann. Sie waren von den Eheleuten Schneider im voraus vorbereitet und unterschrieben worden. Sobald ich den Auftrag per Telefon erhielt, vervollständigte ich das Formular.«

Weil Morteza Firouz offensichtlich bei einem so großen Geschäft – schließlich ging es um rund eine viertel Milliarde Mark – sicher sein wollte, daß alles glatt über die Bühne geht, reist der Mann am 25. März 1994 nach Nassau/Bahamas.

Dem deutschen Staatsanwalt sagt er dazu, daß er sich davon

überzeugen wollte, daß die Gesellschaften auch gegründet und die Gelder des Herrn Schneider auch investiert worden seien. Firouz bestätigt, daß die Millionen nur kurz auf den Bahamas blieben. Innerhalb von 24 Stunden war das Geld dann in Genf.

Am 4. April 1994, am Ostermontag, kommt Morteza Firouz von seiner kleinen Kontrollreise wieder zurück nach Genf. Dort trifft sich der Kontoführer, der alles so gut geregelt hat, mit seinen Kunden. In seiner Aussage vor den deutschen Ermittlern beschreibt Firouz das Treffen: »Das letzte Mal habe ich die Eheleute Schneider in Genf am Ostermontag und am darauffolgenden Dienstag gesehen. Am Dienstag war auch Herr Djawadi anwesend, aber nur zum Abendessen, wenn ich mich nicht irre. Herr Schneider war sehr ruhig, er sagte, er würde ein paar Tage in Urlaub fahren.«

MOSTAFA EL KASTAUI

Das 200 000-Mark-Rendezvous

»Wenn Sie mich treffen wollen,
müssen Sie erst mit meinem Anwalt verhandeln.«
(Mostafa El Kastaui im Oktober 1994)

Die Karlstraße im Münchner Bahnhofsviertel macht einen schäbigen Eindruck. Der Taxifahrer, der uns an diesem trüben 9. November 1994 dorthin chauffiert, hatte uns schon vorbereitet: »Ah, ins Araberviertel wolln's!« Die Fahrt führt vorbei an türkischen Änderungsschneidereien, Kebab-Lokalen, Reisebüros mit Leuchtreklamen in arabischer Schrift, einigen kleinen Bankfilialen. In der Einfahrt zu einem Hinterhofparkplatz finden wir den Eingang zum Haus Nr. 42. Hier hat jener Anwalt seine Kanzlei, mit dem wir seit Tagen telefonisch in Kontakt stehen. In einem der oberen Stockwerke öffnet uns nach einmaligem Klingeln ein großer, schwerer Mann. Seine fettigen dunklen Haare sind glatt nach hinten gekämmt. Er begrüßt uns lautstark mit seiner poltrigen Stimme, die wir schon vom Telefon her kennen. Er trägt eine plumpe schwarzgerahmte Brille. Auffällig an ihm ist sein vernarbtes Gesicht, so als habe der Mann in seiner Jugend eine schwere Hautkrankheit überstanden.

Bekleidet ist er mit einer dunkelbraunen Hose, dazu ein Jackett wie ein englischer Landlord, braunkariert mit Lederflicken auf den Ellenbogen.

So ähnlich hatten wir ihn uns vorgestellt: Es ist Peter M. Riemenschneider, der Anwalt des Ägypters Mostafa El Kastaui. Dessen Name wird erst seit einigen Wochen im Zusammenhang mit dem Fall Schneider gehandelt. Das Bundeskriminalamt hält Kastaui für den Fluchthelfer des Ehepaares.

Hinweise darauf haben auch die Mainzer Anwälte Hoffmann & Knierim gegeben, die im Juni 1994 ein Mandat von Jürgen Schneider bekamen, vermittelt durch die Genfer Kanzlei François Canonica.

Hoffmann & Knierim legten im Oktober 1994 das Mandat wieder nieder. »Bei all unseren Bemühungen, unseren Mandanten Jürgen Schneider zu sehen, direkt mit ihm zu sprechen oder überhaupt persönlich in Kontakt zu kommen, stand uns immer ein Mann im

Weg, nämlich dieser Ägypter Mostafa El Kaustaui«, erzählten uns die Mainzer Anwälte.

Unser Weg nach Genf, zu El Kastaui persönlich, führt offenbar über München und Peter M. Riemenschneider. Das hatte uns der Ägypter vor ein paar Tagen am Telefon gesagt.

Schon seit Wochen hatten wir Kastaui in seiner Genfer Firma »Diwan S.A.« angerufen und uns um ein Gespräch mit ihm bemüht. Meist lief dann sein Anrufbeantworter – orientalische Klänge zum Auftakt und eine Frauenstimme, die um Mitteilungen bat. Wenn wir Kastaui direkt erreichten, wurden wir vertröstet. Er wollte genau wissen, warum wir ausgerechnet mit ihm über den Fall Schneider sprechen und welche Fragen wir ihm stellen möchten. Wir sagen ihm offen, daß er in den deutschen Medien als Schneiders »Fluchthelfer« gehandelt wird.

Von einem Interview versprechen wir uns Hintergrundinformationen zu diesem Gerücht. Nach langen Verhandlungen willigt El Kastaui endlich in ein Gespräch ein. Doch er hat eine Bedingung: »Wenn Sie mich treffen wollen, müssen Sie erst mit meinem Anwalt verhandeln.« Er nennt uns den Namen Peter M. Riemenschneider und seine Adresse in München. »Das ist mein Mittelsmann. Er macht die Bedingungen mit Ihnen aus, wann und wo wir uns treffen. Ich rede dann mit Ihnen – ohne Geld.«

Nun sitzen wir also diesem Münchner Anwalt an seinem Verhandlungstisch gegenüber. Auf dem Schreibtisch links in der Ecke türmen sich Berge von Akten, Ordnern und hochaufgestapelten Mappen.

Der Mann will Geld. 200 000 Mark, Cash auf den Tisch des Hauses und ohne Quittung. Dafür, so sagt er, gibt es ein Hintergrundgespräch und Interview in Genf mit François Canonica, dem Schweizer Anwalt von Jürgen Schneider, und ein Gespräch mit Mostafa El Kastaui. Riemenschneider agiert wie ein Händler auf dem Viktualienmarkt: »Für den Preis kriegen Sie sogar noch was dazu: das Schneider-Dossier und Unterlagen mit Belastungsmaterial gegen deutsche Banken.« Was Peter M. Riemenschneider nicht weiß: Solche Summen können und wollen wir nicht bezahlen. Trotzdem verhandeln wir erst mal munter weiter.

Denn Peter M. Riemenschneider hat offenbar nicht bemerkt, daß er mit seiner Aussage etwas bestätigt hat, was uns seit langem brennend interessiert: die Existenz des sogenannten »Schneider-Dossiers«.

Daß es ein solches Dossier von Jürgen Schneider persönlich mit handfesten Beweisen über die Machenschaften der Banken geben soll, hatten uns bereits die Mainzer Anwälte Hoffmann & Knierim angedeutet und vermutet, daß François Canonica, Schneiders Genfer Anwalt, die Unterlagen in seiner Kanzlei aufbewahre. Im Verlauf unserer »Verhandlungen« brüstet sich Peter M. Riemenschneider mit seinen sehr guten Kontakten nach Genf, zu Kastaui und Canonica. Wir drängen auf einen schnellen Gesprächstermin in Genf. Nun mimt der Münchner den Insider, der fest zur »Schneider-Connection« gehört. Er gibt zu bedenken, daß auch Anwalt Canonica solche Dinge nicht ganz freihändig entscheiden könne. Aber das sei kein großes Problem. Wörtlich sagt er: »Dann muß der Canonica eben noch mal mit Schneider telefonieren.«

Wir sind wie elektrisiert. Zu diesem Zeitpunkt ist Schneider seit fast einem halben Jahr angeblich spurlos verschwunden. Und nun dieser erste Hinweis, daß es einen funktionierenden Kontakt zwischen ihm und seinem Genfer Anwalt geben soll. Wenn es uns gelingt, mehr über diese Verbindung »Schneider-Canonica-Kastaui« zu erfahren, dann haben wir vielleicht eine Chance, exklusive Informationen und eventuell sogar Hinweise auf den Aufenthaltsort des weltweit gesuchten Bankrotteurs und seiner Frau zu bekommen. Die Spur nach Genf, so vermuten wir jetzt, ist wichtiger, als wir bislang dachten. Sie könnte womöglich auch zu Schneiders Versteck führen.

Doch nun verlangt dieser Peter M. Riemenschneider 200 000 Mark, allein für den Kontakt mit Canonica und Kastaui. Eine gewaltige Hürde! Am Telefon hatte uns Mostafa El Kastaui doch zugesagt, daß wir dieses Interview mit ihm kostenlos bekommen sollen. Jetzt, so scheint es uns, läßt er seinen Anwalt den »dirty job« machen und doch ein Honorar aushandeln. Peter M. Riemenschneider, wohl fest davon überzeugt, daß Fernsehsender Geld wie Heu haben, macht uns unmißverständlich klar: Das Kastaui-Interview im Doppelpack mit dem »Schneider-Dossier« kostet 200 000 Mark, unversteuert, ohne Quittung auf den Tisch des Hauses Riemenschneider.

Dieser Anwalt scheint bislang wirklich nur mit Privatsendern verhandelt zu haben. Obwohl wir sicher wissen, daß wir nichts bezahlen werden, gehen wir zum Schein auf Riemenschneiders Bedingungen ein. Verprellen wollen wir ihn auf keinen Fall, denn die Kontakte nach Genf sind uns wichtig.

Also sagen wir dem Anwalt zu, daß wir uns nach Rücksprache mit der Redaktionsleitung wieder in München melden werden. Am nächsten Tag verfassen wir nach längeren Überlegungen ein wohlformuliertes, ausgefeiltes Fax. Es besteht vornehmlich aus Bedingungen, die wir an Peter M. Riemenschneider stellen. Danach soll er uns ein Fernsehinterview sowohl mit Rechtsanwalt François Canonica als auch Mostafa El Kastaui über die Hintergründe der Schneider-Pleite und ihre persönliche Rolle im »Fall Schneider« garantieren. Darüber hinaus soll Riemenschneider gewährleisten, daß weltexklusiv an die ZDF-»Frontal«-Redaktion das komplette »Schneider-Dossier« und Unterlagen mit Belastungsmaterial gegen deutsche Banken übergeben werden, wobei sämtliche Verwertungsrechte beim Zweiten Deutschen Fernsehen liegen müssen. Und weil wir auf keinen Fall die sprichwörtliche Katze im Sack kaufen wollen, verlangen wir von Peter M. Riemenschneider, daß wir das komplette Material erst vor Ort sichten dürfen, ehe es zum Abschluß der Vereinbarung kommt.

Als wir ihm so die Pistole auf die Brust setzen, kommt heraus, daß Anwalt Riemenschneider den Mund wohl zu voll genommen hat. Schon drei Stunden später faxt er uns zurück. Auf eineinhalb Seiten erklärt er umständlich, daß das alles eigentlich nur so eine Idee war, nicht ernst gemeint und überhaupt ...

Wir haben nie wieder etwas von Peter M. Riemenschneider gehört.

Arabische Märchen

»Die Doktor hat nicht gefluchtet.«

(Mostafa El Kastaui zur »Urlaubsreise« von Dr. Jürgen Schneider)

Es gibt einen Menschen, vor dem Dr. Jürgen Schneider inzwischen Angst hat. Denn wenn dieser Mann »auspackt«, kann Schneider wahrscheinlich einpacken.

In seiner ausgefeilten Stellungnahme, die über neunzig Seiten zu allem und jedem Stellung nimmt, wird der Name des Mannes nicht mit einem Wort erwähnt.

Wir lernen ihn auch ohne die Vermittlung des Münchner Anwalts Peter M. Riemenschneider kennen. Im Herbst 1994, nach vielen neuerlichen Telefonaten, gibt Kastaui uns schließlich einen Termin, und wir fliegen nach Genf. Im Konferenzzimmer von Mostafa El Kastaui, Cours de Rive 4, hängen die Wände voll mit gerahmten Fotografien.

Auf den Bildern – mal neben Bokassa, dann bei Idi Amin, mit Ismelda Marcos, dem Ex-US-Präsidenten Gerald Ford, dicht neben Mireille Mathieu, im Kreise von Queen Elizabeth und ihren Lieben, am Hofe des Sultan von Brunei – stets derselbe kleine, dunkelhaarige Mann mit Schnurrbart: Mostafa El Kastaui, lächelnd in Freizeitkleidung oder hochoffiziell im Anzug und mit ernster Miene.

Eine Galerie der Eitelkeit. Diese Ausstellung soll jedem Besucher signalisieren: Hier sprechen Sie mit einem wichtigen Mann, der mit den Großen dieser Welt auf du und du ist, auch mit den großen Verbrechern wie Idi Amin oder Jean-Bédel Bokassa, dem zentralafrikanischen Politiker, der sich selbst einen »schwarzen Napoleon« nannte und seine Gegner gleich reihenweise hinrichten ließ.

Auf seinem Schreibtisch im persönlichen Büro an der Stelle, an der sonst das Familienfoto steht, hat Kastaui zwei große Modelle des amerikanischen Maschinengewehrs M 16 der Firma Colt postiert.

Wir wissen ziemlich genau, mit wem wir es zu tun haben. Interpol und das amerikanische Federal Bureau of Investigation, FBI, haben über Mostafa El Kastaui gemeinsam mit dem Schweizer Geheimdienst »Swiss Intelligence Services« (SIS) ein Dossier verfaßt, das uns seit einigen Wochen vorliegt: »Mostafa El Kastaui, also known as M.K. Moss, is a Canadian national. He was born on 26. August 1940 in Damanhour/Egypt, the son of Kamel El Kastaui and Khaira née Al Karashi.«

Kastaui, so geht aus dem Dossier hervor, hat eine Aufenthaltsgenehmigung für die Schweiz, ist aber offiziell nur als Tourist registriert. Seine Privatwohnung ist in der Avenue Frontenex 34 in Genf.

Am 17. August 1978 heiratet er die Schweizerin Myrta Kaegi. Das Ehepaar hat keine gemeinsamen Kinder. Angeblich hat Kastaui eine Ausbildung als Ingenieur, soll aber nie in diesem Beruf gearbeitet haben. Nach Geheimdienstinformationen tritt El Kastaui auch unter verschiedenen Alias-Namen auf und benutzt diverse Pässe, einen kanadischen, einen saudiarabischen und einen irakischen Ausweis. Bevorzugt gibt er sich als M.K. Moss aus. Er gibt vor, mit der saudiarabischen Königsfamilie eng verbunden zu sein. Kastaui ist wirtschaftlicher Nutznießer – »Beneficial Owner« – der Firmen Diwan S.A., Nisma S.A. und Credofin S.A. Diese drei als »Société Anonym« ausgewiesenen Briefkastenfirmen arbeiten unter dem Dach der Hauptfirma, die unter dem Namen Diwan ihren Sitz in Genf, Cours de Rive 4, hat. Kastaui hat seine Frau Myrta mit in das Firmengeflecht eingebunden, als »Administrateur«. Das FBI vermerkt: »Kastaui ist außerordentlich wohlhabend. Er reist sehr viel.« Für sein Penthouse-Büro im 7. Stock am Cours de Rive zahlt Kastaui monatlich 2055 Schweizer Franken. Auch das hat das FBI herausgefunden.

El Kastaui war eine Zeitlang in der Schweiz nicht gelitten. Weil er im September 1977 ohne Aufenthaltsgenehmigung in Genf lebte, wurde er von der Kantonsregierung zum Verlassen des Landes aufgefordert und mit einer Einreisesperre belegt, die aber Anfang 1980 wieder aufgehoben wurde.

Weiter zitiert das Dossier einen Polizeibericht, demzufolge El Kastaui für die kanadischen Behörden und den CIA gearbeitet haben soll. Nach Informationen von Interpol in Ottawa und Washington verdient sich Kastaui sein Geld unter anderem mit Waffenhandel. Frau Myrta soll ihm dabei gelegentlich zur Hand gehen.

Im bildgeschmückten Konferenzzimmer der Diwan S.A. läuft die Klimaanlage auf Hochtouren. Es ist unangenehm kühl. Seit knapp einer Viertelstunde warten wir auf Mostafa El Kastaui. Vermutlich will er uns ausreichend Gelegenheit bieten, seine Fotosammlung zu bewundern. Für unser Treffen in Genf hatte Kastaui eine Bedingung gestellt: Wir durften keine Kamera mitbringen. Jetzt, beim Betrachten der Bildergalerie, bedauern wir, daß wir uns an dieses Versprechen gehalten haben.

Als Kastaui hereinkommt, lächelt er uns freundlich zu. Der Ägypter ist ein kleiner Mann. Er wirkt vornehm, in einem hellgrauen Maßanzug mit Fischgrätmuster. Zum weißen Hemd trägt er eine schmale, eher altmodische Krawatte mit unauffälligem Streifenmuster. Er nimmt uns gegenüber am Konferenztisch Platz. Seine schon schütteren dunklen Haare sind links gescheitelt.

Kastaui hat den typischen dunklen Teint der Orientalen, doch seine Bräune wirkt ungesund. Er spricht sehr leise, mit heiserer Stimme.

Sein Deutsch ist gut, bis auf ein paar kleine Grammatikfehler. Auch mit den Artikeln hat er so seine Probleme, doch seine Art zu sprechen wirkt sympathisch. Das also ist der Mann, den das Bundeskriminalamt für Schneiders Fluchthelfer hält, der hinter den Kulissen alle Fäden gezogen haben soll. Mostafa El Kastaui hat das Auftreten eines distinguierten Herrn, gepflegt und bescheiden.

Zunächst bietet er uns eine Erfrischung an, dann plaudert er ein wenig über die Stadt am Lac Leman, in der er sich so wohl fühle. Höflich stellen wir ihm ein paar Fragen zu seiner Prominentengalerie. Mit verhaltenem Stolz erzählt er uns von seiner Begegnung mit Idi Amin, dessen Terror-Regime Tausende von Ugandern zum Opfer fielen. Übergangslos wechselt er von dem nach Libyen geflüchteten Diktator zu Mireille Mathieu: »Meine Frau Myrta liebt ihre Lieder, wir sind oft zu ihren Konzerten gefahren, und in Paris, da sind die Fotos gemacht worden.« Während der ganzen Trophäenschau fällt kein Satz zum Thema »Jürgen Schneider«.

Wir hatten uns das Hintergrundgespräch mit Mostafa El Kastaui doch ein wenig ergiebiger vorgestellt, mehr Schneider, weniger »Who is who« in der Welt der Dikatoren und Showstars. Nach vielen Telefonaten, über Monate hinweg, und nach der unangenehmen Episode mit Peter M. Riemenschneider waren wir nun wirklich nicht nach Genf geflogen, um Neues aus arabischen Herrscherhäusern oder dem Leben der Mireille Mathieu zu erfahren. Doch der Araber ist sensibel. Nach mehr als einer Stunde »Prominentenschau« muß Kastaui unsere Unruhe verspürt haben. Mit freundlichem Lächeln erzählt er uns nun von einem kleinen französischen Restaurant, in dem er einen Tisch reserviert habe. Dort könne man bei einem schönen Essen und gutem Wein noch ein wenig plaudern.

Zu Fuß gehen wir nun ein paar Straßen weiter und kommen zu einem Lokal im Bistro-Stil. Kastaui scheint hier gut bekannt zu sein. Die Chefin empfängt ihn freundlich, begrüßt ihn mit Namen und führt uns in ein Hinterzimmer. In dem großen Raum stehen mehrere weiß-rosa gedeckte Tische. Wir sind die einzigen Gäste.

Das Hinterzimmer ist durch eine mit Gardinen bespannte Glastüre vom vorderen Teil des Lokals abgetrennt. Kastaui empfiehlt uns eine Genfer Spezialität, »Filet de Perche«, kleine gegrillte Fische aus dem »Lac Leman«, gedünstetes Gemüse, dazu einen trockenen Weißwein aus der Region.

Irgendwann, zwischen Vorspeise und Nachtisch, fängt Kastaui an zu erzählen: »Ich bin mit Dr. Schneider und seiner Frau in Urlaub gefahren. Das war im April 1994. Mein Freund Mehdi Djawadi hatte mich ein paar Wochen vorher gefragt, ob ich nicht mit einem Ehepaar eine Urlaubsreise unternehmen könne. Namen hat er mir damals erst nicht gesagt, er hat nur gemeint, die Leute wollten etwas erleben. Ich habe ihm angeboten, sie mit auf meine geplante Reise nach China zu nehmen, und habe Djawadi das angeboten. Ich kenne China wie meine Hand, da kann ich den Leuten viel zeigen, und das wird ihnen Spaß machen. Damit war Djawadi zunächst zufrieden, und er sagte, das wolle er den Leuten so ausrichten. Da wußte ich immer noch nicht, um welches Ehepaar es eigentlich ging.«

Als wir El Kastaui unterbrechen und nachfragen wollen, weil uns die Version des »unbekannten Ehepaars« doch etwas merkwürdig vorkommt, bittet er uns: »Lassen Sie mich ausreden, hören Sie sich erst die ganze Geschichte an. Also, ein paar Tage später rief Djawadi wieder an und sagte mir, die Leute wollen unbedingt nach Amerika, und zwar nach Washington, und sie seien überhaupt nicht umzustimmen. Also habe ich die Tickets besorgt und dem Djawadi gesagt, die Leute sollen am 6. April zum Flughafen kommen. Und zu meiner Überraschung stand dann da Dr. Schneider, den ich ja gut kenne, schon lange, nur die Frau, die kannte ich noch nicht. Ich hatte nur Gepäck dabei für vierzehn Tage, und die Schneiders hatten auch nicht viel mit, nur so Lumpen.«

Der Königsteiner Investor und Frau Claudia Schneider-Granzow in Lumpen? Diese Schilderung klingt mehr als unglaubwürdig, und das sagen wir Kastaui direkt. Er wirkt einen Augenblick lang hilflos. Dann erklärt er uns, was er mit dem deutschen Wort »Lumpen«, für das er kein anderes Wort wisse, wirklich meint: »Wissen Sie, so leichte Sommerhosen und Pullis, T-Shirts und Shorts, also nicht die besten Anzüge.« Als wir ihm mit dem Begriff »Freizeitkleidung« helfen, ist er erleichtert. Dieses Wort hatte er gesucht. Er erzählt weiter: »Wir sind am 6. April von Genf aus nach Washington geflogen. Ich habe Ihnen ja schon gesagt, ich hatte die Tickets gekauft, das waren Rückflugtickets, und der Heimreisetermin war der 20. April.«

Jetzt sind wir wirklich überrascht. Sollte Dr. Jürgen Schneider, der seit fast einem dreiviertel Jahr verschwunden ist, tatsächlich geplant haben, schon nach vierzehn Tagen wieder zurückzukommen? Wieder wollen wir Kastaui unterbrechen, wieder bittet er uns, ihm zunächst weiter zuzuhören. »Die Schneiders haben mir erzählt: wir haben seit Jahren keinen Urlaub mehr gemacht. In Amerika waren wir noch nie.« Kastaui erzählt weiter, daß die Schneiders und er sich gegenseitig auf den Hotelzimmern besucht haben, abends zusammen zum Essen ausgingen. »Ich habe alles bezahlt, die Schneiders hatten gar kein Geld dabei, nicht mal für Tips, also für Trinkgelder. Selbst die habe ich bezahlt. Ich habe dem Doktor und seiner Frau Washington gezeigt. Schneider hat sich vor allem für die historischen Gebäude interessiert, wir waren im Museum und sind viel spazierengegangen.« Kastaui zündet sich wieder eine Zigarette an. Er lächelt in unsere ungläubigen Gesichter. »Das Wetter war ganz schlecht, es hat viel geregnet. Und eines Abends, an der Bar, hat Frau Claudia gesagt, sie will in die Sonne, nach Florida. Einer Dame soll man nichts abschlagen. Also habe ich drei Tickets von Washington nach Miami gebucht und im ›Ramada‹-Hotel in Miami ein Doppelzimmer und ein Einzelzimmer reserviert. Dann sind wir nach Miami, aber ich bin dort nur ganz kurz geblieben, weil ich noch in Washington zu tun hatte. Wir haben dann verabredet, daß wir uns wieder in Miami treffen und am 20. April nach Genf zurückfliegen, und zwar gemeinsam. Doch als ich wieder nach Miami kam, waren die Schneiders weg. Ich bin dann allein am 20. April zurück nach Genf geflogen. Dort habe ich dann aus den Zeitungen erfahren, was in Deutschland passiert war, was man dem Doktor vorwirft, die Flucht und alles. Und ein paar Tage später rief Jürgen Schneider bei mir an und sagte, er brauche Hilfe. Ich habe ihm dann meinen Anwalt François Canonica empfohlen, und an den hat sich Jürgen Schneider dann auch gewandt.«

Während Kastaui redet, haben wir uns auf einem kleinen Block ein paar Notizen gemacht. Der Zettel ist voller Fragezeichen. Schon der Beginn der Reise, so wie ihn Kastaui beschrieben hat, kommt uns unglaubwürdig vor. Wir wissen, daß sich Djawadi und Kastaui kennen. Gemeinsam halten sie die Firma »Quicktulane«, die Schneider als Mantelfirma für diverse Vermögensgeschäfte gedient hatte. Daß so enge Geschäftspartner, die sich untereinander kennen, eine unnötige Geheimniskrämerei betreiben, wenn es angeblich nur um eine Urlaubsreise geht, glauben wir ihm nicht.

Doch auf solche Detailfragen reagiert Kastaui nicht. Er hat eine Begründung, von der er glaubt, daß sie alles rechtfertigt. Er behauptet: »Herr Schneider war für mich 60 Millionen Mark wert. Wir hatten Geschäfte vereinbart, die für mich eine Provision in dieser Höhe abwerfen sollten. Mit einem Mann, an dem ich 60 Millionen verdienen kann, mit dem fahre ich bis ans Ende der Welt. Und dann kommt es bei einer Reise auch nicht auf Hotelkosten, Essen oder gar Trinkgelder an. Egal.«

Ein Geschäft mit Jürgen Schneider und einem Provisionsgewinn von 60 Millionen Mark? Der Bauunternehmer ist verschwunden, längst pleite, und das Konkursverfahren läuft auf Hochtouren. Kastaui raucht und lächelt. »Erinnern Sie sich an das große Farbfoto an der linken Wand in meinem Konferenzzimmer, oben rechts in der Fensterecke? Mit dem Mann auf diesem Bild bin ich seit vielen Jahren sehr eng befreundet. Ich kannte schon seinen Vater, ich habe ihn als

Kind aufwachsen sehen, er steht mir so nahe, als wäre er mein eigener Sohn.« Wir erinnern uns an das Foto. Es hatte den aufwendigsten Goldrahmen der gesamten »Galerie«. Das Bild zeigt in Herrscherpose einen etwa dreißigjährigen Mann in einem enganliegenden, golddurchwirkten weißen Seidengewand, wie man es von indischen Paschas kennt. Auf dem Kopf balanciert ein schwarzer Fez über gewaltig abstehenden Ohren.

Voller Ehrfurcht nennt Kastaui jetzt seinen Namen: »Es ist Bolkiah Hassanal, Sultan von Brunai. Sein privates Vermögen beträgt mehr als 30 Milliarden Dollars, und ich schätze, daß es jährlich um mindestens 4 Milliarden Dollar wächst. Seit 1967, als sein Vater Sultan Omar Ali ihm die Herrschaft vermachte, regiert er absolut. Mein Freund, der Sultan von Brunai, ist der reichste Mann der Welt.«

Mehr geht nicht. Wir haben zwar das Foto im Büro bemerkt, aber was heißt das schon? Kastaui hat offensichtlich damit gerechnet, daß wir ihm die Geschichte seiner Freundschaft mit den »reichsten Ohren« der Welt nicht glauben. Darauf ist er vorbereitet. Er legt eine schmale dunkelgrüne Ledermappe auf den Tisch und zeigt uns einige Fotos. Auf einem dieser Bilder sehen wir einen jungen Mann in Tenniskleidung, den wir an seinen enorm abstehenden Ohren sofort als Sultan Hassanal identifizieren. Und neben ihm, in Freizeithose und Polohemd: Mostafa El Kastaui. Aber es wird noch familiärer. Kastaui zeigt uns eine Aufnahme, die ihn im Kreise der Familie Hassanal porträtiert. Der Sultan steht mit einer seiner beiden Frauen in einem prächtig ausgestatteten Zimmer, daneben, auf einem Stuhl, sitzt Kastaui. Auf dem Schoß hat er einen kleinen, etwa vierjährigen Jungen in kurzen Hosen. Und so, als würde es sich um ein Staatsgeheimnis handeln, fast flüsternd, erzählt er uns: »Dies ist der Sohn des Sultans. Ich bin sein Pate.« Der Junge hat Glück gehabt: Seine Ohren liegen schmal am kleinen Kinderkopf.

Kastaui hat noch mehr Fotos parat. Einige zeigen ihn mit dem »kleinen Sultan« mal beim Angeln, mal auf einer Motoryacht, mal auf einem Tennisplatz. Es gibt auch Aufnahmen von Kastaui ohne Kind, im Duo mit dem Sultan oder solo mit der Herrscherin. Daß El Kastaui mit »Sultans« befreundet ist, dies halten wir jetzt für durchaus möglich. Aber was hat Brunei mit Königstein und einem 60-Millionen-Geschäft zu tun?

Nun erläutert Mostafa El Kastaui ausführlich, daß Dr. Jürgen Schneider im März 1994 geplant habe, vier seiner größten und wertvollsten Immobilien zu verkaufen. Als Käufer habe er ihm dafür den

Sultan von Brunei vermittelt. Kastaui zählt die Objekte und die vereinbarten Verkaufssummen auf: »Es geht um das Haus in der Tauentzienstraße in Berlin, das für 210 Millionen Mark veräußert werden sollte, den »Barthelshof« Leipzig für 141 Millionen Mark, die »Zeil-Galerie« Frankfurt für 682 Millionen sowie die Praxisklinik Heidelberg für 225 Millionen Mark. Insgesamt sollten für die Objekte 1,25 Milliarden Mark bezahlt werden. Für mich war von einer Provision in Höhe von insgesamt 5 % die Rede, macht 60 Millionen Mark. Soviel war der Schneider für mich wert.«

Wenn es tatsächlich zu einem Deal zwischen dem Sultan von Brunei und dem Investor aus Königstein gekommen wäre, hätte der Bauunternehmer allein durch den Verkauf dieser vier Objekte so viel Gewinn gemacht hat, daß er im wahrsten Sinne des Wortes aus dem Schneider gewesen wäre. Es soll auch Kastaui gewesen sein, der den Verkauf von Schneiders Renommierobjekt, dem Frankfurter »Fürstenhof«, an die japanische Firmengruppe »Kowa« vermittelt hat. Allein bei diesem Verkauf, so hat Schneider immer behauptet, habe er einen Gewinn von 200 Millionen Mark gemacht.

Kastaui, der sich selbst einen »moneymaker« nennt, verdient sein Geld als Vermittler von Geschäften aller Art. Weltweit hilft er dabei, Petro-Dollars aus den arabischen Ländern zu investieren. »Hochwertige Immobilien in Deutschland«, so sagt El Kastaui, »sind in diesen Kreisen als sichere Geldanlage sehr geschätzt.«

Und dann entwickelt uns der Ägypter seine Theorie: »Der Doktor hatte das Geschäft mit dem Sultan so gut wie unter Dach und Fach. Das hätte ihm 1,2 Milliarden gebracht. Er wollte nur ein paar Tage Urlaub machen, dann wäre er selbstverständlich zurückgekommen.« Kastaui greift wieder in die dunkelgrüne Ledermappe.

Als Beweis für seine Theorie legt er nun die Original-Flugtickets der »Swissair« auf den Tisch, ausgestellt auf die Namen Dr. Utz Schneider und Mrs. Schneider, gebucht am 4. April in Genf. Die Tickets 1. Klasse zum Preis von je 7724,– Schweizer Franken gelten ab Flughafen Zürich nach Washington. »Nach meinem Treffen mit Schneiders am 6. April in Genf sind wir zunächst nach Zürich geflogen und von da nach Washington«, sagt Kastaui und betont: »Die Schneiders und ich, wir sind unter unserem richtigen Namen gereist, da war gar nichts mit Anonymität oder gar falschem Namen. Auch das Doppelzimmer im Capitol-Hilton in Washington war auf den Namen des Ehepaars Schneider reserviert.« Dann zeigt er auf den rechten Abschnitt des Tickets von Schneider/UDR: »Wie Sie sehen, ist auch der Rückflug für Dr. Schneider und seine Frau auf ihren Namen für den 20. April 1994 gebucht.« Kastaui macht eine Kunstpause und wartet auf unsere Reaktion. Als wir nicht sofort anworten, faßt er, wie zur Verstärkung seiner Argumente, alles noch einmal zusammen: »Was ich Ihnen heute gesagt und gezeigt habe, hat noch niemand vorher gehört und gesehen. Doktor Schneider hatte keinen Grund, zu fluchten. Er hat in seinem Brief vom 4. April ja auch geschrieben, daß vier Kaufverträge mit ausländischen Investoren vorbereitet sind. Das waren die Verträge mit dem Sultan von Brunei. Schneider wollte zu keinem Zeitpunkt verschwinden, sondern nur zwei Wochen Urlaub machen. Der Beweis dafür sind die Tickets, die ich Ihnen soeben gezeigt habe. Außerdem hatte die Doktor für den 25. April 1994 einen fest vereinbarten Termin mit Ulrich Weiß vom Vorstand der Deutschen Bank. Das hat Herr Weiß auf der Pressekonferenz ja selbst bestätigt. Sie waren ja da, erinnern Sie sich?«

Daran erinnern wir uns gut, aber auch daran, daß Jürgen Schneider diesen Termin damals eben nicht wahrgenommen hat, sondern inzwischen seit mehr als einem Jahr verschwunden ist. Doch auch dafür hat Kastaui jetzt eine Begründung: »Noch als die Doktor in Urlaub war, hat die Deutsche Bank bewußt den Konkurs herbeigeführt, weil sie nicht wollte, daß die Doktor die wertvollsten Immobilien verkauft. Deswegen haben sie ihn ganz schnell kaputtgemacht. Und dann hat die Deutsche Bank auch noch für den Haftbefehl gesorgt. Und erst, als die Doktor das alles erfahren hat, da ist er nicht mehr zurückgekommen. Zunächst war er nur in Urlaub gefahren. Ich bleibe dabei: Die Doktor hat nicht gefluchtet.«

Diesen Satz sollen wir in Zukunft noch sehr oft von Kastaui hören. Er wiederholt ihn wie ein Beschwörungsformel, jedesmal, wenn die Rede auf Jürgen Schneider kommt. Dieser Satz ist auch für Kastaui persönlich sehr wichtig. Denn inzwischen gilt er für das Bundeskriminalamt, für die Staatsanwaltschaft und die deutsche Öffentlichkeit als Fluchthelfer des Pleitiers. Kastauis Logik: Wenn »die Doktor nicht gefluchtet hat«, dann ist er selbst natürlich auch kein »Fluchthelfer«.

Kastaui geht noch einen Schritt weiter. »Ich habe Ihnen heute nur einige Beweise der Wahrheit zeigen können. In der Kanzlei meines Freundes, Maître Canonica, liegen rund 200 Seiten, die die Doktor selbst geschrieben hat, mit Dokumenten, die ich für Canonica beschafft habe, Beweise gegen die Deutsche Bank.« Und jetzt legt Kastaui einen Köder aus: »Eines Tages werde ich Ihnen davon etwas zeigen. Aber ich werde weder Ihnen und auch sonst niemandem ein Interview geben. Ich war nur der Urlaubsbegleiter des Ehepaars Schneider, sonst gar nichts.« Jetzt verliert der vornehme El Kastaui ein wenig die Beherrschung.

Er schimpft auf die Polizei und vor allem auf den Staatsanwalt: »Der hat keine Ahnung, der soll mich in Ruhe lassen und aufhören mit dem dummen, blöden Gerede vom Fluchthelfer.« Dann fängt er sich wieder und lächelt ironisch: »Das ist so unsinnig wie das Geschmiere in den deutschen Zeitungen, die immer wieder behaupten, ich hätte mit Waffenhandel zu tun und sei Geheimdienstler und arbeite für die CIA. Ich habe allen Journalisten, die mit mir telefoniert haben, gesagt, daß das nicht stimmt. Aber sie schreiben diesen Unsinn immer weiter.«

Wir konnten die Genfer Spezialitäten und den guten Wein an diesem Abend kaum genießen. Mehr aus Höflichkeit als mit Appetit haben wir ein wenig gegessen. Die Schilderungen Kastauis hatten unsere Aufmerksamkeit völlig in Anspruch genommen. Als wir uns spät nach Mitternacht von Mostafa El Kastaui verabschieden, wissen wir, daß wir am anderen Morgen sofort mit der Arbeit beginnen müssen.

Mostafas Märchen bedürfen dringend einer gründlichen journalistischen Nachrecherche.

Vorverträge mit dem Sultan

»Die Verträge waren echt. Sie sollten eines Tages vom Sultan unterschrieben werden.«

(Mostafa El Kastaui zu den Entwürfen aus der Kanzlei Stöckle)

Am 30. August 1994 läuft im ARD-Wirtschaftsmagazin »Plusminus« ein Beitrag unter dem Titel »Weiter dunkel um Schneider«. In diesem Magazin-Beitrag geht es auch um Verkaufsverträge. In der Anmoderation des Berichtes heißt es, Dr. Jürgen Schneider habe skrupellos mit der entsprechenden kriminellen Energie seinen Abgang vorbereitet. Es könne ihm nicht allein gelungen sein, er müsse Helfer gehabt haben. Der Filmbeitrag versucht zunächst, wie viele in diesen

Tagen, erneut zu belegen, daß Schneider die Banken hereingelegt habe. Der Reporter berichtet, daß jetzt Unterlagen aufgetaucht seien, die dies beweisen. Diese Dokumente seien in einem Frankfurter Notariat vorbereitet worden. Das Praxisschild der Kanzlei wird im Bild gezeigt, außerdem die Deckblätter einiger Verträge mit dem Schriftzug des Notariats. In diesem Bericht geht es um den Verkauf jener vier großen Schneider-Immobilien, von denen El Kastaui in Genf gesprochen hat und die nach seiner Aussage für den Sultan von Brunei reserviert waren.

In dem »Plusminus-Bericht« steht ein empörter kuwaitischer Scheich namens Abdolhossain Bahman vor der Notariatskanzlei und tobt in die Kamera. Er habe mit der ganzen Sache nichts zu tun, diese Verträge seien fingiert. Indirekt wird damit die Kanzlei im Hintergrund beschuldigt, am Betrugssystem von Dr. Jürgen Schneider aktiv mitgewirkt zu haben.

Es handelt sich um die alteingessene Kanzlei des Rechtsanwaltes und Notars Dr. Karl Stöckle in Frankfurt. Wir rufen in der Kanzlei an. Als wir uns bei Notar Stöckle als Journalisten vorstellen, legt der Mann sofort auf. Doch ein wenig später ruft er wieder an. Er entschuldigt sich, daß er das Gespräch so abrupt beendet hat, und erklärt uns dann, warum er auf die Medien im Augenblick gar nicht gut zu sprechen ist.

Der Notar hat Anzeige gegen den verantwortlichen Redakteur des »Plusminus-Beitrags« und die Sendeanstalt erstattet. Er fordert eine Richtigstellung aller Äußerungen in Bezug auf sein Notariat und Schmerzensgeld wegen Rufschädigung. Notar Stöckle ist empört. Seit Jahrzehnten arbeitet er als Rechtsanwalt und Notar in Frankfurt, seine Kanzlei hat einen guten Ruf. Niemals, so versichert uns der alte Herrn am Telefon, habe er selbst oder ein Mitarbeiter seines Notariats Verträge fingiert. Er deutet uns vorsichtig an, daß es Entwürfe für Verkaufsverträge gegeben habe, doch die im Fernsehen gezeigten Dokumente hätten zu keiner Zeit irgendeine Bedeutung gehabt.

Dr. Karl Stöckle bestätigt uns, daß er als Notar der GdbR Schneider sehr wohl in den vorangegangenen Jahre immer wieder einmal Verträge für den Königsteiner Bauunternehmer notariell beurkundet habe. Als wir nach Mostafa El Kastaui fragen, sagt uns Notar Stöckle: »Ohne gegen meine Schweigepflicht zu verstoßen, darf ich Ihnen sagen, daß mir dieser Herr im Zusammenhang mit der GdbR Schneider persönlich bekannt ist. Mehr kann ich Ihnen nicht sagen.«

Es hat also offenbar verschiedene Generationen von Vertragsentwürfen gegeben. Wenn das stimmt, dann müßten, so überlegen wir, auch Vertragsentwürfe bei der Beschlagnahmeaktion der Deutschen Bank und des Bundeskriminalamtes in der »Villa Andreae« gefunden worden sein. In den Asservatenlisten des BKA über die beschlagnahmten Gegenstände der Schneider-Villa tauchen keinerlei Hinweise auf diese Verträge auf. Wenn es weitere Generationen gegeben hat, dann muß zumindest im unmittelbaren geschäftlichen Umfeld von Schneider jemand etwas darüber wissen.

Wir nutzen unsere Kontakte und erfahren, daß tatsächlich in der »Villa Andreae« weitere Vertragsentwürfe vorlagen. Der Bruder des flüchtigen Bauunternehmers hat die Durchsuchungsaktion der Banker miterlebt und erinnert sich, daß er ihnen die seiner Ansicht nach relevanten Vertragsentwürfe selbst gezeigt hat. Darin sei es, so bestätigt uns Joachim Schneider, um den Verkauf von vier Objekten an den Sultan von Brunei gegangen. Als Käufer sei Mostafa El Kastaui mit einer Vollmacht des Sultans aufgetreten. Er selber sei in Vertretung seines Bruders am 28. März 1994 in der Kanzlei Dr. Stöckle mit Kastaui erschienen. Dort seien diese »echten« Vorverträge ausgehandelt worden. Den Bankern habe er diese Vorverträge gezeigt, angeboten wie »saures Bier«. Die aber hätten sich überhaupt nicht dafür interessiert.

Unsere Recherchen im Umfeld der ehemaligen Geschäftsführung der Jürgen Schneider AG haben wohl einiges Nachdenken ausgelöst. Einige Tage später werden uns anonym Kopien der Verträge zugeschickt, in denen Kastaui als Käufer für den Sultan von Brunai genannt wird.

Aus dem Vertragstext geht allerdings eindeutig hervor, daß diese Verträge erst dann gültig werden, wenn sie entweder der Sultan persönlich abzeichnet oder Kastaui eine Vollmacht aus Brunei vorlegt.

Doch es fehlt sowohl die Unterschrift des Sultans als auch eine Bestätigung der Vollmacht von Kastaui.

Ohne eine dieser Zutaten jedoch sind die Verträge gerade das Papier wert, auf denen sie die Kanzlei Stöckle ausgefertigt hat.

Der Notar selbst aber hat völlig korrekt gearbeitet. Deshalb wehrt sich Dr. Karl Stöckle mit Recht gegen den Vorwurf, Verträge »fingiert« zu haben. Denn die Ausarbeitung von Verträgen gehört zur alltäglichen Arbeit eines Notariats. Es ist nicht Pflicht der Kanzlei zu überprüfen, ob die Vertragspartner eines Tages tatsächlich unterschreiben werden oder nicht. Geschäfte können auch platzen, doch das ist dann nicht Sache des Notariats.

Dr. Karl Stöckle hat sich deshalb vor dem Landgericht Frankfurt in erster Instanz erfolgreich gegen die Behauptung des »Plusminus«-Beitrags gewehrt. Für seine Arbeit, die er im Auftrag der Firma Schneider geleistet hat, hat Notar Stöckle entsprechend den üblichen Sätzen eines Notariats und orientiert am potentiellen Wert der Verträge auch Honorar verlangt.

Seine Rechnung hat er dem Konkursverwalter des Schneider-Vermögens, Dr. Gerhard Walter, einige Monate nach Schneiders Verschwinden zugeschickt.

Uns ist nun klar, daß Ahmad Ataya, Leiter der Wirtschaftsredaktion »Fernsehen« beim Saarländischen Rundfunk, zwar in einem Detail übers Ziel hinausgeschossen ist: Um Schneider skrupellosen Betrug nachzuweisen, hat er mit ein paar ungeschickten Formulierungen das Notariat Stöckle in den Verdacht gebracht, Verträge fingiert zu haben. Aber Redakteur Ahmad Ataya hat absolut den richtigen Riecher gehabt: Kaufverträge dieser Art sind ohne jede Bedeutung, wenn sie nicht unterschrieben sind. Es ist also durchaus möglich, daß die Verträge ohne ernste Absicht in Auftrag gegeben worden sind. Normalerweise allerdings geht niemand zu einem Notar und läßt sich, nur so zum Spaß, aber zu einem Honorarsatz in Höhe von rund 500 000 Mark, wie in diesem Fall anhängig, vier umfassende Vorverträge ausarbeiten.

Die Absicht, die dahinterstand, so vermuten wir jetzt, ist von Jürgen Schneider ausgegangen. Ziel der bombastischen Verträge war es wohl, den Bankern noch Ende März 1994 anläßlich seines Verschwindens eine Beruhigungspille zu verpassen. In seinem Abschiedsbrief weist Schneider ausdrücklich auf diese »vier Kaufverträge mit ausländischen Investoren« hin, um zukünftige Liquidität vorzutäuschen.

Wir telefonieren mit Mostafa El Kastaui. Er bleibt dabei: »Die Verträge sollten eines Tages vom Sultan unterschrieben werden, sie waren echt, dahinter stand wirklich eine Kaufabsicht.« Von dieser Version wird Kastaui zu keiner Zeit abrücken, auch dann nicht, als Schneider aus dem Gefängnis in Miami heraus versucht, mit Hilfe eines Rechtsanwalts seinen Konkurs anzufechten. Wenn Kastaui hier, mit Hilfe einer Vollmacht des Sultans von Brunei, belegt hätte, daß es sich bei den Kaufverträgen nicht um einen »fake«, sondern um realistische Vorhaben gehandelt hat, dann hätte er Schneider aus der Patsche helfen können. Denn für den Fall, daß dem Königsteiner tatsächlich 1,2 Milliarden ins Haus standen, wäre Schneider nicht bankrott gewesen. Er hätte sämtliche ausstehenden Forderungen der Banken mit Leichtigkeit zahlen können.

Doch Kastaui hat Schneider nicht geholfen.

Zur Begründung seines Schweigens erzählt uns Mostafa El Kastaui eine romantische Geschichte: »Ich habe dem Vater des Sultans von Brunai auf dem Sterbebett versprochen, daß ich seinen Sohn niemals in irgendwelche Sachen hineinziehen werde. Die Schneider-Pleite ist eine unangenehme Geschichte. Der Name des Sultans wird von mir damit nicht in Verbindung gebracht. Nie.«

Beim »Sterbebett« hört für uns der Spaß endgültig auf. Auch das zentrale Motiv des Moneymakers Kastaui, nämlich 60 Millionen an Schneider zu verdienen, ist durch unsere Recherchen in Sachen Sultan von Brunai zumindest unglaubwürdig. Trotzdem halten wir die Genf-Connection für sehr einflußreich, denn die Stadt am See ist von Anfang an eine wichtige Drehscheibe im Fall Schneider.

Hier liegen seine 245 Millionen Mark auf der Union Bancaire Privée, hier hat Anwalt François Canonica seine Kanzlei, der Advokat, an den sich Schneider aus Miami noch im April 1994 gewendet hat. Und hier lebt Mostafa El Kastaui, der Mann, der das Ehepaar Schneider auf seiner Reise nach Washington begleitet hat.

Amerika in vierzehn Tagen

»Die Rückreise war nach zwei Wochen geplant,
und die Tickets waren bestätigt.«

(Mostafa El Kastaui in seiner Vernehmung vor einem Schweizer Richter)

Im Dezember 1994 war das Bundeskriminalamt ganz dicht dran an Schneiders Genf Connection und damit an Mostafa El Kastaui. Mit allem, was der internationale Polizeiapparat zu bieten hat, setzten sich die Ermittler direkt hinter den Ägypter und seine Frau Myrta.

Heute können wir davon ausgehen, daß sie durch die intensive Beobachtung von Mostafa El Kastaui auch über alle unsere Schritte in Genf informiert waren.

Der Ägypter entwickelt nach Schneiders Verschwinden, so belegen es BKA-Unterlagen, eine rege Reisetätigkeit in die USA, mal mit, mal ohne Ehefrau. Die Zielfahnder des BKA versprechen sich von einer Observierung Kastauis Hinweise auf den Aufenthaltsort des flüchtigen Bauunternehmers. Sie sind fest davon überzeugt, daß Kastaui persönlich oder über Mittelsmänner, nachdem er ihn versteckt hat, noch Kontakt zu Schneider hält. Im Herbst 1994 gibt Kriminaldirektor Hans Schmid, Chef der Zielfahndung und Interpolbeamter, den Kollegen in Genf einen Hinweis auf den Aufenthaltsort von Kastaui, den das BKA observieren will: »Er hält sich derzeit noch in Miami auf und hat für heute seinen Rückflug über New York mit SR 111 gebucht. Planmäßige Ankunft der Maschine: Genf, 12. 10. 1994, 09.00 h. Die Ankunft des El Kastaui wird durch die Genfer Kollegen abgedeckt. El Kastaui alias M. K. Moss wurde mittlerweile in der deutschen Presse als die Person öffentlich gemacht, die das Ehepaar Schneider versteckt hat und als Mittelsmann zwischen ihnen und seinen Anwälten fungiert. Die größte Pressekampagne wurde gestartet, als El Kastaui bereits in die USA abgereist war. Es muß daher damit gerechnet werden, daß die deutsche Presse versucht, mit ihm in Kontakt zu treten. Da es bisher nicht möglich war, die Kontaktaufnahme zwischen den Flüchtigen und El Kastaui festzustellen, und in der jetzigen Phase mit einer Kontaktaufnahme zu rechnen ist, wird gebeten, El Kastaui sowie dessen Ehefrau, die Schweizer Staatsangehörige Myrta, geb. Kaegi, über einen Zeitraum von jeweils einer Woche zu observieren. Die Observationsgruppe Genf steht derzeit nicht zur Verfügung. Hier stehen acht Observationskräfte, die im Verfahren sachkundig sind, mit bis zu acht Fahrzeugen für eine Unterstützung zur Verfügung.«

Presse und Bundeskriminalamt schaukeln sich im Fall Schneider mehrmals gegenseitig hoch. Das war so im Fall der Iran-Spuren. Ausgelöst durch die Fotos in der »Bild-Zeitung«, die Schneider mit Djawadi vor einer Villa in Teheran zeigten, wurden sowohl beim Bundeskriminalamt als auch in allen Medien und natürlich auch bei uns heftige Rechercheaktivitäten wach. Allerdings unterscheiden sich journalistische Recherche und polizeiliche Ermittlungsarbeit gravierend, nicht nur von der Intention her. Die Medien konzentrieren sich in der Regel darauf, Beweise für Hintergründe und Handlungsmotive von Ereignissen zusammenzutragen, um die Ergebnisse, im Idealfall nach sorgfältiger Überprüfung, möglichst zügig zu veröffentlichen. Dabei bemühen sich Presse, Funk und Fernsehen – so jedenfalls sollte es sein – um ein möglichst objektives Bild der Vorgänge. Parteien, Verbände und Vereine haben bei der Interpretation von Ereignissen stets ihre eigenen, subjektiven Interessen. Also ist es, und so will es auch das Pressegesetz, journalistische Aufgabe, davon völlig unabhängig durch eigene investigative Recherchen der Öffentlichkeit ein umfassendes Bild zu vermitteln, das den Tatsachen und nicht einer subjektiven Interpretation entspricht. Wenn es beispielsweise um so große Kriminalgeschichten wie den »Fall Schneider« geht, treten mehrere Konkurrenten gleichzeitig und gegeneinander an: zunächst die Medien im Wettbewerb um den besten Bericht, aber auch die Journalisten im Wettlauf mit der Polizei. Der Vorteil, den Journalisten dabei haben, ist unkonventionelles, schnelles Reagieren. Von so mancher Vorschrift des Beamtenrechts, die dafür sorgt, daß Genehmigungen für Reiseanträge und Gespräche nur sehr langsam und umständlich erteilt werden, sind die meisten Journalisten nicht behelligt. Ein zusätzlicher besonderer Vorteil der Medien ist der Informantenschutz. Er garantiert, daß die Quelle von vertraulichen Informationen nicht genannt werden muß.

Dieser Schutz ist eine wesentliche Voraussetzung journalistischer Arbeit. Im Zeugnisverweigerungsrecht ist er auch gesetzlich abgesichert.

Die Polizei jedoch muß aus vertraulichen Informationen dann einen Ermittlungsvorgang machen, wenn sie Hinweise auf Straftaten erhält.

Das kann ein Nachteil sein. Entscheidender Vorteil für die Polizei: Sie ist mit ihrem professionellen Fahndungsapparat, ihren Datensystemen und Archiven, ihrem riesigen Personalstab den recherchierenden Journalisten oft voraus, weil sie sozusagen »mit großem Netz fischt«. Wenn die Ermittler erst einmal eine konkrete Spur haben, ist ihre Arbeit in der Regel sehr effektiv.

Im Fall Schneider haben wir im Verlauf der mehr als ein Jahr dauernden Recherche immer wieder Kontakt mit der Sonderkommission Schneider aufgenommen. Ausgangspunkt dieser Gespräche war der Anruf der Kommissarin Klaudia B. nach unserem ersten Filmbericht. Die Soko war damals an ungeklärten Vorgängen rund um die Kanzlei des Generalbevollmächtigten Horst Schneider interessiert.

Selbstverständlich waren auch wir außerordentlich interessiert, und zwar an den Erkenntnissen der »Soko Schneider«. Aber weil die Beamten zur Verschwiegenheit verpflichtet sind, können sie nur in den seltensten Fällen offen über Ergebnisse ihrer Ermittlungsarbeit sprechen. Erfahrungsaustausch gibt es aber immer wieder. Es ist nur äußerst schwierig, einen solchen Kontakt mit BKA-Beamten in Gang zu bringen.

Im Herbst 1994 haben wir, wie zuvor schon gelegentlich und später immer wieder, unsere eher bescheidenen Erkenntnisse genutzt, um wieder einmal mit der »Sonderkommission Schneider« ins Gespräch zu kommen. Als uns Peter M. Riemenschneider, der ölige Anwalt aus München, für den Sonderpreis von 200 000 Mark ein Interview mit Mostafa El Kastaui in Aussicht stellt, nehmen wir Kontakt mit dem Bundeskriminalamt auf. Dem Ersten Kriminalhauptkommissar der »Soko Schneider« teilen wir mit, daß ein Interview in Genf in Kürze bevorsteht. Mehr nicht. Diese Mitteilung ist natürlich nicht ganz uneigennützig.

Am Telefon deuten wir Kriminalhauptkommissar R. an, daß uns ein sechzigseitiges Papier von Dr. Jürgen Schneider mit »Enthüllungen über die Deutsche Bank oder deutsche Banken« ganz oder zumindest teilweise übergeben werden soll.

Weil wir auch zu erkennen geben, daß uns Rechtsanwalt Riemenschneider mehr über die Genf-Connection berichtet hat, ist der Kriminalhauptkommissar schließlich interessiert, sich mit uns zu treffen.

Bei diesem Gespräch ist eines allen Beteiligten völlig klar: Jeder möchte möglichst viel vom anderen erfahren und möglichst wenig eigene Erkenntnisse weitergeben. Die Spielregeln sind bekannt und akzeptiert. Wir machen den ersten Zug. Wir erzählen dem Kriminalhauptkommissar, daß wir nach dem Gespräch mit Rechtsanwalt Riemenschneider vermuten, daß die Genfer Kanzlei einen direkten Draht zu Schneider habe, und berichten ihm von der Bemerkung des Münchner Anwalts. Riemenschneider hatte bei der Interview-Verhandlung gesagt: »Dann muß Canonica eben noch mal mit Schneider telefonieren.« Wir verschweigen, daß die Verhandlungen mit Riemenschneider längst gescheitert sind, und erklären, daß wir an unserem Fragenkatalog für das Interview mit Kastaui gerade arbeiten. Wir bieten dem Kriminalhauptkommissar an: Wenn er noch etwas auf dem Herzen habe, so könne er uns das ruhig mitteilen. Seine Fragen könnten dann auch unsere Fragen an Kastaui sein. Im stillen erhoffen wir uns, auf diesem Weg zu erfahren, in welche Richtung das BKA ermittelt und was die Beamten schwerpunktmäßig interessiert.

Beamte müssen selbst über solche Gespräche Aktennotizen schreiben. Und so geschieht es auch in diesem Fall. Monate später liegt uns der Aktenvermerk des Kriminalhauptkommissars zu unserer vertraulichen Besprechung im November 1994 vor. Daraus ersehen wir zunächst, daß das Bundeskriminalamt noch am gleichen Abend einen Gesprächsvermerk angefertigt hat, der die Unterredung wiedergibt. Diesen Vermerk faxt das BKA am nächsten Morgen an den ermittelnden Staatsanwalt im Fall Jürgen Schneider. Dieter Haike notiert handschriftlich auf diesem Fax: »Gemäß telefonischer Rücksprache mit D. J. (Zielfahndung BKA) soll eine Beteiligung am Fragenkatalog auf jeden Fall erfolgen, soweit durch die Fragen nicht Einblick in geheimhaltungsbedürftige Erkenntnisse möglich wird.«

Wenn sich zwei Partner gegenseitig so mißtrauen und belauern, kommt es selten zu vernünftigen Ergebnissen. So war es auch in diesem Fall. Jeder gab ein paar »unschädliche« Informationen zum Besten, und dabei ist es geblieben. Das Bundeskriminalamt und wir nahmen die Genf-Connection aber weiter ins Visier – jeder auf seine Weise. Wir haben zum Beispiel stundenlang mit dem Ägypter telefoniert. Mostafa El Kastaui hat die unangenehme Angewohnheit, frühestens ab 18.00 Uhr erreichbar zu sein. Zum Telefonieren bevorzugt dieser Mann allerdings die Zeit zwischen 23.00 Uhr und 5.00 Uhr morgens. Wenn man als Journalist mit einem solchen Mann in Kontakt bleiben will, muß man ihm irgendwann einmal notgedrungen auch die Privatnummer mitteilen. Dies kann zu schweren Verwerfungen im Familienkreis führen, weil ständige, manchmal mehrfache Anrufe nach Mitternacht leicht den Charakter von Telefonterror annehmen.

Ein halbes Jahr nach Schneiders Verschwinden steht Mostafa El Kastaui unter enormen Fahndungsdruck.

Sein privates Telefon und das seiner »Diwan S.A.« werden überwacht, seine Reisetätigkeit wird kontrolliert, seine Frau wird beobachet. Auch die Kanzlei Canonica steht unter polizeilicher Observation. Immer wenn wir mit Kastaui telefonieren, berichtet er uns, daß er sehr genau über die Aktivitäten der Fahnder Bescheid weiß. Im gleichen Atemzug behauptet er, diese Maßnahmen seien völlig überflüssig: »Die Doktor hat nicht gefluchtet, und ich bin auch kein Fluchthelfer.« Er bleibt stets, in allen Einzelheiten, bei seiner Version der Schneider-Abreise, so wie er sie uns am ersten Abend beim Essen erzählt hat.

Das Bundeskriminalamt hat natürlich auch mit Mostafa El Kastaui ausführlich gesprochen. Wenn Ermittler so etwas tun, nennt man das bekanntlich Vernehmung, und Ergebnis ist stets ein Protokoll.

Es hat mehrere Vernehmungen des »Fluchthelfers« Kastaui gegeben, immer hochoffiziell genehmigt im Rahmen eines Rechtshilfeersuchens an die Schweiz, stets in Anwesenheit eines Staatsanwaltes, mal einer aus der Alpenrepublik, mal einer aus Deutschland. Im wesentlichen versucht El Kastaui, die Ermittler mit der gleichen Version abzuspeisen, die er uns serviert hat. Kastaui hält sich strikt an das von ihm konzipierte Drehbuch: »Amerika in vierzehn Tagen«.

Am 16. März 1995, acht Wochen bevor Schneider in Miami verhaftet wird, wird Kastaui in Anwesenheit von zwei Genfer Polizeibeamten, einem Staatsanwalt aus Frankfurt und drei Beamten des Wiesbadener Bundeskriminalamtes – zwei Zielfahnder und die Kommissarin der »Soko Schneider« – vernommen. Den Ablauf der Reise schildert Kastaui als Vergnügungsreise: »Ich unterhalte keinerlei persönliche Beziehungen zu den Schneiders. Ich habe sie zum ersten Mal zusammen am 6. April 1994 am Genfer Flughafen vor unserer Abreise in die Vereinigten Staaten gesehen. Herr Djawadi hatte mir gesagt, daß ein Paar, das er kenne, in die USA reisen wolle, und er hätte gerne, daß jemand mit ihnen reist, um ihnen als Führer zur Seite zu stehen. Ich habe das Angebot von Herrn Djawadi angenommen. Auf meine Frage teilte er mir mit, daß es sich um das Ehepaar Schneider handele. Herr Djawadi hat diese Bitte vor dem 27. März 1994 an mich gerichtet, bevor ich nach China gereist bin. Ich selbst habe die Reservierung auf unsere jeweiligen Namen vorgenommen. Die Reise verlief ohne Zwischenfälle, und die Schneiders schienen glücklich zu sein. Es handelte sich um eine Vergnügungsreise. Ich selbst hatte nur ein Stück Handgepäck. Wenn ich mich nicht irre, haben die Eheleute Schneider jeweils zwei Gepäckstücke aufgegeben. Wie verabredetet haben wir uns am Morgen des 6. April 1994 am Flughafen Genf-Cointrin getroffen. Da sah ich Frau Schneider zum ersten Mal. Herr Djwadi hat die Eheleute Schneider zum Flughafen gefahren und ist auch mit uns nach Zürich gereist.«

Die Beamten fragen Kastaui, warum er nicht unter seinem richtigen Namen, sondern unter dem Namen »Mostafa« geflogen sei. »Ich bin unter dem Namen Mostafa geflogen, weil mein Familienname zu kompliziert ist«, sagt Kastaui.

Nachdem die Vergnügungsreisenden Washington erreicht hätten, seien sie im Hotel Capitol-Hilton abgestiegen: »Dort habe ich als Namen ›Moss‹ angegeben. Ich hatte die Buchungen von Genf aus per

Fax vorgenommen. Das Ehepaar Schneider ist im selben Hotel abgestiegen. Mein Zimmer war auf den Namen ›Moss‹ reserviert und das der Eheleute Schneider auf den Namen ›Meier‹. Ich selbst habe den Namen ›Meier‹ verwendet, ohne besonderen Grund. Ich habe die Rechnungen bezahlt ... Ich hatte unter dem Namen ›Moss‹ reserviert, und zwar für zwei Wochen. Die Rückreise war nach zwei Wochen geplant, und die Tickets waren bestätigt.«

Auch den vernehmenden Beamten berichtet Kastaui von der Sehnsucht der Frau Claudia Schneider nach Wärme und begründet so die Weiterreise nach Miami. »Ich habe drei Tickets Washington – Miami und zurück bezahlt. In Miami haben wir im Hotel ›Ramada‹ gewohnt. Die beiden Zimmer wurden auf den Namen ›Moss‹ bestellt.

Die Beamten interessiert, wo sich Kastaui in der Zeit zwischen dem Auschecken in Miami und seiner Rückreise nach Genf am 2. Mai 1994 aufgehalten hat. Denn eigentlich war ja für den 20. April eine gemeinsame Rückreise der Schneiders mit Kastaui nach Genf vorgesehen und angeblich auch gebucht. »Am 20. April bin ich allein nach Washington zurückgeflogen, um dort Freunde zu treffen, deren Namen ich nicht nennen möchte. Am Tag nach meinem Eintreffen in Washington im ›Capital Hilton‹ hat mich Schneider angerufen, um mir zu sagen, daß er mit seiner Frau von Miami zu einem Bestimmungsort, den er mir nicht genannt hat, weiterreist. Er hat noch gesagt, er würde das Zimmer zwei oder drei Tage lang noch halten. Ich selber bin wieder nach Miami zurückgeflogen und habe festgestellt, daß die Eheleute Schneider das Hotel verlassen hatten, ohne sich zu melden. Ich habe etwa vier Tage lang im Hotel ›Ramada‹ gewartet, die Schneiders sind aber nicht wiedergekommen.« Mostafa El Kastaui besitzt etwa hundert Meter vom Hotel »Ramada Ressort« in Miami ein eigenes Penthouse. Den Ermittlern ist diese Adresse bekannt. Kastaui behauptet aber, daß er gegenüber Jürgen Schneider diese Wohnung niemals erwähnt habe.

Als Kastaui nun begründen muß, wo er sich zwischen dem 25. April und dem 2. Mai, dem Tag seiner tatsächlichen Rückreise nach Genf, aufgehalten hat, nennt er die Adresse seines Appartements in der Collins Avenue No. 6767. »Als ich noch in Miami war und die Schneiders bereits abgereist waren, kam meine Frau dorthin. Ab ihrer Ankunft am 25. April 1994 bis zum 2. Mai haben wir dann in unserem Appartement gewohnt.«

Es folgt die unvermeidliche Frage der Fahnder: »Wo hält sich das

Ehepaar Schneider versteckt?« Überraschend antwortet Kastaui daraufhin: »Das weiß ich nicht.«

Kastaui räumt jedoch ein, daß er auch nach dem 2. Mai noch einmal telefonisch Kontakt zu Schneider hatte. In Genf habe ihn Jürgen Schneider im Juni oder Juli angerufen, um sich zu bedanken und ihn zu fragen, ob er einen schweizerischen Rechtsanwalt kenne. Er habe ihm den Rechtsanwalt Canonica genannt.

Es gelingt Kastaui erstaunlich lange, diese wachsweiche Version sowohl gegenüber den Fahndern als auch uns gegenüber glaubhaft zu versichern. Uns fallen einige Abweichungen zu der Fassung auf, die Kastaui uns in Genf bei Fisch und Weißwein erzählt hat. Daß er von Miami aus noch einmal nach Washington geflogen ist, hatte er uns nicht berichtet. Ebenso hatte er verschwiegen, daß auch seine Frau aus Genf nachgereist ist und beide dann erst am 2. Mai wieder in die Schweiz zurückgeflogen sind. Die ganze Wahrheit über Kastauis »Urlaubsreise« kommt aber erst ans Licht, als Jürgen Schneider im Mai 1995 in Miami verhaftet wird. Denn die Ermittler informieren sich nun auch im Alexander Tower, jenem Appartementhaus, in dem Schneider seine Zeit verbrachte, und bei Luigi Poletti, jenem italienischen »Babysitter«, der das Ehepaar monatelang versorgte. Diese Erkenntnisse, zusammen mit den Ermittlungsergebnissen der vorangegangenen Monate, ergeben einen anderen Reiseverlauf, als Kastaui erzählt hat:

Mostafa El Kastaui hat versucht, auf elegante Weise die Wahrheit zu seinen Gunsten zu verbiegen. Jetzt wissen wir: Kastaui hat die Flucht der Schneiders professionell mit vorbereitet.

Schon Anfang März 1994 mietet sich Mostafa El Kastaui unter seinem Aliasnamen M. K. Moss im Hotel »Capitol Hilton« ein und bleibt dort vom 2. bis 8. März. Auffällig ist, daß er in dieser Zeit gleich zwei Zimmer angemietet hat, die Räume mit den Nummern 956 und 958. Vom »Capitol Hilton« aus hält er regen telefonischen Kontakt mit seiner Firma Diwan S.A. in Genf. Von Washington aus reist er dann weiter nach Miami und hält sich dort zwischen dem 15. und 18. März 1994 in seinem eigenen Penthouse auf, knapp vierzehn Tage vor Schneiders Flucht.

Russisches Roulett

»Meine Beziehung zu Dr. Moss ist privat.«
(Alexander Dvorianchikov in seiner Vernehmung vor der Schweizer Polizei im März 1995)

Falls beim Versteckspiel der Schneiders etwas schiefgehen sollte, ist mit Interpol nicht zu spaßen. Das weiß Mostafa El Kastaui sehr genau. Zwar hatte er alles gut vorbereitet, um das Ehepaar Schneider später in Miami unterzubringen und die beiden auf diese Weise dem unangenehmen Zugriff der Polizei zu entziehen. Doch für den Fall, daß es hier Schwierigkeiten gibt, hat Kastaui offenbar auch einen Plan B vorbereitet – sozusagen für den »worst case«. Als sich Kastaui Anfang März 1994 im Hotel Capitol Hilton in Washington aufhält, fliegt am 2. März mit Flugnummer SR 166 von Genf nach Zürich und weiter mit der SR 128 nach Washington ein Mann, der am 5. März im Hotel »Capitol Hilton« in Washington in einem von Moss alias El Kastaui angemieteten Zimmer eintrifft.

Es handelt sich um den am 12. April 1965 in Kiew geborenen Ukrainer Alexander Dvorianchikov. Er ist bei der »Lucas Group S.A.«, Rue de Pommier 12a, Neuchâtel, als Finanzberater beschäftigt. Der junge Russe, der im Zimmer 956/958 wohnt und mit Kastaui lange Gespräche führt, wird sieben Monate später, am 28. Oktober 1994, in Neuchâtel festgenommen. Der Schweizer Polizei liegt ein Auslieferungsersuchen der Ukraine vor. Die Generalstaatsanwaltschaft in Kiew wirft Dvorianchikov in ihrem Haftbefehl »Amtsmißbrauch, Fälschung von Wertpapieren und Unterschlagung beträchtlicher Geldbeträge (Diebstahl/Veruntreuung)« zum Nachteil des ukrainischen Staates vor. Im wesentlichen wird ihm zur Last gelegt, die Ukraine um insgesamt 23 Millionen US-Dollar geprellt zu haben und 3 Millionen US-Dollar unterschlagen zu haben. 20 Millionen US-Dollar soll er zu seinen Gunsten akkreditiert haben. Der Tat mitverdächtigt sind die ebenso im Oktober 1994 festgenommenen Ukrainer Kramnoj und Sidorenko, ein vierter Mittäter, Firsova, konnte zunächst entkommen. Alexander Dvorianchikov hat nach seiner Festnahme in der Schweiz politisches Asyl beantragt, was bei den Schweizer Behörden jedoch nicht auf große Begeisterung gestoßen ist. Nach Einschätzung des Untersuchungsrichters Aubert wird Dvorianchikov zu »ungefähr 80 Prozent« an die Ukraine ausgeliefert werden.

Mit diesem jungen Russen hat El Kastaui regen Kontakt. Auch als Dvorianchikov nach Genf fliegt, bleiben die beiden in Verbindung.

In diesen Aprilwochen, als Kastaui das Ehepaar Schneider betreut und die drei bereits von Washington aus nach Miami umgezogen sind, trifft sich der Ägypter erneut mit dem Russen, diesmal in Washington.

Am 21. April 1994 besucht El Kastaui alias M. K. Moss zusammen mit Alexander Dvorianchikov das amerikanische Außenministerium. Dort findet eine Konferenz der ukrainischen Regierung mit Vertretern des US State Departements und der ukrainischen Botschaft statt. Zu dieser Besprechung verschafft sich El Kastaui mit seinem Decknamen Dr. Ing. M. K. Moss als angeblicher Berater der ukrainischen Regierung in Begleitung des jungen Russen Zugang.

Kastaui hat in allen Gesprächen mit uns immer sehr geheimnisvoll getan, wenn die Rede auf die vier Russen und besonders auf Alexander Dvorianchikov kam.

Auch der Ukrainer kennt die Spielregeln. Im März 1995 wird der junge Mann im Gefängnis in Neuchâtel vernommen. Erst als die Beamten ihm ein Foto von El Kastaui vorlegen, räumt er ein, den Mann zu kennen, allerdings unter dem Namen »Moss«.

»Meine Beziehung zu Dr. Moss ist privat«, behauptet Dvorianchikov, räumt aber dann ein: »Wir waren eingeladen zu einem Dinner im State Departement.« Ansonsten hält er sich völlig bedeckt, vor allem als er nach Schneiders gefragt wird. Freund Moss hat ihm gewiß gesagt, wie er zu antworten hat. Als die Beamten fragen, ob Dr. Moss ihm gegenüber den Namen Schneider erwähnt habe, sagt Dvorianchikow: »Nein. Dr. Moss sagt nie etwas Überflüssiges und ich auch nicht. Wir hatten eine konkrete Sache zu erledigen und haben über nichts anderes gesprochen.«

Es gelingt Dvorianchikov und Kastaui in allen Vernehmungen, den Zweck ihrer Zusammenarbeit vor dem BKA zu verschweigen.

Auch uns gegenüber behauptet Mostafa El Kastaui stets: »Der Junge hat mit Schneider gar nichts zu tun.« Allerdings brüstet sich Kastaui gern mit persönlichen und besten Beziehungen zu den Regierungsspitzen in den GUS-Staaten. Vor allem seine »Freundschaft« zu Eduard Ambrosewitsch Schewardnadse, dem georgischen Präsidenten, hat er immer mal wieder erwähnt.

Der Ägypter, dem beste Verbindungen zu den Geheimdiensten der westlichen Welt nachgesagt werden, hat also offenbar auch gute

Drähte zu einflußreichen Personen in den ehemaligen Ländern des Warschauer Pakts.

Diese Verbindungen hat er im April 1994 wahrscheinlich auch mit Hilfe von Dvorianchikov aktiviert. Doch Plan B seines »Schneider-Versteckspiels« sollte nie eintreten.

Im Oktober 1994 wird Dvorianchikov in der Schweiz festgenommen.

Unter Umständen ist dem Ehepaar Schneider dadurch eine Vergnügungsreise nach Osteuropa entgangen. Statt dessen mußten sie mit »Kastaui-Reisen« nach Miami. Fest steht, daß sich Kastaui vierzehn Tage vor seiner Abreise mit dem Ehepaar Schneider aus Genf in den USA genau an den Orten aufgehalten hat, die er dann mit den Schneiders wieder aufsuchen wird. Ziemlich sicher ist, daß er um den 2. April 1994 wieder in Genf ankommt – vier Tage vor Schneiders Flucht.

ABSCHIED VON DER ALTEN WELT

Greetings from Switzerland

»As you know our parents are not the youngest and require some space.«

(Myrta El Kastaui in ihrem Reservierungsfax an das Hotel »Ramada« in Miami)

Hotel »Intercontinental« in Genf, 5. April 1994. Der Hotel-Manager hat an diesem Abend einen der kleinen, intimen Konferenzräume für ein »privates« Abendessen reserviert. Gegen 20 Uhr treffen die Gäste ein. Zunächst der schmale, grauhaarige Professor Dr. Mehdi Djawadi, angereist aus Köln. Wenig später kommt der Geschäftsführer der Union Bancaire Privée, Morteza Firouz. Der Banker ist gerade aus Nassau/Bahamas zurückgekehrt und hat dort festgestellt, daß die Off-shore-Gesellschaften, die für Schneider gegründet wurden, stehen und der Geldfluß von London über die Bahamas nach Genf bereits in vollem Gange ist. Djawadi und Firouz haben Platz genommen, da kommt der Iraner Siavash Mohammad Helmi. Er begrüßt zunächst den Banker, dann seinen Freund Djawadi. Seit Oktober 1993 arbeiten die beiden gemeinsam in Köln, Siavash Helmi hat im Hause von Mehdi Djawadi am Kaiser-Wilhelm-Ring 30 in Köln eine Wohnung. Dort befindet sich auch die Firma Roya, der Teppichhandel des Djawadi.

Als letzter kommt Dr. Jürgen Schneider mit Frau Claudia. Die drei Iraner begrüßen die Gattin und den Königsteiner mit der entsprechenden Freude und arabischer Höflichkeit. Djawadi verbeugt sich vor Frau Claudia und küßt dann die Hände von Dr. Schneider. Das Quintett ist bester Stimmung, geradezu aufgeräumt. Jeder hat seinen Job gemacht. Djawadi hat den Geldfluß vorbereitet, und Firouz hat die Pipeline dafür gebaut. Auch Jürgen Schneider hat sich gut vorbereitet: Der Mann hat eine Million Mark in bar im Gepäck, abgehoben bei der Volksbank in Königstein in zwei Tranchen, montags in der Osterwoche 650 000 Mark und mittwochs 350 000 Mark. Es ist unwahrscheinlich, daß die wohlgelaunte Runde, das »Goldkind« in der Mitten, an jenem schönen Abend nicht von dem Mann komplettiert wird, der gerade aus Amerika zurückgekehrt ist. Mostafa El Kastaui hat für die am kommenden Morgen festgesetzte Abreise alles bestens arrangiert. Das Hotel in Washington ist reserviert, der Weg nach Miami ist geebnet.

Die feine Tischgesellschaft ist guter Dinge. Dr. Schneider bespricht mit Firouz noch eine Kleinigkeit, die sein Genfer Konto betrifft. Djawadi hört aufmerksam zu, schließlich hat er eine Vollmacht für die Schneider-Millionen im Hause Union Bancaire Privée, eine Vollmacht, die auch über den Tod des Ehepaars hinausgeht.

Die Formalien werden beim Aperitif erledigt. Die Küche des Genfer »Interconti« genießt in Feinschmeckerkreisen den besten Ruf. Der Maître de la Cuisine bietet neben französischen Menüs mit leichtem Schweizer Einfluß auch den Gästen aus Nahost erlesene Besonderheiten. Das »Interconti« gilt deshalb bei arabischen Geschäftsleuten und Reisenden als erste Adresse. So kann sich der »deutsch-arabische Freundeskreis« auf der Karte je nach Geschmack bedienen. Mit Champagner klingt der Abend aus. Dr. Jürgen Schneider und seine Frau Claudia feiern ihren Abschied von der »alten Welt«.

Dienstag nach Ostern. Am 6. April 1994 trifft sich Kastaui mit Dr. Jürgen Schneider und Frau Claudia Schneider-Granzow auf dem Flughafen Genf-Cointrin. Die drei fliegen zunächst nach Zürich mit der Swissair, Flug Nummer 168, und von dort in die USA, Flug Nummer SR 128.

Am späten Abend steigen sie im Hotel »Capitol Hilton« in Washington ab. El Kastaui hat unter seinem Decknamen M.K. Moss die Zimmer 684 und 686 für die Zeit vom 6. April bis 14. April 1994. Unter dem gleichen Namen, jedoch mit dem Zusatz »with Meier«, hat er die Zimmer 631 und 633 reserviert.

In Frankfurt übergibt am nächsten Morgen der Mainzer Rechtsanwalt Horst Schneider der Deutschen Bank und dem Vorstand der Jürgen Schneider AG den in weiten Teilen gleichlautenden »Abschiedsbrief« des Jürgen Schneider. Es ist Mittwoch, der 7. April 1994. Als die Banker dem Brief entnehmen, daß Schneider aus angeblich gesundheitlichen Gründen mit unbekanntem Ziel verreist ist, und sie daraufhin bei der Überprüfung seiner Bücher gewisse Unregelmäßigkeiten festgestellt haben, erstatten sie am 13. April 1994 Strafanzeige gegen Dr. Jürgen Schneider.

Am Abend dieses 13. April werden in Washington im »Capitol Hilton« die Koffer gepackt. Das Reiseziel steht schon lange fest. Bereits am 9. April 1994 hatte ein Mr. Bernard Resnick, Managing Director des »Ramada Ressort Hotels« in Miami Beach, ein Fax aus Genf erhalten. »With best greetings from Switzerland« wird der Besuch der Familie Dr. M. K. Moss mit seinen Eltern ohne genauere Zeitangabe angekündigt. »As you know, our parents are not the youngest and require some space«, heißt es in dem kleinen Fax, das nicht von Hand unterschrieben ist, sondern den maschinengeschrieben Namenszug »Dr. M. K. Moss« trägt.

Da sich M. K. Moss alias Kastaui zu diesem Zeitpunkt mit den Schneiders nachweislich in Washington aufhält, ist zu vermuten, daß Frau Myrta Kastaui, die das BKA gleich zur kompletten »Einsatzzentrale Genf« erklärt, dieses Fax nach Miami abgeschickt haben muß.

Am 13. April, dem Tag der Strafanzeige der Deutschen Bank, erhält Mr. Resnick wieder ein Fax von der »Einsatzzentrale Genf«: Mit erneuten »greetings from Switzerland« wird die Ankunft von Dr. Moss and family für Donnerstag, den 14. April 1994, gegen 19 Uhr präzise mitgeteilt. Die »Einsatzzentrale« hofft, daß Mr. Resnick für die »alten Eltern« auch ein Zimmer mit Meerblick parat hat.

14. April 1994. In Deutschland machen die Schneiders Schlagzeilen. Die Zeitungen sind voll mit Meldungen von der Pleite-Front. An diesem Tag treffen die »alten Eltern« Jürgen und Claudia Schneider mit ihrem Sohn Mostafa El Kastaui im Hotel »Ramada Ressort«, Deauville in Miami Beach, ein. Die Adoption dürfte über den Wolken, quasi im Anflug auf das Domizil erfolgt sein. Schon vor dem Abheben verwandelten sich Claudia und Jürgen Schneider in Mrs. B. Nelson und Mr. A. Baker. Ihr zukünftiger Sohn heißt nun M. Hamel. Derart mutiert, trifft das Trio im Hotel »Ramada« ein.

Die »Einsatzzentrale« in Genf arbeitet derweil auf Hochtouren. Am 21. April 1994, inzwischen ist in Deutschland das Konkursverfahren gegen Dr. Schneider eröffnet, bucht Myrta El Kastaui über die Firma Diwan S.A. in Genf unter dem Namen »Mrs. El Kastaui« bei der Fluggesellschaft British Airways für Luigi Poletti einen Flug Genf–London–Miami für den 27. April 1994. Geplant wird der Rückflug für den 8./9. Juni 1994. Poletti wird jedoch erst am 28./29. Juni nach Genf zurückreisen.

Als die »Einsatzzentrale Myrta« ihre Jobs erledigt hat – zwei Faxe ans Hotel, Polettis Flugbuchung –, gönnt auch sie sich eine Reise nach Miami. Am 25. April 1994 trifft sie dort ein. An diesem Tag ergeht in Deutschland der Haftbefehl gegen Dr. Jürgen Schneider. Ihm werden Manipulationen in Bezug auf Flächen- und Mietangaben bei der Zeil-Galerie »Les Facettes« vorgeworfen. Seit einigen Tagen ist das Bundeskriminalamt in die Ermittlungen eingeschaltet. Die

Fahndung nach Dr. Utz Jürgen Schneider und Frau Claudia ist angelaufen.

Der Aufenthalt in einem Hotel, das der Meldepflicht unterliegt, ist jetzt zu heiß. Ein weiterer Umzug wird vorbereitet.

Am 28. April 1994 erscheint Kastaui im Vermietungsbüro des Appartementhauses »At the Alexander Towers, Seasonal Rentals & Sales, Inc. 3505, South Ocean Drive, Hollywood Beach, Fl. 33 019«. Mostafa El Kastaui erklärt, daß er für seine Eltern und seinen Bruder längerfristig zwei Appartements anmieten möchte.

Schließlich unterschreibt er den Mietvertrag für das Appartement 1117 bis zum 13. August 1994 zum Preis von monatlich 1600 $ zuzüglich 9 % Steuern. In dieses Appartement werden Jürgen und Claudia Schneider einziehen. Luigi Poletti bekommt das Appartement Nr. 1120 für 1500 $ Monatsmiete zuzüglich 9 % Steuern.

Aus verschiedensten Gründen – mal muß die Küche renoviert werden, mal ist ein Badezimmer fällig – wird Luigi Poletti im Laufe der kommenden Monate innerhalb des Alexander Tower mehrfach umziehen.

Auch das Ehepaar Schneider wechselt die Wohnung, allerdings nur einmal und dann »standesgemäß«. Die beiden wählen innerhalb des Towers ein etwas teureres Appartement. Dieses Appartement gehört zufälligerweise einem Deutschen, der es sich vor längerer Zeit als Kapitalanlage gekauft hat. Der Mann aus Ingolstadt ist beruflich Schneider ganz nahe, denn er betreibt eine Bauträger GmbH für exklusives Wohnen. Der bayrische Kapitalanleger ahnt nicht, daß seine Zimmer im Sommer 1994 an zwei kapitale Flüchtlinge aus Königstein vermietet werden. Dies erledigt die Hausverwaltung des Alexander Tower, der er alle Vermietungsvollmachten gegeben hat. Der Mann aus Ingolstadt erfährt erst nach Schneiders Verhaftung, wer in seinem Appartement zu Gast war.

Am 30. April 1994, der Umzug ist gut überstanden, das Ehepaar Schneider und Luigi Poletti fühlen sich wohl in ihren Appartements, wird Geburtstag gefeiert. Dr. Jürgen Schneider wird 60 Jahre alt.

Mostafa El Kastaui und seine Myrta halten sich an diesem Tag ebenfalls in Miami auf. Es wäre kein schöner Zug vom Doktor gewesen, hätte er die beiden nicht eingeladen ...

Am 2. Mai 1994 fliegt das Ehepaar Kastaui wieder zurück nach Genf. Die Schneiders sind gut untergebracht. Luigi Poletti wird sich um sie kümmern, für sie einkaufen gehen, auf die Bank fahren und mit ihnen Ausflüge machen. Für seine Dienste erhält der Mann 500 Dollar wöchentlich. Luigi Poletti wird in den kommenden Monaten als Kurier ständig zwischen Miami und Genf hin- und herfliegen.

Auch Kastaui hält regelmäßig Kontakt mit seinen »Eltern«, telefonisch und wahrscheinlich auch persönlich. Jedenfalls hat der Ägypter im Jahre 1994 plötzlich die USA als Reiseziel liebgewonnen: Sehr oft und für längere Zeit fliegt Mostafa El Kastaui nach Miami und hält sich in seinem Penthouse auf. Es ist nur einen Steinwurf vom »Alexander Tower« entfernt. Es wäre auch diesmal kein schöner Zug von Kastaui gewesen, hätte er nicht mal kurz bei Schneiders vorbeigeschaut ...

Die entscheidende Frage bei derartig aufwendigen Unternehmungen lautet stets: Wer soll das bezahlen?

Hinweise zur Beantwortung dieses Kernproblems finden sich bereits am 14. Dezember 1993. Zu einem Zeitpunkt, als die Flucht bereits intensiv vorbereitet wird, zahlt Dr. Jürgen Schneider an die Firma »State Link Institute Inc.« mit Sitz in Wilmington/Delaware, Isle of Man, 2253 376,00 Mark. Diese Firma ist eine Briefkastenfirma, die eigens für Schneider gegründet wurde. Sie gehört Mostafa El Kastaui selbst, seiner Mutter sowie seinen Brüdern und Schwestern.

Das Unternehmen, das in der Schweiz keine Geschäftstätigkeit ausübt, besteht seit etwa vier Jahren, wie Kastaui selbst in seiner Vernehmung in Genf vom 17. März 1995 einräumt.

Kastaui hat an Schneider offenbar schon seit Jahren gutes Geld verdient. Das Bundeskriminalamt legt ihm bei dieser Vernehmung Unterlagen über ein »Agreement« vor zwischen der GdbR Jürgen Schneider und einer Gesellschaft namens »Arab Building«. Es handelt sich hierbei um Rechnungen der »Arab Building« an die GdbR, die alle mit Kastauis Aliasnamen M. K. Moss unterzeichnet sind. Der Betrag, der in den Apriltagen 1991 geflossen sein soll, beläuft sich auf 18 250 000,00 Mark.

Auf alle Fragen der Beamten, die sich auf diesen Millionentransfer beziehen, gibt Kastaui in der Reihenfolge präzise Auskunft:

»Ich habe nicht die geringste Ahnung.«

»Ich weiß überhaupt nichts über ›Arab Building‹.«

»Ich habe keine Ahnung.«

»Nein.«

»Ich habe keine Ahnung.«

»Ich weiß nichts über die Aktivitäten.«

In den zahlreichen Nachttelefonaten mit uns hat Kastaui zu diesem Punkt immer wieder behauptet, er habe überhaupt nie Geld von Schneider bekommen. Keine müde Mark. Es sei der Iraner Mehdi Djawadi, der zwanzig Millionen vom Doktor für seine Beihilfe zum Verstecken der Festgelder abgezockt hätte. Den Beweis dafür bleibt Mostafa El Kastaui uns jedoch stets schuldig.

Ein einsamer Entschluß

»Es kommen sehr schwierige Zeiten.«

(Dr. Jürgen Schneider in seinem Abschiedsbrief an seine Sekretärin)

Als die beiden Pudel aus dem Haus und für die nächste Zeit gut untergebracht sind, macht Dr. Jürgen Schneider sich ans Briefeschreiben. Er überlegt genau, welches Datum er oben rechts vermerken wird, und entscheidet sich dann für den 4. April 1994. Dieser Tag paßt exakt in den Time-table.

Zunächst verfaßt er sechs Seiten für die Deutsche Bank. Das Konzept steht seit einigen Wochen, die Argumentationslinie ist aufgebaut, in den letzten Tagen hat er nur noch ein bißchen an Formulierungen gefeilt. Die Version für seine Vorstandsmitglieder ändert er nur leicht, mit Hilfe des Computers ist das schnell gemacht.

Dann liegt der Abschiedsbrief in fünffacher Ausfertigung vor: ein Brief für Bruder Joachim, einer für Frau Gabriele Eick, einer für Volker M. vom »Techno-Team« und ein Schreiben für den Grafen Ralf Matthias Lambsdorff. Der wichtigste Brief ist auch schon adressiert: an Vorstandsmitglied Ulrich Weiss von der Deutschen Bank, Taunusanlage in Frankfurt.

Dr. Jürgen Schneider packt alle Briefe in einen großen Umschlag. Ein Fahrer kommt und nimmt den Umschlag mit. Er fährt mit dem Paket nach Mainz, zu Rechtsanwalt Horst Schneider. Der Anwalt, erst jüngst zum Generalbevollmächtigten ernannt, hat den Auftrag, die Briefe am 7. April 1994 jedem Adressaten persönlich zu überreichen. Nachdem die Geschäftspost erledigt ist, wendet sich Dr. Jürgen Schneider einem Herzensanliegen zu. Er schreibt einen weiteren Abschiedsbrief:

»Liebe Frau G.,
leider ist es mir aus gesundheitlichen Gründen nicht möglich, meine wichtigen Aufgaben selbst wahrzunehmen. Sie sind mir in den letzten Jahren durch Ihre treue Mitarbeit sehr ans Herz gewachsen. Sie sind die ideale Sekretärin mit allerbesten Berufschancen. Es kommen sehr schwierige Zeiten. Ich habe die sehr große Bitte, Herrn Rechtsanwalt Horst Schneider nach allen Kräften zu unterstützen. Sie können hier viel im Sinne eines baldigen Erfolges mitwirken. Herr Horst Schneider wird Ihnen mein Schreiben an den Vorstand zur Kenntnis bringen.

Sie werden dort die Hintergründe meines einsamen Entschlusses erkennen können. Ich hoffe sehr, daß es gelingt, diese Verträge abzuschließen. Dies ist jedoch nur möglich, wenn bei den Banken koordiniert gehandelt wird und unsere Mitarbeiter an Bord bleiben. Eine weitere Grundlage ist darüber hinaus eine positive Pressearbeit.

Ich habe Ihnen vor kurzem in einem persönlichen Gespräch eine Zusage gemacht und will in diesem Zusammenhang nochmals betonen, daß ich diese Zusage, ganz gleichgültig, was geschieht, in jedem Fall einhalten werde. Sie sollten hierauf fest vertrauen.

Mit freundlichen Grüßen, Ihr Dr. Jürgen Schneider.«

Wir wissen nicht, was Dr. Jürgen Schneider Frau G. versprochen hat, aber es ist ziemlich sicher, daß er sein Versprechen nicht gehalten hat. Den Brief schickt er übrigens nicht per Post. Er spart die Briefmarke und legt das Schreiben ins Körbchen »hausintern«, Empfänger: Frau G. im Hause.

Themenabend im Hause Schneider

»Ab wann wird der Staatsanwalt eingeschaltet?«
(Tochter Ysabel Schneider auf einem Merkzettel zur Reise der Eltern)

Der anstehende »Urlaub« ist bis auf ein paar Kleinigkeiten perfekt vorbereitet. Die große »Reisekasse«, knapp 245 Millionen, ist dank Djawadis organisatorischer Hilfe über London und die Bahamas schon zum größten Teil in Genf gebunkert, das »Taschengeld« in

Höhe von einer Million Mark, abgehoben bei der Volksbank in Königstein, liegt bereit.

Nun sind nur noch die Dinge zu regeln, die jeder Bundesbürger vor Antritt einer Urlaubsfahrt auch bedenken muß: wohin mit den Teppichen und Wertsachen, wird der Schmuck mitgenommen, wieviel Geld darf man in welches Land mitnehmen, was machen wir mit dem Silber, den Bildern und den Rahmen?

Tochter Ysabel hat gemeinsam mit »Mutti« eine umfassende Liste erarbeitet. Auf dieser Liste sind alle Themen notiert, die vor der Reise noch abgearbeitet werden müssen. Die Sorge der Eltern gilt in erster Linie natürlich den Kindern. Weil Nicolai und Ysabel nicht mit verreisen können, brauchen sie ein bißchen Geld für die Zeit allein.

Zur finanziellen Absicherung erhält Ysabel Schneider durch Scheckgutschriften auf ihr Konto bei der Commerzbank 53 500,00 Mark, überwiesen in drei Tranchen, die letzte am 2. März 1994.

Bruder Nicolai wird mit 45 000,00 Mark bedacht, in zwei Tranchen, die letzte am 15. März 1994.

Zusätzlich werden die neuen Konten, die Tochter Ysabel am 15. März bei der Bayrischen Hypothekenbank, am 21. März bei der Deutschen Bank, am gleichen Tag bei der Dresdner Bank und am 24. März bei der Stadtsparkasse in München eröffnet hat, jeweils mit einem Betrag von 15 000,00 Mark aufgefüllt. Die Tochter studiert in München, auf diese Weise hat sie für die kommende Zeit ohne Papa und Mutti 113 500,00 Mark zur Verfügung. Ysabel muß davon allerdings etwas abgeben: auf das Konto eines Rechtsanwalts in München überweist sie 39 000,00 Mark. Damit bleiben ihr rund 70 000,00 Mark.

Die Eltern verteilen gerecht, Sohn Nicolai soll auch nicht darben.

Am 10. März eröffnet der junge Mann zusätzlich bei der Commerzbank in München durch Bareinzahlung in Höhe von 25 000 Mark ein weiteres Privatkonto. Damit hat er wenigstens fürs erste 70 000,00 Mark, ebensoviel wie seine Schwester.

Frau Claudia Schneider-Granzow hat sich schon Anfang März um den Fuhrpark der Familie verdient gemacht. Fünf der Autos, die auf die Eheleute Schneider zugelassen waren, hat sie auf die Kinder umgemeldet.

Am 3. März 1994 werden zwei Rover und ein Austin Rover Typ Mini Cooper auf Nicolai Schneider zugelassen. Am 9. März wird Tochter Ysabel um einen Golf Cabrio bereichert, und Nico bekommt noch einen Mini dazu. Der Junge ist offenbar ein leidenschaftlicher Mini-Fahrer, denn er besitzt nun bereits einen Austin Rover.

Nun bleiben dem Ehepaar Schneider nur noch vier Autos: dreimal Daimler Benz und ein Porsche. Bedauerlicherweise müssen sie die Karossen in Königstein in der Garage lassen, denn sie treten ja eine Flugreise an.

Damit sich die zurückbleibenden Freunde und Familienangehörigen auch gern an Dr. Jürgen Schneider erinnern, hat er auch sie mit dem Nötigsten versehen – mit viel Geld. Dem frischernannten Generalbevollmächtigten Horst Schneider zahlt Dr. Jürgen Schneider am 23. März 1994 zunächst 115 000,00 Mark, und sechs Tage später schiebt er am 29. März per telegrafischer Überweisung ganz kurz vor seiner Amerikareise noch einmal 1 125 000,00 Mark nach, so daß der Mainzer Anwalt über einen Betrag von insgesamt 1,3 Millionen Mark verfügt.

Dieses Honorar, so behauptet Horst Schneider, ergibt sich aus der Arbeit, die er für Dr. Jürgen Schneider während dessen Auseinandersetzung mit der Nordeutschen Landesbank gemacht habe. Da es sich im Fall NordLB gegen Dr. Schneider um einen Streitwert von 131 Millionen Mark gehandelt hat, errechnet sich der Anwalt anhand der »Bundesrechtsanwaltsgebührenordnung« (BRAGO) das ausgezahlte Honorar in Höhe von 1,3 Millionen.

Horst Schneider bestreitet, daß diese Summe irgend etwas mit seiner Tätigkeit als Generalbevollmächtigter für Dr. Schneider zu tun habe.

Konkursverwalter Dr. Gerhard Walter glaubt nicht an diese Version des Mainzer Rechtsanwalts. Er wirft Horst Schneider vor, von dem drohenden Bankrott der Eheleute Schneider gewußt zu haben, und ist der Ansicht, daß das Geld in die Konkursmasse gehöre. Der Konkursverwalter hat im April 1995 vor dem Mainzer Landgericht auf Herausgabe des Honorars geklagt. Doch weil nicht geklärt werden konnte, welche der beiden Parteien korrekt argumentiert, hat ein Mainzer Richter im November 1995 beschlossen, daß vor einem endgültigen Urteil der »wichtigste Zeuge« gehört werden muß: Dr. Jürgen Schneider. Er soll aussagen, wofür er Horst Schneider noch im März 1994 ein Millionenhonorar gezahlt hat. Die Vernehmung steht noch aus.

Noch kurz vor seiner Abreise hatte Dr. Jürgen Schneider auch an zwei ehemalige Polizisten, die Ex-Beamten Klaus-Jürgen Stennei und Wilhelm Meurer, ein Honorar von 1,6 Millionen Mark gezahlt. Die beiden führen eine »Unternehmensberatung« im hessischen Niddatal und waren von Schneider als »Sicherheitsberater« engagiert.

Weil die beiden ihre Tätigkeit sehr ernst nahmen, waren sie immer dicht an Schneider dran – als Body-guards nämlich. Im Spätherbst 1993, Dr. Schneider war wohl innerlich schon auf dem absteigenden Ast, beauftragte er Meurer und Stennei mit dem schwierigen Job, ihm eine »gute Presse« zu verschaffen. Zu dieser Zeit wurde nämlich in einigen Publikationsorganen ein bißchen an ihm herumgemäkelt, und Schneider fürchtete wohl weitere Recherchen.

Die beiden cleveren »Berater« engagierten zügig einen Redakteur, dessen »Stern« zu dieser Zeit recht hoch stand in der Welt der Magazine. Der Mann schrieb sich die Finger wund und kassierte für Artikel und Public Relation-Konzepte insgesamt 220 000,00 Mark.

Die Ex-Polizisten Meurer und Stennei waren derweil auch damit beschäftigt, rund um die noble »Zeil-Galerie« eine »störerfreie Zone« zu garantieren. Penner & Co. wurden davongejagt, Meurer und Stennei rechneten für diesen intensiven Einsatz rund 500 000,00 Mark ab. Und so kam zum Schluß eine ganz nette Rechnung zusammen: der »Penner-Bonus«, addiert zum »Stern am Medienhimmel« plus weitererer konspirativer Tätigkeiten für Doktor Schneider ergab in der Summe eben 1,6 Millionen Mark Honorar.

Das konnte den Konkursverwalter nach Schneiders Verschwinden einfach nicht ruhen lassen. Flugs bezeichnete er das hohe Honorar als »Schenkung«, die Schneider noch kurz vor dem Verschwinden an seine Leibwächter gemacht habe. Eine echte Leistung hätten die Sicherheitsbeauftragten Meurer und Stennei dafür nicht erbracht, das Geld gehöre also in die Konkursmasse. Mit diesen Argumenten strengte der Konkursverwalter gegen Meurer und Stennei ein Verfahren an. Doch damit fiel er ziemlich auf die Nase. Ende Januar 1996 scheiterte Walters Klage vor dem Gießener Amtsgericht. Wilhelm Meurer und Klaus Stennei konnten nämlich nachweisen, daß sie im Bereich des »Personenschutzes« sehr wohl Schneiders »body« bewacht, als »Objektschützer« die »Zeil« vor Schneiders Galerie »Les Facettes« von »Gesindel« befreit und eine »zackige« Pressekampagne organisiert hatten. Schneiders Leibwächter Meurer und Stennei durften – laut Urteil – bis auf einen Betrag von rund 100 000,00 Mark ihr Super-Honorar behalten.

Schneiders Bruder Joachim hat nicht mit dem Konkursverwalter gezankt. Er hat die zwölf Millionen, die ihm Jürgen Schneider per Scheck noch kurz vor seinem langen Abschied zukommen lief, ganz brav wieder abgeliefert.

Der kaufmännische Leiter der Dr. Jürgen Schneider AG, Wilhelm

R., erhielt von Schneider persönlich zwei Schecks, einen für sich selbst über 2,2 Millionen und den Zwölf-Millionen-Bonus für Bruder Joachim.

Jürgen Schneider hat dem kaufmännischen Leiter Wilhelm R., der seit fast 30 Jahren im Dienst der Familie Schneider stand, schon bei seinem Vater und seinem Bruder Joachim gearbeitet hatte, am Freitag, dem 25. März, diese Schecks überreicht. Sie waren ausgestellt auf Formularen der Union Bancaire Privée. Wilhelm R. ist von Beamten des Bundeskriminalamtes vernommen worden. Seine Aussage liest sich wie ein »kleines Geständnis« des Dr. Jürgen Schneider, denn hier räumt der »Chef« zum ersten Mal ein, daß er am Ende ist: »Am Dienstag ... teilte mir Herr DJS mit, daß er Finanzprobleme habe und er mit der Deutschen Bank von London aus einen Vergleich aushandeln wolle, das heißt mit den in London liegenden Geldern. Daraufhin habe ich Herrn Dr. Joachim Schneider angesprochen, es kann auch sein, daß Dr. Joachim Schneider auf mich zugegangen ist, und wir besprachen unsere Bedenken. Mir war von Joachim Schneider gesagt worden, daß auch ihm von seinem Bruder dessen wirtschaftliche Schwierigkeiten mitgeteilt worden sind.«

Die verdutzten Männer, zwei hohe Schecks in der Hand, erhalten auch gleich Anweisung, was zu tun sei. Jürgen Schneider, in Sachen Geldtransfer erfahren, rät zu einer kleinen Reise ins Ausland. Wilhelm R., nicht ganz so erfahren, fährt Hals über Kopf los, begleitet von der Ehefrau des Joachim Schneider. Er berichtet: »Am 28. März 1994 bin ich ... nach Liechtenstein gefahren, um auf einer dortigen Bank die Schecks einzulösen. Es handelte sich um die erste Bank, die uns ins Blickfeld kam. Es war die Liechtensteinische Landesbank.« Die beiden Reisenden eröffnen jeder je ein Konto. Leider, so müssen sie erfahren, können die Schecks nicht gleich gutgeschrieben werden, sondern erst mit einer Verzögerung von etwa einer Woche. Mit leeren Händen fahren die beiden sofort wieder heim.

Irgendwie haben Wilhelm R. und Bruder Joachim wohl das Gefühl, daß sie nicht alles so perfekt gemacht haben. Ihnen wird klar, daß die Deutsche Bank Korrespondenzbank sowohl der Bank, auf die der Scheck gezogen war, der Union Bancaire Privée, als auch der Bank ist, auf der das Geld nun ruht – der Liechtensteinischen Landesbank.

Also gehen sie gleich am nächsten Tag beunruhigt zu ihrem Boß: »Unsere Bedenken lagen darin, daß die Deutsche Bank bei einem Vergleichsangebot des DJS auf unsere Scheckbeträge zurückgreifen könnte. Wir haben daraufhin unsere Bedenken Herrn DJS noch am gleichen Tag (29. März 1994) vorgetragen ... DJS sagte: ›Sprecht mit Djawadi, der kann euch helfen.‹« Djawadi, so erzählt Wilhelm R., soll für eine kleine Provision von 5,5 % – das macht bei 14 Millionen rund 750 000,00 Mark – auch einen entsprechenden Tip gegeben haben.

Dieser Rat, so geht aus der weiteren Vernehmung des Wilhelm R. hervor, führt dazu, daß Wilhelm R. mit der Ehefrau von Bruder Joachim Schneider schon zwei Tage später, nämlich am 31. März, nach Vaduz geflogen ist. Weil die Transaktion zügig über die Bühne gehen soll, fahren die beiden mit dem Taxi vom Flughafen Zürich nach Vaduz, eröffnen ein neues Konto, heben die Scheckbeiträge scheinbar in bar von einem Konto ab und zahlen sie auf das andere Konto wieder ein. Wilhelm R. weiter: »Die Transaktion mußte auf den 8. April vordatiert werden, da der Scheck noch nicht gutgeschrieben war.«

Schon recht bald nach Schneiders Verschwinden fliegt die gesamte Transaktion auf. Bruder Joachim Schneider und Wilhelm R. erzählen von den Reisen nach Liechtenstein und geben ohne langes Zögern die Millionen ab, in die Kasse des Konkursverwalters.

Doch mit der Versorgung der lieben Freunde, Helfer und Verwandten ist die Themenliste im Hause Schneider noch lange nicht abgearbeitet.

Andere Punkte sorgen für mehr Kopfzerbrechen:

»Ab wann wird der Staatsanwalt eingeschaltet?« notiert Ysabel als offene Frage. Wichtig auch: »Kann Papi mit dem Vergleichsverwalter unterhalten/beraten?« Das geht über eine normale Urlaubsvorbereitung weit hinaus und wird später von der Staatsanwaltschaft genau so gewertet. Auch der Merkposten »Geld bei Ulla und Michael hinterlegen« weckt das Interesse der Ermittler. Michael Zacharias ist der Halbbruder von Claudia Schneider-Granzow, Ulla seine Ehefrau. Professor Zacharias leitet die Jürgen-Schneider-Stiftung in Darmstadt.

Die Familienbande müssen sehr eng gewesen sein. In den vergangenen Jahren fanden immer wieder, bevorzugt unterm Christbaum, fröhliche Treffen statt, an denen die Großfamilie Schneider, angereichert durch Gerlinde Zacharias, die Mutter von Claudia Schneider, teilnahm. Das Bundeskriminalamt hat feinfühlig ermittelt, »daß die ausgesprochen enge Familienbindung nach wie vor intakt ist«. Dies »zeigt auch die Tatsache, daß Ysabel ihre gesamten

Möbel aus der Sendlingertor Straße 28 zu ihrer Großmutter nach Baden-Baden verbracht hat ... Claudia Schneider hatte zu ihrem Halbbruder ein sehr gutes Verhältnis, ebenso zu dessen Ehefrau Ulrike Lieselotte«, genannt Ulla. Und wie es sich in guten Familien gehört – in Zeiten der Not hilft einer dem anderen. Daß Punkt 8 der Themenliste wahrscheinlich erfolgreich abgearbeitet wurde, dokumentiert ein Protokoll des Bundeskriminalamtes. Daraus geht hervor, daß – sechs Tage vor Schneiders Abreise aus Genf in die USA – am 31. März 1994 – Professor Zacharias nach Miami reiste. Als Bargeld in einer einfachen Tasche nimmt er 116 810,00 $ mit. Die Ermittler notieren: »Der Rückflug nach Deutschland erfolgte am 12. April 1994. Interessanterweise hatte sich das Ehepaar Schneider am 6. April nach Washington/USA abgesetzt, um sich dann wenige Tage später nach Miami zu begeben.« Es ist nicht auszuschließen, daß Professor Zacharias für seinen Schwager den Geldboten gespielt hat. Jürgen Schneider aber behauptet in seiner neunzigseitigen Stellungnahme, der gesamte Themenzettel sei »ein bedeutungsloses Papier«, ein Ergebnis der Alkoholexzesse seiner Frau.

Allerdings räumt Schneide ein, daß er Anfang März 1994 mit seiner Familie über Probleme seines Imperiums gesprochen hat, jedoch mit einer ganz beruhigenden Einleitung: »Jetzt steht die Firmengruppe auf einem Höhepunkt des Ansehens und der Liquidität. Es bestehen derzeit hohe stille Reserven, und die eigene Verkaufsgesellschaft steht vor ersten Abschlüssen.« Frau und Kindern teilt er mit, daß er aus dieser Situation der Stärke heraus handeln wolle, »damit das Geschehen in seiner Hand verbleibe und nicht nach einem Jahr Fragen gestellt würden, deren Beantwortung dann viel schwerer fiele und die Lösung vielleicht sogar unmöglich würde. Deswegen sollte jetzt, nach dem Osterurlaub, zu einem frühen, klugen und vorausschauenden Zeitpunkt gehandelt werden.«

Bei diesem Krisenabend im Hause Schneider deutet der Investor seiner Familie vorsichtig an, daß vielleicht etwas schiefgehen könnte und die Banken seinen »Abschiedsbrief« – den er einen »schriftlich fixierten wirtschaftlichen Vorschlag« nennt – mißverstehen könnten: »Ich war zu 97 % sicher, daß die Banken wirtschaftlich denken und den Vorschlag annehmen würden. Eine nur 3 % Restrisikogefahr sah ich, ohne sie als besonders bedeutend einzuordnen.«

Dies muß Frau Claudia wohl in den falschen Hals bekommen haben. Jürgen Schneider erinnert sich: »Selbst bei dieser optimistischen Mitteilung drehte sie im wahrsten Sinne des Wortes durch;

weil sie doch durch den Genuß von Alkohol und Tabletten geschwächt und angeschlagen war. Ich war ebenfalls in einer schlechten gesundheitlichen Verfassung. Meine Frau wußte, daß man in Problemsituationen mit Banken mit verschiedenen Reaktionen rechnen kann. Letztendlich war es nicht möglich, sie in dieser Situation zu beruhigen. Der versprochene Osterurlaub zur Abwechslung und Erholung und zum Tapetenwechsel sollte daher auf gar keinen Fall – wie schon die meisten Urlaube in vorangegangenen Zeiten – verlegt werden. Meine Frau hatte Panik und besprach mit den Kindern im nicht nüchternen Zustand den Ernst der Situation. Sie machte für mich einige nicht mehr nachvollziehbare Panikhandlungen. Ich ließ sie gewähren, da ich wußte, daß sich das dann im Urlaub wieder legen werde.«

Zu diesen »Panikhandlungen« gehörte dann das Ummelden von Autos und die gründliche Versorgung der Kinder mit Trennungsgeld. Die Mischung aus Alkohol, Tabletten und Panik – so Schneider – hatte eine fatale Wirkung: »Auf diese Weise ist das von der Staatsanwaltschaft in den Akten als ›Fluchtkonzept‹ bezeichnete schriftliche Papier der Tochter Ysabel entstanden. Ich kannte das für mich letztlich bedeutungslose Papier und hob es offen in meinem Schreibtisch auf, was meine Gutgläubigkeit nur unterstreicht.«

An eine Notiz der Tochter Ysabel im »Fluchtkonzept« hat sich Papi noch im Knast erinnert und sich dran gehalten. Es ist der Merkposten Nr. 11: »Story vom Papi verkaufen – Urheberrechte? Wieviel Geld bringt das?«

KAPITALE BANKENFEHLER

Kopper unter Beschuß

»Die Versäumnisse ... verletzen meines Erachtens
in ihrer Häufung und Schwere
die Grundsätze ordnungsgemäßer Geschäftsführung.«

(Dr. Ludwig Stauch, Bundesaufsichtsamt für das Kreditwesen, in einem Brief an Hilmar Kopper)

Hinter einem schmiedeeisernen Zaun, in einem Park mit großen Bäumen, liegt ein rotes Backsteingebäude, das ein wenig an ein Schloß erinnert. Das Haus ist streng bewacht. Am massiven Eingangstor hängt ein goldfarbenes Messingschild mit rotem Rand und schwarzem Bundesadler. Die Beamten, die hier arbeiten, sind zur absoluten Verschwiegenheit verpflichtet und haben geschworen, nicht über ihre Tätigkeit und schon gar nicht über ihre Erkenntnisse zu sprechen.

Die Zahlen und Daten, die sie zusammentragen, werden noch besser gehütet als das berühmte Bankgeheimnis, weil es in den darauf basierenden Gutachten um die intimsten Vorgänge innerhalb der Banken selbst geht.

Wer nicht zu dieser erlauchten Gesellschaft der »Hüter des Grals« gehört, der wird über die Geheimnisse hinter den Mauern des Backsteinschlosses nur sehr selten etwas erfahren.

Das rote Gebäude im Berliner »Gardeschützenweg 71–101« beherbergt das »Bundesaufsichtsamt für das Kreditwesen«, eine selbständige Bundesoberbehörde, die zum Geschäftsbereich des Finanzministeriums gehört. Wichtigste Aufgabe des Bundesaufsichtsamtes für das Kreditwesen (BAK) ist die Bankenaufsicht. Das Amt kontrolliert, ob sich die Banken an die Vorschriften des Kreditwirtschaftsgesetzes sowie des Hypothekenbankgesetzes halten.

Nach dem Verschwinden des Schloßherrn Jürgen Schneider haben sich die Wächter im Berliner Schloß um die »Raubritter« im zweitürmigen Glaspalast der Deutschen Bank in Frankfurt gekümmert.

Das Ergebnis ihrer strengen Prüfung umfaßt elf Seiten, von denen vor allem die Frankfurter Banker nicht wollen, daß sie jemals veröffentlicht werden. Denn diese elf Seiten sind ein erschreckendes Dokument schlampiger Arbeit der Kopper-Bank, zahlreicher Gesetzesbrüche, Verstöße und Unregelmäßigkeiten. Die Fehler, die dort beschrieben werden, passen nicht zum Nadelstreifen-Image der vornehmen Bankwelt mit ihrem Anspruch auf korrektes Managing, auf Macht und politischen Einfluß. Die Dokumentation gibt zum ersten Mal einen Einblick in interne Bankenabläufe und erklärt, warum es durch ein Mitverschulden der Banken zur Schneider-Pleite kommen konnte.

Dieses wohlgehütete Geheimnis wird uns eines Tages zugespielt. Das Bundesaufsichtsamt hat durch eine der renommiertesten Wirtschaftsprüfungsgesellschaften Deutschlands, die C & L Treuarbeit Deutsche Revision, das Kreditengagement der Dr. Jürgen Schneider-Gruppe mit der Deutschen Bank überprüfen lassen.

Aus dem »Gardeschützenweg« in Berlin wird seitdem scharf geschossen, und der Unterzeichner des Abschlußberichts macht seinem Namen alle Ehre. Der Mann heißt Dr. Ludwig Stauch. Er staucht – das kann in diesem Fall wörtlich genommen werden – Hilmar Kopper persönlich gehörig zusammen.

Der Vorstandssprecher der Deutschen Bank, Hilmar Kopper, »Klassenprimus« der Bankenwelt, erntet bei Dr. Stauch so schlechte Noten, daß er zum Schluß dasteht als ein Versager, der das Klassenziel nicht erreicht hat.

Das Bundesaufsichtsamt für Kreditwesen lastet in diesem Dokument alle Fehler bei der Kreditvergabe im Fall Schneider direkt dem Vorstand der Deutschen Bank in Frankfurt an. Dr. Ludwig Stauch nimmt kein Blatt vor den Mund. Dieser Brief an die Deutsche Bank gehört zu den ganz wichtigen Dingen, die er in Diensten des Bundesaufsichtsamtes noch zu erledigen hat. Dr. Ludwig Stauch wird Ende 1995 pensioniert.

Sein »Abschiedsgeschenk« für Hilmar Kopper ist eine Mängelrüge, wie sie umfassender kaum sein kann. Die Vorwürfe aus Berlin treffen Kopper ganz persönlich: »Die genannten Mängel fallen in den Verantwortungsbereich des Vorstandes, dessen Aufsichtspflichten durch das Fehlen von schriftlich fixierten Richtlinen zum einen und unzureichende Organisations- und Kontrollsysteme zum anderen angesprochen sind. Die Aufsichtspflicht des Vorstandes bedeutet, daß er durch geeignete Kontrollmaßnahmen für die Einhaltung der für das Kreditgewerbe geltenden Ge- und Verbotsnormen durch sämtliche Beschäftigten zu sorgen hat. Kann er dieser Aufsichtspflicht wegen der Größe des Betriebes nicht selbst nachkommen, hat er durch personelle, sachliche und organisatorische Maßnahmen die Voraussetzungen für eine ordnungsgemäße Überwachung der geschäftlichen Handlungen im gesamten Betrieb zu schaffen. Er muß auch durch ständige Kontrollen sicherstellen, daß die Einhaltung der Vorschriften durch die hierzu beauftragten Personen (z. B. Filialleiter, Abteilungsleiter) ordnungsgemäß überwacht wird. Die ... Versäumnisse in Organsiation und Kontrolle bei der Bearbeitung des Kreditengagements Dr. Jürgen Schneider verletzen meines Erachtens in ihrer Häufung und Schwere die Grundsätze ordnungsgemäßer Geschäftsführung.«

Ohne Umschweife ist damit klargestellt, daß eine Teilverantwortung für die Schneiderpleite auch bei der Kreditvergabe der Deutschen Bank gesehen werden muß – und zwar in den obersten Etagen in Frankfurt, bei den feinen Herren, die sich so allwissend geben, so gern mächtig seir wollen – und trotzdem so schlampiges Arbeiten zulassen.

Die Verantwortung dafür – so sieht es Dr. Stauch – liegt zunächst allein beim Vorstand der Deutschen Bank.

Dr. Ludwig Stauch zieht damit Hilmar Kopper schriftlich – soweit derartiges möglich ist – gehörig an den Ohren, teilt ihm mit, wo er seine »Hausaufgaben« nicht richtig gemacht hat. Er wirft der Deutschen Bank vor, daß sie gegen elementare Grundsätze des Kreditgeschäfts in sträflicher Weise verstoßen habe.

Dr. Stauch geht in seinem Urteil über die schon sehr kritische Einschätzung der Wirtschaftsprüfungsgesellschaft C & L weit hinaus. Nach seiner Ansicht hat die Deutsche Bank

»1. in zwölf Fällen (sechs schwerwiegende Verstöße bei sämtlichen Engagements der Dr. Jürgen Schneider Claudia Schneider-Granzow GdbR und sechs minderschwere Nichtbeachtungen bei den Engagements der Center AG Immobilien und Passagen) durchgängig gegen § 18 Satz 1 KWG und
2. in drei Fällen gegen die Vorschriften des § 20 Absatz 2 Nr. 1 KWG in Verbindung mit §§ 11, 12 Abs. 1 und 2 HBG verstoßen und
3. die Grundsätze ordnungsgemäßer Geschäftsführung durch Sorgfaltspflichtverletzungen bei der Kreditbearbeitung und – Überwachung und die Nichtbeachtung von Organsiations- und Aufsichtspflichten verletzt«.

Das Bundesaufsichtsamt für das Kreditwesen erteilt dem Vorstand der Deutschen Bank eine kleine Nachhilfestunde in Sachen »Kreditwirtschaftsgesetz«. Süffisant schreibt Dr. Stauch: »Bevor ich die aufgezählten Verstöße in ihren Einzelheiten darlege, möchte ich zum besseren Verständnis der nachfolgenden Kritik und um für die Zukunft Mißverständnissen vorzubeugen einige allgemeine Hinweise auf die zur Einhaltung von § 18, Satz 1 KWG zu beachtende Vorgehensweise mit besonderem Blick auf nicht bilanzierende Kreditnehmer geben. Notwendig sind hiernach

1. die Vorlage der erforderlichen Unterlagen,
2. deren Auswertung unter Überprüfung auf Plausibilität und innere Widersprüche und
3. die Dokumentation der Auswertungsergebnisse.

Ein Kreditinstitut hat sich von einem Kreditnehmer die wirtschaftlichen Verhältnisse, insbesondere durch Vorlage der Jahresabschlüsse, während der gesamten Dauer des Engagements offenlegen zu lassen, wobei das bloße Verlangen nach Vorlage der Unterlagen – gleich mit welchem Nachdruck – nicht ausreicht.

Die Verpflichtung des § 18, Satz 1 KWG erschöpft sich nicht in einer umfassenden Kreditwürdigkeitsprüfung vor Aufnahme des Engagements. Vielmehr muß das Kreditinstitut die wirtschaftliche Entwicklung seines Kreditnehmers kontinuierlich beobachten und analysieren.«

Nach dieser kleinen Lektion weist Dr. Stauch seinem Nachhilfeschüler Punkt für Punkt nach, wo die Deutsche Bank in Sachen Schneider gegen geltende Kreditwirtschaftsgesetze sowie Vorschriften des Hypothekenbankgesetzes verstoßen hat.

Die Deutsche Bank hat gut daran getan, diese Auflistung aus Berlin fest verschlossen in der Schublade zu halten. Denn aus dem Bericht des BAK wird klar, daß die arroganten Banker sich wie Dilettanten benommen haben.

Deshalb kann Dr. Jürgen Schneider in seiner neunzigseitigen Verteidigungsschrift locker und zugleich triumphierend behaupten, daß er zwingend davon ausgegangen sei, »daß die Banken ihre Bewertungs- und Prüfungspflicht nach den ausnehmend strengen Regeln des Hypothekenbankgesetzes auch gründlich und vor allem richtig durchführen. Diese richtige und gründliche Prüfung und Bestätigung durch die Banken war Grundlage für die weiteren geschäftlichen Dispositionen ... Die Bestätigung der Banken war gleichzeitig eine Bestätigung der eigenen Bewertung.«

Das offensichtliche Versagen der Banken wird im Schneider-Prozeß eine zentrale Rolle spielen. Die Schneider-Anwälte müssen das

BAK-Gutachten als einen ihrer größten Trümpfe ausspielen, um die Alleintäterschaft ihres Mandanten in Frage zu stellen. Tatsächlich rügt schon der Innenrevisionsbericht der Deutschen Bank, der bereits im Juni 1994 vorgelegt wurde, schwere Mängel bei der Kreditvergabe an Dr. Jürgen Schneider.

Doch der BAK-Bericht geht noch weit über das hinaus, was die deutsche Bank freiwillig einräumt. Die negative Beurteilung des Bankverhaltens durch eine neutrale Aufsichtsbehörde wie das BAK wiegt schwerer als eine bankinterne Revision, die möglicherweise das eigene Institut ein bißchen geschont hat. Eine so neutrale und zugleich so vernichtende Analyse wie die des Bundesaufsichtsamtes ist natürlich für die Verteidiger von Jürgen Schneider »pures Gold« wert.

Das Bundesaufsichtsamt in Berlin hat keinerlei Verständnis für das dilettantische Verhalten der Deutschen Bank. Hilmar Kopper wird nicht geschont. Rücksichtslos legt Dr. Stauch seine Finger auf die schweren Wunden »Zeil-Galerie« und »Börsen-Centrum« in Frankfurt, »Goldenes Kreuz« in Baden-Baden, »Palais am Lenbachplatz« in München und Hotel »Rose« in Wiesbaden.

»1. Für die Prüfung der wirtschaftlichen Verhältnisse der Schneider GdbR lagen lediglich Vermögensaufstellungen vor, die schematisch und wenig detailliert waren und zudem bis 1991 nicht einmal testiert waren. Der Schuldenstand der Kreditnehmer ließ sich aus ihnen nicht entnehmen. Selbst wenn die Bank die Richtigkeit der Angaben ungeprüft hätte unterstellen dürfen, ein verständiges Urteil über die Vermögenslage der Kreditnehmer im besonderen, geschweige denn über die wirtschaftlichen Verhältnisse der Kreditnehmer im allgemeinen, ließen sie nicht zu. Daran änderte sich auch nichts dadurch, daß die Kreditnehmer sich zu den Stichtagen 30. September 1992 und 31. Dezember 1993 die Vermögensaufstellungen von dem Wirtschaftsprüfer Wolfgang Klenke, Königstein, testieren ließen. Mit Blick auf den zwar vereidigten, aber nicht renommierten Wirtschaftsprüfer wären Zweifel an der Tragfähigkeit der Testate bei der Bewertung von Aktiva im Milliardenbereich angebracht gewesen. Eine Aufstellung über Verbindlichkeiten lag zu keinem Zeitpunkt vor, die Einkommensdarstellungen (ab 1988) legten ebenfalls die Ausgabenseite nicht offen. Ebenso hat es Ihr Institut zur Absicherung ihrer Informationen versäumt, sich aktuelle Einkommenssteuererklärungen und -bescheide vorlegen zu lassen.«

Die Kritik des Bundesaufsichtsamtes gilt hier der schludrigen Liste des Dipl.oec. Wolfgang Klenke, der Schneider auf sehr einfache Art zum Milliardär hochgerechnet hatte.

An einem simplen Beispiel verdeutlicht Dr. Stauch sein schieres Entsetzen über das Verhalten der Deutschen Bank, die dem Spekulanten aus Königstein offenbar blind vertraute: »In der Vermögensaufstellung zum 31. Dezember 1993 wurde gegenüber der Aufstellung zum 30. September 1992 ein Vermögenszuwachs um ca. 1 Milliarde DM verzeichnet, dessen Herkunft aus der Aufstellung nicht zu entnehmen war.«

Zwar wird eingeräumt, daß die Deutsche Bank einen eigenen Wirtschaftsprüfer zur Kontrolle des Berichtes heranzog, doch als dieser Unregelmäßigkeiten feststellte, erwies sich Schneider als erfolgreicher Sturkopf. Einen ihm zugeleiteten Fragenkatalog beantwortete er nämlich nur ausweichend, für weitere Fragen nach seiner rapide steigenden Gesamtverschuldung hatte Dr. Schneider unverbindliche Ausreden parat.

Angesichts dieser Lage weist Dr. Ludwig Stauch Vorstandssprecher Kopper schwere Versäumnisse und vor allem mangelndes Durchsetzungsvermögen nach: »Obwohl Sie somit die nach eigener Erkenntnis in diesem Zusammenhang erforderlichen weiteren Unterlagen /Auskünfte vom Kreditnehmer nicht erhalten haben, haben Sie sich letztlich mit der völlig unzureichenden Offenlegung zufrieden gegeben und keinen nennenswerten Druck auf den Kreditnehmer ausgeübt ... Zusammenfassend ist deshalb festzustellen, daß die Ihrem Institut im Falle der Schneider GdbR vorgelegten Unterlagen nicht den von mir bereits dargelegten Anforderungen des § 18, Satz 1 KWG genügten. Diese Unterlagen wurden darüber hinaus nicht ausreichend ausgewertet, und eine dementsprechende Dokumentation mußte lückenhaft bleiben.«

Im Klartext heißt das: Die Deutsche Bank hat einem Mann, von dem Hilmar Kopper nicht genau wußte, ob dieser »Immobilienmaniak« nun reich war oder nur Schulden hatte, Kredite in Milliardenhöhe gegeben. Vorstandssprecher Kopper hat sich auf seiner »Peanuts-Pressekonferenz« sogar damit gebrüstet, daß er »diesen Schneider« nie kennengelernt habe. Vielleicht hätte er ihn sich einmal ansehen sollen, seine kleine, dicke Gestalt mit Toupet, ihm gelegentlich zuhören müssen, um sein großspuriges Gehabe zu erleben. Wahrscheinlich wären dem »bodenständigen« Kopper da schon früher Bedenken gekommen. Doch zu einer solchen Begegnung ist es nie gekommen. Fatale Folge: Die Deutsche Bank hat diesem Schneider, von dem sie viel zu wenig wußte, Geld für Objekte geliehen, über deren tatsächlichen Wert sie nur unzureichend informiert war.

Das Bundesaufsichtsamt rügt, daß der Vorstand der Deutschen Bank sich bei der Kreditvergabe auf »Gutachten des Sachverständigen Dr. Neumann stützte« oder »sich die von der Centralboden ungeprüft übernommenen Gutachten zu eigen« machte. »Die konzeptionellen Risiken wie auch die Risiken bei der Projektfertigstellung hat Ihr Institut angesichts der persönlichen Haftung der Eheleute Schneider nicht untersucht.«

Dr. Stauch moniert ganz besonders drei Fälle: Beim »Hotel Rose« in Wiesbaden, dem »Bernheimer Palais« (»Palais am Lenbachplatz« in München) sowie dem »Goldenen Kreuz« Baden-Baden hat die Deutsche Bank Teilbeträge der »Engagements als Realkredite ausgewiesen, obwohl die Voraussetzungen des § 20, Absatz 2 Nr. 1 KWG in Verbindung mit §§ 11, 12, Abs. 1 und 2 HBG nicht vorlagen. Eine formale Festsetzung von Beleihungswerten ist ausweislich des Prüfungsberichtes nicht erfolgt. Auch fehlte es an einer Regelung, wer für die Festsetzung von Beleihungswerten zuständig ist. Die nach Ihren eigenen Richtlinen bei der Übernahme von Sachverständigengutachten vorgesehene Überprüfung auf die Plausibilität und Marktüblichkeit der Beleihungswerte fand nicht statt. Bei den Objekten ›Bernheimer Palais‹ und ›Goldenes Kreuz‹ wurde der Ausweis als Realkredit ohne kontenmäßige Trennung vorgenommen, unabhängig von der Richtigkeit der von der deutschen Centralboden ermittelten Beleihungswerte entsprach deren Ermittlung nicht den bei der Deutschen Bank AG bestehenden Vorgaben.«

Doch das ist nur das Vorspiel der Abstrafung des Hilmar Kopper. Zum richtigen Rundumschlag holt Dr. Ludwig Stauch auf Seite 7 seines Schreibens aus: »Schließlich wurde den Grundsätzen ordnungsgemäßer Geschäftsführung bei der Handhabung des Kreditengagements der Dr. Jürgen Schneider-Gruppe nicht genügt. Insbesondere Sorgfaltspflichtverletzung bei der Kreditbearbeitung und -überwachung und organisatorische Mängel im Kreditgeschäft fallen auf.

Jede der in Ihrem Hause mit dem Schneider-Engagement befaßten Stellen, sei es in den Filialen, sei es in der Zentrale, hat auf jeder Stufe der Bearbeitung (Antragsbearbeitung, Valutierung, Kreditverwaltung sowie Kreditrevision) gegen bankübliche Verfahrensweisen verstoßen: die Innenrevision hat eine Prüfung des jedenfalls für den Konzern auch in der Größenordnung bedeutsamen Engagements unterlassen. Die im Bericht der C & L festgestellten Bearbeitungsmängel wurde nicht unmaßgeblich durch organisatorische Mängel beeinflußt: Die Probleme bei der Kreditbearbeitung und -überwachung waren der Bank nicht erst seit dem Fall Schneider bekannt.«

Um diesen massiven Vorwürfen beispielhaft Gewicht zu geben, nennt das Bundesaufsichtsamt einen konkreten Fall, der beim Engagement der Deutschen Bank das größte Volumen darstellt: die Frankfurter »Zeil-Galerie«.

Das BAK-Gutachten wirft Kopper konkret vor, daß es bei der Bearbeitung der Kreditanträge absolut kritiklos zugegangen ist. Dabei sei es sogar zu gravierenden Verfälschungen durch die Bank selbst gekommen: »Teils wurden die Angaben von Dr. Schneider durch die Filiale verfälscht weitergegeben, im Falle der Finanzierung ›Zeil-Galerie‹ führt die Filiale Baden-Baden in ihrer Vorlage an den Vorstand vom 19. Feburar 1991 aus, das Objekt sei voll vermietet. Dr. Schneider selbst hatte in einem Schreiben vom 11. Feburar 1991 jedoch lediglich den Abschluß von Mietverträgen über 63 % der Mietfläche angegeben. Die Kredite wurden von der Bank ohne Nachweis und Plausibilitätsprüfung weit über die laut Kaufvertrag angefallenen Grundstückspreise valutiert.«

Selbst bei den realen Mieteinnahmen hat Vorstandssprecher Hilmar Kopper es dem trickreichen Investor Jürgen Schneider durchgehen lassen, daß er völlig unkontrolliert arbeiten konnte. Bei einem mit Hypotheken belasteten Gebäude ist es die Regel, daß die Mieteinnahmen auf ein Konto fließen, das der kreditgebenden Bank zur Überprüfung zur Verfügung steht. Dr. Stauch stellt in seinem Mängelbericht fest, »die Mieten der von der Bank finanzierten, vermieteten Objekte gingen nicht bei der Bank, sondern bei einem konzernfremden Institut ein. Die Bank hatte somit keine Möglichkeit, die von Dr. Schneider behaupteten Mieterträge mit den tatsächlichen Mieteingängen abzustimmen.«

Wenn man die Aufzählung dieser haarsträubenden Versäumnisse liest, gerät man in Versuchung, Dr. Jürgen Schneider zu applaudieren. Selten hat ein Privatmann so griffig bewiesen, daß man die Herren in den besten Etagen mit der nötigen Frechheit, Dickköpfigkeit und ein bißchen Getue um das bringen kann, was ihnen am wichtigsten ist – um ihr Geld.

Die Geschäfte des Dr. Jürgen Schneider bestanden hauptsächlich darin, aus historischen, aber oft heruntergekommenen Gebäuden durch aufwendige Restaurierungen wertvolle Objekte zu machen. Diese Art von Immobiliengeschäft nennt sich in der Fachsprache

»Development«, das heißt schlicht »Entwicklung«. Es liegt auf der Hand, daß ein aufwendig restauriertes und umfassend modernisiertes Gebäude bessere Mieterträge abwirft als ein »alter Schuppen«.

Die kreditgebende Bank steht in solchen Fällen vor mehreren Problemen: Zur Berechnung des Objektwerts bietet der »alte Schuppen« wenig Anhaltspunkte, weil ja geplant ist, durch fachgerechte Renovierung und Modernisierung aus einem minderwertigen Gebäude eine hochwertige Immobilie zu machen. Bei der Bemessung von Realkrediten spielt der Ertragswert eine zentrale Rolle. Die Bank müßte also theoretisch von einem »zukünftigen Wert« des Hauses ausgehen und diesen fiktiven Wert als Basis für die Kreditberechnung nehmen, weil sich die gesamte Immobilie ja noch im Prozeß des »Developments« befindet. Genau so hat Jürgen Schneider auch stets erfolgreich argumentiert.

Daher führt er in seiner neunzigseitigen Verteidigungsschrift auch immer wieder die von ihm so genannten »Zielmieten« und »Zielerträge« ins Feld. Auf solche fiktiven Ertragskonzepte darf sich eine Bank aber nicht einlassen, ohne daß sie Schritt für Schritt, entsprechend der Objektentwicklung, genau kontrolliert, ob die »Zukunftsperspektive« auch erreicht wird.

Eine konservative Bank läßt sich auf solche »Development-Spiele« eigentlich nicht ein. Sie hält sich an die strengen Vorschriften zur Ermittlung eines Realkredits. Die Vorschriften besagen, daß bei Gebäuden, die vermietet werden, der nachhaltig erzielbare Mietertrag die Grundlage zur Bewertung des Objektes ist.

Wenn der Ertragswert nicht präzise zu ermitteln ist, weil sich das Gebäude noch in der »Entwicklung« befindet, dann kann sich der Kreditgeber am Substanzwert orientieren. Dieser Wert errechnet sich aus dem Grundstücks- und dem Gebäudewert. Der Beleihungswert wird als der Wert des Gebäudes bezeichnet, der als nachhaltige Sicherheit gelten kann. Der Beleihungswert darf den am Markt erzielbaren »nachhaltigen Verkehrswert«, also den potentiellen maximalen Verkaufspreis, nicht übersteigen. Doch die meisten Banken lieben das Risiko, lassen traditionelle Regeln beim »Monopoly« gern beiseite – in der Hoffnung auf den großen, schnellen Gewinn.

Auch den Herren vom Vorstand der Deutschen Bank muß das kleine Einmaleins der Kreditvergabe abhanden gekommen sein. Sie haben sich offenbar weder an die bewährten konservativen Richtlinien zur Vergabe von Realkrediten gehalten, noch haben sie Regeln für eine »Development«-Kreditierung mit Schneider vereinbart.

Auch dieses Fehlverhalten wird vom »Bundesaufsichtsamt für das Kreditwesen« eindeutig kritisiert. Dr. Stauch schreibt: »Nach den Feststellungen des Prüfungsberichtes waren organisatorische Regelungen für das gewerbliche Immobiliengeschäft nur unvollständig vorhanden. Regelungen für das von Dr. Schneider betriebene Grundstücksdevelopment fehlten. Obgleich die Bank Realkredite auswies, fehlten Anweisungen für die Festsetzung von Beleihungswerten.

Eine besondere Organisation für das Immobilienkreditgeschäft bestand nach Auflösung der Abteilung Z/Baufinanzierung und Immobilien im Jahre 1989 nicht. Schriftlich zusammengefaßte Regelungen für die Kreditbearbeitung, etwa in Form eines Kredithandbuchs, lagen ebensowenig vor wie Regelungen für Immobilienfinanzierungen mit Kapitalanlage und Renditecharakter. Ein bereits in einem Merkblatt aus dem Jahre 1979 angekündigter Erlaß von Richtlinien für gewerbliche Beleihungen stand zum Prüfungszeitpunkt immer noch aus.«

Dr. Stauch stellt ein unglaubliches Chaos innerhalb der Konzernorganisation der Deutschen Bank fest: »Während die Beleihungswerte nach Auskunft ihrer Filiale Baden-Baden nach den Richtlinien für das Baukreditsystem zu ermitteln waren, erklärte die Zentrale gegenüber dem Prüfer eine andere Regelung für maßgeblich. In keiner der angegebenen Regelungen war die Zuständigkeit für die Festsetzung von Beleihungswerten bestimmt. Arbeitsanweisungen – Richtlinien oder ähnliches, in denen die Mittelverwendungskontrolle bei Baufinanzierungen geregelt wird – wurden dem Prüfer nicht vorgelegt.« Keine Prüfung, keine klaren Arbeitsanweisungen, keine klaren Zuständigkeiten – kaum nachvollziehbar, daß sich ein Weltunternehmen wie die Deutsche Bank solche Defizite geleistet hat. Kompetenzwirrwarr gehörte offenbar zum Kreditgeschäft: »Zuständigkeitsregelungen für Immobilienfinanzierungen im Konzern bestanden nicht. Es existierte keine federführende Stelle, die die Koordination der Projektfinanzierung an die Schneider GbR hätte übernehmen können.« Wen wundert es jetzt noch, daß Jürgen Schneider aus dem vollen schöpfte, ohne daß es jemand aufgefallen ist?

Daß Dr. Ludwig Stauch, Beamter des Bundesaufsichtamtes für Kreditwesen, ein sehr höflicher Mensch ist und im Kern durch nichts zu erschüttern, zeigt sich an der Grußformel, mit der er seine vernichtende Kritik an Hilmar Kopper traditionell abbindet: »Mit vorzüglicher Hochachtung – Im Auftrag – Dr. Stauch.«

Die Stellungnahme des Bundesaufsichtsamts für das Kreditwesen läßt kein gutes Haar an Hilmar Kopper und seinen Kollegen im Vorstand der Deutschen Bank. Die Kritik ist umfassend und grundsätzlich. Offenbar hat Deutschlands größtes Geldinstitut mit all seinen Experten im Fall Schneider nicht ein einziges Kreditengagement korrekt abgewickelt. Die Rüge aus Berlin läßt nichts zu wünschen übrig – schlimmer kann es eigentlich nicht kommen. Dr. Ludwig Stauch beschreibt schonungslos, wie unprofessionell, gutgläubig und kritiklos die Deutsche Bank auf Jürgen Schneider hereingefallen ist. Ähnlich böse Briefe aus seinem Haus gehen nicht nur nach Frankfurt, sondern an fast zwanzig weitere Banken der Republik.

Die Mängelrügen des Bundesaufsichtsamtes für das Kreditwesen sind – so zynisch das klingt – ein Lob für Jürgen Schneider. Der mehr als bauernschlaue Investor hat konsequent jede Lücke des Systems, jede Irritation und Schwäche bei den Bankern erkannt und sofort für sich genutzt. So hat er sich bei seinen Kreditverhandlungen strikt und erfolgreich an die bankinterne Weisheit gehalten, wonach immer nur das zu beantworten ist, was auch tatsächlich gefragt wird. Die Deutsche Bank, leichtgläubig und vertrauensselig, hat von Schneider lange Zeit keine testierten Vermögensaufstellungen und auch keine Einkommensteuererklärungen verlangt. Daraufhin hat Schneider selbstverständlich auch nicht mitgeteilt, daß er längst viel mehr Schulden als Vermögen hatte. Auch Fragen zu seinen Objekten, seinen Flächen- und Mieterträge hat er nur dann beantwortet, wenn eine Stellungnahme unvermeidlich war.

In solchen Fällen hat er dann zunächst falsche Angaben gemacht und darauf vertraut, daß die Schwindeleien nicht herauskamen.

Dieses Vertrauen hat sich gelohnt, denn Kontrollen gab es ja kaum bei der Deutschen Bank. Zur Inkompetenz in der Zentrale gesellte sich die Naivität in den Filialen – ein harmonisches Miteinander, das der Immobilientycoon zu seinem Vorteil nutzte.

In seiner Stellungnahme zur »Schneider-Pleite« am 25. April 1994 in Frankfurt hat Hilmar Kopper mühsam versucht, öffentlichen Vorurteilen entgegenzutreten. Kopper behauptet: »Der Eindruck, man brauche nur selbstsicher bei der Deutschen Bank aufzukreuzen, um einen großen Kreditbetrag zu ergaunern, ist lächerlich. Das ist Stoff fürs Kintopp und hat mit der Realität nichts zu tun. Schneider ist kein Hauptmann von Köpenick. Er hat offensichtlich mit krimineller Energie gehandelt.« Schon damals sah Kopper ein, daß »der Fall Schneider ... der Deutschen Bank materiellen und immateriellen Schaden zugefügt« hat: »Die materiellen Probleme halten sich wahrscheinlich in Grenzen und sind daher beherrschbar. Der Ansehensverlust dagegen ist weitreichender. Wir werden alles in unserer Macht stehende tun, um der Bank wieder die Reputation zu verschaffen, die ihrer Leistung und der moralischen Integrität ihrer Mitarbeiter entspricht. Wenn dazu bestimmte Handlungen notwendig sind, werden wir keinen Augenblick zögern. Das heißt, es gibt auch kein Tabu vor personellen Konsequenzen. Ein anderes Tabu gibt es allerdings schon: Nur wer wirklich Fehler gemacht hat, wird an Konsequenzen denken müssen. Es wird weder ein Bauernopfer noch ein politisches Opfer geben.«

Dieses Versprechen hat Hilmar Kopper längst gebrochen, denn die Deutsche Bank hat exakt zu der Lösung gegriffen, die Kopper im April 1994 noch so vehement zum Tabu erklärte: Als »Bauernopfer« mußten sechs Mitarbeiter, unter anderem die zuständigen Direktoren der Filialen Baden-Baden und Mannheim sowie der Kreditüberwachung, gehen. Bei zwei weiteren Direktoren vollzog sich die Trennung wie von selbst: Die beiden zeitweise mit dem Schneider-Engagement befaßten Mitarbeiter waren passend zum Verschwinden ihres größten Kunden in den Ruhestand enteilt.

Am Anfang steht Vertrauen

»Hinzu kamen die hohen Festgelder,
über die Schneider bis zuletzt verfügte.«
(Hilmar Kopper in seiner Antwort auf die Kritik des BAK)

Vorstandssprecher Hilmar Kopper will das vernichtende Urteil des »Bundesaufsichtsamtes für das Kreditwesen« nicht unkommentiert hinnehmen. Nach einer Bedenkzeit von knapp zwei Monaten schießt er zurück in den Berliner »Gardeschützenweg«. Allerdings, das ist seiner Rechtfertigung deutlich anzumerken, verfügt er nur über bescheidene Munitionsvorräte.

Den »sehr geehrten Damen und Herren« des Bundesaufsichtsamtes teilt er zunächst einmal mit, daß es doch nicht so leicht sei, bei der Deutschen Bank einen Kredit zu bekommen: »Die Offenlegung der wirtschaftlichen Verhältnisse unserer Kreditnehmer sowie die

Prüfung der daraus resultierenden Informationen und die Dokumentation des Ergebnisses sehen wir in unserem ureigenen Interesse als eine wesentliche Aufgabe einer kreditgebenden Bank an. Sie hat daher einen hohen Stellenwert in unserem Haus.« Das sind Allgemeinplätze, hochtrabende Worte, die im Fall Schneider keinerlei Bedeutung hatten.

Hilmar Kopper windet sich auf neun Seiten, um die gravierenden Fehler und schweren Verstöße seiner Bank irgendwie zu rechtfertigen. Dabei greift er zu jeder Ausrede, die ihm probat erscheint. Mit jenem Feingefühl, auf dem auch seine »Peanuts« gewachsen sein müssen, hebt Kopper an zu einer Hymne auf den Mann, der zu dieser Zeit im Hochsicherheitstrakt des »Federal Detention Center« in Miami gegen seine Auslieferung kämpft. Kopper lobt Schneider – wie es fünfzig Banken bis zum Verschwinden des Immobilienpleitiers gebetsmühlenartig getan haben. Aus dem »Betrüger mit der kriminellen Energie« (Kopper über Schneider) wird im Schreiben an das Bundesaufsichtsamt mit Datum vom 13. Januar 1995 plötzlich ein Ehrenmann.

Kopper erinnert sich: »Der seinerzeitige einwandfreie Leumund, die außergewöhnliche Reputation und das hohe Ansehen, welches die Eheleute Schneider in Politik, Wirtschaft und Gesellschaft genossen, trugen wesentlich zu dem Vertrauen bei, das die mit der Bearbeitung und Überwachung der Engagements betrauten Mitarbeiter den Kreditnehmern selbst entgegenbrachten.«

Die Deutsche Bank attestiert dem Königsteiner ein außerordentlich erfolgreiches Geschäftsgebahren. Als Schneider bei dem Verkauf eines Großobjektes, dem »Fürstenhof« in Frankfurt, hohe Gewinne erzielte, muß er die Banker mit dem vorgegebenen Verkaufsgewinn von 200 Millionen Mark schier um den Verstand gebracht haben. Denn obwohl der von ihm angegebene Verkaufspreis tatsächlich nicht erzielt wurde, sondern der »Fürstenhof« lediglich für 365 Millionen Mark an die japanische Firmengruppe »Kowa« wechselte, schreibt die Filiale der Deutschen Bank Baden-Baden einen Kaufpreis von 550 Millionen in die Kreditprotokolle.

Hilmar Kopper hat diesen schweren Fehler wohl verdrängt: »Der Erfolg Schneiders bei dem Verkauf des Fürstenhofs hielt das Vertrauen, das ihm entgegengebracht wurde, aufrecht. Aufkommende Zweifel, ob seine Erwartungen im Hinblick auf die Wertentwicklung der Objekte realistisch seien, erschienen mit diesem Verkaufserfolg weitgehend ausgeräumt.« Alles positiv. Und außerdem konnte Dr. Jürgen

Schneider mit Sicherheiten locken, die jedem Kreditgeber Freude machen: »Hinzu kamen die hohen Festgelder, über die Schneider bis zuletzt verfügte, so daß er noch vor seiner Flucht 240 Millionen ins Ausland verbringen konnte. Die hohen Festgelder, die Schneider in seinen Vermögensaufstellungen aufgeführt hat und die tatsächlich vorhanden waren, förderten den positiven Anschein der Vermögensaufstellung.« Mit dieser Ehrenerklärung für Dr. Jürgen Schneider verbindet Hilmar Kopper seine Vorwürfe an das Bundesaufsichtsamt. Es sei doch einfach ungerecht, wenn man – mit dem heutigen Wissen um die Schneider-Pleite – das damalige Verhalten der Banker derart negativ beurteilt. Schließlich habe sich die Deutsche Bank doch um Sicherheiten und Unterlagen zumindest bemüht. Daß dabei auch Fehler gemacht wurden, gehört offenbar zum sogenannten Risikogeschäft der Banken.

Hinterher, so vermerkt Kopper altklug und an die Adresse des Bundesaufsichtsamtes, ist man immer schlauer: »Die Filiale Baden-Baden hat sich bei den Krediten an die Jürgen Schneider-Gruppe allerdings mit Unterlagen, insbesondere eigenen Vermögensaufstellungen der Kreditnehmer, begnügt, die keinen ausreichenden Einblick in die wirtschaftlichen Verhältnisse zuließen. Dazu hat nicht unwesentlich beigetragen, daß sie seinerzeit davon ausging, daß § 18 KWG hier wegen der gestellten Sicherheiten nicht greifen würde. Aufgrund des heutigen Kenntnisstands gehen wir mit Ihnen einig, daß der Wert der Sicherheiten wesentlich niedriger ist, als damals angenommen. Ob Sicherheiten das Absehen von Offenlegung rechtfertigen, muß jedoch grundsätzlich aus der Sicht im Zeitpunkt der Kreditentscheidung beurteilt werden. Die Ergebnisse einer späteren Sicherheitenverwertung oder Erkenntnisse, die erst innerhalb eines Insolvenzverfahrens über das Vermögen der Schulder gewonnen werden, können insoweit nicht berücksichtigt werden.«

Erst als die »Peanuts« auf ein Schweizer Bankkonto überwiesen sind, hat sich die Deutsche Bank in Panik Schneiders Liste angesehen und dabei plötzliche Entdeckungen gemacht. Kopper voller Lob aufs eigene Haus: »Unverzüglich nach Bekanntwerden der Insolvenz der Eheleute Schneider hat der Vorstand intensive Prüfungen des Engagements veranlaßt, um festzustellen, ob und gegebenenfalls welche internen Versäumnisse dazu beigetragen haben, daß die wahre Vermögenslage und die Täschungshandlungen der Eheleute Schneider nicht rechtzeitig entdeckt wurden.«

Widerstrebend, weil ihm nichts anderes übrigbleibt, gesteht Kopper die kapitalen Fehler seiner Bank ein. Doch mit Formulierungen, die an Jürgen Schneiders »hochgemanagte Worthülsen« erinnern, versucht er, dem vernichtenden Urteil die Schärfe zu nehmen: »Die Ergebnisse zeigten dann, daß bei der Bearbeitung des Schneider-Engagements auch in unserem Hause Fehler unterlaufen sind. Dabei wird jedoch die Aufspaltung in Einzelfälle und die anschließende Addition von Gesetzesverstößen der tatsächlichen Situation und den Bearbeitungsabläufen nicht gerecht.«

Ursache aller Fehler der Deutschen Bank ist ihr eigenes Werbewort, das sie allzu pauschal angewendet hat: »Am Anfang steht Vertrauen.« Mit diesem Vertrauen rechtfertigt Hilmar Kopper auch unterbliebene Überprüfungen bei der Kreditbearbeitung. Ausführlich schildert er, wie es im Hause Deutsche Bank eigentlich zugehen sollte: »Eine kritiklose Übernahme von Angaben und Unterlagen des Kunden sowie sonstiger entscheidungsrelevanter Informationen bei der Bearbeitung der Kreditanträge entspricht selbstverständlich nicht den in unserem Hause geltenden Grundsätze der Kreditbearbeitung. Vielmehr ist es prinzipiell Aufgabe der mit der Kreditbearbeitung betrauten Stellen, jede Angabe zumindest auf ihre Plausibilität hin zu überprüfen und sich die erforderlichen Unterlagen vorlegen zu lassen.«

An einem Beispiel aus Frankfurt erläutert Kopper dann mühsam, warum nicht geschah, was selbstverständlich hätte sein sollen:

»Die Ankaufsfinanzierungen, die über die im Kaufvertrag vereinbarten Grundstückspreise hinausgingen, bezogen sich angabegemäß auf Kosten für Freimachung und Entmietung der gekauften Objekte. Wenn – wie zum Beispiel beim Projekt ›Börsencenter‹ – die Nachweise, d. h. die Freisetzungsverträge mit den ›alten‹ Mietern, nicht verlangt wurden, so beruhte dies auf dem den Eheleuten Schneider allgemein entgegengebrachten Vertrauen. Daß die Mittelverwendungskontrolle (incl. Nachweis des Eigenmitteleinsatzes) sowie die Überwachung der Baufortschritte nicht bzw. nicht in einer der Größenordnung angemessenen Art und Weise erfolgten, ist ebenfalls auf die fehlende kritische Distanz der handelnden Personen zu den Kreditnehmern zurückzuführen.«

Die »fehlende kritische Distanz« wird von Kopper auch für weitere heftige Fehler in Anspruch genommen. Das in seiner Rechtfertigung benannte »Center of Competenz« hat sich eher als »Club der Inkompetenz« erwiesen: »Für die Zwischenfinanzierungen im Rahmen der Objektfinanzierungen war die Filiale Baden-Baden und für die Endfinanzierung die ›Centralboden‹ als ›Center of Competence‹ zuständig. Die Aufgabe der Kreditüberwachung (Zentrale) beschränkte sich in diesem Zusammenhang auf eine allgemeine Plausibilitätsprüfung. Auch hier sind Fehler unterlaufen. So hätte bereits eine Überprüfung bzw. Abgleichung der in den vorangegangenen einzelnen Wertgutachten angesetzten Werte zu einem kritischeren Hinterfragen Anlaß geben müssen.«

Daß die Deutsche Bank, wie vom Bundesaufsichtsamt kritisch angemerkt, nicht mit dem nötigen Nachdruck Informationen von Schneider gefordert hat, muß Kopper ebenfalls eingestehen. Auch dazu baut er gewaltige Sätze, die inhaltlich stets das gleiche sagen: Wir sind viel zu spät wach geworden und haben uns selbst dann noch bis zuletzt gewaltig hinters Licht führen lassen. In »Kopper«-Deutsch liest sich das so: »Zunehmend gab es im Zusammenhang mit der steigenden Größe des Engagements kritische Anmerkungen und Fragen der ressortmäßig zuständigen Vorstandsmitglieder. So wurden tiefergehende Aufschlüsse über die Vermögensverhältnisse gefordert, die Schneider jedoch letztlich bis zu seiner Flucht hinauszögern konnte.«

Wenn man bedenkt, daß der letzte Kreditvertrag mit der Deutschen Bank von Schneider am 14. August 1992 unterschrieben wurde, so ist es dem Königsteiner gelungen, die Beantwortung der Bankerfragen *zwei* Jahre lang hinauszuzögern – eine beachtliche Leistung, die einen direkten Schluß auf das Durchsetzungsvermögen der Banker gestattet.

Das Antwortschreiben des Vorstandssprechers Hilmar Kopper auf die Kritik des Bundesaufsichtsamtes in Berlin ist eine Mischung aus halbherzigen Eingeständnissen von Fehlern der Vergangenheit, dünnen Rechtfertigungsversuchen und dem Bemühen, Dr. Jürgen Schneider alles in die Schuhe zu schieben.

Die gutgläubigen Banker sind nur Opfer: Ihr tiefes Vertrauen, ihre »fehlende kritische Distanz« ist von dem Ehrenmann aus Königstein, diesem »Beutelschneider« mit erstaunlich hohen Festgeldern, schändlich mißbraucht worden.

Mit freundlichen Grüßen von der Deutschen Bank AG, so glaubt Kopper, hat er mit diesem Brief den entscheidenden Vorwurf der schweren Verstöße gegen das Kreditwirtschaftsgesetz zurückgewiesen.

Und Hilmar Kopper hat für das Berliner Bundesaufsichtsamt auch noch einen Trost parat: »Bei der Beurteilung dieses Falls muß unserer Ansicht nach im Rahmen des Grundsatzes der Verhältnismäßigkeit auch berücksichtigt werden, daß die Behandlung des Schneider-Engagements nicht repräsentativ für die Kreditbearbeitung in unserem Hause ist.«

Diese nicht »repräsentative Behandlung« hat dem Bauspekulanten Jürgen Schneider 1,2 Milliarden Kredit eingebracht, gewaltige Beträge, für die die Deutsche Bank im Feuer steht, als sich der »Kreditnehmer« so vornehm verabschiedet, wie er zuvor von den Herren in Frankfurt und vor allem in Baden-Baden behandelt wurde. Das leichtfertige Verhalten der Banker, flankiert von tiefem Vertrauen in den Blender aus Königstein, war so dilettantisch, daß die Öffentlichkeit den Reinfall der Deutschen Bank mit Schadenfreude quittierte. Dabei wird allerdings übersehen, daß der Steuerzahler durch die Wertberichtigung der Banken indirekt zur Ader gelassen wird. Durch Steuermindereinnahmen in Millionenhöhe muß die Öffentlichkeit die Fehler der geldgierigen Banker ausbaden.

Das »Bundesaufsichtsamt für das Kreditwesen« war mit dem Antwortschreiben der Deutschen Bank nicht zu beruhigen. Dr. Ludwig Stauch schreibt seinem »sehr geehrten Herrn Kopper« und dem übrigen Vorstand am 27. April 1995 zurück, daß er seine Einschätzung aufrechterhält, »daß Sie

1. in zwölf Fällen gegen § 18, Satz 1 KWG und

2. in drei Fällen gegen die Vorschriften des § 20 Abs. 2, Nr. 1 KWG in Verbindung mit §§ 11, 12, Abs. 1 und 2 KWG verstoßen

3. die Grundsätze ordnungsgemäßer Geschäftsführung durch Sorgfaltspflichtverletzungen bei der Kreditbearbeitung und -überwachung und die Nichtbeachtung von Organisations- und Aufsichtspflichten verletzt haben.« Dr. Stauch erinnert Hilmar Kopper noch einmal an sein Schreiben vom 28. November 1994, das er »vollinhaltlich« aufrechterhält. Da er durch die Antwort von Kopper offenbar den Eindruck gewonnen hat, daß dieser nicht so recht begreift, wo die Fehler eigentlich lagen, holt Dr. Stauch erneut zu einer vierseitigen Auflistung all der Versäumnisse aus, die er in seinem Novemberbrief bereits angeprangert hatte. Die halbherzigen Entschuldigungen des Hilmar Kopper und seine Ausreden läßt das Bundesaufsichtsamt nicht gelten.

Windelweiche Interpretationen – so findet Dr. Stauch – haben im Kreditgeschäft nichts zu suchen. Dies teilt er dem Vorstandssprecher der Deutschen Bank deutlich, wenn auch beamtisch verklausuliert mit:

»Selbst wenn man Ihre Auffassung zugrunde legte, für die Beurteilung der Sicherheiten im Rahmen des § 18 Satz 2.1 Var. KWG sei ausschließlich auf die Sicht zum Zeitpunkt der ersten Kreditentscheidung abzustellen, hätten Sie den gesetzlichen Anforderungen nicht genügt, da der Wert der von den Eheleuten Schneider gestellten Sicherheiten einen Verzicht auf die Auflegung der wirtschaftlichen Verhältnisse der Kreditnehmer von Anfang an nicht rechtfertigte.«

Dr. Stauch unterstreicht mit diesem Brief vom 27. April 1995 noch einmal seinen Eindruck der Sorgfaltspflichtverletzungen und Organisationsmängel bei der Kreditvergabe der Deutschen Bank an Dr. Schneider: »Die Nichtbeachtung banküblicher Sorgfalt auf jeder Stufe der Behandlung des Engagements – Antragsbearbeitung, Valutierung, Kreditverwaltung sowie Kreditrevision – scheint zwischenzeitlich unbestritten. Insbesondere Ihr Hinweis auf die fehlende kritische Distanz der handelnden Personen zu den Kreditnehmern infolge des den Eheleuten Schneider entgegengebrachten Vertrauens ist nicht geeignet, die Verstöße gegen bankübliche Sorgfaltspflichten als weniger schwerwiegend einzuordnen.«

Es gefällt Dr. Ludwig Stauch überhaupt nicht, daß Kopper sich hinter Organisationsstrukturen und dem eigenen Werbeslogan versteckt. Er kritisiert, gespickt mit vielen Paragraphen, auch das persönliche Verhalten des Vorstandssprechers der Deutschen Bank. Sein Urteil lautet: »Die dargelegten Verstöße gegen § 18 Satz 1 KWG und § 20 Abs. 2 Nr. 1 KWG in Verbindung mit §§ 11, 12 Abs. 1 und 2 HWG sowie die Verletzung der Grundsätze ordnungsgemäßer Geschäftsführung halte ich für so schwerwiegend, daß ich Ihr Verhalten als Geschäftsleiter bei der Behandlung des Kreditengagements Dr. Jürgen Schneider-Gruppe mit besonderem Nachdruck mißbillige.«

Mit »vorzüglicher Hochachtung« beendet Dr. Ludwig Stauch auch diese nachdrückliche Mißbilligung. Kurz danach verabschiedet er sich in die Rente. Für ihn ist der Fall Schneider damit erledigt.

Die Deutsche Bank hat jedoch noch eine äußerst unangenehme Aufgabe vor sich. Sie muß dem Bundeskriminalamt das Ergebnis der »Prüfung des Engagements Dr. Jürgen Schneider anhand der Akten, insbesondere im Hinblick auf Fehler in der materiellen Kreditentscheidung und -bearbeitung sowie in der Engagementführung, mitteilen.«

Die Summe der Versäumnisse ist niederschmetternd: »Als Ergebnis ist festzuhalten, daß aufgrund der leichtfertigen Fehleinschätzung der Werte der Immobilien eine von Anfang an nicht vertretbare und teilweise fahrlässige Kreditvergabe vorliegt, deren mangelnde Basis zu jedem Zeitpunkt hätte erkannt werden müssen.« Diese Einschätzung, unterschrieben von Barbara Livonius und Dr. Horst Obermüller, verantwortlich in der Rechtsabteilung der Zentrale der Deutschen Bank in Frankfurt, räumt gegenüber dem Bundeskriminalamt auch ein, daß die »Centralbodencredit AG«, hundertprozentige Tocher der Deutschen Bank und im Fall Schneider zuständig für die Engagement-Führung, nicht über das für »Development-Finanzierungen« notwendige Instrumentarium verfügt hat: »Die gemachten Angaben wurden stets vorbehaltlos akzeptiert, die im einzelnen genannten Kosten wurden nicht kritisch hinterfragt ... Gleiches gilt für die häufigen Konzeptänderungen, die ohne Fortschreibung und Überprüfung der alten Fakten als neue, separate Finanzierungen erfaßt wurden.«

Die Deutsche Bank kann dem Bundeskriminalamt aber auch mitteilen, daß es aufgrund der strengen Prüfung ihrer Revisionszentrale als sicher gilt, »daß bei keiner der beteiligten Personen persönliche Bereicherungen oder Vorteilsnahmen« festzustellen sind. Das zusammenfassende Prüfergebnis der Revisionszentrale endet dennoch mit einer strengen Verurteilung der Banker im eigenen Hause: »Insgesamt gesehen kann die Engagementführung und Projektbegleitung nur mit dem Attribut ›unkritisch und fehlerhaft‹ bedacht werden.

Untersuchungshäftling Nr. 043 034 Jürgen Schneider hat schon im Gefängnis in Miami seine wahre Freude am Gutachten des Bundesaufsichtamtes für Kreditwesen und dem anschließenden Briefwechsel zwischen Hilmar Kopper und Dr. Ludwig Stauch. Auch der Revisionsbericht der Frankfurter Zentrale stimmt ihn wohlgemut. Zeichen dieser Freude finden sich auf entsprechenden Kopien, die Schneider wohl durch seine Anwälte bekommen hat.

Mit fröhlichen Schlangenlinien untermalt er im BAK-Gutachten alle Stellen, an denen die Deutsche Bank besonders stark gerügt wird.

Wenn es ganz »dick« kommt, versieht er die Textstellen am Rand mit drei- und vierfachen Vertikalen. Im Antwortbrief von Hilmar Kopper gilt sein besonderes Augenmerk den Passagen, die ihn als »Ehrenmann« charakterisieren. Hier gibt es für Schneiders Kugelschreiber kein Halten mehr. Rechts und links am Rand wird die jeweilige Textstelle mit einem ganzen Paket von Strichen markiert. Die Begriffe »hohe Festgelder« oder auch »Erfolg beim ›Fürstenhof‹-Verkauf« werden durch kräftige Unterstreichungen aufgewertet.

Eine wahre Orgie feiert Schneider mit markigem Filzstift an den Stellen, die von der heftigen Mißbilligung Kopperschen Verhaltens künden. Als Dr. Stauch schwere Bankfehler bei der Kreditüberwachung auflistet, heißt die Randnotiz des Dr. Jürgen Schneider: »Schadenersatz!«

Brav greift Anwalt Christoph Rückel im Mai 1996 das Verlangen seines Mandanten auf und behauptet in einem Interview der Monatszeitschrift »Capital«: »Mein Mandant ist ein klassisches Opfer von Bankenwillkür!«

Im Namen von Dr. Jürgen Schneider kündigt Anwalt Rückel in diesem Artikel an, »deswegen Schadenersatzansprüche gegen die Deutsche Bank einzureichen. Die Schlampereien der Deutschen Bank werden eine ganz wesentliche Rolle bei seiner Verteidigungsstrategie spielen. Denn die Pflichten einer Bank werden im Hypothekenbank- (HBG) und Kreditwesengesetz (KWG) restriktiv geregelt.«

Als im April 1994 die Dimension der Schneider-Pleite im Umriß erkennbar wird, verdichten sich schon damals die Gerüchte, daß bei den Banken nicht alles mit rechten Dingen zugegangen sei.

Dr. Jürgen Schneider hat stets dafür gesorgt, daß diese Gerüchte am Leben blieben. In all seinen Äußerungen, angefangen bei seinen Vorwürfen in dem uns zugespielten Tonband über diverse Fernsehinterviews bis zur Stellungnahme seines Anwalts Christoph Rückel in »Capital« vom Mai 1996 geriert er sich als »Opfer der Banken« und beschuldigt sie, ihn wissentlich und mit Absicht in den Ruin getrieben zu haben, um von eigenen Fehlern abzulenken.

Staatsanwalt Dieter Haike sieht das Ganze sehr cool: »Wenn sich herausstellt, daß die Banken strafrechtlich relevante Verstöße begangen haben, dann werden neben Jürgen Schneider und seiner Frau eben noch andere auf der Anklagebank sitzen. Kein Problem.«

Plus/minus null

»Systematische Überprüfung des Kreditgeschäfts vor Ort«

(Hilmar Koppers Pläne nach der »Schneider-Pleite«)

»Peanuts – die Bank zahlt alles«, heißt eine deutsche Dokumentarkomödie, die als Persiflage auf die Schneider-Affäre im März 1996 in die Kinos kam. Die Schneider-Anwälte versuchten, die Spekulantengroteske vor der Premiere verbieten zu lassen. Doch damit kamen sie nicht durch. Der Vorsitzende Richter der Pressekammer des Hamburger Landgerichts, Dieter Krause, sagte zur Urteilsbegründung, »daß man nicht ernsthaft der Meinung sein kann, das sei die wirkliche Lebensgeschichte der Schneiders.« In der Komödie wagt ein Immobilienhändler teure Grundstücksspekulationen, wobei ihm die Banken in blindem Vertrauen Milliardenkredite geben. Der Film-Schneider heißt »Schuster«. Insofern, so hat Presserichter Krause recht, ist eine Verwechslung mit dem Königsteiner Immobilienhändler gar nicht möglich. Außerdem hat der Titel des Films nichts mit der Realität zu tun. Denn jetzt, am Ende der Schneider-Affäre, muß es eigentlich heißen: »Peanuts – die Bank zahlt gar nichts.«

Es ist der Deutschen Bank mit ihrem gigantischen Jahresüberschuß in Höhe von 2,1 Milliarden Mark im Jahr 1995 gelungen, ihre Verluste aus der Immobilienpleite Jürgen Schneider mühelos auszugleichen. Diesen ordentlichen Gewinn – trotz der Schneider-Pleite – krönt noch ein Sahnehäubchen: Während die Kopper-Bank 1994 noch 1,8 Millionen Mark Steuern zahlen mußte, kam sie im »Jahr nach Schneider« mit 400 Millionen Mark weniger davon. Eine so eklatante Steuerersparnis ist nur möglich, weil die Bank mit Hilfe der gesetzlichen Wertberichtigung Verluste abschreiben kann. Davon betroffen ist die gesamte Öffentlichkeit, die durch Steuermindereinnahmen wiederum einen Schaden erleidet, weil das Geld im Haushalt der Kommunen fehlt.

Kreditinstitute dürfen selbst dann »wertberichtigen«, wenn sie bei der Kreditvergabe die gesetzlich verankerte Sorgfaltspflicht grob mißachtet haben.

Obwohl die Deutsche Bank im Fall Schneider gegen eine Fülle gesetzlicher Vorschriften verstoßen hat, konnte sie trotz dieser Fehler aus dem Fall Schneider noch einen Nutzen ziehen, nämlich eine Menge Steuern sparen.

Im übrigen stehen die Banken ja auch nicht mit leeren Händen da: Schneiders »stadtbildprägende Immobilien«, die sich ja tatsächlich oft in »Spitzenlagen« befinden, sind das Trostpflaster für allzu weitherzig gegebene Kredite. Allein die Objekte, die von der Deutschen Bank-Tochter Centralbodenkredit AG finanziert wurden, werden jetzt auf einen Marktwert von rund 600 Millionen Mark geschätzt.

Die Deutsche Bank hat nun wiederum eine eigene Tochter, die BANA-ImmobilienGmbH, mit der Abwicklung der von ihr kreditierten

Objekte beauftragt. Mit Konkursverwalter Dr. Gerhard Walter wurde ausgehandelt, daß neun Schneider-Objekte (mit einem geschätzten Gesamtwert von 1,4 Milliarden Mark) übernommen werden konnten. Fünf davon hat die Deutsche Bank schon weiterverkauft, nachdem die clevere BANA das erledigt hatte, was die kreditgebenden Herren seinerzeit versäumten: Sie verschaffte sich Klarheit über die tatsächlichen Mietverhältnisse und Ertragsmöglichkeiten der Objekte, ihren reellen Marktwert, die tatsächlichen Entwicklungschancen – und erzielte vernünftige Preise.

Aus diesen Verkaufsgewinnen wurden 80 Millionen Mark an die Handwerker gezahlt, Kopper hat seine »Peanuts« verteilt. Allerdings hat die BANA zunächst sämtliche Handwerkerrechnungen sehr genau auf Plausibilität geprüft.

Die Experten der BANA haben der Deutschen Bank auch geraten, einige Schneider-Objekte, die noch im »Rohzustand« waren, in bescheidenem Umfang weiterzubauen, so beispielsweise das »Palais am Lenbachplatz« in München und das Objekt an der Frankfurter Börse. Lediglich die »Zeil-Galerie«, der größte Mißgriff der Deutschen Bank, machte der BANA richtig Kopfschmerzen. Die Frankfurter Allgemeine Zeitung berichtet am 12. Juli 1996, daß Gerd Hille, Geschäftsführer der ImmobilienGmbH, vor einer »katastrophalen Ausgangssituation« in Schneiders Einkaufstempel stand. Die Mieteinnahmen hätten noch nicht einmal die Nebenkosten gedeckt! Laut FAZ ist das Schlimmste aber überstanden: »Heute steht die Galerie auf einem einigermaßen soliden Fundament, sagte Hille. Für ein Drittel der Verkaufsflächen sind neue Mieter gefunden und die Nebenkosten um jährlich fünf Millionen DM gesenkt worden.« Mit einem derart geschickten Immobilienmanagement und den üblichen Abschreibungs- und Steuertricks wird es der Deutschen Bank nach Ansicht von Insidern gelingen, mit einem recht bescheidenen Lehrgeld – geschätzt werden 400 Millionen Mark – davonzukommen.

Schon vor der Pleite hat die Deutsche Bank und haben andere Banken an den Patzern verdient, die sie im Fall Schneider gemacht haben. Laut Hypothekengesetz dürfen Darlehen innerhalb der Dekkungsstockfähigkeit mit Pfandbriefen gegenfinanziert werden, die Bank kassiert die Provisionen. Auch die absolut überzogenen Schneider-Kredite wurden so zu munter sprudelnden Geldquellen der Banken. Mittlerweile geben viele Geldinstitute offen zu, daß sie durch Wertberichtigungen und entsprechende Rücklagen »plus/minus null« die Schneider-Pleite bravourös bewältigt haben. So hat die

Norddeutsche Landesbank, die Schneider unter Außerachtlassung ihrer Sorgfaltspflicht und unter Verstoß gegen gesetzliche Bestimmungen des Hypothekenbankgesetzes und des Kreditwesengesetzes einen völlig überhöhten Kredit für das Berliner Objekt »Tauentzienstraße 7b« gegeben hatte, durch eine Zwangsversteigerung des Hauses ihre Verluste so minimiert, daß Vorstandschef Manfred Bodin von der NordLB tatsächlich ein stolzes »plus/minus null« als Bilanz des faulen Schneider-Engagements angekündigt hat.

Die Rheinboden Hypothekenbank AG, die mit der Deutschen Bank-Tochter Centralbodenkredit AG gemeinsam für Schneider engagiert war, hat sich in einem Vergleich mit der Partnerbank geeinigt. Öffentlich wurde nicht bekannt, wie der Schaden unter den beiden Banken aufgeteilt wurde. Rheinboden gelang es jedenfalls, trotz der Belastungen durch die Pleite auch 1994 einen Jahresüberschuß auszuweisen.

Die Deutsche Bank AG hat im Juli 1994 personelle und organisatorische Konsequenzen aus dem Fall Schneider gezogen. Die Mitglieder der Filialleitung Baden-Baden und Mannheim, Klaus Peter Fischer und Michael Prinz zu Sachsen-Weimar, sind »im gegenseitigen Einvernehmen aus der Bank ausgeschieden. Zwei Vorstandsmitglieder der Deutschen Bank-Tochter Centralbodenkredit AG, Jürgen Huvendick und Detlev Rode hätten – so teilt die Zentrale mit – ihre »Ämter zur Verfügung gestellt. Detlev Rode, der auch Vorsitzender des Verbandes Deutscher Hypothekenbanken war, trat von diesem Amt zurück. Die Deutsche Centralbodenkredit AG wurde Ende 1995 mit der Frankfurter Hypothekenbank zusammengelegt. Das Hypothekeninstitut gehört zur Deutschen Bank-Gruppe und trägt nun den gigantischen Namen »Frankfurter Hypothekenbank Centralboden AG (FHCB)«.

Die Deutsche Bank hat nach dem Desaster mit Kreditnehmer Jürgen Schneider in einer sechzig Sekunden langen Fernsehwerbung versucht, den Imageschaden wieder auszubügeln. Zuvor hatte Hilmar Kopper in mehreren Interviews versucht, pauschale Kritik an seinem Institut abzuwehren. Die Deutsche Bank wolle sich von der »Seuche der Schwarzmalerei« nicht anstecken lassen. Viel geholfen hat ihr das nicht; im Ansehen der Öffentlichkeit ist sie rapide gesunken, wie eine Umfrage vom Mai 1996 beweist. Von Platz 2 unter den hundert größten deutschen Unternehmen auf Platz 62 – schneller und gründlicher wurde selten ein Image beschädigt.

Damit nicht wieder so eine Blamage passiert wie im Fall Schneider, hat vor allem die Deutsche Bank unter ihrem Dach für etwas mehr Ordnung gesorgt. Hilmar Kopper, Vorstandssprecher der Deutschen Bank, versucht, dem Bundesaufsichtsamt für das Kreditwesen zu erläutern, daß die Reformen im Innern seines Hauses zukünftige Crashs zuverlässig vermeiden können, und zwar durch neue Elemente des Kreditportofoliomanagements.

Für Kopper sind das »Instrumente wie das weiterentwickelte Risikoraster, die Einführung des Group-Account-Management-Consent, das die Festlegung der Federführung für eine Kreditnehmergruppe im Konzern der Deutschen Bank beinhaltet sowie die Einführung von Kreditüberwachungslisten. Kreditkomitees mit jährlichen Filialuntersuchungen (durch die Konzernrisikogruppe) sollen diesen Prozeß unterstützen. Im November 1994 wurde die unabhängige Zentralabteilung Kreditrisikomanagement (früher Kreditüberwachung [Z]) als Gegengewicht zu den Geschäftsabteilungen mit folgenden Primäraufgaben betraut:

- Übergeordnete konzernweite Steuerung der Kreditrisiken,
- Erarbeitung und Fortschreibung einer schriftlich fixierten Creditpolicy,
- Analyse und Kommentierung der Portofolioplanung,
- Fortentwicklung der Instrumente für das Kreditrisikomanagement,
- systematische Prüfung des Kreditgeschäftes vor Ort,
- Behandlung von Kreditanträgen, die nicht in Einklang mit der Creditpolicy und/oder Portofolioplanung stehen.«

Ein bombastisches Organisationskonzept mit gewaltigen Primäraufgaben – zukünftige »Schneider«, das will Hilmar Kopper mit »Creditpolicy« und »Portofolioplanung« erreichen, sollen es schwer haben im Hause Deutsche Bank.

Die »systematische Prüfung des Kreditgeschäftes vor Ort« wird dazu führen, daß gelegentlich wieder Banker auf Baustellen anzutreffen sind – ein kleiner Vorgang, der der Deutschen Bank im Fall der Frankfurter »Zeil-Galerie« Millionen eingebracht hätte. Aber damals gab es dieses Zukunftskonzept eben noch nicht …

Auch die Hessische Landesregierung ist nach dem Fall Schneider in tiefes Nachdenken verfallen. Als Ergebnis dieser Stirnfalten wurde eine interministerielle Arbeitsgruppe gegründet, die hochkarätig mit Beamten aus dem Finanzministerium, dem Justizministerium, dem Ministerium für Wirtschaft, Verkehr, Technologie und Europaangelegenheiten sowie dem Ministerium für Frauen, Arbeit und Sozialordnung besetzt war – und somit Kompetenz zur Beantwortung aber auch aller Fragen im Fall Schneider versammelte.

Die ministerielle Runde wurde ergänzt durch drei Professoren, die mit Finanz- und Steuerrecht, Handels- und Bankrecht und Betriebswirtschaft vertraut sind, und durch einen Wirtschaftsprüfer komplettiert.

Die »Arbeitsgruppe zum Konkursfall Dr. Schneider« legt schließlich einen 53seitigen Abschlußbericht vor, der teilweise recht mangelhaft ist. Geplant war unter anderem eine genaue Prüfung, inwieweit bestehende gesetzliche Vorschriften geändert werden müssen, um ähnlich gelagerte Großkonkurse wie den Fall Schneider mit ihren Folgewirkungen zu verhindern. Die Prüfung der Arbeitsgruppe erstreckte sich zunächst auf das Gesetz über das Kreditwesen (KWG) und das Hypothekenbankgesetz. Das Ergebnis bleibt dünn.

Doch dafür gibt es Gründe, über die die Arbeitsgruppe mit leicht grollendem Unterton berichtet: »Überlegungen in Richtung notwendiger und sinnvoller Änderungen der Gesetze wurden wesentlich dadurch erschwert, daß den Landesressorts keine unmittelbaren Erkenntnisse, insbesondere keine Prüfungsberichte von betroffenen Kreditinstituten, vorliegen ... Die dem Bundesaufsichtsamt für das Kreditwesen in Berlin vorliegenden Sonderprüfungsberichte zur Einhaltung der Vorschriften des KWG sowie des Hypothekenbankgesetzes konnten aus Gründen des Bankgeheimnisses nicht eingesehen werden.«

Die Arbeitsgruppe räumt ein: »Den Überlegungen zugrunde gelegt werden konnten im wesentlichen nur die Berichterstattung in den verschiedenen Medien und Presseverlautbarungen.«

Einen Änderungsbedarf im Hypothekenbankgesetz sieht die Arbeitsgruppe nicht – vor allem dann nicht, wenn sich die Bank an die Vorschriften hält: »Es muß vielmehr Aufgabe der betreffenden Kreditinstitute sein, durch bankinterne Anweisungen sicherzustellen, daß diese Vorschriften und die zusätzlich dazu ergangenen bankinternen Verfügungen eingehalten werden.« Diesem Allgemeinplatz wird ein praktischer Rat an die Banken mit auf den Weg gegeben: »Betrügerischen Manipulationen von Real-Kreditnehmern muß dadurch vorgebeugt werden, daß die Auszahlung solcher Kredite nur sukzessive nach Prüfung des Baufortschrittes etc. erfolgt, damit ausgezahlte Gelder nicht als ›Barvermögen‹ zur Erlangung weiterer Kredite ausgewiesen werden können.«

Auch beim Kreditwesengesetz spürt die Arbeitsgruppe kaum

Druck: »Kurzfristig vorzunehmende Änderungen des KWG ... drängen sich derzeit nicht auf.« Statt dessen empfiehlt die Arbeitsgruppe, mehr Transparenz in die Handelsregister zu bringen. Das Beispiel der Firmengruppe Schneider, deren wirre Verflechtungen erst nach dem Verschwinden des Immobilienpleitiers offenkundig wurden, habe deutlich gezeigt, das gerade beim Handelsrecht Änderungen nötig sind.

Die Arbeitsgruppe stützt sich hier auf einen bereits ausgearbeiteten Vorschlag der »Bund-Länder-Arbeitsgruppe Handelsrecht und Handelsregister«, der zu einer »Reform des Kaufmannsbegriff« rät. Eine solche Reform, mit der auch eine Modifizierung des Handelsrechts einhergehen müßte, sollte für jeden Gewerbetreibenden – ab einer festzusetzenden Bilanzsumme und von einem bestimmten Umsatz an – eine Buchführungspflicht vorsehen. Nach einem Umbau des Handelsregisters zu einem Konzernregister – das also alle Verflechtungen einer Firmengruppe offenlegt – wäre mit der Einführung der Buchführungspflicht auch die wirtschaftliche Situation nicht nur der Einzelfirma, sondern auch des gesamten Konzerns leichter zu durchschauen.

Die Arbeitsgruppe der Hessischen Landesregierung begründet ihre Reformvorschläge auch mit der Tatsache, daß es Jürgen Schneider aufgrund der juristisch unklaren Situation gelungen war, jahrelang keine Steuern zu zahlen, da eben nicht eindeutig feststand, ob für eine Immobilienverwaltung überhaupt die »Kaufmannseigenschaft« und damit die Buchführungspflicht gelte.

Der hessische Finanzminister Ernst Weltke, der die Arbeitsgruppe eingesetzt hatte, sagte dazu – mit bösem Blick auf die ihm entgangenen »Schneider-Steuern«: »Dies ist ein Punkt, der mir nach wie vor schwer im Magen liegt.«

Der clevere Königsteiner hatte dem Finanzamt gegenüber stets belegt, daß er mit seinen hohen Zinsen und Abschreibungen weit mehr Ausgaben als Einnahmen gehabt habe. Doch Schneiders Finanzamt, dem Steuergeheimnis offenbar außerordentlich verpflichtet, hat seine möglichen Vermutungen zu einer Überschuldung des Imperiums nicht mitgeteilt. Trotzdem hält die Arbeitsgruppe handelsrechtliche oder steuerrechtliche Gesetzesänderungen – zum Beispiel eine Obergrenze für Wertberichtigungen/Abschreibungen nicht für ein probates Mittel, um derartigen Mißbräuchen zu begegnen: »Das Steuerrecht ist kein geeignetes Mittel, um Sanktionen durchzusetzen, die von der Natur der Sache her anderen Teilen der Rechtsordnung zuzuordnen sind ... Ein Verlustabzugsverbot widerspricht den grundlegenden Regeln der Marktwirtschaft. Jeder Kaufmann versucht, das bestmögliche wirtschaftliche Ergebnis zu erzielen. Kein Unternehmer fügt seinem Unternehmen vorsätzlich Nachteile zu, sofern keine anderweitigen (z. B. private) Vorteile entgegenstehen.« Damit analysiert die Arbeitsgruppe ungewollt die Mechansimen und Motive des Dr. Jürgen Schneider. Ihre so aufwendig erarbeiteten Lehren aus dem Fall überläßt sie weiteren Fachuntersuchungen – konkrete Konsequenzen bleiben aus.

Finanzminister Welteke zieht in einem Interview mit der »Frankfurter Allgemeinen Zeitung« Anfang Dezember 1994 ein erkenntnisreiches Fazit. Er bedauert, daß »gegen kriminelle Energie, Gutgläubigkeit und Verletzung der Sorgfaltspflicht kein Gesetz helfen könne.« Eine Stellungnahme der Deutschen Bank zu dieser Anmerkung des hessischen Finanzministers hat es natürlich nicht gegeben.

DAS SYSTEM EIDECHSE

»Blood, sweat and tears« in Miami

»Wir hatten Angst davor, umgebracht zu werden«
(Dr. Jürgen Schneider in seiner eidesstattlichen Erklärung zu den Vorgängen in Miami)

In einem kleinen Appartement in Miami sitzen zwei Menschen und leiden. Dabei sollte es doch eigentlich ein besonders schöner Urlaub werden. »Infolge Überarbeitung und hohen Blutdrucks rieten mir meine Ärzte, Aufregungen zu vermeiden und mich von Streß fernzuhalten. Insbesondere um auch die zusätzlichen Belastungen durchstehen zu können, die durch die auch geschäftlichen Repräsentationspflichten zu meinem 60. Geburtstag am 30. April vor mir lagen, war dieser Urlaub völlig frei von Streß unerläßlich,« schreibt Dr. Jürgen Schneider in einem kleinen Memorandum voll schmerzlicher Erinnerungen an die Tage im April 1994.

Doch aus dem erholsamen Urlaub wird nichts. Die Kunde von üblen Entwicklungen im fernen Königstein verdunkeln die sonnige Atmosphäre am »Ocean Drive« in Miami: »Während meiner Urlaubstage wurde ich durch die entsetzlichen Ereignisse in Deutschland überrascht. Die Meldungen stempelten mich innerhalb kürzester Zeit vom angesehenen Geschäftsmann zum größten Betrüger der Nachkriegszeit und verunglimpften meine Familie aufs schändlichste. Infolgedessen erlitt ich am 17. 4. 1994 einen Zusammenbruch. Ich war nicht mehr in der Lage, geordnet zu denken und aktiv am Geschehen teilzunehmen. Ich war nicht mehr ansprechbar, hatte Angstgefühle und war depressiv. Ich befand mich in einer Art Dämmerzustand, ich konnte nicht einmal auf das reagieren, was meine Frau zu mir gesagt hat.«

Frau Claudia Schneider-Granzow ihrerseits war nicht in der Lage, viel zu reden, denn »dreieinhalb Monate mußte ich mich jeden Morgen übergeben. Ich wachte auf, und ein Krampf fuhr in die Magengrube und ein Würgen setzte ein. Dasselbe oft nach dem Mittagessen oder einfach zwischendurch.« Zu dieser Zeit müssen sich in dem kleinen Appartement menschliche Tragödien abgespielt haben. Sie würgte, er »hatte schwere Beklemmungen und Schlafstörungen«.

Doch damit nicht genug. Der ausgefuchste Bautycoon verfällt in mentales Delirium: »Meine Außenwelt war für mich eine Art Traumwelt. Ich hatte den Bezug zur Realität verloren. Ich saß tagelang in der Ecke auf einem Stuhl und starrte vor mich hin. Dieser Zustand hielt verstärkt an bis Ende Juli 1994. Danach besserte sich der Zustand etwas. Es kam zu erheblichen Gewichtsabnahmen. Zusätzlich trat dann auch starkes, tagelang andauerndes Nasenbluten auf.«

Kein schöner Anblick. Frau Claudia beschreibt ihre Reaktion auf den Gatten: »Ich konnte nicht in einem geschlossenen Raum bleiben. Wenn wir Gespräche führten, wußte ich öfters später, vielleicht eine Stunde, nicht mehr, worüber. In meinem Kopf hatte ich oft das Gefühl, als ob er mit Dunst gefüllt wäre.«

Wer denkt in solch schlechter Verfassung schon ans Reisen?

Jürgen Schneider vermerkt: »Infolge meines Gesundheitszustandes war ich nicht in der Lage, meine geplante Rückreise am 20. 4. 1994 anzutreten. Einen Rückschlag habe ich erlitten, als ich erfuhr, daß sogar ein internationaler Haftbefehl gegen mich erlassen wurde.«

Nervös stürzt sich der arme Mann in Arbeit, während seine Frau viel weint, »wegen Nichtigkeiten«. Ein weiteres Malheur gesellt sich zu all den Symptomen: »Meine Periode kam völlig unregelmäßig, sehr stark und lange anhaltend zehn Tage.«

Dazu die ständige Angst um Leib und Leben. »Wir hatten Angst davor, umgebracht zu werden«, notiert Schneider in seinen Erinnerungen.

Gebeutelt von Dunst und Nasenbluten, von Mördern umzingelt und abgemagert, hat das vor sich hindämmernde Ehepaar auch keine Kraft mehr, um mit der Außenwelt Fühlung aufzunehmen. Eine bittere Erfahrung für Jürgen Schneider: »Diese gesamte geschilderte Situation beraubte uns der Möglichkeit, mit rechtlichen Beratern in Kontakte zu treten, bis kurz vor der Verhaftung.«

Diese plastische Schilderung der schrecklichen Ereignisse fern der Heimat werden von Dr. Jürgen Schneider und seiner Frau Claudia am 21. Oktober 1995 im Federal Detention Center in Miami niedergeschrieben. Bei diesen handschriftlichen Dokumenten handelt es sich um eidesstattliche Erklärungen des Ehepaares.

In einem fast gleichlautenden Zusatzvermerk erklären beide, daß sie über die strafrechtlichen Folgen einer falschen Versicherung an Eidesstatt belehrt worden sind und die Belehrung verstanden haben. Sie versichern, daß ihre Angaben vollständig und wahrheitsgemäß sind.

Jürgen Schneider und Claudia Schneider-Granzow unterschreiben ihre eidesstattliche Erklärung jeweils mit dem Datum und ihrem Namen.

Die Ballade von »blood, sweat and tears« in Miami dient nur einem Zweck: Schneider möchte gegen den am 18. April 1994 eröffneten Konkurs seines Unternehmens nachträglich Einspruch einlegen. Das fällt dem Spekulanten ziemlich spät ein, nämlich im Oktober 1995. Zu dieser Zeit bewohnt Schneider eine Zelle im Federal Detention Center in Miami. Mit Hilfe seines Anwaltes Yitzhak Goldfine ist es ihm gelungen, wahre Aktenberge von Frankfurt nach Miami zu schaffen. Beim Quellenstudium kommt Schneider nun auf die Idee, mit Hilfe einer Art »Selbstdiagnose« einen Krankheitszustand festzustellen, der es ihm unmöglich gemacht habe, gegen die Konkurseröffnung vor dem Königsteiner Amtsgericht fristgerecht vorzugehen.

Das Konkursrecht räumt eine solche Möglichkeit durchaus ein.

Im § 577, Abs. 2 ZBO heißt es sinngemäß, daß es eine Notfrist gibt, wenn man ohne eigenes Verschulden die Möglichkeit versäumt, gegen die Konkurseröffnung Beschwerde einzulegen.

Konkurs in 75 Minuten

»12.13 Uhr. Dr. Schneider – Ende.«

(Computerauszug der Deutschen Bank vom 15. April 1994)

Aus seiner Zelle heraus beauftragt Jürgen Schneider den angesehenen Frankfurter Rechtsanwalt Jörg Matthias Hildebrand mit der Wahrnehmung seiner Konkursinteressen.

Hildebrand gilt in der Branche als Spezialist, als besonders clever, ideenreich und durchsetzungsstark. Der Anwalt ist diplomierter Kaufmann, Wirtschaftsprüfer und Fachanwalt für Steuerrecht. Wenn ein Fall nahezu aussichtlos scheint – Hildebrand findet oft noch eine Hintertür. Der Mann versteht seinen Job.

Am 24. Oktober 1995 überreicht der Generalbevollmächtige des Ehepaars Schneider, der Anwalt Horst Schneider aus Mainz, dem Amtsgericht in Königstein ein sechsunddreißig Seiten starkes Werk aus der Kanzlei des Jörg Matthias Hildebrand. Eckpfeiler dieser »sofortigen Beschwerde« sind die erschütternden Memoranden des Ehepaares Schneider mit dem eigenhändig ausgestellten Attest für die Krankheitstage im April 1994. Jörg Matthias Hildebrand hat die Blut-Schweiß-und-Tränen-Arie für das Königsteiner Amtsgericht in Aktensprache umkomponiert: »Dieses in der Medizin als Verdrängungsdelir und amnestisches Syndrom bekannte Abtauchen in einen Zustand der Bewußtseinsstörungen mit Realitätsverlust tritt häufig als Folge eines für den Betroffenen bestürzenden Erlebnisses auf und führt als abnorme Erlebnisreaktion zu einem psychogenen Dämmerzustand. Die Person taucht in diesem psychischen Zustand unter, um der unerträglichen Situation auszuweichen. Die äußeren Symptome sind, wie benannt, Bewußtseinsstörung, krankhafte Störung der Wahrnehmungsfähigkeit mit Realitätsverlust infolge des für die Person unerträglich schrecklichen Ereignisses.«

Hildebrand geht davon aus, daß der Dämmerzustand von Dr. Jürgen Schneider die direkte Folge des üblen Handelns der Deutschen Bank ist, die gegen Schneider Konkursantrag gestellt hatte: »Es dürfte auch für die Deutsche Bank nachvollziehbar sein, welch schreckliches Erlebnis Dr. Jürgen Schneider hatte, als er von dem Handeln der Deutschen Bank erfuhr und erkennen mußte, daß sein gesamtes Immobilienimperium in seiner Abwesenheit auf die obengenannte Weise in Gefahr geraten war. Noch ca. einen Monat zuvor hatte die Deutsche Bank anderen Geschäftsbanken versichert, daß es sich bei den Antragstellern um solide und zuverlässige Vertragspartner handelt.«

Mit diesen Versicherungen meint Hildebrand den Brief der Deutschen Bank an die Union Bancaire Privée, den auch Schneider stets als »Empfehlungsschreiben« bezeichnet hat.

In seiner Beschwerde gegen den Konkursantrag der Deutschen Bank geht Hildebrand aber noch einen wesentlichen Schritt weiter. Der Anwalt belegt, daß es im Konkursantrag der Deutschen Bank nicht etwa um die berühmten drei Milliarden Schulden ging. Gekündigt wurden tatsächlich nur Kredite in Höhe von insgesamt 131 Millionen Mark.

Diese Kredite, so weist Hildebrand in seiner Konkursbeschwerde nach, waren dem Ehepaar Schneider von der Deutschen Bank noch im September 1993 eingeräumt worden. Daß die Deutsche Bank zu diesem Zeitpunkt noch sehr viel von Dr. Jürgen Schneider gehalten haben muß, belegt Matthias Hildebrand mit einem weiteren Schreiben der Bank, das er der Konkursbeschwerde als Anlage beifügt. In diesem vertraulichen Schreiben bietet die Deutsche Bank zum selben

Zeitpunkt, also im September 1993, Dr. Jürgen Schneider noch einen zusätzlichen Barkredit von 80 Millionen Mark und garantiert den gesamten Kredit bis Ende Juli 1994.

Hildebrand verweist in seiner Konkursbeschwerde auch darauf, daß Jürgen Schneider seine Zinsdienste an die Deutsche Bank korrekt geleistet habe. Das hat auch Vorstandssprecher Hilmar Kopper öffentlich eingeräumt: »Wir hatten im Prinzip keine überfälligen Forderungen. Herr Schneider war, wie man so schön sagt, à jour bei uns und den Finanzierungen, mit Zinsen und Tilgungen. Wir hatten gar keinen Anlaß zu vermuten, daß er illiquide ist.«

Dies hat die Deutsche Bank erst durch den Abschiedsbrief von Jürgen Schneider und vor allem durch die sich anschließende Durchsuchungsaktion der »Villa Andreae« erfahren.

Hier müssen den Bankern ihre eigenen Schlampereien zum ersten Mal richtig ins Auge gesprungen sein, als sie nämlich anhand der Dokumente feststellen mußten, mit welch primitiven Fälschungen Schneider sie alle getäuscht hatte.

Wütend schlägt das Imperium »Deutsche Bank« machtvoll zurück.

Der einzige für sie greifbare Verantwortliche der GdbR ist der frischgebackene Generalbevollmächtigte Horst Schneider aus Mainz. Damit der Mann nicht auf Ideen kommt, wird er gründlich eingeschüchtert.

Horst Schneider erzählt uns seine Version der »aufregenden Tage« im April 1994: »Am 10. April rief mich Dr. Obermüller von der Zentralen Rechtsabteilung der Deutschen Bank AG an. Er teilte mir mit, daß meine Familie und ich selbst in Gefahr seien. Als Grund nannte Dr. Obermüller Anrufe von sogenannten ›Kopfgeldjägern‹, die der Person von Dr. Jürgen Schneider habhaft werden wollten. Ich fuhr zur Deutschen Bank nach Frankfurt, um in einem persönlichen Gespräch nähere Einzelheiten zu erfahren. Dr. Obermüller sagte mir, daß er die anonymen Anrufe sehr ernst nehme und sie für wirklich gefährlich halte. Er empfahl mir, daß ich mit meiner Familie mein Haus in Mainz verlassen solle.« Horst Schneider erzählt uns, wie er seine Frau und seine vier Kinder zum Umzug ins Hotel »Alte Oper« in Frankfurt bewegte. Dort wurde die Familie Horst Schneider vom Wachdienst der Deutschen Bank rund um die Uhr mit scharfen deutschen Schäferhunden geschützt. Wohl weil er nicht wußte, ob der deutsche Schäferhund Kopfgeldjäger auch rechtzeitig wittert, beauftragte Horst Schneider bei der Firma »Euro-Team« in Mainz einen ausgefuchsten Body-guard mit seinem persönlichen Schutz.

In seiner Panik rief Horst Schneider auch beim Bundeskriminalamt und der Mainzer Polizei an und berichtete von der Gefahr für Leib und Leben. »Das war vergeblich«, sagte Horst Schneider in der Rückschau, »sie haben es wohl nicht so ernst genommen.«

Die kleine »Flucht« nach Frankfurt hat Anwalt Horst Schneider insgesamt 38075,00 Mark gekostet – inklusive der Hotelkosten »Alte Oper« in Höhe von 10350,00 Mark für zehn Tage Familienurlaub sowie 24735,00 Mark für den Body-guard. Dazu kamen noch ein paar tausend Mark für einen Rechtsanwalt, bei dem sich Horst Schneider Rat holte, von Fachmann zu Fachmann – sicherheitshalber.

Der derart »entreicherte« Generalbevollmächtige war durch das Kopfgeldszenario mächtig eingeschüchtert. Währenddessen sorgte die Deutsche Bank gemeinsam mit der Bayrischen Hypotheken- und Wechselbank für einen blitzschnellen Konkurs der GdbR Schneider. Dazu bedient sie sich der klassischen Taktik des Dreisprungs. Zuerst gelingt es ihr, mit Hilfe des Genfer Staatsanwaltes einen Arrest auf Schneiders Millionen in Genf zu bekommen. Da der Deutschen Bank bekannt ist, daß Schneider Geld an die Union Bancaire Privée in London überwiesen hat, das Geld aber dort nicht mehr ist, nimmt die Genfer Justiz mit der Leitung der UBP in Genf Kontakt auf. Sie verlangt, daß jegliches Schneider-Geld zunächst einmal arrestiert wird. Damit hat Schneider schon ab dem 11. April 1994 keinen Zugriff mehr auf seine Millionen.

Am 15. April 1994 kündigt die Deutsche Bank sämtliche Schneider-Kredite fristlos. Auf dem Computerausdruck des Kontos Dr. Jürgen Schneider wird vermerkt: »12.23 Uhr Dr. Schneider – Ende.« Es geht richtig schön der Reihe nach: Millionen beschlagnahmt, Kredit gekündigt, und dann wird der Konkurs eröffnet.

Am 18. April 1994 geben zwei Banker um 13.20 Uhr beim Amtsgericht Königstein den Antrag auf Konkurseröffnung gegen die GdbR Schneider ab.

Der Beschluß über das Vermögen des Bauunternehmers wird nun in der Zeit von 13.20 Uhr bis 14.35 Uhr gefällt. 75 Minuten, in denen das Gericht alles geprüft haben will. 75 Minuten, in denen sich Schneiders Schicksal entschied, so behauptet Anwalt Jörg Matthias Hildebrand. Der pfiffige Wirtschaftsrechtler weist dem Königsteiner Amtsgericht bei diesem Vorgang auch etliche Formfehler nach.

Im Kern aber behauptet Matthias Hildebrand, daß die Deutsche Bank durch diesen »klassischen Dreisprung« Dr. Jürgen Schneider erst im April 1994 zahlungsunfähig gemacht habe. Er bezweifelt, daß es rechtlich korrekt ist, eine Kreditzusicherung, die bis Juli 1994 gegeben war, von jetzt auf gleich, also fristlos, zu kündigen.

Der Konkursrichter hatte, gemäß dem Antrag der Deutschen Bank und der Bayrischen Hypotheken- und Wechselbank, an diesem 18. April 1994 eigentlich nur darüber zu befinden, ob Schneider hinsichtlich des 131-Millionen-Kredits zahlungsunfähig war.

Die Tatsache aber – davon geht Hildebrand aus –, daß Schneider noch 245 Millionen in Genf hatte, belegt, daß er die offene Forderung von 131 Millionen leicht hätte zahlen können. Daraus schließt Hildebrand – und dies ist die Essenz seiner Beschwerde gegen den Konkursantrag –, daß Schneider am 18. April 1994 gegenüber der Deutschen Bank eben nicht zahlungsunfähig war.

Der Beweis dieser Tatsache ist Jürgen Schneider außerordentlich wichtig. Denn wenn er am 18. April 1994 nicht konkurs war, dann kann ihm der Staatsanwalt erst recht keinen betrügerischen Bankrott vorwerfen.

Damit wäre der schwerste Vorwurf im Haftbefehl, der mit zehn Jahren Gefängnis bedroht ist, gegenstandslos.

Jörg Matthias Hildebrand hat präzise gearbeitet. Seine Argumentation ist logisch, rein aktenimmanent korrekt.

Wahrscheinlich hätte seine Konkursbeschwerde auch kurzfristig Erfolg gehabt – jedenfalls dann, wenn Jürgen Schneider selbst bereit gewesen wäre, auf einen Teil seines Fluchtgeldes zu verzichten, und wenn die Konkursbeschwerde nicht eineinhalb Jahre zu spät gekommen wäre!

Dr. Jürgen Schneider, so schreibt es das Gesetz nämlich vor, hätte innerhalb von vierzehn Tagen in Königstein Beschwerde einlegen müssen.

Da helfen auch keine winselnden Beschreibungen des Doktor Jürgen Schneider über seine Dämmerzustände in Miami. Da helfen auch die merkwürdigen Rechtfertigungsversuche nicht, die Schneider in seiner neunzigseitigen Stellungnahme probiert.

Auch in dieser Stellungnahme führt der Bankrotteur »plötzliche und unerwartete Ereignisse« ins Feld, die einen »psychischen Schock« auslösten. Dieser Schock, so will Schneider die Staatsanwaltschaft glauben machen, war von ungewöhnlich langer Dauer, denn er endete letztlich erst Ende 1995. Dramatisch beschreibt Schneider den Auftakt zur Psychokrise: »Den angezettelten, alle Vorstellungen übersteigenden Medienrummel und die blitzschnelle Konkurseröffnung sowie die Feindseligkeit der Banken konnte ich bis heute nicht völlig verkraften. Damals war jedenfalls eine Rückreise nicht möglich. Es bestand auch Gefahr für Leib und Leben. Dies gilt nicht nur hinsichtlich des eigenen Gesundheitszustandes, sondern auch aufgrund der Tatsachen, die in den Vorwürfen der Medien enthalten sind. Unter anderem war sogar mein Generalbevollmächtigter mit Familie wegen ›Kopfgeldjägern‹ – Originalton Deutsche Bank – ausquartiert worden. Es ging zunächst ums nackte Überleben.«

Obwohl Miami etwa zehn Flugstunden von Deutschland entfernt ist, hat der sensible Schneider sehr genau gespürt, was im Vaterland Sache war: »Es schlug meiner Familie nur noch Feindseligkeit, Wut und Entsetzen entgegen, die mit Sicherheit nicht einladend für eine Heimreise waren. Was sollte ich in dieser Situation noch persönlich ausrichten?«

Wie inzwischen feststeht, war Schneider jedoch auch unter Schock noch durchaus handlungsfähig. Nach seiner Abreise aus Deutschland stand er in lebhaftem Kontakt mit seinem gleichnamigen Generalbevollmächtigten. Dr. Jürgen Schneider war zu jeder Zeit präzise über das informiert, was daheim geschah.

Sein Realitätsverlust muß sich in Grenzen gehalten haben, denn rechnen konnte er noch ganz gut. Ein Dokument belegt, daß Dr. Jürgen Schneider in der heißen Phase der Konkurseröffnung energisch verhindert hat, daß irgend jemand an sein »privates Geld« kommt. Statt gegen den Konkurs Einspruch zu erheben, hat Jürgen Schneider alle Energie darauf verwendet, seine 245 Millionen Mark in Genf vor einem Zugriff zu sichern.

Dies geht aus einem Dokument hervor, daß am 13. April 1994 vom »High Court of Justice« Queens Bench Division in London erstellt wurde. Es handelt sich um eine schriftliche Erklärung an Eides statt, die Ian Malcolm McNeill, Deputy managing director of the Deutsche Bank AG London, abgibt. In dieser eidesstattlichen Erklärung beschreibt Ian McNeill, daß die Deutsche Bank nach Schneiders Verschwinden in enger Verbindung mit dem Generalbevollmächtigten des Imperiums, Herrn Horst Schneider, stand. Gemeinsam wurde überlegt, wie die Deutsche Bank an die 245 Millionen Mark kommen könne, die auf der Union Bancaire Privée gebunkert waren.

Rechtsanwalt Horst Schneider hatte der Deutschen Bank erzählt, daß er selbst regelmäßig mit Schneiders telefoniere. McNeill gibt wörtlich zu Protokoll: »Am Wochenende des 9./10 April 1994 wies uns Horst Schneider darauf hin, daß er uns eine Untervollmacht zugunsten von Herrn Horst-Ulrich Jaeger von der Deutschen Bank in Frankfurt vorbereitet. Jedoch, bevor die Deutsche Bank irgendeinen Gebrauch der Untervollmacht machen konnte, erhielten wir einen Anruf von Horst Schneider, in dem er die Untervollmacht widerrief. Herr Horst Schneider war mit den Schneiders in Kontakt, und sie hatten ihn instruiert, die Untervollmacht zu widerrufen.«

Damit hat Dr. Jürgen Schneider selbst verhindert, daß der Konkurs abgewendet wurde. Dazu hätte er ja von seiner »Fluchtkasse« etwas abgeben müssen. Das wollte er auf keinen Fall. Er hat zugelassen, daß all seine Mitarbeiter in diesen Apriltagen 1994 ihren Arbeitsplatz verloren, daß Handwerker große Verluste hinnehmen mußten, kleine Zulieferfirmen und Subunternehmen am Bau in Existenznöte gerieten.

Das »entsetzliche Ereignis«, das bei Doktor Schneider zu Nasenbluten und Dämmerzustand geführt hat, kann eigentlich nur der Arrest seiner Millionen gewesen sein.

Morteza Firouz, Mitarbeiter der Union Bancaire Privée in Genf, hat in seiner Aussage vor Staatsanwalt Haike und vernehmenden Beamten des Bundeskriminalamtes bestätigt, daß Schneider Ende April mit ihm telefoniert hat, weil er Geld brauchte. Als Firouz ihm mitteilte, daß die Millionen beschlagnahmt waren, war Schneider – so der Banker wörtlich – »sehr überrascht«. Es ist nur zu wahrscheinlich, daß exakt auf diesen Geldverlust erst jener Realitätsverlust folgte, der in Schneiders Krankenbericht aus Miami so blutig beschrieben wird.

Dieser traumhafte Zustand kann aber nicht lange angehalten haben. Schon Anfang Mai hat sich Schneider wieder gefangen und beginnt einen energischen Kampf um sein Geld. Von Kastaui läßt er sich in Genf Anwalt François Canonica vermitteln, der ab Juni einen Recours nach dem anderen einlegt, um eine Auszahlung der Millionen an den deutschen Konkursverwalter zu verhindern.

Im Juni schaltet Jürgen Schneider mit Hilfe von Canonica auch die Strafverteidiger Hoffmann und Knierim aus Mainz ein, mit deren Hilfe er Einsicht in die bereits ordentlich angewachsenen Ermittlungsakten bekommen möchte.

Weil Mostafa El Kastaui es nicht zuläßt, daß die beiden mit Schneider persönlich in Kontakt treten, legen die beiden Mainzer Anwälte im Oktober 1994 ihr Mandat nieder.

Dr. Jürgen Schneider hat sich, bis zu jenen Tagen im Oktober 1995, aus gutem Grund nicht um seinen Konkurs gekümmert: der Mann wußte sehr genau, daß er völlig pleite war.

Schneiders Geldmaschine

»Notfall – Frostgeld – Eidechse! reicht immer.«

(Aus dem Tagebuch des Dr. Jürgen Schneider)

»Hauptmotto: schröpfen, wo es nur geht und so schnell es nur geht ...«

So steht es in seinem Tagebuch, das Jürgen Schneider, ungeschickt genug, längst nicht so gut versteckt hatte wie sich selbst. Das Werk voll kryptischer Notizen fiel den Ermittlern in die Hände – den Schlüssel zur Geheimsprache lieferte Schneider bei seinen Vernehmungen schließlich selbst. Er sei, sagt er, in seinem gesamten Geschäftsgebahren von einer entscheidenden Grundüberlegung ausgegangen, die er auch in seiner Verteidigungsschrift ausführlich darstellt. Basis seiner Aktivitäten war die fundamentale Erkenntnis: »Banken warten nicht auf Kreditanträge, Banken suchen solche. Banken verdienen ihr Geld nur, wenn sie es an Dritte im Wege der Kreditierung hergeben.«

Dr. Jürgen Schneider hat immer besonders schöne, dicke Finanzierungsanfragen gemacht. Er selbst beschreibt sie stolz und liebevoll, fast wie ein Maler, der seine Bilder rühmt: »Die DJS-Finanzierungsanfragen waren grundsätzlich so umfangreich, daß sie bis zu 60 Seiten umfaßten. Hinzu kamen umfangreiche Anlagen ... Marktuntersuchungen sowie kolorierte Pläne für Ansichten und Perspektiven. Ich war bekannt dafür, und es wurde mir von den Banken immer wieder bestätigt, daß meine Finanzierungsanfragen bei den Banken grundsätzlich als besonders detailliert, gut überlegt und geradezu als ›hochprofessionell und vorbildlich‹ bezeichnet wurden.«

Gut überlegt waren sie sicher. Denn mit jeder Finanzierungsanfrage holte sich Schneider nicht nur soviel Kredit wie möglich, sondern weit mehr, als er durfte. Als Blender war er ein Profi, er beherrschte sämtliche Tricks der effektiven Täuschung. Selbstverständlich hat Schneider das Hypothekenbankgesetz sehr genau gekannt. In seiner rechtfertigenden Stellungnahme für den Staatsanwalt beschreibt er unter der braven Überschrift »Die Finanzierung der Objekte« seine Konzeption und zitiert korrekt die entscheidenden Vorschriften des Gesetzes: »Zunächst darf nach § 11, Abs. 2 HBG die Beleihung die ersten drei Fünftel des Wertes des Grundstücks nicht übersteigen. Wenn auch die Legaldefinition des § 12 von dem Beleihungswert spricht, so sagt der Absatz 1 dieser Vorschrift, daß der bei der Beleihung angenommene Wert des Grundstücks den durch sorgfältige Ermittlung festgestellten Verkaufswert nicht übersteigen darf.«

Schneider hat theoretisch recht. Der Finanzierungsbedarf eines Bauobjektes ergibt sich tatsächlich aus den Grundstückskosten, den Bau- und Baunebenkosten sowie den Finanzierungskosten. Die Summe dieser Ausgaben ist die Basis, auf der sich die Kredithöhe berechnen läßt. Faustregel ist, daß die Kreditierung 60 % der so errechneten Summe nicht überschreiten darf, in keinem Fall aber darf der Kredit höher sein als der ermittelte Verkaufswert. Doch Schneider ist es in der Praxis gelungen, diese enge Vorschrift zu dehnen und zu seinen Gunsten zu interpretieren. Er nennt das »Package«-Methode, ein Begriff, der in der Bankenwelt völlig unbekannt ist.

In seiner Exkulpationsschrift gibt Schneider selbst ein Finanzierungsbeispiel im »Package-Stil«, das er mit fiktiven Zahlen durchrechnet:

	Grundstück (Grundstückskaufpreis)	DM Mio 20
+	stille Reserven* (bzw. Developergewinn)	DM Mio 10
+	Baukosten	DM Mio 10
+	Zinsen/Archit.	DM Mio 10
	Summe	DM Mio 50

* die stillen Reserven bzw. Entwicklungsreserven bei derartigen werthaltigen, stadtbildprägenden Immobilien liegen in der Regel zwischen 30 % und 100 % des ursprünglichen Grundstückswertes.

Mit der »stillen Reserve« nimmt Schneider einen Wert in sein Finanzierungsmodell auf, der dort eigentlich nichts zu suchen hat. Die »stille Reserve« beinhaltet nämlich den Gewinn, den er sich durch die Restaurierung des Objektes in der Zukunft verspricht. Diesen fiktiven Bonus addiert er zu den Kosten. Diese Art zu rechnen ist nicht üblich, aber zulässig.

Wenn ein Gebäude durch Restaurieren und Modernisieren wertvoller wird, dann kann der Eigentümer beim Verkauf, aber auch beim Vermieten (Ertragswert) natürlich höhere Gewinne erzielen. Rechnet ein Kreditnehmer jedoch solche Developergewinne bereits bei seinem Finanzierungsvorschlag mit ein, so muß er dies mit seiner Bank besprechen und ihr Einverständnis einholen. Das hat Schneider explizit nur in den wenigsten Fällen getan, statt dessen hat er diesen »Zukunftsbonus« stillschweigend addiert, weil es ihm so gelang, die Gesamtsumme des Beleihungswertes aufzublasen und so eine erhöhte Grundlage zur Berechnung eines ebensolchen Kredits zu haben. Dies war einer seiner Winkelzüge.

Den entscheidenden Trick aber beschreibt er selbst direkt im Anschluß an sein obskures Finanzierungsbeispiel: »Ich bin in meinem Grundkalkulationsmodell davon ausgegangen, daß dieser errechnete Betrag von hier beispielhaft DM 50 Mio. 60 % von 100 ist. 100 ist daher ca. DM 83 Mio. Der Verkaufswert der Immobilie ist in einem solchen Beispielsfall daher in der Gesamtgrundkalkulation bereits mit DM 83 Mio. anzusetzen, so daß nach den Vorschriften des Hypothekenbankgesetzes ein Betrag von 60 % aus DM 83 Mio. (= in diesem Fall ca. DM 50 Mio.) von den Banken finanziert wurde.«

Jürgen Schneider – ein Meister der Prozentrechnung. Sein Zahlenkunststück besteht darin, so zu kalkulieren, als seien die 50 Millionen Finanzierungskosten tatsächlich nur 60 % des Finanzbedarfs.

Weil er aber einen höheren Kredit erschleichen möchte, als ihm eigentlich zusteht, rechnet er wie folgt: Er macht aus dem Finanzierungsbedarf von 50 Millionen willkürlich 60 %. Jetzt kann er scheinbar legitim auf 100 % hochrechnen. In seiner Trickrechnung ergibt sich nun: 60 % = 50 Millionen, 100 % = 83 Millionen. Auf diese künstlichen 100 % beantragt er nun 60 % Kredit. Daraus ergibt sich eine Kreditsumme von ca. 50 Millionen. Damit ist es ihm gelungen, für ein Objekt exakt soviel Kredit zu bekommen, wie die gesamte Immobilie wert ist – einschließlich der fiktiven Entwicklungsgewinne.

Der tatsächliche Beleihungswert eines Gebäudes nach den Vorschriften des Hypothekengesetzes errechnet sich jedoch anders, als Schneider das tut. Legt man die Zahlen aus seinem fiktiven Beispiel für eine korrekte Berechnung zugrunde, so ergeben sich folgende Beleihungsgrenzen: für ein 50-Millionen-Objekt (inklusive des Developer-Gewinns) können maximal 30 Millionen Mark Kredit gegeben werden, nämlich 60 % der Finanzierungskosten.

Wird der Developer-Gewinn bei der Finanzierung nicht berücksichtigt, steht dem Kreditnehmer bei Ausgaben in Höhe von 40 Millionen Mark lediglich ein 60 %-Kredit von 24 Millionen Mark zur Verfügung.

Schneider hat sich mit seinem »100 : 60-System« prächtig in die eigene Tasche gewirtschaftet. Und die Banken haben diese Rechenkunststücke jahrelang akzeptiert.

»Frostgeld« nennt Schneider die heißen Gewinne, die er mit diesen Tricks ergaunert. In seinen privaten »Tagebuchnotizen« notiert er gelegentlich fröhlich: »Es wachsen jedoch die Frostmittel«, wenn ihm wieder mal ein überhöhter Kredit ausgezahlt wurde. »Frostmittel« sind Polster für kalte Tage, »eingefrorene« Festgelder, die Schneider bienenfleißig ansammelt und vor seiner Flucht in Sicherheit bringt. Der Mann, den die Medien wechselweise einen »Löwen« oder gar »Immobilienhai« nennen, sieht sich selbst als kleine, flinke »Eidechse«. Bei seiner Vernehmung im April 1996 erzählt er den Ermittlern von seiner Beziehung zu Reptilien. Als Junge habe er einmal versucht, eine Eidechse zu fangen, doch die sei ihm noch aus der Hand entwischt. »Ich hatte nur noch den Schwanz in der Hand.« Mit einem »Worst-case-Szenario« hatte Schneider wohl damals nicht gerechnet, als er in logischer Abfolge privat notierte: »Notfall – Frostgeld – Eidechse! reicht immer.« Doch als es im April 1994 soweit ist, richtet er sich – mit einer biologisch begründeten Variante! – nach diesen Notizen in seinem »Tagebuch«, in dem er seit Ende der achtziger Jahre wichtige Einfälle festhält. Die Banker suchen den Löwen, die Eidechse ist weg.

Schneider rechtfertigt sein privates Rechensystem damit, daß er seine Immobilien als »Antiquitäten« bezeichnet und mit den »Werken alter Meister« vergleicht. Seine Objekte seien eben nicht mit normalen Maßstäben zu messen. Er glaubt, sein Finanzierungsmodell basiere zu Recht »weder auf dem theoretisch gezahlten Grundstücksankaufspreis noch auf tatsächlichen und genau dargestellten stillen Reserven, noch auf tatsächlichen Baukosten, Zinsen und Architektenzahlungen, sondern ausschließlich auf dem dargestellten Verkaufswert einer Immobilie.« Und zwar so, wie er, der Investor persönlich, diesen Verkaufswert darstellt. Nach Ansicht konservativer Wirtschaftsprüfer sind die »Werke alter Meister« und vermeintliche Antiquitäten bei der Kreditvergabe keine objektiven Maßstäbe. Ganz wesentlich ist jedoch der Grundsatz des § 11 HBG, wonach die Beleihungsgrenze den Verkaufswert niemals überschreiten, sondern höchstens zu 60 % erreichen darf.

Schneider ist es mit seinem »100 : 60-System« sowie Betrügereien bei der Festsetzung des angeblichen Verkaufswertes – durch zu hohe Flächen- und Mietangaben – oftmals gelungen, Kredite zu bekommen, die um das Drei- oder gar Vierfache höher lagen als die Verkaufswerte der Objekte. Ein Beispiel dafür ist die Zeilgalerie »Les Facettes«, für die ein realistischer Verkaufswert von ca. 150 Millionen Mark ermittelt wurde. Schneider bekam auf dieses Objekt 431 Millionen Mark Kredit, also fast das Dreifache.

Als fiktiven Verkaufswert hatte Jürgen Schneider der Deutschen Bank die stolze Summe von 966 000 Millionen Mark angegeben.

Diese deutlich überhöhten Kredite bediente Schneider eine Zeitlang noch dadurch, daß er ständig weitere überhöhte Kredite aufnahm. Auf diese Weise zeigte er den Banken »immer wieder ihr eigenes Geld« und konnte nach außen hin die Fassade des seriösen, milliardenschweren Bauunternehmers aufrechterhalten.

DIE JAGD NACH DJS

Journalistenleid

»Herein«, wenn's der Schneider ist!«
(Redaktionswitz, bundesweit)

Irgendwann hat wohl jeder Journalist einmal davon geträumt, daß ausgerechnet er den flüchtigen Bauunternehmer Jürgen Schneider finden würde.

Es war ein so spannendes Spiel, die Jagd nach dem Phantom, das mal mit Toupet in Paraguay, mal ohne in der Münchner Fußgängerzone gesichtet wurde. In der Regel wußte die »Bild-Zeitung« meist als erste, wo der Baulöwe sich gerade amüsierte: auf einer Jacht in der Karibik mit fangfrischen Shrimps, in Teheran auf der Marmorterrasse seiner Villa, im Kreise freundlicher Mullahs, feuchtfröhlich mit Frau Claudia an der Theke einer Bar auf St. Lucia oder einem anderen, meist weit entfernten, immer aber unglaublich luxuriösen Platz auf dieser Welt. In der Phantasie der Medien war dieser Schneider in der Lage, blitzschnell seinen Aufenthaltsort zu wechseln. Der Mann kannte weder Raum noch Zeit.

Während der »Spiegel« schon seinen gewaltsamen Tod bedauerte, ihm aber eine standesgemäße Grabstätte im Fundament des »Barthelshofs« in Leipzig zugeteilt hatte, waren Kollegen anderer Blätter felsenfest davon überzeugt, daß Schneider gerade seine Halbglatze unter Floridas Sonne einem unkenntlich machenden Bräunungsvorgang unterzog.

In Bankerkreisen kursierte der eher gewöhnliche Joke, beim Anklopfen ein fröhliches: »Herein, wenn's *kein* Schneider ist!« auszurufen. Journalisten hofften das Gegenteil: »Herein, *wenn's* der Schneider ist!« Dieser Scherz galt als guter Gag in Funk- und Zeitungshäusern.

In unserer Redaktion war es Usus, daß wir gelegentlich eine Stehkonferenz mit der Ankündigung: »Sensationelle Wende im Fall Schneider!« eröffneten, um dann gestehen zu müssen, daß es nichts Neues gab und wir ihn natürlich auch nicht gefunden hatten. Bei allem Ehrgeiz, dieses »Traumziel« zu erreichen, wußten wir nur zu genau, daß unsere Fahndungspläne schon am simplen Formular eines Reiseantrags scheitern würden. Die Begründung: »Schneider-Suche« mit dem Zusatz »Paraguay u. ä.« hätte unseren Produktionsleiter zu einer Größe auflaufen lassen, der wir gewiß nicht gewachsen gewesen wären.

Andere hatten es da offenbar leichter. Der »Hessische Rundfunk« schickte seine Reporter um die halbe Welt. Gefunden haben sie Schneider nicht, aber gesendet haben sie. Mit dem einfallsreichen Titel: »Kennen Sie Dr. Schneider? – Flüchtig!« wurden Spesen in beachtlicher Höhe in einen etwas längeren Reisebericht verwandelt. Der Zuschauer durfte ARD-exclusiv miterleben, wo der verschwundene Schneider überall angeblich vielleicht hätte sein können, aber eben leider doch nicht war, oder vielleicht nicht mehr, früher aber doch mal, oder so ähnlich. Das ging aus dem Filmtext nicht genau hervor. Doch auch solche Informationen sind nicht zu verachten, haben sie doch in dieser heißen Phase der Jagd absolut »schneiderfreie« Regionen ausgewiesen und dadurch so manchen Fahndungswilligen vor Fehlbuchungen bewahrt.

Bei sehr vielen Recherchen war Schmaldienst Küchenmeister. Dies lag allerdings auch in der Natur des Fluchthelfers Kastaui, der schon dafür gesorgt hatte, daß man seinen »Schätzchen« nicht so leicht auf die Spur kam.

Diese merkwürdige Stille, dieses spurlose Verschwinden eines kompletten Ehepaares über Monate hinweg, dieses fast gespenstische, vollkommene Abtauchen in einer Welt, die vor allem Journalisten für durchschaubar, zumindest aber für recherchierbar halten, weckte in Medienkreisen den schon eingeschlafenen Spürsinn, ungeahnte Kräfte, neue Ideen und nicht zuletzt auch die Bereitschaft, »ein bißchen was zu investieren« in die Jagd nach dem Phantom mit Frau.

Und so konnte ein ausgefuchster Trittbrettfahrer einen gigantischen »fake« inszenieren und es dazu noch bewerkstelligen, daß die Satirezeitschrift »Titanic« ihm zehn wundervolle Seiten für seine Geschichte bewilligte. Bis heute sind wir hin- und hergerissen, ob wir diesen Ralf B. nun bewundern oder »moralisch« verurteilen sollen. Eigentlich neigen wir stark zur Bewunderung, erstens, weil wir selbst glücklicherweise nicht hereingefallen sind (Ralf B. hatte uns nie gefragt, ob wir im wesentlichen auch an einem Schneider-Interview interessiert wären), zweitens, weil es Ralf B. wie selten einem Outsider gelungen ist, auch erstklassige Kollegen an der Nase herumzuführen.

Der »Titanic«-Artikel über die Aktivitäten des Ralf B., geschrieben von Redakteur Thomas Gsella, offenbart die Schwächen jagdwilliger Journalisten auf Schneiders Spuren so gnadenlos und zugleich so amüsant, daß wir ihn immer wieder gern lesen und ebenso begeistert zitieren: »Seitdem das Rad erfunden ist, sind bekanntlich drei große Projekte übriggeblieben: der Traum vom Fliegen, das Bewohnen von Luxushotels und das Bloßstellen von Medien. Letzterem wird eine kritische Note zugesprochen. Schon kritischer mag es werden, wenn ein einziges Individuum die Realisierung aller drei Projekte simultan anpackt und die Medien etwa dadurch bloßzustellen sucht, daß sie seinen ganz speziellen Traum vom Fliegen und Hotelbewohnen, nämlich einem weithin kostenlosen, gleich rudelstark erfüllen und wahr werden lassen.«

In den Sommermonaten des Jahres 1994 meldete sich bei Deutschen Zeitschriften, Nachrichtenmagazinen und verschiedenen Fernsehredaktionen ein Mann, der sich als Kontaktperson des verschwundenen Dr. Jürgen Schneider ausgab. Dr. Schneider, so der geheimnisvolle Anrufer, wolle sich den deutschen Behörden stellen, aber zuvor ein Interview geben. Das Gespräch gäbe es gratis, allerdings müßte die Redaktion die Unkosten des Vermittlers übernehmen.

Deutschlands Top-Journalisten, von »Spiegel« über »Monitor« bis zum »Hessischen Rundfunk«, sie alle fielen auf das Sonderangebot des Ralf B. herein. Üblicherweise kostet ein Interview mit einem Mann vom Kaliber des verschwundenen Schneider nämlich bis zu einer Million Mark. Da sind Spesen für einen bescheidenen Vermittler geradezu »Peanuts«.

Gemeinsam mit Ralf B. bereisten viele Redakteure halb Europa, fuhren nach Amsterdam, nach Helsinki und Petersburg, flogen nach Nizza und immer wieder gern nach Genf. Am härtesten hat es wohl den »Spiegel« getroffen. Die September-Ausgabe der »Titanic« wird der Hamburger Redaktion nicht viel Freude gemacht haben.

Unter der Headline »Mit Dr. Bott-Reisen nach Amsterdam (ab 6480 DM)« beschreibt das Magazin die Anbahnung zwischen »Spiegel« und Vermittler: »Am 8. Juni dieses Jahres erhält der Frankfurter ›Spiegel‹-Redakteur Wolfgang Bittner einen Anruf aus Düsseldorf. ›Guten Tag, hier Ralf B. Ich könnte Ihnen ein Live-Interview mit Schneider verschaffen.‹ Wer kann das nicht? Doch Bittner möchte sichergehen. Er stellt Fragen nach Schneiders Eigenarten, Hobbys und Familienverhältnissen.

Ralf B., ›Spiegel‹-Leser, berichtet von Schneiders Aquarium, seiner Liebe zu Vögeln und erwähnt die Schneider-Tochter Ysabel. Bei einem zweiten Anruf ordert Bittner den Informanten ins Frankfurter Hotel ›Interconti‹. Dort werde er mit dem Hamburger ›Spiegel‹-Redakteur, Herrn Dr. Bott, auf B. warten. Zwei Stunden später kommt es zu Ralf B.'s erstem kleinen Freiflug: Düsseldorf – Hamburg.«

Dem Satiremagazin »Titanic« ist es schon öfter gelungen, durch spektakuläre Aktionen auf seine Qualitäten aufmerksam zu machen. Beim ZDF ist die Aktion des buntstiftlutschenden Bernd Fritz unvergessen. Der Mann hatte behauptet, er könne Buntstifte am Geschmack erkennen. Mit einem simplen Trick legte er Moderator Thomas Gottschalk rein: Er sorgte dafür, daß die Augenbinde so locker saß, daß er durch einen schmalen Spalt die Farben der Stifte erkennen konnte.

Wetten, daß nicht immer alles stimmt, was in der »Titanic« steht? Wir rufen den hauptbetroffenen Redakteur der »Ralf B.-Reisen« in Hamburg an, um uns zu vergewissern, daß die gesamte Geschichte nicht mit Buntstift geschrieben ist.

Dr. Hermann Bott, Redakteur beim »Spiegel«, bestätigt mit einer entsprechenden Portion Galgenhumor im wesentlichen die Einzelheiten der Geschichte. Ralf B. sei ihm zunächst als recht kompetenter und kundiger Insider in Sachen Schneider vorgekommen. Erst später, so Bott, mußte er erkennen, daß »Spiegel«-Leser B. ihn stets mit Einzelheiten aus eigenen Veröffentlichungen gefüttert hatte.

»Titanic« berichtet im Namen des »fakers«: »Den Redakteuren muß das reichen. Noch an diesem Abend unterschreiben sie, daß der »Spiegel« keine Informationen über B. weitergeben darf, und erfahren, daß es am nächsten Morgen, um das vermutlich schon auf Ralf B.'s Spur befindlichen Bundeskriminalamt zu verwirren, per Mietwagen nach Amsterdam gehe. Minuten später kommt es zu B.'s ersten Spesen: 5000 Mark ... « In Amsterdem stößt eine »Spiegel«-Fotografin zu der Männergruppe. Hier geht dann aber alles schief, weil B. den Journalisten erzählt, daß ausgerechnet in dem Anwaltsbüro, das für das Interview vorgesehen sei, »eine Festnahme stattgefunden habe. Überall Polizei, ein, sag' ich mal, Riesenspektakel.« Dr. Bott reagiert schnell und rät, sofort aus Holland zu verschwinden. Auf »Spiegel«-Kosten düst B. nach Hause.

Aber er hat Gefallen an den »Spiegel«-Redakteuren gefunden. Sein zweite Expedition führt »mit Dr. Bott-Reisen in die GUS (ab 54 390 DM)«. Für Dr. Bott waren die dann folgenden »Petersburger Nächte« voller Überraschungen und ziemlich teuer. Angefangen hatte das Malheur wieder mit einem Anruf von Ralf B.: »Herr Dr. Bott, kommen Sie sofort nach Frankfurt. Es muß, sag' ich mal, schnell gehen. Schneider wartet in Petersburg, und wir müssen im wesentlichen über Stockholm und Helsinki.« ... Am 16. 6. in zehntausend Metern Höhe möchten Dr. Bott und Monika Z. nun doch einmal genauer wissen, wer Ralf B. ist und auch beruflich früher war. »Gewissermaßen im Sicherheitsdienst tätig« sei B., hören sie, und daß »ich vorher im wesentlichen, sag' ich mal, für die Schneider-Kompagnons Mustafa El Kastaui und Dr. Mehdi Djawadi gearbeitet habe. Der sitzt ja heute wegen Beihilfe zur Flucht in Untersuchungshaft. Möglich, daß die Gruppe Bott/Z. es hier endgültig aufgab, »aus Ralf B.'s Mund je halbwegs Gradliniges zu hören«.

»Titanic« begleitet den Flug des Trios von Stockholm nach Helsinki. Hier kommt es dann im wesentlichen zum Entschluß, von Helsinki mit einem Mietwagen nach St. Petersburg weiterzufahren. »Bei einer Hertz-Vertretung mietet Dr. Bott einen Volvo.« Nachdem die drei erfahren haben, daß Mietwagen nicht über die russische Grenze dürfen, weiß Dr. Bott Rat: »Telefonisch trägt er dem ›Spiegel‹ auf, die Firma Hertz um eine Ausnahmeregelung zu bitten, und wenige Minuten später kommt die Generalvollmacht per Fax: Sie dürfen die finnische Grenze passieren – gegen eine Sicherheit von 50 000 DM.«

Am 14. 6., so beschreibt es »Titanic«, sitzt das »seltsame Gespann im Petersburger ›Astoria-Hotel‹: ›B. kündigt an, am nächsten Morgen werde das Gespräch mit Schneider stattfinden. Vielleicht weil eben dieses nicht der Fall sein kann, entwickelt der 15. 6. seine eigene Dynamik. Zuerst wird, nachdem B. neuerliche Gründe für eine Verzögerung gefunden hat, der 50 000 DM schwere Mietvolvo gestohlen. Oh, heilige Koinzidenz ... Danach gehen beide zur Polizei, wo ein zu Recht aufgebrachter Dr. Bott den Diebstahl meldet und Ralf B. Verletzung der Aufsichtspflicht vorwirft. Kaum hat er sich beruhigt, meldet Ralf B. seinerseits, Schneider habe von dem Diebstahl erfahren, sei irritiert und wolle das Treffen nicht mehr.«

Mit dem Flugticket der Reiseagentur »Spiegel« sei Ralf B. wieder nach Deutschland zurückgeflogen.

Dr. Bott – jetzt in Panik, meint »Titanic« – setzt nun seinerseits eine heftige Recherche nach Ralf B. in Gang und kommt dabei dem Vernehmen nach zu erstaunlichen Ergebnissen. Hinter allem, so schwant es Dr. Bott, steckt wie immer die böse Konkurrenz: »Dr. Bott ruft B. an und erklärt, er habe herausgefunden, daß Ralf B. im Auftrag des ›Stern‹ beziehungsweise eines Grafen Lambsdorff arbeite. Gegenüber ›Titanic‹ schwor B., er habe Ralf Lambsdorff nie gesehen, war aber insoweit im Bilde, als dieser ›mit Graf Otto Lambsdorff im wesentlichen verwandt ist, mal im Geheimdienst tätig war und früher auch derartige, ich sag' mal, Anti-Presse-Aktionen gemacht hat.‹

Gegenüber Bott gesteht er nicht nur eine Ralf B.-Lambsdorff-Connection ein, sondern setzt völlig unbedrängt hinzu, daß der in Petersburg gestohlene Volvo dort sichergestellt sei. Schnell darf er auf ›Spiegel‹-Kosten nach Hamburg fliegen.« Ralf B. legt dem »Spiegel«-Mann einen handschriftlich verfaßten Schmierzettel vor. Mit einer hingekrakelten Kinderschrift täuscht er die Unterschrift des »Stern«-Chefredakteurs vor und belegt Dr. Bott somit die B.-»Stern«-Connection. Dr. Bott ist erschüttert und kann es kaum glauben: »Immerhin händigt er Ralf B. noch einmal 1200 DM und ein Ticket nach Petersburg aus. Dort solle sich Ralf B. um den Volvo kümmern. Ralf B. steckt das Geld ein, ist's zufrieden und verläßt das »Spiegel«-Haus. Sein Anruf kommt prompt. »Herr Dr. Bott?« – »Ja?«

»Der ›Stern‹-Vertrag ist gefälscht ... und vom Volvo weiß ich auch nichts. Es war, ich sag mal, doch alles nur ein Spiel.«

In den Genuß der Spielereien des Ralf B. kommt dann im wesentlichen auch der »Stern«. Als die Enthüllungsjournalisten Leo M. und Regina W. herausfinden, daß Ralf B. niemanden irgendwohin und schon gar nicht zu Schneider führen kann, enttarnen sie ihn professionell als Agenten des Grafen Lambsdorff mit »Spiegel«-Störauftrag.

»Titanic« reduziert den Ausgang der »Stern«-Tour auf das karge Geständnis des Reiseleiters: »B., der sich augenblicklich an seine Zeit mit Dr. Bott erinnert fühlt, bejaht erneut. ›Ja, selbstverständlich. Der Graf wollte, daß ich den ›Stern‹, ich sag' mal, nach Genf hole und dort im wesentlichen vor die Pumpe laufen lasse.«

Als die »Stern«-Leute Ralf B. zu weiteren Aussagen nötigen wollen, streitet er alles ab und läßt einen Anwalt erklären, daß alles Unfug gewesen sei. Ein reiner Schabernack, ein guter Comic, und der Anwalt empfiehlt den »Stern«-Leuten, das auch so zu betrachten und nach Hause zu gehen.

Mitwirkende in diesem Comic, so behauptet B. gegenüber der »Titanic«, war auch die Redaktion des Fernsehmagazins »Monitor«, die mit Ralf B. nach Genf und wenig später nach Nizza reiste, um dort mit Hilfe eines Schlauchbootes zur vermeintlichen Schneider-Jacht vorzudringen.

Der »Hessische Rundfunk« drehte mit Ralf B. nur die kleine

Runde – einmal erfolglos Genf und zurück. Auch »Pro 7« landete am Lac Leman – Ralf B. hatte die schöne Stadt in der Schweiz ebenso ins Herz geschlossen wie Schneider, der ja einer dortigen Bank seine Millionen anvertraut hatte.

Und so ist es Ralf B. gelungen, sich seinen ganz privaten Traum vom Fliegen, Wohnen und Medientäuschen zu erfüllen. Gewohnt hat er in den besten Hotels – Steigenberger, Mövenpick, Interconti, Krasnapolsky und so weiter. Geflogen ist er im wesentlichen, wenn nicht gerade ein Volvo zur Verfügung stand, und die Medien hat er so gründlich getäuscht, daß er sogar als Referent einer Fortbildungsveranstaltung von ZDF und ARD vorgesehen war. Das Seminar mit dem Titel »Recherchieren mit journalistischem Spürsinn« sollte Nachwuchskräfte unterweisen. In der Beschreibung des Lehrgangs heißt es: »Hilfsmittel, Methoden und Tricks werden vorgestellt, und wir fragen uns immer wieder: Wie kann ich mein Material auswerten ...? Damit wir uns nicht nur im Kreis der Öffentlich-Rechtlichen drehen, sind Anstöße ›von außen‹ vorgesehen: ein ›Spiegel‹-Reporter, ein Steuerfahnder ... Von denen gibt's Recherchedetails zu lernen: Gründlichkeit und Systematik (mit und ohne ›Informationshonorar‹), Recherchieren im Team gegen den Strich.«

Die falschen Briefe

»Wir haben uns bei dem Inhalt danach orientiert, von dem wir dachten, daß es den ›Focus‹ interessieren könnte.«

(»Nachrichtenhändler« Tobias J. in seiner Aussage vor Staatsanwalt Haike)

Flughafen Frankfurt, Meeting-point, an einem heißen Tag im August 1994. Wir warten auf einen Mittelsmann, der uns brisante Schneider-Unterlagen übergeben will.

Unter dem Namen »Baumann« hatte sich vor einiger Zeit telefonisch ein Mann bei uns gemeldet und uns Briefe von Dr. Jürgen Schneider und seinem ehemaligen Generalbevollmächtigten Ralf Graf Lambsdorff zum Kauf angeboten. Der Mann behauptet, daß Graf Lambsdorff nach wie vor Kontakt zu dem jetzt schon seit mehr als vier Monaten spurlos verschwunden Jürgen Schneider hält und genau über das Versteck des flüchtigen Pleitiers informiert ist. Einzelheiten, so sagt der Anrufer, könnten wir dem Brief entnehmen. Im Schreiben von Jürgen Schneider, so verkündet »Baumann« geheimnisvoll, ginge es um brisante Details zum Transfer der 245 Millionen Mark nach Genf.

Für beide Dokumente verlangt der Mann 30 000 Mark in bar. Ein horrender Preis, doch das Angebot klingt vielversprechend und macht neugierig. Noch vor ein paar Wochen hatten wir uns intensiv mit Graf Ralf Matthias Lambsdorff beschäftigt und ihn mit Hilfe seines ehemaligen BND-Chefs Foertsch als »Baron Münchhausen« enttarnt. Aber Lambsdorff war immerhin lange Zeit ein sehr enger Vertrauter von Jürgen Schneider und dazu Generalbevollmächtigter seiner GdbR gewesen. Sein Verhältnis zur Familie Schneider, zu Frau Claudia, zu Bruder Joachim und vor allem den Kindern Nicolai und Ysabel war von Anfang an sehr gut und eng.

Lambsdorff pflegte seine freundschaftlichen Kontakte zu den Kindern auch dann noch, als Jürgen und Claudia Schneider bereits verschwunden waren. Es war nicht auszuschließen, daß er tatsächlich als eine Art »Mittelsmann« zwischen den Eltern und Nicolai und Ysabel Schneider fungierte. Ein Briefwechsel zwischen ihm und dem Flüchtigen lag also durchaus im Bereich des Möglichen. Wenn die Dokumente nur nicht so teuer wären!

Seit private Fernsehanstalten mitmischen im Mediengetümmel, sind auch Informationen zunehmend zur wohlfeilen Ware geworden, die an den Meistbietenden verkauft wird. Das hat die Arbeit der Journalisten in den öffentlich-rechtlichen Fernsehanstalten nicht gerade erleichtert, denn wir können nicht mithalten bei dieser Art von »Scheckbuchjournalismus«. Allerdings müssen wir uns zunehmend damit auseinandersetzen, daß Dokumente und Informationen eben einfach gehandelt werden wie auf dem Wochenmarkt.

Es gibt allerdings ein paar Tricks, um die Echtheit einer Informationsware zu prüfen. Zunächst versucht man, den Informanten möglichst herunterzuhandeln. Geht er auf ein Sonderangebot ein, ist meist auch die Information nicht allzuviel wert.

Informanten, die Journalisten Hintergrundmaterial zuspielen, handeln aus sehr unterschiedlichen Motiven. Wenn persönliche Betroffenheit oder moralische Entrüstung im Spiel sind, werden die Informationen in der Regel kostenlos geliefert. Schwieriger ist die Entscheidung über die Qualität einer Information immer dann, wenn die Informanten dafür bezahlt werden wollen, vor allem deshalb, weil sie oft nur ungern zulassen, daß man die Ware vorher gründlich auf ihren Wert prüft. Auch bei den »Verkäufern« gibt es recht unterschiedliche Typen.

Ein professioneller »Nachrichtenhändler«, der über erstklassiges Material verfügt, kennt in der Regel den genauen Wert seiner Informationen und Dokumente und läßt sich nicht herunterhandeln.

Unerfahrene Informanten, die ihr Material nicht richtig einschätzen können, weil sie den »Marktwert« nicht kennen, verlangen oft horrende Summen. Von diesen Traumsummen aber lassen sich solche Leute meist schnell herunterhandeln. Das funktioniert auch bei »unredlichen« Informanten, die genau wissen, daß ihre oft selbstgefälschten Papiere nicht das halten können, was sie für viel Geld versprechen.

Schon aus rein beruflicher Neugier nehmen Journalisten in den meisten Fällen erst einmal näheren Kontakt mit jedem Informanten auf, es sei denn, derjenige hat sich durch sein Verhalten gleich als »Spinner« qualifiziert. Der Verlauf der gesamten Verhandlungen, von der ersten Kontaktaufnahme bis zum tatsächlichen Treffen, ist in der Regel ein wichtiger Indikator für die Beurteilung der Seriosität des Informanten und natürlich seiner Ware.

Im Fall »Baumann« sind die Preise ganz schnell im Sinkflug. Schon am Telefon räumt er den ersten Sonderrabatt in Höhe von 30 % ein. Jetzt will er uns beide Briefe »schon« für 20 000 Mark überlassen. Wir gehen zum Schein auf sein Angebot ein und verabreden uns mit ihm am Flughafen in Frankfurt. Wir sagen ihm aber, daß wir für die Briefe erst dann bezahlen werden, wenn wir sie auf ihre Echtheit geprüft haben. Herr Baumann hat Verständnis.

Damit wir ihn auch erkennen, will er eine rote Schirmmütze tragen und die »Frankfurter Rundschau« in der Hand halten.

Irgendwie kommt uns die ganze Sache merkwürdig vor. Uns ist ziemlich mulmig zumute. Schon der plötzliche Preisnachlaß beim allerersten Verhandlungsschritt ist ungewöhnlich. Das Telefongespräch hat auch gezeigt, daß dieser Herr Baumann, der uns seinen richtigen Namen übrigens nicht sagen wollte, sich im Schneider-Umfeld und im Fall Schneider insgesamt nicht sehr gut auskennt. In diesen Wochen – Schneider ist jetzt fast ein viertel Jahr spurlos verschwunden – fiebert der Medienmarkt nach Neuigkeiten rund um das Top-Thema. Die Situation ist nach unzähligen Presseartikeln, Fernseh- und Hörfunkberichten und der weltweiten Fahndung nach dem flüchtigen Bauunternehmer außerordentlich angespannt und aufgeheizt.

Alle spekulieren, keiner weiß etwas Genaues, und vor allem die Medien sind auf der Jagd nach einer Sensation. Doch weil die nicht zu haben ist, gibt sich die Presse in diesen Tagen auch mit kleinen Neuigkeiten über den Fall Schneider zufrieden. Aus diesen Details werden dann Berichte mit riesigen Schlagzeilen, um den Fall Schneider irgendwie »am Kochen« zu halten.

Rudel von Journalisten jagen die verschwundenen Pudel der Familie Schneider, interviewen Verkäuferinnen in Königstein und berichten ausführlich über einen Mann, der eine intime Beziehung zu Jürgen Schneider hatte und ihm hautnah verbunden war: Schneiders Friseur. Der Toupetkünstler bewährt sich in mehreren Fernsehinterviews. Er weiß so interessante Einzelheiten über das Echthaarteil des Immobilienhändlers zu berichten, daß diese pikanten Details von einem Privatsender zu einem Hofbericht auffrisiert werden.

In dieser Situation, in der es kaum eine Rolle spielt, was über Schneider berichtet wird, sondern nur wichtig ist, daß überhaupt etwas zum Fall gedruckt oder gesendet wird, halten wir es nicht für ausgeschlossen, daß Kollegen auch über Kollegen berichten. Doch wir wollen uns auf gar keinen Fall plötzlich als unfreiwillige Akteure in irgendeinem Fernsehbericht wiedersehen, sozusagen als lebendige Beweise dafür, wie leicht es im Fall Schneider ist, Journalisten mit angeblichen Informationen zu zweifelhaften Treffen zu locken. Voll dumpfer Ahnung beschließen wir: So etwas muß unbedingt vermieden werden.

Also fahren wir schon etwa eine Stunde vor dem verabredeten Termin zum Flughafen. Wir gehen nicht gemeinsam zum Meetingpoint, sondern halten uns getrennt im weiten Bereich rund um den Treffpunkt auf. Jeder für sich achtet genau darauf, ob sich irgendwo Kollegen mit versteckten Kameras auf einen Drehtermin vorbereiten. Wir haben uns die Bereiche aufgeteilt – die Geschäfte und Blumenläden auf der einen Seite, die Restaurants, der Eingangsbereich, die Rolltreppen und Schalter auf der anderen Seite.

Systematisch macht jeder für sich eine Art »Sicherheitscheck«, ob in seinem Bereich auch wirklich keine Vorarbeiten zu verdeckten Drehs im Gange sind. Worauf wir da zu achten haben, wissen wir genau. Nach etwa einer Stunde haben wir den Eindruck, daß rund um den Meeting-point keine verdeckt tätigen Kollegen oder andere »Firmen« wie BND oder BKA im operativen Einsatz sind. Erleichtert geben wir das Suchspiel auf.

Um die verabredete Zeit beobachten wir dann einen jungen

Mann mit roter Schirmmütze, der im Bereich des Treffpunkts auffällig unaufällig umherschlendert und das Terrain sondiert. Das muß Baumann sein.

Er ist Mitte Zwanzig, nicht sehr groß, schlank, trägt Jeans, Turnschuhe und T-Shirt. In der rechten Hand schlenkert er eine HL-Markt-Plastiktüte, mit der linken Hand hält er die »Frankfurter Rundschau« vor die Brust. Wir sprechen ihn an, und der junge Mann gibt sich verlegen grinsend als »Baumann« zu erkennen. Gemeinsam gehen wir an der Rolltreppe vorbei, in einen etwas ruhigeren Bereich der Ankunftshalle. Rechts unter der Rolltreppe gibt es einen kleinen Schalter für »Soziale Dienste«. Der Schalter ist nicht besetzt. Herr Baumann zögert nicht lange. Er greift in die HL-Tüte und legt zwei Briefe auf den Tresen des Schalters. Über den Briefkopf mit der Adresse und dem Datum legt er so geschickt seinen Unterarm, daß er die Briefe damit festhält und wir diese Angaben nicht sehen können.

Doch was er uns lesen läßt, ist auf den ersten Blick sensationell. Der erste Brief, das sehen wir an der Unterschrift, stammt offenbar von Dr. Jürgen Schneider persönlich. Schneider bedankt sich in diesem Schreiben bei einem Herrn Dr. P. »für den mutigen Einsatz und Ihr Geschick bei den Transfers meiner Gelder in die diversen Drittstaaten«. Dem Brief ist weiter zu entnehmen, daß Jürgen Schneider Herrn Dr. P. für diesen Einsatz offenbar sehr gut bezahlt hat. »Das Geld soll Ihnen ermöglichen, mit ihrer Familie ein sorgenloses Leben weiterführen zu können.« Der Brief an Herrn Dr. P. endet mit dem Hinweis: »Bitte vernichten Sie dieses Schreiben sorgfältig.«

Der Brief ist auf Originalpapier aus der »Villa Andreae« geschrieben, und die Unterschrift Schneiders reicht mit dem S-Bogen in die Grußzeile hinein. Daß es für Schneider typisch ist, genau in dieser Art zu unterschreiben, wußten wir von dem Geschäftsführer der Firma »Realty Administration«, Mathias Düsterdick. Er hatte uns direkt nach dem Verschwinden von Jürgen Schneider die Gegenrechnung zur sogenannten Klenke-Liste gegeben. Nebenbei erzählte er uns damals von einem kleinen Tick seines Chefs Jürgen Schneider, wahrscheinlich, um mit seinem Insiderwissen ein bißchen zu prahlen. »Dr. Schneider hat immer gefürchtet, daß Handwerker Belege mit seinem Namen fälschen und abrechnen. Zur Sicherheit hat er deshalb all seine Unterschriften auf diese besondere Art, nämlich immer auch durch die Grußzeile, gefertigt«, erklärt uns Düsterdick und hat auch gleich ein paar Dokumente aus der »Villa Andreae« zur

Hand, mit denen er uns die »typische« Schneider-Unterschrift demonstriert.

Der Brief, den uns Baumann am Schalter für »Soziale Dienste« vorlegt, hat genau die Schneider-Unterschrift, die wir aus diesen echten Dokumenten kennen. Doch nicht nur der Namenszug ist überzeugend, sondern auch der Adressat ist uns bekannt. Herr Dr. P. war tatsächlich ein wichtiger Mann im Schneider-Imperium.

Baumann zeigt uns nun den zweiten Brief. Das Schreiben des Generalbevollmächtigten Graf Lambsdorff ist vom Inhalt her noch interessanter als die Informationen über Dr. P. Der Text ist auf dem privaten Briefpapier des Grafen geschrieben und scheint tatsächlich den Beweis zu liefern, daß Lambsdorff in ständigem Kontakt mit Jürgen Schneider steht. Darüber hinaus belastet der Brief auch uns bekannte Mitarbeiter des Schneider-Konzerns ganz erheblich.

Wenn diese beiden Schreiben echt sind, dann haben die Herren Dr. P. und Graf L., der uns als vermeintlicher BND-Oberst lange genug beschäftigt hat, ein Riesenproblem. Doch solange wir die Briefe nicht wirklich haben, bleiben Zweifel an ihrer Echtheit. Dokumente von solcher Brisanz müssen wirklich sehr genau überprüft werden.

Aber Herr Baumann hält seinen Unterarm weiterhin hartnäckig auf den Papieren. Außerdem redet er jetzt wieder von 20000 Mark.

Zum Schein feilschen wir mit ihm wie auf einem orientalischen Basar.

Zunächst machen wir seine Ware richtig schlecht und behaupten verächtlich, die Briefe enthielten so gut wie nichts Neues. Auch die betroffenen Personen seien eigentlich uninteressant. Dieser Graf Lambsdorff, den wir als BND-Plaudertasche bereits in einem unserer Fernsehberichte enttarnt hätten, spiele im Fall Schneider doch überhaupt keine Rolle mehr. Und mit der Nachricht, daß Schneider Geld ins Ausland geschafft habe, könne man keinen Banker mehr hinter dem Ofen hervorlocken. Die berühmten Spatzen, so erinnern wir Baumann, pfeifen dies schon seit April von allen Dächern. Unsere »Werteinschätzung« seiner Ware garnieren wir noch mit einer Fülle von wahren und halbwahren »Insidergeschichten« über die in den Briefen genannten Mitarbeiter der Firma Schneider.

Herr Baumann hört mit großen Augen zu. Auf solche Argumente war er nicht vorbereitet, zu all dem kann er überhaupt nichts sagen. Schließlich gibt er zu, daß er lediglich den »Laufburschen« gemacht hat für jemanden, der wolle, daß ausgerechnet wir die Briefe bekommen. Nun haben wir endgültig Oberwasser. Wir sagen Baumann ganz deutlich, daß diese zwei Briefe längst nicht das wert sind, was er uns am Telefon versprochen hat. Mehr als 3000 Mark könnten wir in gar keinem Fall für diese minderwertige Ware zahlen. Herr Baumann ist bedrückt. Er könne dies nicht allein entscheiden, meint er deprimiert, er müsse da noch mal fragen, und dann werde er sich wieder bei uns melden. Traurig packt er die Briefe in die Plastiktüte und trollt sich davon.

Einige Tage später ruft er tatsächlich wieder an und berichtet, daß die Preise für exklusives Schneider-Material stark gesunken seien.

Statt 20 000 Mark will er jetzt für beide Briefe nur noch 9000 Mark haben. Und zwar möglichst bald. Er drängt auf ein schnelles Wiedersehen. Wir halten ihn terminlich ein bißchen hin, sagen ihm aber prinzipiell zu.

»Bitte sorge für die Transfers ...« Mit dieser Schlagzeile und einem halbseitigen Foto von Schneider-Freund Mehdi Djawadi veröffentlichte das Nachrichtenmagazin »Focus« am 6. Juni 1994 einen »streng vertraulichen« Brief von Dr. Jürgen Schneider. Dieser Brief, so schreibt »Focus«, bringe den »persischen Teppichhändler und Mitarbeiter des iranischen Geheimdienstes in arge Bedrängnis«. Doch da ist Mehdi Djawadi schon: Der Iraner sitzt nämlich zu dieser Zeit bereits seit einer Woche in Untersuchungshaft, weil ihm die Staatsanwaltschaft Beihilfe zum betrügerischen Bankrott Schneiders vorwirft.

In dem »Focus«-Artikel wird behauptet, die »Transfer-Anweisung« des Jürgen Schneider an Djawadi sei eines von mehreren Beweismitteln, die zur Verhaftung des Teppichhändlers geführt hätten. Das im »Focus« abgebildete Schreiben trägt nicht die »typische Schneider-Unterschrift«, die angeblich die Grußzeile immer einbezieht.

Der »Focus«-Brief ist nun für uns ein Vorwand, mit dem Bundeskriminalamt in Wiesbaden Kontakt aufzunehmen. Am Telefon reden wir zunächst mal »ganz allgemein« von zwei Briefen aus dem Schneider-Umfeld und daß sie uns zum Kauf angeboten worden sind. Briefe solcher Art, so merken wir wie beiläufig an, seien ja nach dem Verschwinden von Schneider schon mehrfach aufgetaucht und auch veröffentlicht worden, so in »Focus«.

Auf dem Foto in »Focus«, so sagen wir dem Kriminalkommissar, sei uns eine Besonderheit bei der Schneider-Unterschrift aufgefallen. Deswegen hätten wir große Zweifel, ob das abgebildete Dokument echt sei. Zu unserem Erstaunen bestätigt uns der Beamte diesen

Verdacht. Er fügt hinzu: »Auch der Staatsanwalt hat den Focus-Redakteuren sehr klar gesagt, daß er die Echtheit des Djawadi-Briefes bezweifelt. ›Focus‹ hat ihn trotzdem veröffentlicht.«

Nun erzählen wir etwas ausführlicher von unserem Kontakt zu Herrn Baumann und den uns angebotenen Briefen. Und wir sagen dem Kommissar auch, was wir selbst nach dem Treffen mit Baumann vermuten: »Die Schneider-Unterschrift macht zwar einen guten Eindruck, aber der gesamte Verlauf der Verhandlungen deutet eigentlich darauf hin, daß die Briefe nicht echt sind. Die Leute vom Bundeskriminalamt und der Frankfurter Staatsanwaltschaft sind sehr interessiert daran, der ganzen Sache auf den Grund zu gehen. Wir auch.

Wieder Flughafen Frankfurt, wieder Meeting Point. Diesmal pünktlich, um 17 Uhr, erscheint Herr Baumann, mit einer dünnen Ledermappe unterm Arm. Der Mann ist sehr aufgeregt. Der Schalter für »Soziale Dienste« ist auch heute nicht besetzt. In dieser ruhigen Ecke unter der Rolltreppe übergibt uns Baumann die Dokumente, damit wir sie uns noch einmal in Ruhe ansehen können.

In diesem Augenblick greifen die Zielfahnder des Bundeskriminalamtes zu. Korrekt weisen sich die Beamten aus. Der Betrüger ist völlig geplättet. Widerstandslos läßt er sich abführen. Wenig später gesteht der junge Mann den Ermittlungsbehörden, daß alles, was er verkaufen wollte und was er schon an andere verkauft hatte, nicht echt ist.

Der Mann, der von uns zunächst 30 000 Mark ergaunern wollte und dessen Fälschungen Graf Lambsdorff und Dr. P. in ein schlimmes Licht gebracht hätten, wenn wir sie in einem Fernsehbeitrag gezeigt hätten, heißt natürlich nicht Baumann. Es ist Tobias J., 26 Jahre alt und von Beruf Speditionskaufmann.

Das Bundeskriminalamt schildert in seinem Proktokoll vom 15. August 1994 die Vernehmung des Tobias J.: »Herr J. wurde nach Belehrung zeugenschaftlich vernommen. Anfänglich leugnete er, die Herkunft des Briefes zu kennen. Man soll ihm den Brief anoym, nach anonymer telefonischer Ankündigung, in den Briefkasten geworfen haben. J. solle den Brief an die Presse verkaufen, angeblich für 3000,– DM. Fünfhundert Mark von dieser Summe solle er für seinen Dienste behalten, so seine anfänglichen Einlassungen bei der zeugenschaftlichen Vernehmung. Nachdem ihm durch den Staatsanwalt klargemacht wurde, daß diese Geschichte nicht glaubhaft ist, belastet er sich und seinen Freund, diesen und auch noch andere Briefe selbst erstellt zu haben. Bei dem Freund handelt es sich um den Immobilienkaufmann Mathias Düsterdick.«

Staatsanwalt Dieter Haike hat uns direkt nach der Vernehmung des Tobias J. in der Redaktion angerufen und uns erzählt, wer der Kopf der Fälscher gewesen ist. Das überrascht uns wirklich, und im ersten Moment wollen wir es fast nicht glauben. Mathias Düsterdick, der Geschäftsführer der »Realty Administration«, war uns zwar wie ein Angeber, nicht aber wie ein Fälscher vorgekommen. Doch nachdem wir nun wissen, daß er dahintersteckt, ist uns auch klar, warum die Fälschung relativ perfekt war. Düsterdick verfügte sowohl über Briefbögen aus der »Villa Andreae«, weil er viel für Dr. Schneider hatte schreiben müssen. Und mit den »Eigenheiten« seiner Unterschrift war er auch vertraut, wie er uns einmal stolz demonstriert hatte.

Tobias J. erzählt, wie es zu dem »Dokumentenhandel« gekommen sei: »Die ganze Geschichte begann damit, daß Mathias mein bester Freund ist und bei der ›Realty Adminstration‹ in dem Schneider-Imperium tätig war. Nachdem nun diese Schneider-Gruppe durch die Flucht des Schneider zusammengebrochen ist, war auch für meinen Freund dort alles zu Ende.« Zunächst, so erzählt der Zeuge Tobias J., habe Düsterdick eine korrekte Liste mit der kompletten Übersicht des Schneider-Imperiums angefertigt. Die hätten sie für 3000 Mark an »Focus« verkauft: »Als der ›Focus‹ nun die Liste hatte, wollte er immer mehr und weitere Informationen. Er hat uns gefragt, was wir denn noch beschaffen könnten. Er hat gesagt, wir sind auch am Djawadi und am Lambsdorff dran. Was könnt ihr denn da beschaffen? Nachdem der ›Focus‹ uns so bedrängt hat, haben wir uns entschlossen, insoweit Material zu liefern, das heißt, nach meiner Kenntnis hat der Düsterdick das auf seinem Schreibcomputer hergestellt ... Wir haben uns bei dem Inhalt danach orientiert, von dem wir dachten, daß es den ›Focus‹ interessiert ... Diesen Brief an Djawadi haben wir dann ebenfalls für 3000 Mark an den ›Focus‹ verkauft ... Nach dem Schreiben an Djawadi ist dann ein Schreiben an Herrn P. entstanden. Ein solches Schreiben haben wir dann dem ›Focus‹ angeboten, er hat uns dafür 2500,– DM sofort und weitere 3500,– DM bei Veröffentlichung angeboten. Dem ›Focus‹ kamen aber dann Zweifel an der Echtheit des Schreibens.« Angeblich, so behauptet Tobias J., habe »Focus« dann um weiteres, unterstützendes Material gebeten, aus dem hervorgehe, daß das Schreiben an P. echt sei: »Düsterdick kannte allerdings Frau Thorn vom ZDF. Der Düsterdick hat mich dann gebeten, Frau Thorn anzurufen und das Schreiben dann dem ZDF anzubieten ... Wenn wir die 3000 Mark bekommen hätten, wäre für mich dann jedenfalls Schluß gewesen ... für den Düsterdick auch, so hatten wir das besprochen«, sagt J. bei seiner vorläufigen Festnahme. Die Frankfurter Staatsanwaltschaft war sauer auf die Fälscher. Die Ermittler müssen allen Tips und Anhaltspunkten nachgehen. So sind sie über Monate mit sehr viel Arbeitsaufwand auch diesen falschen Spuren nachgegangen. Die Sprecherin der Frankfurter Staatsanwaltschaft, Hildegard Becker-Toussaint, sagte uns im August 1994 in einem Fernsehinterview: »Wir hoffen, daß das abschreckende Wirkung hat und daß es nunmehr etwas weniger Trittbrettfahrer geben wird. Das ganze Schneider-Fieber wird sich vielleicht etwas legen, und vor allen Dingen diese kommerzielle Ausschlachtung durch Kriminelle, die ja auch der Presse schadet, da hoffen wir, daß das jetzt auch mal endet.«

Tobias und Matthias waren nicht vorbestraft. Sie kamen mit einer geringen Geldstrafe glimpflich davon.

Uns sind im Fall Schneider eine Menge Trittbrettfahrer begegnet, auch solche, die der Staatsanwaltschaft nie bekannt wurden.

Die gestohlene Post

»Wer zuerst zahlt, bekommt die Dokumente.«

(Markus S. in Verhandlungen mit »Frontal«)

Markus S. ist ein Mann, der sich schon seit Jahren in der Szene des Investigativjournalismus bewegt. Immer wieder hat er Kollegen mit Hintergrundinformationen, Originaldokumenten und Unterlagen über Waffenhandel, Rauschgiftdeals und Geldwäsche versorgt. Markus S. gilt in der Szene als der typische professionelle »Nachrichtenhändler« mit besten Beziehungen, der für sämtliche Informationen auch ordentlich abkassiert.

Markus S. hat jahrelang eine Art Privatdetektei betrieben und sich auf diese Weise Zugang auch zu obskuren Quellen verschaffen können. Was er zu bieten hat, ist meist brisant und in der Regel echt.

Weil er häufig dieses ungewöhnlich gute Material bieten kann, wird ihm eine große Nähe zum Bundesnachrichtendienst nachgesagt. Markus S. lebt in München und pflegt eine Art »Haßliebe« zu seinem besten Freund, der weit über die Münchner Journalistenszene hinaus bundesweit bekannt ist. Jedem, der es hören will, erzählt Markus S. die dramatische Geschichte über den Verkauf eines Fernsehers, bei dem ihn sein Freund über den Tisch gezogen haben soll. Diese Anekdote gibt er immer dann zum Besten, wenn er nach außen hin das angeblich zerrüttete Verhältnis zwischen ihm und seinem »besten Freund« belegen will. Tatsächlich aber verstehen sich beide blendend und arbeiten zum gemeinsamen Vorteil auch gern und gut zusammen.

Der Freund bringt bei einer Körpergröße von knapp einssiebzig mindestens 130 Kilo Lebendgewicht auf die Waage. Wegen seiner fettigen Haare und dem schwabbeligen Äußeren hat er den Spitznamen »Die Qualle«. Markus S. spielt als Nachrichtenhändler mit dem Mann, den alle »die Qualle« nennen, häufig über Bande. Markus S. beschafft das heiße Material, die »Qualle« veröffentlicht – meist in Illustrierten und sogenannten Newsmagazinen.

Markus S. kennen wir seit Jahren. Bei Waffenschiebereien in den Irak, Elektronikschmuggel über die Münchner BND-Tarnfirma »Telemit«, mit besten Kontakten zum damals in München lebenden ehemaligen Geheimdienstresidenten des Saddam Hussein – immer war Markus S. bestens informiert und ein kundiger Gesprächspartner.

Bei einem Fall wie Schneider wittert ein Nachrichtenhändler vom Schlag des Markus S. das große Geschäft. Er meldet sich bei uns mit einem interessanten Angebot, über das er – wie üblich – am Telefon nicht reden möchte. Markus S. residiert in den Büroräumen einer Münchner Bau- und Immobilienfirma. Das moderne Büro mit großen Glasflächen und nagelneuer Inneneinrichtung befindet sich im Zentrum der Weltstadt mit Herz, in einer ruhigen Seitenstraße. Über einen schön gestalteten Innenhof erreichen wir sein Büro. Markus S. ist ein gedrungener, etwas dicklicher Mann. Er trägt seine glatten blonden Haare gescheitelt und eine Goldrandbrille mit besonders starken Gläsern, die seine Augen wie unter einer Lupe vergrößern und seinem Blick etwas Froschartiges verleihen. Markus S. begrüßt uns freundlich, bestellt bei seiner Sekretärin Kaffee und eine »störungsfreie« Stunde. Der Nachrichtenhändler hat ganz offensichtlich einen erheblichen sozialen Sprung gemacht, von der kleinen Detektei zum vornehmen Büro mit bester Ausstattung und eigener Sekretärin. Offiziell arbeitet Markus S. jetzt als Repräsentant einer großen

Münchner Firma. Doch als wolle er uns beweisen, daß neben dem Alltagsgeschäft immer noch alles geht, legt er uns den neuesten Katalog für »Spionage-Utensilien« vor. Begeistert schwärmt er von neuen Abhörmikrophonen und Kameraobjektiven, die so klein sind, daß man sie mit einem Jackenknopf tarnen könne.

Dann kommt Markus S. zur Sache. Aus seiner Schreibtischschublade hievt er ein ganzes Bündel von Briefen und stapelt sie auf dem Tisch. Als Empfänger erscheinen auf den Umschlägen die Namen »Ysabel Schneider« und »Nicolai Schneider«. Markus S. beginnt sofort zu erzählen, daß er da jemand kenne, der ihm jede Post der Schneider-Kinder regelmäßig bringe: »Die wichtigen Sachen behalte ich im Original, alles andere wird kopiert. Die beiden merken das gar nicht, sie bekommen ihre Post eben nur einen Tag später.« »Dann sind das also gestohlene Briefe, aus den Briefkästen?« Markus S. gibt keine Antwort, er lächelt. »Da sind einige schöne Sachen für Sie dabei, die Sie sicher interessieren«, meint Markus S. Aus einem der Umschläge, die fachmännisch geöffnet sind, fischt Markus S. eine Rechnung der Stadtwerke München über den Strom-, Gas- und Wasserverbrauch des einstigen Schneider-Objektes am »Palais am Lenbachplatz«. Dazu legt er, aus einem anderen Umschlag gefischt, einen Bankauszug mit dem Zahlungsbeleg dieser Rechnung. Das heißt für uns: Über ein Konto der Schneider-Tochter Ysabel werden zu dieser Zeit, obwohl Jürgen Schneider schon seit einigen Wochen verschwunden war, noch Verbrauchskosten des Objektes abgebucht. Auch die anderen Briefe, die Markus S. uns zeigt, können uns nicht beeindrucken.

Mit wichtiger Miene legt er nun eine Fotokopie auf den Tisch. »Dies ist ein Brief, den eine Frankfurter Anwaltskanzlei an Nicolai Schneider geschickt hat. Lesen Sie mal, was der Anwalt schreibt.« Die Kopie zeigt nur den geschriebenen Text, Briefkopf und Unterschrift sind vor dem Kopieren abgedeckt worden. Der Inhalt dieses Fragments erweckt den Eindruck, als solle Sohn Nicolai mit Hilfe eines Anwaltes »die Aufbewahrung der Inhaberaktien fortführen«. Dieses Manöver sei wichtig, um Schneiders Geld vor den Gläubigern zu schützen. Zweifellos ein Dokument mit äußerst brisantem Inhalt. Markus S. will auf keinen Fall, daß wir den Absender kennen. Aber, so bietet er an, dieser Originalbrief zusammen mit der übrigen Post sei für den Spottpreis von 30 000,– Mark zu haben. Das, so kommt es uns vor, scheint der »Schneidertarif« zu sein. Darüber können wir nicht entscheiden, sagen wir ihm.

Die Privatpost der Schneiderkinder interessiert uns überhaupt nicht, zumal wir in diesen Briefen keinen Hinweis darauf finden, daß die Kinder mit den Eltern in Kontakt stehen. Und außerdem ist das Material nicht legal beschafft, und das ist höchst problematisch. Aber weil wir Markus S. noch hinhalten wollen, zeigen wir uns an dem »Aktiendokument« interessiert. Doch ob wir das erwerben können – so sagen wir Markus S. – müßten wir erst mit unseren Chefs besprechen. Hilfreich wäre dabei, wenn wir ihnen etwas vorlegen könnten, zumindest eine Kopie des Fragments, ohne Briefkopf und Unterschrift. Markus S. ist damit einverstanden, macht aber klar, daß er mit anderen Medien in den gleichen Geschäftsverhandlungen stehe. »Wer zuerst zahlt, bekommt die Dokumente«, sagt er uns bei der Verabschiedung.

Was Markus S. offensichtlich nicht erkannt hat: Das Dokument enthielt doch einige versteckte Hinweise auf einen möglichen Absender. Mit den Details, die uns S. erzählt hat, gelingt es uns in mühsamer Recherche, den Absender herauszufinden. Dabei stellt sich heraus, daß dieses Dokument tatsächlich nicht viel wert ist: Es ist überholt und im übrigen irrelevant für den Fall Schneider.

Mitte Juni 1994 erscheint im »Stern« über drei Seiten ein Artikel, der umfassend aus dem Fragment zitiert.

Die Stromrechnungen für das Münchner »Palais am Lenbachplatz« werden vom Fakten-Magazin »Focus« abgebildet. Das Magazin spekuliert über die schlechte Finanzlage von Ysabel Schneider und meint kundig: »Ihre Bankkonten sind leer. Wen wundert's, soll doch die Studentin bis Mai für die Stromrechnung der Baustelle ›Bernheimer Palais‹ in München aufgekommen sein.«

Hinweise aus der Bevölkerung

»Ich halte Jürgen Schneider an
einem sicheren Ort auf dem Rütli versteckt.«

(Aus einem Telefonanruf beim Bundeskriminalamt im Dezember 1995)

Es war in New York, am 26. Mai 1994, in einem Hotelaufzug. Ohne jede Vorwarnung hatte hier ein braves Ehepaar plötzlich eine Begegnung der »dritten Art«. Die deutschen Urlauber brauchten fast ein

Jahr, um sich von diesem Schock zu erholen, dann aber faßten sie sich sowohl ein Herz als auch ihr Erlebnis in einem Brief an die Staatsanwaltschaft zusammen:

»Sehr geehrte Staatsanwaltschaft,

ich und meine Frau Erna glauben, Herrn Jürgen Schneider zusammen mit seiner Frau zweimal erkannt zu haben, während unseres USA-Aufenthalts. Ort: im Fahrstuhl des Hotels ›Grand Union‹, New York.

Nach der ersten Begegnung hat mich meine Frau Erna nach Verlassen des Fahrstuhls auf die frappante Ähnlichkeit des Paares hingewiesen ... Mein Verdacht erhärtete sich, als ich mir Herrn Schneider ohne Haareinsatz vorzustellen begann. Bei der zweiten Begegnung im Fahrstuhl musterten wir das Paar noch genauer. Die Personen schienen nicht so elegant wie aus den Medien, sondern eher bäuerlich, etwas heruntergekommen, ungepflegt, besonders Frau Schneider mit hellblondem Haar und Straßenkleidern. Ich zerstreute den Verdacht mit der Meinung, daß Herr Schneider doch nicht so dumm sein wird, sich in New York aufzuhalten. Ich befürchtete auch, in Lebensgefahr zu kommen, da ich bis heute annehme, daß so ein Milliardenbetrug nicht ohne viele Helfershelfer und Beschützer gelingen konnte, die uns als Zeugen umbringen könnten ... Wir ließen deshalb die Fahnung nach Herrn Schneider auf sich beruhen.«

Die Fahnder können auch solche Hinweise eigentlich nicht auf sich beruhen lassen, sie müssen sie sehr genau prüfen, um sie wirklich »totzuschlagen«. Natürlich wird das Bundeskriminalamt nicht jeden Denunzianten wirklich ernst genommen haben, denn es gab Hunderte im Fall Schneider – und nicht alle waren so harmlos wie »Frau Erna«.

Zu einer ganz speziellen Gruppe von »Denunzianten« gehören die Geldgierigen. Wenn auf eine verschwundene Person eine Belohnung ausgesetzt ist, so verdoppelt und verdreifacht dies in der Regel die Anzahl der »kundigen Hinweisgeber«. Im Fall Schneider gab es kein »Kopfgeld«, doch die Höhe der auf dem Spiel stehenden Millionensumme in Genf ermunterte eine Menge potentieller Zeugen, mal vorsichtig anzufragen, »was denn dabei heraausspringe«, wenn man den richtigen Tip auf Schneider gäbe. Andere wollten sich nicht auf die Freigiebigkeit von Behörden verlassen, sondern am liebsten bei Schneider direkt abkassieren. Eine Kombination beider Verhaltensweisen bot sich dem Bundeskriminalamt am 5. Dezember 1994. Ein Herr R. teilte fernmündlich mit, »er habe sich Dr. Jürgen Schneider vor zwei Tagen in Fribourg/Schweiz gegriffen und halte ihn an einem sicheren Ort auf dem Rütli am Vierwaldstätter See versteckt«.

Die Kriminalbeamtin, die den Anruf entgegennahm, notiert in ihrem Gesprächsprotokoll die beabsichtigten Grausamkeiten des Herrn R.: »Herr R. hat erklärt, kein Anliegen an uns zu haben, sondern uns lediglich die Tatsache mitteilen zu wollen, daß er Dr. Jürgen Schneider habe und ihn uns, nachdem er sein Geld – ca. 250 000 Mark – erhalten habe, vor die Füße werfen werde.« Nach dieser Ankündigung teilt Herr R. der Kriminalbeamtin auch vorsichtshalber mit, warum mit ihm nicht zu spaßen ist: »Auf die Frage, woher er vom Aufenthaltsort des Dr. Schneider wußte, erklärte Herr R., daß er eine Ausbildung als Special Airborn Ranger beim CIA absolviert habe.« Herr R. hat der Kriminalbeamtin ausführlich geschildert, wie er Schneider in seinem Rütli-Versteck zur Scheckunterzeichnung bewegen werde, bevor er mit ihm nach Wiesbaden reisen und ihn im Fußbereich der Beamtin ablegen wolle. Bekanntlich hat sich der Fall Schneider jedoch so flach nicht lösen lassen.

Eine weitere, bei Staatsanwaltschaft und Kriminalpolizei hinreichend bekannte Gruppierung von Denunzianten sind die, die nicht weglaufen können, aber dringend ein bißchen Abwechslung brauchen – die Insassen unserer Justizvollzugsanstalten. Auch solchen Hinweisen muß nachgegangen werden, denn es ist schon häufiger vorgekommen, daß gerade aus diesem Milieu entscheidende Tips zur Aufklärung von Verbrechen gegeben wurden. Auch im Fall Schneider hat es eine Menge von »Insassen-Vernehmungen« gegeben, weil sich pfiffige Häftlinge gute Geschichten zurechtgebastelt hatten. So eine Vernehmung bringt ja auch dann, wenn im Alltag sonst nicht viel Neues geboten wird, ein bißchen Leben in die Bude.

Große Kriminalfälle regen die Phantasie der Menschen ungemein an. Sie machen aus Otto Normalverbraucher einen Sherlock Holmes, der das gemeine Verbrechen an jeder Straßenecke wittert und gern dazu beiträgt, daß den Täter die gerechte Strafe ereilt. Mit geschärftem Spürsinn blicken die Hobby-Detektive oft auch noch tief hinter die Kulissen des gerade anhängigen Skandals und zerren zusätzliche Ungeheuerlichkeiten ans Tageslicht.

Und so muß sich Staatsanwalt Dieter Haike auch im März 1995 mit der Vermutung auseinandersetzen, daß es sich bei Jürgen Schneider nicht nur um einen üblen Baubetrüger, sondern auch um einen Gewaltverbrecher handelt. Ein Tankstellenbesitzer hat schreckliche

Zusammenhänge ermittelt: »Während unserer Tätigkeit ist Herr Dr. Jürgen Schneider mehrere Male in den Abendstunden zwecks Betankung seines BMW erschienen ... Stutzig wurde ich über das schnelle Ableben meiner Kunden, die Dr. Schneider an dem Platz begegnet sind. Gespräche mit den Leuten kurz vor ihrem Ableben lassen den Verdacht zu, daß wesentlich mehr dahintersteckt ... Es handelt sich hier wohl um Verbindungen des organisierten Wirtschaftsverbrechens mit dem Schutzschild des biederen Geschäftsmannes.« Der Briefschreiber, der mit seiner Version des menschenmordenden »Baulöwen« schon bei mehreren Beamten vorstellig geworden war, beschwert sich beim Frankfurter Staatsanwalt darüber, daß man ihn nicht ernst nimmt.

Ausnehmend üble Ableger des gemeinen Denunzianten sind die Anonymen. Meist geht es ihnen gar nicht direkt um das Objekt der Begierde – in diesem Falle also Dr. Schneider – sondern darum, irgend jemand bei der Polizei anzuschwärzen. Das kann der Nachbar sein, die Schwiegermutter oder ein untreuer Liebhaber. Der Kontakt zu Schneider, der sich, weil verschwunden, nicht wehren kann, wird künstlich gestrickt, so daß der Anonymus danach so richtig gegen den vom Leder ziehen kann, den er dem Staatsapparat ausliefern möchte. Doch weil der Fahnder einem noch so windigen Hinweis einfach nicht ansieht, ob nicht doch ein wichtiges Körnchen Wahrheit dahinter verborgen ist, muß er selbst die kuriosesten Geschichten zumindest grob überprüfen.

So berichtet ein »betrogener Handwerker, der sich diese Mätzchen nicht mehr gefallen läßt« von den »unglaublichen Praktiken des Herrn Dr. Jürgen Schneider«, den er als Bestechungsspezialisten, Roßtäuscher und Wolf im Schafspelz bezeichnet, um in seinem anonymen Schreiben gleich mehrere Mitarbeiter aus dem Umfeld von Schneider erheblich zu belasten. Briefe dieser Art werden dann allerdings als »nicht ermittlungsrelevant« in die allerunterste Schublade geschoben.

»Durch mein erwiesenes zweites Gesicht könnte ich Ihnen einen einzigartigen Tip zum Erfolg geben und Sie sich somit die Fahndung in der ganzen übrigen Welt – die sehr kostspielig wäre – ersparen!« Der Schreiber dieser Zeilen verlangt 2,5 Millionen Mark und verspricht: »Bei Einverständnis und schriftlicher Zusicherung erfolgt umgehend mein Hinweis. Zahlung natürlich erst nach Festnahme.«

Weder auf dieses, an sich nicht unfaire Angebot, noch auf die übrigen Offerten bewährter Hellseher sind die Fahnder eingegangen, obwohl es sie bei der ermüdend langen Suche nach Schneider vielleicht mal gejuckt haben könnte.

»Specific whereabouts«

»Das Federal Bureau of Investigation hat Informationen bezüglich des genauen Aufenthaltsortes von Schneider.«

(US-Bundesanwalt Robert Ciaffa am 4. April 1994 an die deutschen Behörden)

Die Sonderkommission »Dr. Jürgen Schneider« des Bundeskriminalamtes wurde am 18. April 1994 gegründet. Sie bestand im wesentlichen aus den beiden Kriminalhauptkommissaren R. + B., die bis heute den wirtschaftskriminellen Machenschaften des DJS nachspüren. In erster Linie sind sie damit beschäftigt, aus den Akten, Unterlagen und Zeugenaussagen hinreichende Beweise zur Vorbereitung der Anklage zusammenzutragen. Ihr Hauptinteresse galt den sechs Vorwürfen des Haftbefehls. Die Kommissare haben vor allem mit der Zielfahndung unter Leitung von Hans Schmid und natürlich mit der Frankfurter Staatsanwaltschaft zusammengearbeitet. Auf ihre Anregung wurden zahlreiche Fahndungsmaßnahmen, die einer richterlichen Genehmigung bedurften, von Staatsanwalt Haike beim Amtsgericht Frankfurt beantragt. Dazu gehörte in erster Linie die umfassende Beobachtung der »Daheimgebliebenen«.

Das Bundeskriminalamt im Schulterschluß mit der Staatsanwaltschaft versucht, das Ehepaar Schneider als »kriminelle Vereinigung« einzustufen, um mit diesem Begriff aus der Terroristenfahndung die weitreichendsten Maßnahmen bei der Suche nach den Flüchtigen anwenden zu dürfen. In solchen Fällen können die Ermittler auf der Basis des § 100 a StPO beispielsweise die Telefone von vermuteten Kontaktpersonen abhören, die Gespräche aufzeichnen und auswerten. Das Frankfurter Amtsgericht war jedoch der Ansicht, daß dem Ehepaar Schneider eine sogenannte »Katalogstraftat« nicht nachgewiesen werden konnte, und lehnte die umfangreichen Anträge von Dieter Haike »mangels Vorliegens der gesetzlichen Voraussetzungen« Ende 1994 ab.

Nach einer Beschwerde vor dem Landgericht Frankfurt gelingt es dem Staatsanwalt, die Genehmigung für die Anwendung des § 12 FAG zu bekommen. Danach kann er sich, wiederum nach jeweiliger richterlicher Anordnung, in jedem Einzelfall Auskunft über die sogenannten äußeren Umstände des Kommunikationsvorganges geben lassen. Dies betrifft beispielsweise beim Mobilfunk das Datum, die Uhrzeit des Anrufs, die Zielrufnummer sowie die Anzahl der Gebühreneinheiten und in der Regel auch die örtliche Funkvermittlungsstelle.

Die Ermittler gingen davon aus, daß die Verwandten und Bekannten des flüchtigen Doktor Schneider allesamt auf die Werbung der Mobilfunkgesellschaften hereingefallen waren, wonach das Telefonieren mit dem »Handy« abhörsicher sei. Also würden die Angehörigen – wenn überhaupt – so mit Hilfe eines »Handys« mit Schneider telefonieren. Die Daten all ihrer mobilen Gespräche waren für die Fahnder also besonders interessant.

Deshalb erwirkten sie für Kinder und Bruder, für Lambsdorff und Schneiders Ex-Body-guards, für Onkel und Tante, Stiefbruder und Mutter jeweils immer wieder neue Beschlüsse nach § 12 FAG.

Darüber hinaus wurden die Kinder des Ehepaares Schneider rund um die Uhr observiert. Ihre Post wurde beschlagnahmt, die Bankkonten regelmäßig überprüft, alle Unterlagen ihrer Kreditkarten ausgewertet. Aber nicht nur Nicolai und Ysabel Schneider und der Bruder des Flüchtigen, Joachim Schneider, sondern auch der der Familie so eng verbundene Graf Lambsdorff war Objekt der Zielfahnder. Noch im Oktober 1994, als Lambsdorff von sich aus dem Bundeskriminalamt seinen Umzug nach Berlin und die exakte Adresse seiner neuen Arbeitsstelle meldete, haben die Fahnder weiterhin seine Post abgegriffen. Auch alle Zahlungen, die Lambsdorff mit seiner Kreditkarte vornahm, waren dem BKA durch entsprechende Maßnahmen bekannt. Selbst die Freundin des Grafen, Gitta P., die für Schneider einst als Innenarchitektin gearbeitet hatte und unter anderem die Ferienwohnung der Familie auf Sylt einrichtete, geriet ins Fadenkreuz des BKA. Das gilt auch für den Freund von Ysabel Schneider, Udo S., und sogar die Studienkollegen von Nicolai Schneider. Für die jungen Leute eine recht unangenehme Situation: Als sie mit Nicolai Schneider im Februar 1995 aus dem Skiurlaub in Österreich nach Deutschland zurückfahren wollen, werden sie von der Zielfahndung gestoppt. Die Durchsuchung der Studentenautos ist für die Ermittler allerdings kein Erfolg. Enttäuscht faxt das Landeskriminalamt München ans BKA Wiesbaden:

»Durchsuchung Kfz und mitgeführte Sachen negativ. Von allen Personen wurde Skiausrüstung mitgeführt. Sie befanden sich angeblich auf der Rückreise von einem einwöchigen Skiurlaub in Ischgl/Österreich. Keine sonstigen Auffälligkeiten, insbesondere auch kein Begleitfahrzeug, auch keine Erkenntnisse bezüglich des Aufenthaltsortes des mit Haftbefehl gesuchten Schneider Utz Jürgen.«

Die Ermittlungsaktivitäten des Bundeskriminalamtes im direkten Umfeld des Jürgen Schneider waren so gründlich und umfassend, daß ihnen ab Ende April 1994 wahrscheinlich kein familiärer Kontakt zu Flüchtigen entgangen wäre.

Am 25. April 1994 wird gegen das Ehepaar Jürgen und Claudia Schneider ein internationaler Haftbefehl erlassen. Nun konzentrieren sich die Fahnder sowohl auf das benachbarte Ausland als auch auf die vermuteten weltweiten Verbindungen des Königsteiners.

Den Ermittlern ist bekannt, daß Mostafa El Kastaui in Miami in der vornehmen Collins Avenue eine Wohnung hat. Bereits im Sommer 1994 nimmt das BKA deshalb Kontakt mit dem FBI auf und bittet um Unterstützung bei der Fahndung nach Jürgen Schneider. Bei dieser internationalen Amtshilfe geht es in der Regel sehr formell zu. Üblicherweise sind die jeweiligen Außenministerien und die Botschaften der beteiligten Länder damit befaßt. Am 4. August, mit dem Eingangsstempel des Außenministeriums versehen, erhalten die Deutschen Behörden vom stellvertretenden US-Bundesanwalt Robert Ciaffa ein »Complaint« unter der No. div. 942 919.

Gegenstand dieser Schrift ist ein dringendes Ersuchen der vorläufigen Festnahme des Utz Jürgen Schneider und der Claudia Schneider-Granzow. In fünf Punkten listet Ciaffa kurz auf, warum die Schneiders gesucht werden. Der Punkt 6 seines Schreibens enthält eine kleine Sensation. Wörtlich heißt es im amerikanischen Original: »Utz Jürgen Schneider and Claudia Schneider-Granzow have fled outside the bounderies of Germany and are believed to be currently located in the Miami area. The Federal Bureau of Investigation has information regarding Schneider's *specific whereabouts.*«

Als wir dieses Dokument im Original lesen, wollen wir ganz sichergehen, denn das, was hier steht, halten wir für fast unglaublich.

Wenn es stimmt, was Ciaffa bereits am 4. August 1994 den deutschen Behörden mitteilt, dann war dem Bundeskriminalamt und der Staatsanwaltschaft bereits fünf Monate nach Schneiders Verschwinden bekannt, wo er sich versteckt hatte. Von einer vereidigten Dolmetscherin lassen wir das gesamte »Complaint« ins Deutsche übertragen. In der beglaubigten Übersetzung heißt es tatsächlich wörtlich: »Utz Jürgen Schneider und Claudia Schneider-Granzow sind aus dem deutschen Staatsgebiet geflüchtet, wobei davon ausgegangen wird, daß sie sich derzeit im Gebiet von Miami aufhalten. Das Federal Bureau of Investigation (F.B.I.) hat Informationen bezüglich des *konkreten Aufenthaltsorts* von Schneider.«

Daraufhin beantragt Staatsanwalt Dieter Haike im »United States District Court« von Southern Florida einen sogenannten »Warrant of Arrest«, also einen Haftbefehl für Dr. Jürgen Schneider und seine Frau Claudia. Erlassen wird dieser Haftbefehl am 15. August 1994 von Richter William C. Turnoff, dem Richter, der fast ein Jahr später im Auslieferungsverfahren der Eheleute Schneider entscheiden wird.

Die Anwälte des Ehepaares Schneider haben immer wieder auf diese Merkwürdigkeit hingewiesen. Für sie ist es nicht zu erklären, daß es am 15. August 1994 einen Haftbefehl gab, der erst am 18. Mai 1995 vollstreckt wurde – zumal das FBI in seinem Schreiben vom 4. August 1994 bereits betont hatte, den *»konkreten Aufenthaltsort«* von Schneider zu kennen. Die Anwälte behaupten nun, die Ermittler hätten die deutsche Öffentlichkeit bewußt getäuscht. Sie hätten Schneiders Versteckspiel so lange geduldet, wie er sich ruhig gehalten habe. Erst als Schneider uns ein Tonband übergeben ließ, das wir im ZDF am 16. Mai 1995 veröffentlichten, sei der Staatsanwaltschaft der Kragen geplatzt, zumal Schneider in seinen Einlassungen die Deutsche Bank massiv beschuldigte und bedrohte. Die Anwälte erheben damals einen noch viel schlimmeren Verdacht: Sie unterstellen der Staatsanwaltschaft, eine Art »Erfüllungsgehilfe« der Deutschen Bank zu sein. Man habe Schneider nach Kenntnis seines Aufenthaltsortes beobachtet. Erst als ein Jahr nach Konkurseröffnung sämtliche Fristen für einen Widerspruch abgelaufen waren, hätten sie ihn festgenommen.

Auch Jürgen Schneider hat nach seiner Verhaftung immer wieder behauptet, daß die Behörden schon im August 1994 genau gewußt haben, wo sie sich aufhalten. In einem Interview des Nachrichtenmagazins »Focus« spekuliert er darüber, warum er nicht schon zu diesem Zeitpunkt festgenommen wurde: »Darüber kann man hochinteressante Vermutungen anstellen. Eine ist die, daß in höchsten Kreisen in Deutschland ein Interesse daran bestand, daß das Ehepaar Schneider so schnell nicht wieder in der Öffentlichkeit auftritt ... In politischen, wirtschaftlichen und geldlichen Kreisen ... Unser Auftreten in Deutschland mit den Hintergründen, die dann vorgetragen werden, hätte politische und wirtschaftliche Turbulenzen hervorrufen können. Wir standen damals kurz vor den Wahlen ... Die Themen Schneider, Ost-Investitionen, die Banken und ihre Macht waren in dieser Zeit äußerst brisant. Unsere Rückkehr oder Festnahme und meine damit verbundenen Aussagen hätten damals bestimmt zu Meinungsänderungen geführt. Zumal 1994 über die Bankenmachtfrage häufig diskutiert wurde.« Folgt man Schneiders Logik in diesem Punkt, hat Helmut Kohl Glück gehabt. Nur weil der Königsteiner nicht auspackte, konnte der Oggersheimer die Bundestagswahl gewinnen.

Was es tatsächlich mit den *»specific whereabouts«* bereits im August 1994 auf sich hatte, ist nie so ganz geklärt worden. Bei der Auslieferungsverhandlung vor dem District Court in Miami/Florida unter dem Vorsitz des Richters William C. Turnoff geht Schneiders amerikanischer Anwalt deswegen scharf gegen den deutschen Staatsanwalt Dieter Haike vor. Er will präzise von ihm wissen, von welchem Zeitpunkt an die deutschen Behörden wirklich vom *»konkreten Aufenthaltsort«* Schneiders gewußt haben. Dieter Haike gibt nur ausweichende Antworten. Immer wieder eilt ihm der amerikanische Staatsanwalt des Verfahrens zu Hilfe. Er versucht, Turnoff klar zu machen, daß diese Frage für das Auslieferungsverfahren eigentlich nicht relevant sei. Trotzdem läßt Schneiders US-Anwalt Dieter Haike nicht aus. Schließlich rettet sich der deutsche Staatsanwalt in die Aussage, es habe keinen konkreten Hinweis gegeben, alles sei nur eine Vermutung gewesen, nur ein vager Verdacht.

Die erste Festnahme im Fall Schneider findet in Frankfurt statt, in den Räumen des Konkursverwalters Gerhard Walter. Am 1. Juni 1994, bei einem Besuch dort, trifft Prof. Dr. Mehdi Djawadi, der iranische Intimus und Bankenvermittler des Jürgen Schneider, überraschend auf zwei Polizeibeamte, die ihn zügig mitnehmen.

Das Bundeskriminalamt hatte Djawadi kurz, aber intensiv observiert.

Als weitere vermutete Kontaktleute werden zwei Iraner mit ihren Frauen und Freunden observiert. Es kommt zum Üblichen: Telefondaten werden erhoben, Autos werden beobachtet, irgendeiner folgt ihnen eine Zeitlang auf Schritt und Tritt.

Den größten Fahndungsdruck hat Mostafa El Kastaui. Seine enge Verbindung zu Jürgen Schneider ist schnell offenkundig geworden. Im Dezember 1994 bittet das Bundeskriminalamt die Schweizer Behörden im Rahmen des Rechtshilfeabkommens um die Durchsuchung der Wohn- und Geschäftsräume des Mostafa El Kastaui. Die Zielfahnder interessieren dabei die Genfer Wohnadresse und die vier Firmen des Ägypters. »Ziel der Durchsuchung ist es, anhand von schriftlichen Unterlagen – Tagebüchern, Geschäftskorrespondenz, Terminkalender, Personaldokumenten, Reiseunterlagen, persönlicher Privatpost sowie eventuell vorhandenen Lichtbildern – konkrete Hinweise auf den derzeitigen Aufenthaltsort der Gesuchten bzw. die Rekonstruierung des Fluchtweges zu erlangen. Es wird hierbei davon ausgegangen, daß El Kastaui, Vorn. Myrta, von ihrem Ehemann in den Sachverhalt – von Beginn an – eingeweiht und in die tasächliche Durchführung der Flucht eingebunden war. Dies ergibt sich u. a. aus einer mehr als regen Telefontätigkeit zwischen den USA und den El Kastaui-Anschlüssen in Genf zur Zeit des Abtauchens.«

Ende 1994 haben sich die Fahndung und auch das journalistische Interesse auf Genf konzentriert, aus den bekannten finanziellen Gründen – hier liegen 245 Schneider-Millionen, hier hat das Ehepaar seinen Anwalt François Canonica, und hier lebt der Mann, den das Bundeskriminalamt für den »Drahtzieher« und »Fluchthelfer« hält.

Die Journalisten versuchen, in direktem Kontakt mit Kastaui Verbindung zu Schneider zu bekommen. Das Bundeskriminalamt nutzt derweil die eigenen Fahndungsmittel. Kastaui wird rund um die Uhr observiert. Seine Telefone werden überwacht. Auch Frau Myrta wird auf Schritt und Tritt beobachtet. Sie arbeitet auf dem Genfer Flughafen Cointrin als Supervisor für die »Swissair«.

Irgendwann ist den Fahndern auch ein guter Freund des El Kastaui aufgefallen: Luigi Poletti, der Mann mit dem italienisch klingenden Namen, ist in Kairo geboren und aufgewachsen. Er kennt Kastaui seit Jahren. Dieser Mann, der eigentlich recht bescheiden lebt und mit einem Motorroller durch Genf braust, entwickelt ohne ersichtlichen Grund eine rege Flugtätigkeit. Am 6. Mai 1995 kommt Poletti wieder mal aus Florida nach Genf zurück. Im Gepäck hat er einen dicken Umschlag, den er in der Anwaltskanzlei Canonica in der Rue Bellot abgibt.

BOTSCHAFT AUS DEM VERSTECK

Maître François Canonica

»Herr Schneider wird – unter meinem Schutz oder nicht – kommen und reden.«

(Anwalt Canonica am 21. März 1995 in »Frontal«)

Seit Monaten konzentrieren sich auch unsere Recherchen auf die Bankenmetropole Genf. Wir sind davon überzeugt, daß hier der Dreh- und Angelpunkt der Schneider-Connection ist und wir nur durch Kontakte mit den Drahtziehern am Lac Leman im Fall Schneider weiterkommen können. Bereits im März 1995 war es uns gelungen, ein exklusives Interview mit Schneider-Anwalt François Canonica zu bekommen.

Wir hatten uns wochenlang um ein solches Gespräch bemüht, waren aber immer wieder an der hartnäckigen Ablehnung von Canoncia gescheitert. Der Anwalt hält Diskretion für die Grundlage seines Geschäftes, denn auf alle unsere Anfragen, aber auch auf die Anfragen vieler Kollegen, hat er niemals geantwortet.

Doch im März 1995 zahlen sich dann die vielen nächtlichen Telefongespräche mit einem der besten Freunde und Vertrauten des Anwaltes aus. Mostafa El Kastaui verschafft uns schließlich einen Termin in der Kanzlei Canonica. Es wird vereinbart, daß wir mit dem Maître auch ein Fernsehinterview zum Fall Schneider machen können.

Kastaui kündigt uns an, daß er bei unseren Dreharbeiten in der Kanzlei dabeisein werde. Diese Chance, so nehmen wir uns vor, werden wir nutzen, um unbemerkt auch Kastaui zu filmen.

Es gibt von dem Ägypter ein einziges, uraltes Photo, das ihn als jungen Mann an der Seite einer schönen Frau zeigt. Die Aufnahme entstand im Jahre 1978 beim Verkauf eines der größten Diamanten der Welt, dem »Star of Peace«. Alle Zeitungen, die über Mostafa El Kastaui berichten, verwenden dieses Porträt, dessen Verfallsdatum längst überschritten ist. Wir sind daher fest entschlossen, uns ein paar aktuelle Aufnahmen des Ägypters zu beschaffen. Nur bemerken sollte er das in keinem Fall, denn er hat mehrfach deutlich und mit leicht drohendem Unterton erwähnt, daß er nicht gefilmt werden will, damit es von ihm keine neuen Bilder gibt.

Mit unserem Spezialkamerateam für besondere Einsätze reisen wir nach Genf, gespannt auf das, was uns Canonica im Interview sagen wird. Zu dieser Zeit wird über den Verbleib von Schneider wild spekuliert. Seine deutschen Anwälte, die längere Zeit mit Canonica zusammengearbeitet hatten, haben im Oktober 1994 ihr Mandat niedergelegt, weil Kastaui es verhindert hatte, daß sie irgendeinen direkten Kontakt zu Schneider herstellen konnten. Inzwischen ängstigen sich die Mainzer Anwälte um das Leben ihres Ex-Mandaten. In Zeitungsinterviews äußern sie deutlich ihre Zweifel daran, daß Schneider noch lebt.

Dies ist natürlich das erste, was wir von Canonica erfahren wollen. Außerdem interessieren uns eine Menge Einzelheiten, das Geld, die Flucht, Schneiders Aufenthalt.

Wenn zwei Journalisten wie wir auf einen Genfer Anwalt treffen, begegnen sich fremde Welten. Unsere Absicht ist es, zu enthüllen und zu berichten, die seine besteht im Verhüllen und Verschweigen. Solche Gegensätze ziehen sich eigentlich nicht an.

François Canonica ist an diesem Tag außerordentlich nervös. Offensichtlich geht ihm dieses Fernsehinterview absolut gegen den Strich. Wir haben den Eindruck, daß Mostafa El Kastaui der Herr im Ring ist und dafür gesorgt hat, daß es zu diesem Treffen in der Kanzlei überhaupt gekommen ist. Kastaui, der sich im großen Besprechungszimmer einen Ledersessel in die hintere Ecke gerückt hat, beobachtet unser Gespräch mit dem jungen Anwalt völlig kommentarlos.

Zunächst hat François Canonica eine Menge Fragen. Er will wissen, wie wir den Fall Schneider einschätzen und welches Interesse wir an der Veröffentlichung der Hintergründe haben. Wir finden Antworten, die ihn zufriedenzustellen.

Dann hat Canonica eine Menge Vorschriften. Er könne im Interesse seines Mandanten nicht jede Frage beantworten, aber das, was er uns im Interview sagen werde, sei mit Dr. Jürgen Schneider abgestimmt. Nach einer längeren Diskussion einigen wir uns schließlich auf bestimmte Themenkomplexe. Zum Beweis, daß er tatsächlich Kontakt zu Schneider hält, läßt er von seiner Ko-Anwältin, Catherine Broido, großformatige, dicke Briefumschläge bringen. Sie sind versiegelt. Madame Broido öffnet einen dieser schweren Umschläge. Er enthält eine Mappe mit handschriftlichen und maschinengeschriebenen Texten. Maître Canonica erklärt uns, daß es sich bei diesen Dokumenten um persönliche Aufzeichnungen des Doktor Jürgen

Schneider handele. Darin belege Schneider ausführlich, daß die Banken ihn wissentlich zugrunde gerichtet hätten. Wir dürfen einen Blick auf die Unterlagen werfen. Hier sehen wir zum ersten Mal jenen Brief der Deutschen Bank an die Union Bancaire Privée, den Schneider später als »Empfehlungsschreiben« für seinen Geldtransfer anführen wird. Kopien will Canonica uns nicht geben. Kastaui drängt auf den Beginn des Interviews. Widerwillig setzt sich Canoncia dem Licht der Scheinwerfer aus. Unser Kameramann hatte, wie verabredet, auf eine sehr umständliche Art die komplizierte Technik aufgebaut. Für die Kamera, so scheint es, findet er nicht gleich die richtige Position. Er baut sie auf, wieder ab, stellt sie auf den Boden, dann wieder aufs Stativ. Bei diesem Manöver gelingen ihm wie zufällig die schönsten Aufnahmen des Mostafa El Kastaui, mal lachend, mal rauchend, dann mit Wasserglas und ohne Zigarette.

Canonica kämmt sich, dann ist es soweit: »Um allen Gerüchten endlich ein Ende zu machen, erkläre ich heute ausdrücklich, daß ich zu Ihnen als Anwalt von Jürgen Schneider spreche und daß ich alle anwaltlichen Vollmachten von Doktor Schneider habe, um ihn in allen Belangen zu vertreten, die ihn in Deutschland betreffen.«

»In welcher Situation lebt Herr Schneider jetzt, und geht es ihm gut?«

»Auch hier kann ich Ihnen antworten, ohne gegen meine Schweigepflicht zu verstoßen. Soweit ich persönliche Beziehungen zu ihm pflege und außerdem regelmäßig mit ihm telefoniere, kann ich sagen: Seine persönliche Situation ist gut, sein gesundheitlicher Zustand und der seiner Frau ebenso. Sein Leben ist keineswegs in Gefahr, wie es in einigen Presseartikeln in Deutschland insinuiert wurde.«

»Auf welche Weise halten Sie den Kontakt mit Jürgen Schneider?«

»Ich habe regelmäßige telefonische Kontakte mit Monsieur Schneider. Das ist nötig, um seine Verteidigungsmöglichkeiten herauszufinden, die Strategie zu besprechen, die er anwenden will, um sich gegen die Pressekampagne zu wenden, deren Objekt er seit vielen Monaten in Deutschland ist.«

»Wenn man der veröffentlichten Meinung in Deutschland folgt, gilt Herr Schneider als Alleinschuldiger an seiner Pleite. Gibt es Beweise, daß er nicht allein schuld ist?«

»Wie ich Ihnen schon gesagt habe, bin ich nicht berechtigt, über die Fakten des Falls zu reden, und selbst wenn ich es wäre ...« Hier bricht Canonica ab, fängt sich aber wieder und beginnt von neuem mit einer Antwort: »Wie schon gesagt, ich kann mich nicht zu den Fakten des Falles äußern, denn das ist eine Frage, die Sie nützlicherweise an Herrn Schneider stellen, ich denke, er hätte wahrscheinlich eine andere Meinung als die, die seit Monaten in der Presse verbreitet wird.«

»Was wird Jürgen Schneider dagegen unternehmen?«

»Auch da kann ich Ihnen nicht antworten über die Aktivitäten, die die Deutsche Bank in diesem Fall hatte oder nicht hatte, es ist nicht meine Sache, sondern es ist Sache von Herrn Schneider, diese Frage zu beantworten. Was ich Ihnen sagen kann, ist, daß Herr Schneider auf mein Anraten und auf meine Bitte hin eine sehr komplette Aufstellung über die Fakten des Falles vorbereitet hat. Diese Dokumentation zeigt exakt die ganze Fülle der vertraglichen Beziehungen, die Herr Schneider seit zehn Jahren mit allen seinen Vertragspartnern unterhalten hat.

Diese Aufstellung könnte vielleicht eines Tages als Grundlage für die Verteidigung dienen bei einem Gerichtsverfahren, aber im Moment kann ich mich zu diesem Punkt nicht weiter äußern.«

»Bedeutet dies, daß Jürgen Schneider eine große Überraschung für die Deutsche Bank vorbereitet?«

Mit den Worten »Das bedeutet gar nichts ...« bricht Canonica das Interview erneut ab. Auf diese Frage will er nicht antworten. Auch zu weiteren Einzelheiten sagt er nichts, sondern gibt nur noch ein kurzes Statement ab: »Herr Schneider wird – unter meinem Schutz oder ohne diesen – in absehbarer Zeit kommen und reden. Dabei wird er alle seine Verteidigungsmittel einsetzen, mit mir oder ohne mich als Mittelsmann. Mehr kann ich im Augenblick nicht sagen.«

Als die Kamera ausgeschaltet ist, verabschiedet sich Canonica beinahe sofort. Wir bleiben mit Mostafa El Kastaui im Besprechungszimmer des Anwalts zurück. »Was Canonica gesagt hat, können Sie ruhig auch an die Bundeskriminalamt geben. Die Doktor will, daß Polizei und die Banken davon wissen.«

Das Interview mit Maître Canonica wurde in der »Frontal«-Sendung vom 21. März 1995 gesendet. Die gelungenen Aufnahmen von Mostafa El Kastaui legen wir ungesendet zunächst einmal in die Schublade. Für alle Fälle.

Der Beitrag mit den wichtigsten Ausschnitten aus unserem Interview in Genf sorgte für eine Menge Aufregung. Canonicas Botschaft, daß Schneider lebe, in absehbarer Zeit zurückkommen und reden werde, führte zu den unterschiedlichsten Reaktionen. Einige Agenturen äußerten heftige Zweifel an der Aussage von Canonica. Schließlich könne sich jeder in einem Fernsehinterview zum Schneider-Anwalt machen. Ein Beweis, daß Schneider lebe und Beweismaterial gegen die Banken habe, sei das noch lange nicht.

Das Bundeskriminalamt hatte keinerlei Zweifel an der Existenz des Anwaltes und an seiner Aussage. Schließlich war diese Kanzlei schon länger im Visier der Ermittler. Die Zielfahndung bittet uns um das komplette Interview. Nach Rücksprache mit unseren Redaktionsleitern vereinbaren wir einen Ansichtstermin.

Weil Canonica mit uns nur französisch gesprochen hat, bringen die beiden Zielfahnder für den Fernsehnachmittag im ZDF auch eine sprachkundige Beamtin mit. Zum Abschied überlassen wir dem Trio aus Wiesbaden noch eine Abschrift des gesamten Interviews in deutscher Übersetzung.

Das Tonband

»Wir haben für ›Peanuts‹ kein Verständnis.«

(Dr. Jürgen Schneider am 16. Mai 1995 im ZDF)

Sechs Wochen nach der Ausstrahlung des »Canonica-Interviews« meldet sich Zielfahnder J. vom Bundeskriminalamt völlig überraschend bei uns in der »Frontal«-Redaktion.

Es gibt gute Ausreden und erbärmlich schlechte, die sofort zu durchschauen sind. Der Zielfahnder probiert es trotzdem: Am Telefon bittet er dringend um einen baldigen Termin. Er möchte sich das Interview mit dem Schweizer Anwalt doch noch einmal ansehen. Wir erinnern ihn daran, daß er von uns einen kompletten Text bekommen hat, in dem er alles nachlesen kann.

Ein nächster Versuch: jetzt behauptet der Beamte, sein Kollege habe den Text in seine Schreibtischschublade gelegt, sie zugeschlossen und sei für drei Wochen in Urlaub gefahren. So ein Pech. Wir bitten um Bedenkzeit. Ein schneller Direktanruf bei dem vermeintlichen Urlauber bringt Neuigkeiten. Sein Zimmerkollege, fröhlich: »Kollege B. ist heute nachmittag nicht da. Aber morgen können Sie ihn so ab 9 Uhr im Dienst erreichen.

Was also sollen die Schwindeleien? Für dieses hingetrickste, plötzlich und unerwartet geplante Rendezvous mit der Zielfahndung kann es von ihrer Seite nur einen Grund geben: Das Bundeskriminalamt muß darüber informiert sein, was wir für den übernächsten Tag geplant haben. Und tatsächlich besteht Zielfahnder J. beim dritten Telefongespräch an diesem Dienstag, dem 9. Mai, auf einem Termin in unserer Redaktion. Diesmal gibt er zu, daß er es zunächst mit Ausreden versucht hat, läßt sich dafür beschimpfen, entschuldigt sich und erreicht sein Ziel: eine Verabredung für den nächsten Tag: »Wir werden uns dann mal ein bißchen über Ihre Reise nach Genf unterhalten.«

Seit Montag, dem 8. Mai 1995, ist mit Anwalt Canonica und Mostafa El Kastaui ein weiterer Termin in der Kanzlei in Genf fest vereinbart. Kastaui hatte uns vielsagend angekündigt, daß es diesmal um etwas ganz Besonderes ginge. Es sei aber nicht nötig, ein Kamerateam mitzubringen.Trotzdem werde sich der Flug nach Genf lohnen. Mehr könne er am Telefon nicht sagen. Alle weiteren Fragen blockt er ab: »Geduld, Geduld.«

Pünktlich um 11 Uhr am Mittwoch, dem 10. Mai, erscheint der stellvertretende Leiter der Zielfahndung, Kriminalhauptkommissar M., mit seinem Kollegen J. in der »Frontal«-Redaktion auf dem Mainzer Lerchenberg. Sie reden nicht lange um den heißen Brei herum, sondern wollen konkret wissen, warum wir nach Genf fliegen. Die beiden Zielfahnder sind bestens informiert. Woher sie von unserem Termin wissen, bleibt uns rätselhaft. Als wir ihnen versichern, daß wir nicht ahnen, was uns in Genf erwartet, spekulieren sie und stellen Fragen. »Kann es sein, daß Jürgen Schneider in der Genfer Kanzlei auf Sie wartet, oder reisen Sie von Genf aus weiter?« Wir zucken die Schultern, die Fahnder drohen: »Dann fliegen wir bei Canoncia ein, wenn Sie gerade da sind.«

Eine solche Polizeiaktion, während wir bei Canonica sind, wäre das Schlimmste, was uns passieren könnte. Die mühsam aufgebauten Kontakte wären kaputt, monatelange Arbeit umsonst. Uns ist klar: Wenn wir in der Rue Bellot mit der Zielfahndung im Schlepptau auftauchen, ist Feierabend.

Ein perfektes Dilemma. Wir halten sensiblen Kontakt zu Mittelsmännern des weltweit gesuchten Bauunternehmers Schneider, natürlich auch, um ihn so vielleicht eines Tages zu finden und mit ihm ein Interview machen zu können. In einer so heiklen Situation ist es nicht besonders hilfreich, wenn unsere Arbeit durch Polizeikräfte

»unterstützt« wird. Doch die Zielfahnder stehen nach fast einem Jahr vergeblicher Schneider-Suche unter starkem Erfolgsdruck. Nur so ist es zu erklären, daß sie zu massiven Drohungen greifen und uns sogar als »Hilfssheriffs« engagieren wollen. Sie verlangen, daß wir sie über alle Vorgänge in Genf informieren, und drohen erneut damit, uns den Termin in der Kanzlei Canonica zu vermasseln.

Wir haben kaum Spielraum, versuchen zunächst, sie zu beruhigen: Nach unserer Rückkehr aus Genf werden wir mit ihnen über alles reden. Das reicht ihnen absolut nicht. Sie verlangen, daß wir sie mit einem »Lockruf« informieren, wenn Schneider in der Kanzlei Canonica sitzen sollte oder wir zu ihm gebracht würden. Journalisten im Dienst der Polizei – eine absurde Vorstellung! Ärgerlich aber auch: wenn unser Genfer Termin jetzt platzen würde. Also geben wir den Polizisten die nötige Beruhigungspille und sagen zu.

Am Donnerstag, dem 11. Mai 1995, herrscht in der Rue Bellot vor der Kanzlei Canonica und um die Kanzlei herum emsiges Treiben der regionalen »Handwerksbetriebe«. Als wir mit dem Taxi in die Straße einbiegen, gönnen wir uns einen Blick auf die Handwerkerschau. Wir lassen uns noch einmal um den Block fahren und können beobachten, daß sich kleine Gruppen von »Malern«, »Kanalarbeitern« und »Installateuren« an ihren Observierungsfahrzeugen zu schaffen machen. Unmittelbar vor dem Haupteingang zum Haus Rue Bellot 2 steht ein blonder Mann mit Sonnenbrille und telefoniert mit dem Handy. Als wir an ihm vorbeigehen, dreht er sich etwas zur Seite, spricht dann aber weiter, laut und vernehmlich mit französischem Akzent.

An diesem 11. Mai 1995 wird uns in der Kanzlei Canonica das hinreichend bekannte Tonband von Mostafa El Kastaui übergeben.

Sonst nichts. In seiner Botschaft aus dem Versteck hat Schneider selbst darum gebeten, die Echtheit seiner Stimme durch kriminaltechnische Untersuchungen zu überprüfen. Mostafa El Kastaui bekräftigt uns ausdrücklich, eine solche Expertise vor der Ausstrahlung zu veranlassen, um alle Zweifel an der Authentizität der Aufnahme qualifiziert auszuräumen.

Weil der letzte Flieger aus Genf weg ist, quartieren wir uns spätabends ins erstbeste Hotel am Hauptbahnhof ein. Zunächst telefonieren wir mit unserer Redaktionsleitung, dem Chef vom Dienst und schließlich mit unserem Anwalt. Er macht uns sofort darauf aufmerksam, daß das Tonband ein wichtiges Beweismittel sei und die Gefahr bestehe, daß die Fahnder das Tonband, wenn nicht schon in Genf, so möglicherweise bei der Landung in Frankfurt beschlagnahmen. Nach stundenlangen Telefonaten bis spät in die Nacht beschließen wir, daß das Tonband in jedem Fall zur stimmerkennlichen Untersuchung übergeben werden soll, weil auch wir sicher wissen möchten, ob es sich bei dem Redner der fünfzehnminütigen Botschaft auch tatsächlich um den verschwundenen Schneider handelt.

Was wir auf keinen Fall wollen: daß die BKA-Beamten das Tonband kassieren, so daß wir es nicht senden können. Also: täuschen, tricksen, tarnen, bis auf weiteres, sicherheitshalber, erst einmal verstecken! Wir verabreden mit unserem Anwalt, daß wir uns am nächsten Morgen in der Privatwohnung eines Kollegen in Frankfurt treffen. Bei der Rückreise von Genf nach Frankfurt und auf der Taxifahrt vom Flughafen in die Privatwohnung packen uns gelegentlich leichte Anflüge von Verfolgungswahn. In einer Apotheke kaufen wir uns zwei Paar Latexhandschuhe, damit wir das Tonband auch ungeniert anfassen können, ohne Fingerspuren zu verwischen.

Unser Anwalt rät dazu, sofort mit der Frankfurter Staatsanwaltschaft Kontakt aufzunehmen. Es ist Freitag, der 12. Mai 1995. Am Telefon erfahren wir, daß der ermittelnde Staatsanwalt Dieter Haike dienstfrei hat. Auch sein Stellvertreter, Oberstaatsanwalt Kind, sei auf einer Tagung und käme nicht mehr ins Haus, so die zuständige Mitarbeiterin im Geschäftszimmer der Staatsanwaltschaft. Insgesamt sei überhaupt niemand da, der sich mit dem Fall Schneider irgendwie auskenne: »Bitte gedulden Sie sich bis Montag.« Unmöglich. Unser Kollege, in dessen Wohnung wir Zuflucht gefunden haben, hat gute Beziehungen zum Leitenden Oberstaatsanwalt in Frankfurt. Er ruft Hubert Harth an und berichtet ihm von den desolaten Zuständen in seiner Behörde. Er informiert ihn auch, daß wir der Staatsanwaltschaft möglichst noch an diesem Freitag ein wichtiges Beweismittel im Fall Schneider übergeben möchten. Oberstaatsanwalt Harth sagt zu, er werde dafür sorgen, daß unverzüglich ein Staatsanwalt in die genannte Wohnung kommt.

In der Wartezeit machen wir erst mal eine Sicherheitskopie des Tonbandes, die wir unserem Anwalt geben. Um die Mittagszeit klingelt es dann endlich an der Wohnungstür.

Der Staatsanwalt hat Zahnschmerzen. Er trägt eine karierte Golfhose, einen Seidenblouson, unterm Arm einen Stockschirm, eine schmale Aktentasche und entschuldigt sich für sein spätes Erscheinen. Er sei mit der U-Bahn angereist. Dringend bittet er darum, nur von links gefilmt zu werden, weil seine rechte Backe angeschwollen ist.

Vom Fall Schneider weiß er nur aus der Zeitung. Er weiß auch nicht, warum er in diese Wohnung bestellt ist. Sein Chef habe ihn auch nicht näher informiert, was er hier eigentlich solle.

Das sagt ihm also unser Anwalt. Dr. Klaus Wasserburg weist ihn an, was er nun im einzelnen zu tun hat: »Sie nehmen nun offiziell dieses Tonband entgegen. Damit ist das Beweisstück unter Zeugen im Besitz der Staatsanwaltschaft Frankfurt.« Als der von Zahnschmerzen gepeinigte Staatsanwalt sieht, daß wir ihm das Tonband, eingewickelt in verschiedene Plastiktüten, mit Gummihandschuhen übergeben wollen, merkt er, daß ihm die nötigen Requisiten zum Schutz der Fingerabdrücke fehlen. Also nimmt er das Band nicht in die Hand, sondern bittet uns, es bis zur Weitergabe im Bundeskriminalamt selbst zu transportieren.

Unser Anwalt hat inzwischen das Bundeskriminalamt informiert, daß wir am frühen Nachmittag mit Staatsanwalt, Tonband, Kamerateam und ihm selbst nach Wiesbaden kommen werden, um das Beweisstück der gewünschten kriminaltechnischen Untersuchung zu unterziehen. Für eventuelle Rückfragen hinterläßt Dr. Wasserburg die Nummer unseres Mobiltelefons.

Obwohl es Freitag nachmittag, 16 Uhr ist und uns im Eingangsbereich des Bundeskriminalamtes ein breiter Beamtenstrom auf dem Weg in den Feierabend fast überrollt, ist die Mannschaft der Zielfahndung komplett an Deck, versammelt um einen großen Konferenztisch in einem fensterlosen Kellerraum.

Mit in der Runde, die sich mit mehreren Kannen Kaffee eingedeckt hat, auch die beiden Zielfahnder M. und J., die uns vor der Genfreise in der Redaktion ihren konspirativen Besuch abgestattet haben. Kriminaldirektor Hans Schmid, Leiter der Zielfahndung, teilt uns zuerst mit, daß es große Probleme gibt. Der Sprachanalytiker des Bundeskriminalamtes, Professor Dr. Hermann Künzel, sei übers Wochenende wegen einer Entführung mit Untersuchungen in Holland beschäftigt. Es sei sehr fraglich, ob es bis Dienstag – unserem Sendetag – gelingen würde, das Band auf seine Echtheit zu überprüfen. Außerdem habe das BKA leider kein Stimmvergleichsmaterial von Jürgen Schneider. Das Band aber, daran läßt Schmid keinen Zweifel, müßten wir sofort abgeben.

Noch haben wir es in der Tasche. Die Verzögerungsaktion des Kriminaldirektors halten wir für einen Trick. Nach dem Fahnderbesuch vor der Reise, der Hinhaltetaktik jetzt halten wir es für durchaus wahrscheinlich, daß das BKA eine Ausstrahlung von Schneiders Botschaft schlichtweg verhindern will.

Wir betonen, daß wir uns, wenn auch genötigt, an die vor der Reise gegebene Zusage gehalten haben: Wir waren in Genf, wir haben die Einzelheiten der Tonbandübergabe geschildert, und das Band haben wir auch mitgebracht. Jetzt wird der Chef der Zielfahndung ärgerlich: »Sie wissen sehr wohl, ich war zu der Zeit nicht da, aber ich bin informiert, daß wir über ihre bevorstehende Reise informiert waren – und zwar nicht von ihnen.« Wieder so ein Satz, der eine Menge Fragen aufwirft, genau wie dieser merkwürdige Besuch vor unserer Reise! Sollten sie tatsächlich jeden Schritt unserer journalistischen Arbeit beobachtet haben?

Kriminaldirektor Schmid ist sauer und bleibt stur. Er will das Band. Wir wollen die Kassette unter diesen Umständen nicht herausgeben. Kurz bevor die Auseinandersetzung eskaliert, lenkt Hans Schmid ein. Er sichert uns zu, daß wir bei der Untersuchung der Kassette auf Fingerabdrücke mit der Kamera dabei sein dürfen und auch die Stimmanalyse filmen können. Er verspricht, daß alles bis zu unserem Sendetag geregelt würde. Also kommen die Latexhandschuhe wieder zum Einsatz. Entsprechend geschützt übergeben wir einem Beamten des Bundeskriminalamtes das Tonband aus Schneiders Versteck.

Am Samstag abend fliegt Professor Dr. Hermann Künzel ein und unterzieht Schneiders Rede einer sprachanalytischen Überprüfung. Als Vergleichsmaterial dienen ihm ein paar Originaltöne, die wir dem Bundeskriminalamt aus unserem eigenen Schneider-Archiv zusammengestellt hatten. Im abschließenden Gutachten des Experten vergleicht Prof. Künzel die Originaltöne von Dr. Schneider mit der Stimme auf dem Tonband.

Zunächst analysiert er den Sprachstil des Dr. Schneider auf der Basis der ihm von uns zur Verfügung gestellten Interviews. Der Wissenschaftler nennt Jürgen Schneider in diesem Teil der Analyse »Referenzsprecher«: »Der als Dr. Schneider bezeichnete Referenzsprecher besitzt als Muttersprache Deutsch mit einigen westmitteldeutschen, und zwar rheinfränkischen (südhessischen) Dialektmerkmalen im Bereich der Konsonanten ... und der Vokale ... Die syntaktisch komplexe und fast fehlerfreie, spontane Rede des Referenzsprechers belegt ein weit überdurchschnittliches mündliches Ausdrucksvermögen, wie es häufig bei Vertretern aus sogenannten sprechenden Berufen zu finden ist ... Sowohl der fragliche Sprecher als auch der Referenzsprecher weisen einen Sprechfehler in Form eines sogenannten inkonstanten Addentalen Sigmatismus auf. Man versteht darunter eine fehlerhafte Aussprache des S-Lautes, die nicht in allen, sondern nur in einem Teil der Realisation auftritt. Im vorliegenden Material ist diese vor allem, aber nicht nur aus dem Laut /t/ der Fall. In dieser Übereinstimmung ist ein starkes Indiz für eine Identität beider Sprecher zu sehen.«

Prof. Hermann Künzel hat Dr. Schneider am Lispeln überführt. Seine Schlußfolgerung: »Auf der Grundlage der bisher vorliegenden Befunde zu Stimme, Sprache und Sprechweise ist mit hoher Wahrscheinlichkeit von einer Identität des fraglichen Sprechers und des Referenzsprechers auszugehen.«

Mit dieser Expertise sind wir sicher, daß es sich beim »Schneider-Tonband« nicht um »Hitler-Tagebücher« handelt.

Am Montag, dem 15. Mai 1995, geben wir unsere Exklusivmeldung an alle Presse-Agenturen:

ZDF-Magazin »Frontal«: SCHNEIDER PACKT AUS

»Wir haben für ›Peanuts‹ kein Verständnis.«

Weltexklusives Tondokument von Schneider belastet die Deutsche Bank

»Meine Damen und Herren! Wir haben nur einen Wunsch: bald unbelastet von einem Haftbefehl zu Ihnen nach Deutschland zurückzukehren, um dort mit unseren Kindern, unserer Familie und Freunden zu leben und zu arbeiten.« Mit diesen Worten wendet sich der seit April vergangenen Jahres international gesuchte Baulöwe Jürgen Schneider an die deutsche Öffentlichkeit. Das ausführliche Tondokument wurde den »Frontal«-Redakteuren Udo Frank und Dr. Beate Thorn vor vier Tagen in Genf vom Schneider-Anwalt François Canonica übergeben. Die beiden Redakteure recherchieren seit Schneiders Verschwinden alle Umstände des Falles und haben bei dieser Arbeit auch Kontakt mit dem Schneider-Anwalt Canonica aufgenommen. Mit der Tonbandaufzeichnung tritt Schneider allen Spekulationen über seinen Tod oder eine Gefangenschaft entgegen, nachdem entsprechende Äußerungen seines Anwaltes Canonica Ende März in der Öffentlichkeit bezweifelt worden waren. Aus dem Tondokument geht eindeutig hervor, daß es sich um eine aktuelle Aufnahme handelt.

Aufgrund kriminaltechnischer Untersuchungen erklärte die Frankfurter Staatsanwaltschaft: »Anzeichen dafür, daß es sich bei der Aufnahme um eine Fälschung handelt, konnten bislang nicht festgestellt werden. Die Tonbandkassette stammt mit hoher Wahrscheinlichkeit von den gesuchten Eheleuten Schneider. Auf der Tonkassette nimmt Schneider ausführlich zu den Umständen seines Verschwindens und den Vorgängen danach Punkt für Punkt Stellung. Er beschuldigt dabei vor allem die Deutsche Bank, ihre Verpflichtungen als Vertragspartner nicht erfüllt ›und die Katastrophe ausgelöst‹ zu haben.

Zur Haltung der Deutschen Bank gegenüber den Handwerkern sagt Schneider wörtlich: ›Wir haben für ›Peanuts‹ kein Verständnis‹ und fordert die Banken auf, alle Handwerker unverzüglich auszubezahlen. Das Tondokument enthält neben Schneiders Stellungnahme zu den wirtschaftlichen Entwicklungen und dem Konkursverfahren auch persönliche Botschaften an seine Kinder und seine Familie.

Auch seine Frau Claudia Schneider-Granzow wendet sich an die Öffentlichkeit mit den Worten: ›Ich grüße Sie und meine Liebsten und alle, die meinem Herzen nahestehen.‹ Das vollständige Tondokument, das auch als handgeschriebenes Manuskript vorliegt, sendet das ZDF-Magazin ›Frontal‹ am Dienstag, dem 16. Mai, um 21.00 Uhr.«

Dieser munteren Meldung war ein streßreiches Wochenende vorausgegangen. Zu bebildern waren rund fünfzehn Minuten langatmige Erklärungen des Dr. Jürgen Schneider. Alles, was wir jemals von und mit Jürgen Schneider an Bild- und Foto-Material gesendet oder gesammelt hatten, wurde gnadenlos ausgenutzt. Auch unsere Rechercheurin Anette Kothe verbrachte das freie Wochenende im Archiv. Gemeinsam gelang es uns schließlich, die staubtrockene Rede des DJS in einen ansehbaren Film zu verwandeln. Es war Mitternacht am Sonntag, dem 14. Mai 1995, als wir damit fertig waren. Das war auch gut so. Denn kaum war am Montag unsere »Tonband-Meldung« auf dem Markt, brach ein wahres Gewitter von Interviewwünschen über uns herein. Von »SWF 3« bis »Radio Regenbogen«, von der »Bild-Zeitung« bis zur Illustrierten »Bunte«, die uns einen Fotografen in die Redaktion hetzte, mußten wir bundesweit pausenlos immer wieder berichten, wie wir an die Botschaft aus Schneiders Versteck gekommen waren. Nur die Nachrichtenagentur Reuters wollte und wollte es nicht glauben, daß bei »Frontal« keine Fälscher nach Art eines Michael Born beschäftigt sind, der dem Magazin »Stern TV« bekanntlich eine Menge frei erfundener Stories verkauft hatte. In der »Reuters«-Agenturmeldung zum »Schneider-Tonband« war die Rede vom »angeblichen Schneider«, obwohl zu diesem Zeitpunkt sogar die Frankfurter Staatsanwaltschaft offiziell bereits bestätigt hatte, daß das Tonband echt war. Die Agentur Reuters hat sich, nach einem energischen Anruf aus der »Frontal«-Redaktion, später im wesentlichen berichtigen müssen.

An diesem Dienstag, dem 16. Mai 1995, gehören auch die Herren der Deutschen Bank zu den rund 4 Millionen Zuschauern, die sich regelmäßig für »Frontal« interessieren.

Das »Schneider«-Tonband ist natürlich der Aufmacher der Sendung. Ulrich Kienzle moderiert: »Er ist wieder da. Das Phantom hat Stimme bekommen. Zum ersten Mal packt Dr. Jürgen Schneider aus. Der Mann, der Millionen verschoben und Milliarden veruntreut haben soll, hat ein ganz und gar menschliches Motiv. Er will wieder nach Hause. Offensichtlich wird es ihm unbequem in seinem sicheren Versteck. Tot ist er jedenfalls nicht, wie manches Blatt fälschlich gemeldet und mancher Banker wohl gehofft hatte. Schneider greift an, wie Sie gleich hören werden. Er will, daß der Haftbefehl gegen ihn zurückgezogen wird. Und er droht, sein Wissen als Waffe gegen die Deutsche Bank einzusetzen. Druck über die Medien. Nach mehr als einem Jahr also ein Lebenszeichen. Heerscharen von Journalisten haben ihn gejagt – ebenso die Spezialisten vom Bundeskriminalamt. Bei mancher Recherche war aber Schmaldienst Küchenmeister. ›Frontal‹-Reporter haben Schneider jetzt in Genf aufgespürt. Auf Band.«

Vor der Sendung hatten wir die Deutsche Bank um ein Interview zu Schneiders Äußerungen gebeten, doch die Herren wollten abwarten. Kurz nach der Sendung gibt die Deutsche Bank ihren Kommentar an die Agenturen: »Die Deutsche Bank hat Vorwürfe des untergetauchten Immobilienunternehmers Jürgen Schneider gegen sie zurückgewiesen. Es ist eine bemerkenswerte Frechheit, daß jemand, der sich unter Mitnahme von mehreren hundert Millionen DM und unter Hinterlassung einer Überschuldung von rund drei Milliarden DM ins Ausland abgesetzt, heute Schuldzuweisungen an andere versucht und sich selbst an Opfer darstellt«, hieß es in der Reaktion der Deutschen Bank.

Ausgerechnet vor einer Bank endet am 18. Mai 1995 die spektakuläre Flucht des Phantoms Jürgen Schneider auf ganz banale Weise: Ohne Toupet, dafür mit Schnauzbart und in rotgeblümten Bermudashorts sitzt er auf dem Rücksitz eines roten Nissan Centra, während Luigi Poletti in der Capitol Bank gerade Geld holen will. Von zwei Beamten der US-Bundespolizei FBI wird Jürgen Schneider verhaftet. Wenig später nehmen die Beamten in dem dreizehnstökkigen Miethaus »Alexander Tower« auch Frau Claudia fest.

In Deutschland wird die Nachricht von Schneiders Verhaftung in der Nacht zum Freitag, dem 19. Mai 1995, bekannt. In roten Buchstaben meldet AP um 01:10 Uhr: »*Vorrang*. Jürgen Schneider festgenommen: Der untergetauchte Baulöwe Jürgen Schneider und seine Ehefrau sind in den USA von der dortigen Bundespolizei FBI festgenommen worden. Das teilte das Bundeskriminalamt in Wiesbaden am Freitag morgen mit. Einzelheiten wurden zunächst nicht bekanntgegeben.«

In tiefer Nacht ruft Staatsanwalt Haike bei uns an, in Champagnerlaune: »Wir haben ihn!« Im Hintergrund Stimmengewirr und Gläserklirren einer feuchtfröhlichen Fete der Fahnder.

Hilmar Kopper ist erleichtert. Die Deutsche Bank, so läßt er mitteilen, hatte nie Zweifel, daß die Fahnder »diesen Betrüger« eines Tages finden würden. In den Redaktionen der Republik: Resignation. Vorbei die verwegene Jagd, Schluß mit den Spekulationen. Die Posse »Jürgen Schneider auf der Flucht« endete am 18. Mai 1995 in Miami.

Einzelheiten dazu gibt's am nächsten Morgen bei der Pressekonferenz des Bundeskriminalamtes in Wiesbaden. Staatsanwalt Dieter Haike eröffnet die Pressekonferenz mit den Worten: »Es war das hinlänglich bekannte Tonband, das uns auf die Spur geführt hat.«

Schon seit einiger Zeit hatten die Ermittler den Überbringer dieses Tonbandes, Luigi Poletti, genauer beobachtet. Er gehört zum Dunstkreis von Kastaui und ist regelmäßig zwischen Genf und Miami hin- und hergeflogen.

Am 6. Mai kehrt Poletti wieder einmal aus Amerika nach Genf zurück. Von seinem brisanten Gepäck wissen die Fahnder zu diesem Zeitpunkt nichts. Erst als sie von der Tonbandübergabe erfahren, können sie eins und eins zusammenzählen und die Rolle Polettis als Bote zwischen Schneider und Kastaui zeitlich präzise einordnen. Die Zielfahndung des Bundeskriminalamtes meldet an die zuständigen Justizbehörden in den USA, daß Poletti am 16. Mai 1995 erneut in die USA einreisen wird. Zur Koordinierung von Fahndungsmaßnahmen und zum Informationsaustausch halten sich vom 15. Mai 1995 an zwei Zielfahnder des BKA beim FBI Field Office in Miami auf.

Der Observationsbericht Poletti schildert die Tage bis zur Verhaftung Schneiders in allen Einzelheiten: »In Zusammenarbeit mit dem FBI gelang es am 17. Mai 1995, den von Poletti angemieteten Wagen, einen roten Nissan Centra, amtl. Kennzeichen RXN 65 K, am Objekt 3505 S Ocean Drive Hallendale (Alexander Tower) ausfindig zu machen. Daraufhin wurden Observationsmaßnahmen eingeleitet, durch die festgestellt werden konnte, daß Poletti die o. g. Adresse sowohl am 17. 5. als auch am 18. 5. 95 mehrfach verließ, um verschiedene Einkäufe zu tätigen.

Am 17. 5. geriet Poletti gegen 18.00 h beim Betreten einer Ladenzeile, Collins Avenue/Ecke 160th Street, in der sich ein Telefon- und Faxladen, eine Wäscherei und ein Kiosk mit deutschen Zeitungen befand, außer Kontrolle. Am 18. 5. suchte er vormittags u. a. einen Postladen, eine Apotheke und mehrere Supermärkte auf, in denen er für eine Einzelperson ungewöhnlich große Mengen an Getränken und Lebensmitteln einkaufte. Anschließend verbrachte Poletti die Waren zum Alexander Tower. Gegen 14.30 h verließ Poletti mit einer zunächst nicht identifizierten männlichen Person das Appartementhaus und fuhr mit dem o.b. Fahrzeug nach Miami Downtown. Das Fahrzeug wurde dort in der Flagler Street vor der Capital Bank geparkt.

Poletti betrat die Bank, während die zweite Person im Pkw zurückblieb. Diese Person konnte anschließend als Dr. Jürgen Schneider identifiziert werden. Die Kollegen des FBI wurden hiervon unterrichtet und führten, nachdem Poletti die Bank verlassen hatte, die Festnahme durch. Poletti und Schneider wurden zum FBI-Büro verbracht. Bei der anschließenden Untersuchung des von Dr. Schneider bewohnten Appartements 1414 im Alexander Tower, der Schneider zugestimmt hatte, wurden umfangreiche schriftliche Unterlagen, deutschsprachige Zeitschriften, Bargeld, Schmuck und andere Beweismittel durch das FBI sichergestellt.

Ca. 100 Illustrierte, insbesondere ›Focus‹ und ›Spiegel‹, wurden in der Wohnung zurückgelassen. Hierunter befanden sich auch zahlreiche Magazine, die sich eingehend mit dem Fall Schneider beschäftigten und entsprechend markiert waren.«

Selbst das FBI ist stolz auf diesen Fang. George B. Clow, Special Agent in Charge (SIC) vom Miami Office of the FBI, gibt am 18. Mai 1995 zu Protokoll: »That Special Agents of the FBI today arrested without incident one of the most wanted fugitives of the German government, Utz Jürgen Schneider, age 61, in downtown Miami, Florida.«

Tatsächlich hatten die FBI-Beamten dem schnauzbärtigen Mann auf dem Rücksitz des Nissan ein paar Fragen auf englisch gestellt. Er schüttelte den Kopf. Der Frankfurter Bub hatte sie nicht verstanden. Erst als die FBI-Leute ihren deutschen Kollegen zu Hilfe rufen, sind sie aus dem Schneider. Der Fahnder aus der Heimat fragt durch die geöffnete Scheibe ins Auto hinein: »Sind Sie Herr Schneider?« Die Antwort, nach einer Schrecksekunde: »Ja.«

Jürgen und Claudia Schneider werden noch am gleichen Tag vom Miami FBI Office ins Federal Detention Center in Downtown Miami gebracht. Ihr erstes Verhör findet am 19. Mai 1995 um 14 Uhr statt.

Luigi Poletti, gegen den sofort auch ein Haftbefehl erlassen wird, präsentiert bei seiner ersten Vernehmung eine interessante Version. Er habe im Auftrag gehandelt, will aber keine Namen nennen. Sein Auftrag sei gewesen, für ein österreichisches Ehepaar namens Schneider eine Art »Babysitting« durchzuführen. Für diese Tätigkeit sei er mit 500 $ wöchentlich entlohnt worden. Wegen seiner schlechten finanziellen Lage bittet Luigi Poletti um einen Pflichtverteidiger.

Das BKA geht heute davon aus, daß sich Poletti mit diesem »Babysitting« seinen Unterhalt verdiente, im Auftrag von Mostafa El Kastaui.

Das Trio Schneider und Poletti bleibt bis zum 16. Februar 1996 im Federal Detention Center in Miami. Dann werden Jürgen und Claudia Schneider und ihr »Sitter« nach Deutschland ausgeliefert.

»Frontal« im Fahndungsnetz

»Wenn die Polizei mit Blaulicht anrollt,
müssen offenbar die Grundrechte zur Seite springen.«

(Heribert Prantl in der »Süddeutschen Zeitung« zur Telefondatenüberwachung bei »Frontal«)

»Die hätten uns alle ausgelacht, wenn bekannt geworden wäre, wie die Journalisten bei Schneider ein- und ausgehen, und wir wissen von nichts.« Mit diesem Satz will Oberstaatsanwalt Job Tilmann die lausigen Methoden von Bundeskriminalamt und Staatsanwaltschaft im Fall Schneider entschuldigen. Job Tilmann ist geradeheraus, eine »ehrliche Haut«. Er gibt offen zu, daß es die Angst vor der Blamage war, die Bundeskriminalamt und Staatsanwaltschaft zu einer umfassenden »Spitzelaktion« gegen Journalisten und Rechtsanwälte bei der Schneider-Fahndung getrieben hat.

Was sich hinter den Kulissen im April und Mai 1995 in der heißen

Phase der Schneiderjagd abgespielt hat, entdecken wir erst, als uns Akten zugespielt werden. Sie enthalten Beweise für die Überwachung von Telefondaten, Kreditunterlagen und Personenobservation.

Das BKA und die Staatsanwaltschaft haben bei ihrer verzweifelten Schneiderjagd akzeptierte Schamgrenzen eindeutig überschritten. Nicht nur das persönliche Umfeld des flüchtigen Jürgen Schneider wurde unter massiven Fahndungsdruck gestellt, auch diejenigen, die beruflich mit dem Fall Schneider zu hatten, wurden überwacht. Das BKA machte sich offenbar keine Gedanken darüber, ob mit dieser Art von Fahndung Grundrechte verletzt werden könnten. Die Dokumente belegen die rüde Gangart der Ermittler und erklären die Merkwürdigkeiten im Umfeld unserer Reise nach Genf.

Es war wohl alles andere als ein Zufall, daß sich die beiden Zielfahnder zwei Tage vorher unter fadenscheinigen Gründen in der Redaktion gemeldet hatten. Die Bemerkung von Kriminaldirektor Hans Schmid, daß sie von unserer Genfreise gewußt hätten, und zwar nicht von uns, legt nun den Verdacht nahe, daß wir über Gebühr bespitzelt worden sind. Mit einem Vermerk vom 12. Mai 1995, unterzeichnet von Oberstaatsanwalt Dr. Kind um 14.15 Uhr, soll das angefangen haben, was in der Presse später als Angriff auf den Informantenschutz und Bespitzelung von Journalisten gerügt wird.

Der »Vermerk« des Oberstaatsanwaltes wirkt auf den ersten Blick wie eine harmlose Notiz zu einem bürokratischen Vorgang.

»1) Vermerk
Betr.: Vorläufige Sicherungsmaßnahme nach § 12 FAG
a) Im Rahmen der Tonbandübergabe (Aufnahme der Eheleute Schneider) durch das ZDF (Frontal-Redaktion) regte das BKA an, die Daten über die geführten Telefongespräche – letzte 3 Tage – des Frontalanschluss (Handy-Nr. 0171–6 23 41 27) bei der Betreibergesellschaft DT-Mobil sichern zu lassen.
b) Telefonische Rücksprache mit DT-Mobil, Herr Runde (0215-9 77 49 02), 14.15 Uhr. Herr Runde wurde ersucht, die Daten entsprechend a) zu sichern. Er sagte dies zu. Die StA. werde nachfolgend einen richterlichen Beschluß nach § 12 FAG beantragen.
2) Herrn STA Haike am 15. 5. 1995
gez. Kind, 12. 5. 95
Oberstaatsanwalt«

Dieser Vermerk belegt, daß sich das Bundeskriminalamt und die Staatsanwaltschaft Frankfurt die Telefondaten unseres Handys von der DT-Mobil zur Auswertung haben sichern lassen, ohne daß ein richterlicher Beschluß vorlag. Der wird erst drei Tage später von Amtsrichter Dimde nachgeliefert.

Dieser gesamte bürokratische Vorgang – der Eindruck verstärkt sich für uns beim Aktenstudium – ist unter Umständen erst »zusammengebastelt« worden, als die Maßnahmen schon längst angelaufen waren. Denn am Tag der Tonbandübergabe hatte sich ja erst nach langem Drängen überhaupt ein Staatsanwalt finden lassen, der zu uns in die Privatwohnung kam. Nur die Intervention beim Leitenden Oberstaatsanwalt Hubert Harth führte dazu, daß der einzig greifbare Mann mit Amtskompetenz an diesem Tag aus der Zahnarztpraxis mit der U-Bahn zu uns beordert wurde.

Laut Vermerk vom 12. Mai taucht dann aber plötzlich, wie aus dem Nichts, an jenem Freitag um 14.15 Uhr genau jener Oberstaatsanwalt Kind, der mit dem Fall Schneider auch befaßt ist, in seinem Büro auf und unterschreibt den Vermerk.

Mit der Abschöpfung unserer Telefondaten wußten die Ermittler nicht nur genau, wann wir mit wem wie lange telefoniert hatten, sondern sie konnten auch rekonstruieren, wo wir uns aufgehalten hatten.

Bei den Mobilfunknetzen handelt es sich um sogenannte intelligente Netze. Dank des rechnergestützten Verbindungsaufbaus und der rechnergestützten Gebührenerfassung lassen sich in diesem digitalen Telefonsystem dauerhafte Überwachungsmaßnahmen problemlos einrichten. Die Speicherkapazität eines starken PC reicht da völlig. Auf diese Weise lassen sich Nummernspeicherungen und zusätzliche Identifikationsmerkmale festhalten und jederzeit abrufen. Für jede Mobilfunknummer gibt es also über die bloße Nummernspeicherung von Angerufenen und Anrufern hinaus auch die Möglichkeit, Bewegungsbilder der Benutzer mobiler Telefone herzustellen. Auch diese Daten sind stets, auch nachträglich, abrufbar.

Die Erfassungsgenauigkeit der Bewegungsbilder hängt von Anzahl und Größe der sogenannten Funkzellen ab. In Fachkreisen geht man davon aus, daß die Nutzer eingeschalteter Funktelefone mit durchschnittlichen Umgebungsfeldern von ein bis zehn Kilometern lokalisierbar sind. In Großstädten ist eine weit genauere Lokalisierungsmöglichkeit bei eingeschaltetem Handy gegeben. Die Mär vom abhör- und überwachungssicheren Handy wird vom Bundeskriminalamt nicht dementiert, um den Benutzern der Handys eine Sicherheit vorzuspiegeln, die es technisch und faktisch nie gegeben hat.

Der Schutz des Fernmeldegeheimnisses darf aber nur dann gebrochen werden, wenn die aufzuklärenden Straftaten in ihrer Schwere eine solche Maßnahme rechtfertigen.

Die Fahndung nach dem flüchtigen Baubetrüger Jürgen Schneider rechtfertigt eine derartige Maßnahme eigentlich nicht. Deshalb griffen die Ermittler zu einem Trick: Sie spielten »Gefahr im Verzuge«. Daher der überfallartige Besuch der beiden Zielfahnder, die so genau vom Termin unserer anstehenden Reise zu Anwalt Canonica wußten. Daher die Bemerkung von Kriminaldirektor Hans Schmid, der bei der kleinen Auseinandersetzung um das Tonband so kenntnisreich anmerkte: »Sie wissen sehr wohl, ich war zu der Zeit nicht da, aber ich bin informiert, daß wir über ihre bevorstehende Reise informiert waren – und zwar nicht von ihnen.«

Anlaß genug für einen Verdacht: Haben die übereifrigen Ermittler nicht vielleicht ein bißchen genauer hingehört und nicht nur im nachhinein die Telefondaten dreier Tage gesichert? Der Erfolgsdruck der Fahndung – Schneider war bereits mehr als ein Jahr spurlos verschwunden – hatte uns schon im Redaktionsgespräch vor unserer Genfreise in eine unangenehme Situation gebracht.

Als wir in unseren eigenen Unterlagen stöbern, finden wir ein Fax des Schweizer Anwalts François Canonica, das er uns bereits am 26. April 1995 schickte. Kurz nach dem Interview mit ihm, so schreibt der Anwalt, hat sich die Schweizer Polizei, offensichtlich aufgrund einer Anfrage der deutschen Polizei, dafür interessiert, wo wir in Genf gewohnt hatten, wie wir bezahlt und mit wem wir telefoniert hatten. Canonica ist in seinem Fax äußerst entrüstet: »I am personally quite surprised that it is thus possible to enquire into your personal and confidential sources of information, which according to Swiss Law you are definitely not obliged to reveal.«

Damals haben wir den entrüsteten Hinweis Canonicas nicht so dramatisch bewertet wie der Anwalt. Denn für uns war der Arbeitsaufenthalt in Genf seinerzeit ein Drehtermin wie viele andere auch. Der Reiz bestand lediglich in der Exklusivität des Interviews, das wir am 9. März mit Canonica gemacht haben. Daß uns die Fahnder des BKA als »Spitzel ohne Budget« mißbrauchen könnten, das haben wir nicht für möglich gehalten. Doch dieses Fax von Canonica bekommt vor dem Hintergrund der Akten genau diese Bedeutung.

Sollten Staatsanwalt und Bundeskriminalamt tatsächlich das getan haben, was wir vermuten – uns überwacht und abgehört haben –, dann ist das ein Skandal. Einzelheiten darüber ließen sich ganz sicher in den Handakten des BKA finden.

Allerdings sind auch die Vorgänge, die wir der Staatsanwaltschaft nachgewiesen haben und die sie daraufhin widerstrebend einräumen mußte, schlimm genug.

Der ehemalige Verfassungsrichter und Landesbeauftragte für den Datenschutz in Rheinland-Pfalz, Prof. Dr. Walter Rudolf, glaubt, daß die Fahnder weit übers Ziel hinausgeschossen sind: »Das Fernmeldegeheimnis ist als Grundrecht verfassungsrechtlich geschützt. In das Fernmeldegeheimnis darf gleichwohl eingegriffen werden aufgrund eines Gesetzes, allerdings nur als allerletztes Mittel und dann auch nur bei besonders schweren Taten, zu denen Urkundenfälschung und Betrug nicht gehören. Wenn sie – nämlich die Staatsanwaltschaft – die Telefonverbindung herausbekommen möchte, muß sie also abwägen, auf der einen Seite die Schwere der Tat und auf der anderen Seite die besonders geschützten Rechtspositionen des Rechtsanwaltes, des Journalisten, wegen des Informantenschutzes. Und da wäre ich, in den Fällen, wo keine dieser schweren Taten vorliegt, außerordentlich vorsichtig und würde grundsätzlich sagen, es sollte nicht eingegriffen werden.«

Die Fahnder des Bundeskriminalamtes haben nicht nur in unserem Fall forsch Datenschutz und den vom Grundgesetz garantierten Informantenschutz beiseite geschoben.

Schon im September 1994 schrieb das Amtsgericht Frankfurt die erste Journalistin zur polizeilichen Beobachtung aus. Christina Wilkening, freie Journalistin, die im Auftrag des Heinrich-Bauer-Verlags in Sachen Schneider recherchierte, hatte Kontakt zu Mostafa El Kastaui aufgenommen. Weil die Fahnder den Verdacht hatten, daß Christina Wilkening vielleicht irgendwann unter Umständen ein Interview mit Kastaui hätte oder auch vielleicht unter Umständen irgendwo mit Schneider persönlich in Kontakt treten würde, haben sie ganz konkrete und direkte Maßnahmen gegen die Journalistein eingeleitet. Dazu gehörte die Beschattung rund um die Uhr.

Auch für das von Christina Wilkening benutzte Handy interessierten sich die Fahnder sehr. Ihnen war zwar bekannt, daß Frau Wilkening persönlich kein Mobiltelefon angemeldet hatte. Doch ihr Ehemann, Bernd W., war im Besitz einer D-Netz-Karte. Der Einfachheit halber und weil die Fahnder wohl glaubten, daß Frauen stets die Handys ihrer Ehemänner mitbenutzen, erwirkten sie Auskunftsersuchen. Wörtlich begründet das BKA seinen Antrag: »Des weiteren besteht der Verdacht, daß sich Frau Wilkening des Mobiltelefones ihres Ehemannes bedient, um erreichbar zu sein und Informationen weitergeben zu können. Weiterhin wird im Bereich der D-Netz-Kommunikation noch immer mit dem Slogan ›abhörsicher‹ geworben. Es kann deshalb davon ausgegangen werden, daß bei dem beabsichtigten Interview weitergehende Daten über das D-Netz-Telefon erhoben werden können, die zur Feststellung des Aufenthaltsortes der Gesuchten und letztlich zu ihrer Festnahme führen.« Um die Spur Wilkening komplett zu überwachen, gerieten auch ihre Kollegen, Michael G., Chefredakteur des damals geplanten Nachrichtenmagazins »Feuer«, sowie Kameramann und Fotograf Wolfgang G. ins Visier der Fahnder. Das Bundeskriminalamt interessierte sich für die Reisen des Redakteurs und seines Kameramanns – beide wurden ebenfalls zur polizeilichen Beobachtung ausgeschrieben.

Was solche polizeilichen Observierungsmaßnahmen anrichten können und warum sie journalistische Arbeit verhindern, wird in einem Gespräch deutlich, das wir mit Christina Wilkening geführt haben. Zunächst berichten wir ihr, daß sie polizeilich beobachtet wurde. Sie fällt aus allen Wolken. Davon hat sie direkt nie etwas bemerkt. Aber dann fällt ihr ein, daß sie im Herbst 1994 im Auftrag der ARD an einer sehr heißen Waffenschieber-Geschichte im NVA-Milieu gearbeitet hat. Zum damaligen Zeitpunkt, so erinnert sie sich, sind ihr trotz fester Vereinbarung Informanten abgesprungen und Kontakte »verbrannt«. Sie sei damals sogar von einem ihrer Interviewpartner am Telefon beschimpft worden. Der Mann sagte die Verabredung ab und begründete dies mit der Bemerkungen: »Wenn Sie kommen, sind die Bullen immer dabei. Mit Ihnen will ich nichts mehr zu tun haben.«

In einem weiteren Fall der journalistischen Observation griffen die Beamten voll daneben. Der Staatsanwalt forderte über American Express die Kreditkartenunterlagen von Wolf Feller, Ex-Fernsehdirektor des Bayrischen Rundfunks, an. Der begeisterte Trollingerfreund, längst pensioniert und gemütlicher Privatier, wurde wider Willen und ohne Grund mit dem flüchtigen Baulöwen in einen Topf geworfen. »Ich kenne den Schneider doch nur aus dem Fernsehen, und eine Amexco-Karte habe ich auch nicht«, sagte uns ein überraschter, aber erstaunlich gelassener Wolf Feller am Telefon, als wir ihm von den Maßnahmen der Staatsanwaltschaft erzählen. Der Pensionär – das räumt die Staatsanwaltschaft später ein – war auch eigentlich gar nicht gemeint. Ziel der Fahnderbegierde war ein Reporter des Hessischen Rundfunks, der auch den Nachnamen »Feller« trägt. Dieser Redakteur Harald Feller hatte sich Ende November 1994 in Genf um Kontakte zu Rechtsanwalt Canonica bemüht.

Nach Schneiders Verschwinden wurden auch seine Anwälte vom Fahndungsraster erfaßt. Die Kanzlei des Genfer Anwaltes Canonica stand unter besonderer technischer Überwachung. Systematisch wurden Canonicas Telefonate abgefangen. In einem »reverse-check« wurden auch die Daten der Gesprächspartner überprüft, mit denen Canonica telefonierte, darunter auch Mandanten des Anwalts, die mit Schneider nichts zu tun hatten.

Obwohl Anwaltskanzleien einen besonderen rechtlichen Status haben und der Mandantenschutz ein hohes Rechtsgut ist, wurden auch die deutschen Anwälte Volker Hoffmann und Thomas Knierim ausgekundschaftet. Die Umstände und vor allem der Termin der Überwachung dieser beiden Anwälte sind äußerst ungewöhnlich. In einem Gespräch mit uns äußert Rechtsanwalt Volker Hoffmann den Verdacht, daß er möglicherweise sogar illegal abgehört wurde. Er begründet diese Vermutung mit der Tatsache, daß er erst am 6. Juli 1994 der Frankfurter Staatsanwaltschaft offiziell mitgeteilt habe, daß seine Kanzlei Dr. Schneider vertrete:

»Die Frankfurter Staatsanwaltschaft hat mir gegenüber, als ich sie danach gefragt habe, zugegeben, daß sie schon am 8. Juni, also Wochen vorher, verfügt hat, daß meine Eurocard überwacht wird. Da konnte sie noch gar nicht wissen, daß ich jemals irgend etwas mit Dr. Schneider zu tun haben würde. Ich kann es mir nur so vorstellen: Am 3. Juni 1994 gab es aus der Kanzlei Canonica eine Anfrage bei uns, ob wir in einem bestimmten Fall eine Verteidigung übernehmen könnten. Den Namen des künftigen Mandanten nannte Canonica nicht. Erst am 8. Juni haben wir uns per Telefax dazu bereit erklärt. Dabei fiel zum ersten Mal der Name ›Schneider‹.

An diesem Tag ist aber bereits in Frankfurt der Überwachungsantrag gestellt worden. Das kann nur so passiert sein, daß sie entweder Canonica oder mich oder uns beide abgehört haben. Ich weiß auch nicht, wie sie an die Firmen unserer Kreditkarten gekommen sind, denn mein Kollege benutzt eine andere als ich. Das Ganze ist wirklich ein Skandal.«

Über diesen Skandal, der uns persönlich, weitere Journalisten und Anwälte betroffen hat, berichten wir am 21. November 1995 im ZDF-Magazin »Frontal«. In diesem Film kommt auch die Staatsanwaltschaft zu Wort und bestätigt, daß Fernmeldeauskünfte von Journalisten eingeholt wurden. Wir zitieren aus der Stellungnahme der Staatsanwaltschaft gegenüber der Deutschen Presseagentur: »Sonst hätten uns alle ausgelacht, wenn bei Schneider Journalisten ein- und ausgehen und wir von nichts wissen.«

Dem ZDF teilt Job Tilmann, Pressesprecher der Frankfurter Staatsanwaltschaft, per Fax mit: »Die Staatsanwaltschaft wehrt sich dagegen, dies als Bespitzelung zu bezeichnen.« Alles, was unternommen wurde, sei nicht illegal, sondern habe eine gesetzliche Grundlage. »Auch die Befragung von Kreditkartenunternehmen nach den Einsätzen bestimmter Kreditkarten ist insbesondere im Fahndungsbereich üblich und zulässig. Staatsanwaltschaft und Polizei haben die Pflicht, alle gesetzlich zulässigen Mittel zur Aufenthaltsermittlung eines mit Haftbefehl gesuchten Beschuldigten einzusetzen. Sie darf dabei auch Journalisten oder Anwälte nicht aussparen, die möglicherweise Verbindung zum Gesuchten selbst oder zu dessen Kontaktleuten haben.«

Bodo H. Hauser rückt das in seiner Moderation zu unserem Film energisch zurecht: »Es geht um betrügerischen Bankrott, Urkundenfälschung und Kreditbetrug bei der Milliardenpleite des Baulöwen Jürgen Schneider. Schwerwiegende Tatbestände, doch man muß auch feststellen, es geht nicht um eine Gefahr für Leib und Leben, oder Mord oder Totschlag. Dies sich in Erinnerung zu rufen ist wichtig, um die Relationen in der Ermittlungsarbeit der Behörden richtig einschätzen zu können. Denn was wir jetzt aufgedeckt haben, stellt zumindest einen schweren Eingriff in die grundgesetzlich geschützte journalistische Arbeit dar.« Unser Bericht empört bundesweit vor allem die Redaktionen von Presse, Funk und Fernsehen. Die Kollegen monieren die »rüde Gangart« der Ermittler – so kritisiert der »Spiegel« das Verhalten der Staatsanwaltschaft. Das Nachrichtenmagazin »Focus« wertet den Vorgang als Affäre: »Im Windschatten von Journalisten und Anwälten wollten die Fahnder Schneider fassen« faßt »Focus« die Fakten zusammen und amüsiert sich über die »Schnüffelaktion« der Ermittler. »Die Stunde der Spitzel« wird auch in der TAZ kritisch beleuchtet. In der ihr eigenen Art notiert die Berliner Redaktion: »JournalistInnen werden zunehmend Opfer polizeilicher Übergriffe. Wenn Redaktionen im Visier sind, wird die Pressefreiheit schleichend abgebaut.« So gesehen, meint Heribert Prantl in der Süddeutschen Zeitung, wird der Wert der Pressefreiheit von den Staatshütern nicht mehr allzu hoch eingestuft.« Wenn die Polizei mit

Blaulicht anrollt, dann müssen offenbar die Grundrechte zur Seite springen.«

Die Frankfurter Staatsanwaltschaft versucht, den Lauschangriff auf das Redaktionsgeheimnis zu verharmlosen. Ihre Maßnahmen versteckt sie unter anderem hinter der kryptischen Erklärung komplizierter Datenspeicherung, die ja ohnehin stattfinde: »Die Staatsanwaltschaft wollte damit nur die vorzeitige Löschung dieser Daten verhindern, damit eine allfällige Auskunftsanordnung des Gerichts nicht ins Leere geht. Eine Verletzung des Fernmeldegeheimnisses hat damit nicht stattgefunden. Der status quo wurde nicht verändert, da durch das staatsanwaltliche Ersuchen weder Daten gespeichert noch an die Staatsanwaltschaft weitergeben worden sind. Tatsächlich sind diese Daten auch erst dann erhoben worden, nachdem das zuständige Amtsgericht Frankfurt am Main eine entsprechende Anordnung erlassen hatte.«

Hinter diesen mit Bürokratensprache verbrämten Vorgängen verbirgt sich nach Ansicht des ZDF eine Verletzung des Grundgesetzes, das im Artikel 5, Abs. 1, Satz 2 die Pressefreiheit, die das journalistische Zeugnisverweigerungsrecht umfaßt, garantiert. ZDF-Intendant Professor Dr. hc. Dieter Stolte reagiert mit Besorgnis auf die Tatsache, daß die »Telefondaten zweier für ›Frontal‹ mit Recherchen im Fall Schneider befaßter ZDF-Journalisten von der Staatsanwaltschaft Frankfurt überwacht worden sind.« ZDF-Intendant Dieter Stolte sieht »hier ernstzunehmende Anzeichen dafür, daß der durch das Grundgesetz und die Strafprozeßordnung gewährleistete Informantenschutz für Presse- und Rundfunkjournalisten in der Praxis unterlaufen wird«. In seiner Pressemitteilung vom 22. November 1995 erklärt Intendant Prof. Dr. h.c. Dieter Stolte unmißverständlich, daß es nach Ansicht des ZDF nicht angehen könne, Ermittlungsdefizite bei der Staatsanwaltschaft durch einen die Presse- und Rundfunkfreiheit beeinträchtigenden Zugriff auf journalistische Recherchen zu beheben.«

Das ZDF hat wegen dieser Vorgänge in Zusammenarbeit mit der angesehenen Bonner Kanzlei Redeker Schön Dahs & Seelner am 10. Februar 1996 beim Ersten Senat des Bundesverfassungsgerichtes in Karlsruhe Verfassungsbeschwerde eingelegt.

Als die Bespitzelungsaktion durch unseren Fernsehbericht publik wird, schlägt das auch in Bonn Wellen, zunächst eine »Westerwelle«. Der FDP-Generalsekretär will Klarheit und fordert Hessens Justizminister Rupert von Plottnitz (Bündnis 90/Die Grünen) auf, den Berichten zur Überwachung der Telefondaten durch die Frankfurter Staatsanwaltschaft »unverzüglich nachzugehen.« Als Mitglied des ZDF-Fernsehrates habe er darauf gedrungen, daß der Sender juristische Schritte einleite. »Derartige Vorgänge«, so schätzt es Guido Westerwelle ein, »schaffen Präzedenzfälle, die erfahrungsgemäß auch Nachahmer finden. In einem Brief des FDP-Generalsekretärs an von Plottnitz wird die Befürchtung geäußert, daß der Informantenschutz nicht mehr gewährleistet sei. Westerwelle appelliert an seinen Berufskollegen: »Da wir beide aus dem Anwaltsberuf stammen, werden Sie sicher diese Sorge teilen.« Westerwelle erwartet vom hessischen Justizminister eine Aufklärung der Vorgänge.

Der grüne Politiker Rupert von Plottnitz verhält sich allerdings so, wie man es von Politikern aller Parteien in der Regel gewohnt ist. Er stellt sich vor seine Leute und erklärt, daß es keine Rechtsverstöße der Frankfurter Staatsanwaltschaft im Zusammenhang mit der Überwachung von Telefondaten von zwei ZDF-Journalisten im Mai 1995 gegeben hätte. Das erspart Ärger im eigenen Haus, der Mann muß nicht durchgreifen und kann unverbindlich warnend den Finger heben und auf rechtsstaatliche Defizite im Allgemeinen und bei gesetzlichen Bestimmungen im Besonderen abheben. Diese allgemeinen Ausführungen garniert er mit der vollmundigen Ankündigung einer hessischen Initiative zur Novellierung des Fernmeldeanlagengesetzes. Damit ist für ihn der Fall erledigt.

In Bonn wird das Vorgehen von Bundeskriminalamt und Staatsanwaltschaft politisch ganz anders bewertet. Kritisiert wird die »Überwachungsaktion« vor allem vom Bundestagsabgeordnete Manfred Such. Als Polizist steht er der Arbeit der Staatsorgane sehr wachsam gegenüber. Such ist Mitglied der Arbeitsgemeinschaft »Kritischer Polizisten« und gehört als erster grüner Politiker des »Bündnis 90/Die Grünen« der Parlamentarischen Kontrollkommission an.

In einer Pressemitteilung nennt auch er das Vorgehen der Ermittler »höchst bedenklich« und kündigt an, daß er in einer Fragestunde des Bundestags von der Bundesregierung Auskunft über die Beteiligung des Bundeskriminalamtes an dieser Aktion erwartet. Darüber hinaus will er von der Bundesregierung wissen, ob sie mit ihm die Auffassung teilt, daß durch derartige Ermittlungsmaßnahmen das berufsbedingte Zeugnisverweigerungsrecht gemäß § 53 ausgehöhlt werde.

Auch Bundesinnenminister Kanther schaltet sich ein und will von seiner Behörde alle Einzelheiten der Aktion wissen. Er fordert von Hans-Ludwig Zachert, dem damaligen Präsidenten des

Bundeskriminalamtes in Wiesbaden, eine schriftliche Stellungnahme.

In diesem Schreiben bestätigen sie alle Fakten, die auch wir in unserer Berichterstattung genannt haben. Insgesamt räumen sie ein, daß sie tatsächlich Telefondaten erhoben und Personen beobachtet haben. Im einzelnen heißt es in dem dreiseitigen Schreiben, das bürokratisch in drei Hauptpunkte geglieder ist:

> *»3. Angebliche ›Bespitzelung/Überwachung‹ von Rechtsanwälten und Journalisten im Rahmen der Fahndung Schneider durch das BKA*
> *a) Christina Wilkening (Journalistin)*
> Über Frau Wilkening war bekannt, daß sie in Kontakt zu dem Fluchthelfer El Kastaui stand. In diesem Zusammenhang wurden Verbindungsdaten des von ihr genutzten Mobiltelefones, welches allerdings auf ihren Mann angemeldet war, erhoben.»
> *b) Harald Feller (Journalist)*
> Harald Feller war gleichfalls als einer der Journalisen bekannt, der ein Interview mit dem gesuchten Schneider führen wollte. Der gezeigte Beschluß auf den Namen »Wolf Feller« ist zwar existent, wurde aber aufgrund des erkannten redaktionellen Fehlers gegen Wolf Feller nicht umgesetzt.
> *c) Knierim/Hoffmann (Rechtsanwälte)*
> Die Rechtsanwälte Knierim und Hoffmann waren zeitweise als Verteidiger der Gesuchten tätig. Da auch bei ihnen davon ausgegangen werden mußte, daß sie Kontakt zu den Gesuchten oder zu unmittelbaren Mittelsmännern hatten, wurden auch sie in allgemeine Fahndungsmaßnahmen einbezogen.
> *d) Canonica (Rechtsanwalt)*
> Bei Herrn Canonica handelt es sich um den Rechtsanwalt des gesuchten Ehepaares in der Schweiz. Das Büro Canonicas stand zu keinem Zeitpunkt unter ›besonderer technischer Überwachung‹. In die Gesamtauswertung von Verbindungsdaten (›reverse-check‹) wurde natürlich auch die Telefonnummer der Kanzlei Canonica in Genf mit einbezogen.«

Die Punkte 1 und 2 der BKA-Stellungnahme widmen sich in aller Ausführlichkeit ausschließlich den Vorgängen, die uns betreffen. Auch hier fällt auf, daß die Fakten zunächst bestätigt werden. Der

Rest ist Interpretation, die das Verhalten des Bundeskriminalamts gegenüber dem obersten Dienstherrn Kanther als möglichst korrekt erscheinen lassen soll.

Bevor Hans-Ludwig Zachert diesen Brief nach Bonn geschrieben hat, muß er sich ausführlich mit d e n Beamten der Zielfahndung unterhalten haben, die auch uns bekannt sind. Ihre Schilderung der Vorgänge hat er sich in seinem Rechtfertigungsschreiben zu eigen gemacht.

Zunächst einmal wird behauptet, daß »geplante Aktionen des ZDF in Sachen Schneider zuvor mit dem BKA abgesprochen« wurden. Anlaß dazu sei die »Sicherstellung von gefälschten« Schneider-Briefen »am Frankfurter Flughafen« gewesen. Darüber hinaus – so steht es in dem Schreiben – hätten wir Ihnen zugesagt, »daß das BKA über ein eventuell stattfindendes Treffen in Genf mit El Kastaui oder dem Rechtsanwalt Canonica zuvor informiert wird.«

Dann räumen sie ein, daß sie vom anstehenden Termin unserer Genf-Reise tatsächlich nicht von uns erfahren haben, sondern daß ihnen »aus anderer Quelle« die Informationen zugetragen worden seien. An ihre trickreiche Kontaktaufnahme per Telefon scheinen sie sich nicht mehr zu erinnern – davon findet sich in der Stellungnahme kein Wort. Nicht vergessen haben sie allerdings, daß sie gleich zu zweit zu uns in die Redaktion gekommen waren. Doch den Verlauf des Gesprächs schildern sie anders, als wir es in Erinnerung haben: »Daraufhin fand am 10. 5. 1995 ein Treffen beim ZDF statt, um den Sachverhalt ausführlich zu besprechen, insbesondere die Tatsache, daß die Kontaktaufnahme zu dem Interviewtreffen und auch die geplante Reise entgegen allen vorherigen Absprachen nicht dem BKA mitgeteilt wurde bzw. mitgeteilt werden sollte. Hieraus erklärt sich auch die zitierte Aussage von Kriminaldirektor Schmid, daß das BKA von der bevorstehenden Reise informiert worden war – aber nicht durch das ZDF. Kenntnis von einer bevorstehenden Reise erhielt das BKA vielmehr durch den vertraulichen Hinweis des Konkursverwalters und nicht, wie es in der Berichterstattung durchklang, durch Überwachungsmaßnahmen.«

Was hier behauptet wird, ist eine doppelt üble Unterstellung. Erst werden wir überwacht, dann wird sogar behauptet, daß wir vermeintliche Absprachen gebrochen hätten. Aus Opfern von Bespitzelungsaktionen werden Täter, zumindest Mittäter gemacht. Richtig ist, daß wir das Bundeskriminalamt nicht über unsere Reise nach Genf informiert haben. Diese Tatsache wird auch im

Schreiben an Innenminister Kanther an zwei Stellen ausdrücklich bestätigt.

Um nun die Spitzelaktion der Zielfahndung zu legitimieren, unterstellt uns das Bundeskriminalamt eine Absprache, die es nie gegeben hat. Diese angebliche Absprache sollen wir dann auch noch gebrochen haben.

Mit diesem Salto rechtfertigt das BKA alle Aktionen, die gegen uns veranlaßt wurden. Das ist seine Interpretation und subjektive Sichtweise. Mit dieser Erklärung für Bundesinnenminister Kanther behaupten die Ermittler erneut, wir seien ihre »Hilfssheriffs« gewesen, und erwecken den Eindruck, als hätten wir mit ihnen gemeinsame Sache gemacht.

Zu seiner eigenen Rechtfertigung nimmt das Bundeskriminalamt auch die Frankfurter Staatsanwaltschaft mit ins Boot: »Abschließend wird darauf hingewiesen, daß alle Fahndungsmaßnahmen in enger Abstimmung und einvernehmlich mit der sachbearbeitenden Staatsanwaltschaft Frankfurt/M. durchgeführt wurden.«

Als würde das irgend etwas besser machen ...

»Wir wollten wissen, mit welchen Leuten Schneider Kontakt hatte und ob Journalisten am Schneider näher dran sind als wir«, hatte Oberstaatsanwalt Tilmann gegenüber Presseagenturen eingeräumt.

Polizei und Staatsanwaltschaft greifen zunehmend – in Situationen, die ihnen »verzweifelt« erscheinen, zu der Möglichkeit, journalistische Erkenntnisse »abzuschöpfen«. Auch in unserem Fall hatten die Fahnder die Hoffnung, daß »Frontal« sie zum Versteck des flüchtigen Spekulanten führen könnte.

Daß Redaktionen staatsanwaltschaftlich überwacht werden, ist kein Einzelfall, obwohl der Schutz der Meinungsfreiheit ein hohes Rechtsgut ist. Durchsuchungen im Westdeutschen Rundfunk am 1. März 1994, bei der »Stuttgarter Zeitung« am 3. März 1994, Materialanforderungen bei »RTL« am 23. März 1994, Durchsuchungen in der Privatwohnung eines Fotografen der »Münchner Abendzeitung« im April 1994 – die Liste läßt sich lange fortsetzen und dokumentiert mit jedem Datum, wie der gesetzlich geregelte Informantenschutz ausgehebelt wird. »Die Pressefreiheit hat schon bessere Zeiten gesehen«, schreibt die »Zeit« am 29. 12. 1995, Resümee auf ein ärgerliches Jahr für Journalisten. Nicht nur das saarländische Pressegesetz, das den investigativen Journalismus behindert, indem es das Recht auf Gegendarstellung zugunsten des Persönlichkeitsschutzes bis zur Unkenntlichkeit verbiegt, ist der liberalen »Zeit« zuwider, sondern vor allem, daß der Informantenschutz, von dem die Medienfreiheit lebt, auf der Strecke zu bleiben droht: »Dies ganz besonders dann, wenn das Beispiel Schule machen würde, das Journalisten des ZDF erst kürzlich am eigenen Leibe erfuhren, als die Telephondaten ihrer Handies überwacht wurden. Der erst nachträglich eingeholte Beschluß des zuständigen Richters gibt dem Fahndungsinteresse zwar freie Fahrt (es ging um den ehemaligen ›Baulöwen‹ Jürgen Schneider). Aber er läßt die gebotene Abwägung von Informantenschutz und Pressefreiheit vermissen – und dies mit Hilfe eines Paragraphen des Fernmeldeanlagengesetzes, der vom Bundesverfassungsgericht längst kritisch beurteilt worden war.«

Potentielle Informanten schätzen es nicht, wenn sich Ermittler in ihr vertrauliches Gespräch mit einem Redakteur einmischen. Das Vertrauensverhältnis zwischen der Redaktion und ihrem Gesprächspartner ist allein durch einen solchen Verdacht nachhaltig gestört. Wenn ein Anrufer davon ausgehen muß, daß sein Gespräch vom Staatsanwalt registriert wird, dann meldet er sich erst gar nicht in der »überwachten« Redaktion. Das behindert investigative Arbeit, verhindert sie sogar.

Die fragwürdigen Methoden der Ermittler sind ein Armutszeugnis für Bundeskriminalamt und die Frankfurter Staatsanwaltschaft. Das Bundesverfassungsgericht soll nun entscheiden, ob ein solches Vorgehen im Fall Schneider die durch Presse- und Rundfunkfreiheit grundgesetzlich geschützten Rechte verletzt hat. »Die großen Skandale der Republik«, schreibt Heribert Prantl in der »Süddeutschen Zeitung« in seinem Kommentar zum »frontalen Lauschangriff«, »wären ohne die Arbeit der Presse gar nicht ans Licht der Öffentlichkeit gekommen.«

Ein Grund mehr, Beschränkungen dieser Freiheit nicht zu akzeptieren.

SHOWTIME HINTER GITTERN

Die Anwälte

»Mein Mandant ist in dieser Sache absolut unschuldig.«
(Schneider-Anwalt Goldfine in einem Interview in Miami)

Der soziale Abstieg hätte nicht schlimmer sein können. Nach mehr als einem Jahr im Appartementhaus mit Meeresblick nun das Federal Detention Center in Miami, ein Hochsicherheitsgefängnis. Dr. Jürgen Schneider und seine Frau Claudia haben insgesamt neun Monate hinter amerikanischen Gittern zugebracht, zusammen mit Drogendealern, Junkies, Mördern und Vergewaltigern.

Die meisten Mithäftlinge sind Schwarze und Südamerikaner. Im Knast in Miami, so erfahren wir von den Schneider-Anwälten, herrsche das Faustrecht. Besonders für neue Häftlinge sei das Leben auf einigen Quadratmetern schwer zu ertragen: »Sie werden von rivalisierenden Gefängnisgangs körperlich traktiert, gedemütigt und sogar mißbraucht.« Claudia Schneider habe sich mehrfach darüber beklagt, daß man sie fast verprügelt habe. Weibliche Mithäftlinge hätten ihr gedroht, sie zu beißen, um sie mit Aids zu infizieren. Im Knast in Miami ist sie nicht mehr die hofierte Gattin des Baulöwen, sondern nur noch die Gangsterbraut. Claudia Schneider kommt in dieser Zeit nicht nur von ihren exzessiven Trinkgewohnheiten los – sie verliert auch Gewicht.

Auch Jürgen Schneider magert zusehends ab. Noch im Gefängnis gibt er dem Nachrichtenmagazin »Focus« ein Interview und schildert den Alltag im Federal Detention Center: »Es gab alle drei Stunden Zählappell, man mußte sich nach jedem Besuch auf dem Rückweg in die Zellen nackt ausziehen.« Schneider bestätigt in dem Interview, daß auch seine Frau an dieser Prozedur nicht vorbeikam: »Wir mußten eine Beuge machen, daß sie also in jede Körperfalte reingucken können. Das sind alles Rauschgiftuntersuchungen, ob da nicht irgendwas ist.« Die Frage, ob ihn der Knast verändert habe, beantwortet Jürgen Schneider ausweichend. Sein Fazit: »Ich will nicht jammern. Knast ist Knast.«

In dieser harten Zeit entdeckt Jürgen Schneider eine neue Lieblingsbeschäftigung: das Mandatieren und Feuern von Anwälten. Der Mann wechselt die Rechtsberater wie einst die Oberhemden.

Erster in der ziemlich langen Reihe ist Roma Theus, ein amerikanischer Anwalt. Theus nimmt den israelischen Rechtsberater Yitzhak Goldfine mit ins Boot. Von ihm ist Schneider zunächst außerordentlich begeistert. Goldfine hat nur einen Haken: Er kommt in Deutschland nicht an die Schneider-Akten, weil er in der Bundesrepublik nicht als Anwalt zugelassen ist. Also versucht nun Goldfine seinerseits, einen deutschen Anwalt zu assoziieren, der ihm die Möglichkeit einer Strafverteidigung in der Bundesrepublik erlaubt. Partner kommen und gehen, Goldfine beschafft mit diverser Hilfe ordentlich Akten, damit Jürgen Schneider im Gefängnis was zum Lesen hat.

Dieser Yitzhak Goldfine hat große Erfahrung im Vermarkten seiner Mandanten. Den spektakulären Fall des Kremlfliegers und Messerstechers Mathias Rust nutzte Goldfine, um die Hochzeitsgeschichte des jungen Mannes für viel Geld an eine bunte Illustrierte zu verkaufen.

Yitzhak Goldfine gilt als schillernde Figur der Rechtsanwaltsbranche. Möglichweise hat dies auch Schneider fasziniert. Als wir mit Goldfine reden, will er uns nicht präzise erklären, wie er an das Schneider-Mandat gekommen ist: »Ich war zu der Zeit im Ausland und habe bei Nacht und Nebel einen Anruf bekommen von Roma Theus, und er sagte, Dr. Goldfine, mein Mandant Dr. Schneider möchte mit ihnen sprechen.« Uns gegenüber räumt der Anwalt ein, daß Schneider eine Art Empfehlung bekommen haben muß. Der Israeli Goldfine mit Anwaltszulassung in Haifa beeindruckt mit Titeln, die für die bundesdeutsche Justiz keinerlei Bedeutung haben.

Sein Büro in Hamburg sorgt dafür, daß man ihn auch in Deutschland für einen exzellenten Anwalt hält. Aus seinem Hause wurde ein Fax versandt, das vor allem in der Umgebung von Jürgen Schneider offenbar für beste Werbung gesorgt hat. Da schreibt ein Mr. Smith: »Es gelang Dr. Goldfine, den Richtern am Hamburger Landgericht eine Entscheidung zu meinen Gunsten abzuringen. Ich bin überzeugt, daß dieser Erfolg nur möglich war, weil ich von einem exzellenten, einzigartigen, unkonventionellen und furchtlosen Anwalt vertreten wurde.«

Wir finden heraus, daß dieses Empfehlungsschreiben schlichtweg falsch ist. Wir konfrontieren den Anwalt mit diesem Fax aus seinem Haus. Zunächst räumt er ein, für Mr. Smith gearbeitet zu haben. Dann gibt er zu, daß das Schreiben tatsächlich wie ein Empfehlungsschreiben für ihn aussieht. So war der Brief wohl auch gemeint. Als wir den damaligen Prozeßgegner von Smith, die Dresdner Bank in Hamburg fragen, stellt sie eindeutig fest, daß der Prozeß für Smith verlorenging und Anwalt Yitzhak Goldfine dabei gar nicht in Erscheinung trat. Unser Verdacht: Goldfine hat sich mit einem getürkten Empfehlungsschreiben das gewinnbringende Schneider-Mandat erschlichen. Als wir Goldfine die Antwort der Dresdner Bank und das »Empfehlungsschreiben« von Smith vorlegen, kann er sich plötzlich an alles erinnern. »Die Antwort von der Dresdner Bank ist völlig korrekt. Ich bin in diesem Prozeß nicht in Erscheinung getreten.« Für uns steht jedoch fest: Die falsche Empfehlung kam direkt aus dem Hause Goldfine. Doch das ist längst nicht alles in Sachen »Goldfine«. Wie uns die Pressestelle der Hamburger Staatsanwaltschaft bestätigt, wird noch im September 1995 gegen Herrn Dr. Goldfine wegen des Verdachts auf Amtsanmaßung ermittelt. Als wir Goldfine auch damit konfrontieren, gibt er zu, daß sich die Staatsanwaltschaft schon vor Jahren mit ihm beschäftigt hat. Den aktuellen Fall kennt er angeblich nicht: »Das kann ich mir nicht erklären, es gibt objektiv nur zwei Möglichkeiten: Entweder ist das nicht richtig und die beziehen sich auf diese alte Sache, die ist aber eingestellt worden. Oder die haben sich das neu überlegt und wollen noch einmal wegen des Führens des Titels ›Rechtsanwalt‹ vorgehen.«

Dr. Jürgen Schneider und Dr. Yitzhak Goldfine – zwei Brüder im Geiste und in der Tat, zwei, die den Vorwärtsgang lieben und gern auf die Pauke hauen. In einem von Goldfine für Schneider gefingerten Interview im Gefängnis von Miami brüllt der Baulöwe in die Kamera: »Wenn ich auspacke, dann gibt es erheblichen Ärger für den gesamten Vorstand der Deutschen Bank.« Hinter Schneider sitzt Yitzhak Goldfine, blickt bedeutungsvoll über seine Goldrandbrille und legt nach: »Mein Mandant ist in dieser Sache absolut unschuldig.« Mit seinem zum Opferlamm stilisierten Baulöwen geht Goldfine bei deutschen Illustrierten und Nachrichtenmagazinen hausieren. Genüßlich berichtet die »Woche« im Dezember 1995 über geplante Kuhhändel des Advokaten Goldfine: »Yitzhak Goldfine hatte nicht nur mit dem Focus verhandelt, sondern auch dem ›Stern‹ zwei Angebote gemacht. 300 000 Mark, später 250 000 Mark sollte die Illustrierte für ein sofortiges Gespräch mit Jürgen Schneider zahlen, für eine fortlaufende Berichterstattung vor und während des zu erwartenden Prozesses, Akteneinsicht inklusive, verlangte Goldfine vom Stern gar 1 Million Mark.« Für Goldfine völlig unverständlich: Der »Stern«

lehnte das Sonderangebot ab. Doch bevor er weitere Deals vorbereiten kann, knallt es zwischen Jürgen Schneider und Yitzhak Goldfine. Goldfine fliegt – nach Deutschland.

Nach der Scheidung von Goldfine trat der New Yorker Anwalt Michael Lacher auf die Bühne. Mit großen Tönen kündigte Lacher an, daß Schneider niemals nach Deutschland ausgeliefert werde. Als Richter Turnoff dann entscheidet, daß die Schneiders sehr wohl in die Bundesrepublik überstellt werden, legt Michael Lacher Berufung ein.

Als Fachmann für deutsch-amerikanisches Wirtschaftsrecht zieht Lacher den Frankfurter Anwalt Christoph Rückel hinzu. Dieser Christoph Rückel muß auf Dr. Jürgen Schneider einen so guten Eindruck gemacht haben, daß er Lacher den Laufpaß gab.

Kurswechsel

»Ich habe nicht nur mit dem Staatsanwalt gesprochen, auch mit dem Konkursverwalter, weil wir kooperieren wollen.«

(Schneider-Anwalt Rückel zur neuen Verteidigungsstrategie)

Anwalt Christoph Rückel sorgt sofort für eine Menge Änderungen. Erster Streich der neuen Verteidigungsstrategie: Noch vor dem Berufungstermin, den Michael Lacher gegen die Auslieferungsentscheidung des US-Gerichts erwirkt hat, zieht Schneider auf Anraten seines neuen Advokaten die Einsprüche zurück. Christoph Rückel verkauft diesen Winkelzug als weise Entscheidung seines klugen Mandanten Jürgen Schneider.

Daß das Einspruchsverfahren ganz sicher keinen Erfolg gehabt hätte, wird totgeschwiegen. Mit der vollmundigen Erkärung »Wir kommen nach Hause!« wird das reguläre Auslieferungsverfahren eines Untersuchungshäftlings wie ein Triumphzug vorbereitet. Genau das aber will die Staatsanwaltschaft vermeiden.

So geriet die Rückkehr Schneiders – ähnlich wie der Antritt seines Erholungsurlaubs – auch zu einer Art Versteckspiel, diesmal aber mit Hilfe der Polizei. Ausgetrickst werden sollten all die Journalisten, die den Rückflug für erste Interviews nutzen wollten. Anders als zunächst geplant, kamen die Schneiders nicht mit einem

Direktflug von Miami nach Frankfurt, sondern machten einen Umweg über Chicago.

Am Freitag, dem 23. Februar 1996, rollt die Boing 747 der »Lufthansa« um 8.20 Uhr auf eine weit abgelegene Parkposition im Frachtbereich des Flughafens Frankfurt. Dort warten bereits mehr als hundert Journalisten, Kamerateams und Fotografen. Als die Maschine mit dem Namen »Niedersachsen« die Triebwerke abgeschaltet hat, wird eine Gangway an die vordere Tür geschoben. Uniformierte Beamte des Bundesgrenzschutzes betreten die Maschine und nehmen das Ehepaar Schneider förmlich noch einmal fest.

Im dunkelbraunen Mantel gegen die beißende Kälte an diesem Februarmorgen geschützt, wird zunächst Claudia Schneider von zwei Kriminalbeamtinnen die Gangway heruntergeführt. Ohne Handschellen. Ohne die wartenden Journalisten eines Blicks zu würdigen, steigt sie in den bereitgestellten VW-Bus der Polizei.

Dann kommt Jürgen Schneider im neuen Outfit: ohne Toupet, in weißer Hose, zweireihigem dunkelblauem Sakko und hellblauem Sporthemd ohne Krawatte. Leicht hinkend geht er zu einem Bus. Auch er sieht nicht zu den Kameras hinüber, sondern lächelt lediglich seiner Frau kurz zu. Beide werden in die Justizvollzugsanstalt Frankfurt-Preungesheim gebracht und noch am gleichen Tag dem Haftrichter vorgeführt. Er entscheidet, daß sie in Untersuchungshaft bleiben müssen.

Ein Schneider-Mandat ist für jeden Anwalt die Chance, Geld zu machen. Denn zahlungskräftige Medien waren schon immer wild auf den Baulöwen und seine Geschichte.

Dr. Christoph Rückel, der für Schneiders triumphale Rückkehr verantwortlich ist, hat noch andere Stärken: Er beherrscht das Spiel mit den Medien und hat ein gutes Gespür für das richtige Timing. »Schneider – das Interview zur Rückkehr« erscheint exklusiv in »Focus«, gemanagt von Christoph Rückel. Und es ist Showtime – diesmal für Medienstar Rückel, der sich und seinen Schneider überall vermarktet. In der »Harald Schmidt-Show« telefoniert er late-night mit dem Berufszyniker und verhandelt mit ihm um ein Sonderticket für das arme Schneiderlein. Bei solchen Blödeleien spielen Fakten keine Rolle.

Auf journalistische Nachfragen jedoch, vor allem, wenn es um Geld geht, reagiert Rückel säuerlich. Als er in einer ZDF-Sendung gefragt wird: »*Wer bezahlt Ihre Rechnung, Herr Rückel?*«, kontert er mißmutig: »Meine Rechnung wird vom Mandaten bezahlt und von

Freunden des Mandanten, das ist aber nicht unbedingt ein Thema, was jetzt im Vordergrund stehen muß, aber seien Sie sicher, daß meine Arbeit bezahlt wird.«

Wir fragen bei dem Mann nach, der es tatsächlich wissen muß, Helmut Markwort, Chefredakteur des für Fakten, Fakten, Fakten bekannten Münchner Nachrichtenmagazins »Focus«. Bei dieser Begegnung ergibt sich ein freundliches »Frontal«-Interview: »Wieviel haben Sie denn bezahlt für die Rechte an Schneider?« *»Ich? ›Focus‹ kostet vier Mark fünfzig, und wir haben das Interview exklusiv.«* »Und für wieviel? Es ist die Rede von über einer Million?« *»Das ist der größte Blödsinn, wenn Sie das behaupten. In Ihrem Sender kriegen Sie eine wunderbare Gegendarstellung, Schadenersatz, es ist alles Tinneff ... haben Sie erfunden?«* »Wie hoch sind denn die Summen?« *»Es gibt überhaupt keine Summe. Ich bin seit zwanzig Jahren mit dem Rechtsanwalt Rückel zufällig befreundet, bin ein Mandant von ihm. Es ist ein reiner journalistischer Glücksfall.«* »Das ist ja wunderbar für Sie! Was ist denn das Vertragspaket gewesen?« *»Es gibt kein Vertragspaket, verstehen Sie? Ich betrachte das jetzt wirklich als Belästigung, Herr Kollege. Sie wissen genau, es gibt kein Vertragspaket. Die Summen sind frei erfunden, von neidischen Mitbewerbern oder von Ihnen selber. Und deswegen finde ich es einfach ganz verantwortungslos, überhaupt solche Summen in die Welt zu setzen, schon in Form einer Frage ist das illegal.«* »Man wird doch mal fragen dürfen!« *»Nein.«*

Ende eines Interviews. Christoph Rückel, der Anwalt, und Helmut Markwort, der Chefredakteur. Daß es so etwas heute noch gibt, echte Männerfreundschaft, Hilfe von Nachbar zu Nachbar. Und alles ohne jede Summe und ohne Vertrag.

Üblich auf dem hart umkämpften Medienmarkt, so wird es uns beim »Stern« in Hamburg bestätigt, sind knochenharter Wettbewerb und Verhandlungen um hohe Summen. Michael Seufert, stellvertretender Chefredakteur des »Stern«, hat die Verhandlungen über die Schneider-Exklusiv-Story geführt. An diesem Mann hatte sich bereits Goldfine mit seinen Millionenforderungen die Zähne ausgebissen. Bei den Verhandlungen mit Dr. Christoph Rückel, so sagt uns Michael Seufert in einem Fernsehinterview, habe er für den »Stern« gesprochen: *»Wir haben über Interview, über Serie geredet und über eine mögliche Zusammenarbeit während des Prozesses. Und außerdem ist dann noch geredet worden, nicht für den »Stern«, sondern für den Verlag über Buchrechte.«* »War das denn so gedacht, daß letztlich die Meistbietenden den Zuschlag bekommen und die gesamte deutsche

Presse damit vor der Tür steht?« *Das wäre, wenn wir Vertragspartner geworden wären, sicherlich nicht der Fall gewesen, denn es ist ja ein öffentlicher Prozeß. Der Anwalt muß ja agieren, also darum ging es uns nicht, sondern uns ging es um eine mögliche Serie, die nicht Prozeßstoff gewesen wäre.«* »Aber schon mit exklusiven Informationen?»« *»Na, das hätten wir uns dann erhofft, weil ja dafür Geld bezahlt werden sollte.«*

»Um welche Summen ging es denn letztlich, und wer sollte das Geld bekommen?« *»Es ging um so riesige Summen, daß wir nach Prüfung, soweit das möglich war, des Materials gesagt haben, das ist absolut absurd, was da gefordert wird.«* »Sagen Sie doch mal, was gefordert wurde!« *»Darüber möchte ich jetzt, über einzelne Zahlen nicht sprechen, aber es war im Millionenbereich, und das war für uns absurd.«* »Und warum ist der ›Stern‹ letztlich ausgestiegen?« *»Einmal, weil uns das Material für diese Summe nicht ausreichend war und weil das so ein horrender Betrag war, das war es einfach nicht wert. Und ich finde, die Frage ist auch, ob man dann mit einem Mann so kooperiert, dem so etwas vorgeworfen wird wie Herrn Schneider.«*

Dr. Christoph Rückel zieht für Schneider alle Register. Sein Handlungsmuster ist bekannt und erfolgreich. Gelernt hat er in der Kaderschmiede der deutschen Strafverteidiger, bei Rolf Bossi in München. Dort erfuhr er aus erster Hand, wie man das große juristische Spiel mit den Medien und der Staatsanwaltschaft spielt. Vor zehn Jahren führte Rückel bereits einen Milliardenprozß um einen Bankencrash und Betrug. Es ging um den prominenten Grafen Ferdinand Galen und sein Bankhaus »Münchmeyer, Hengst & Co.« Rückels Erfolgsrezept damals: medienwirksame Auftritte und Kuscheln mit der Staatsanwaltschaft. So kam Graf Galen gut davon.

Was sich einmal bewährt hat, soll man nicht ändern: Dr. Christoph Rückel bleibt auch im Fall Schneider bei seinem Erfolgsrezept. In einem Fernsehinterview bestätigte er uns im Februar 1996: »Ich habe nicht nur mit dem Staatsanwalt gesprochen, ich habe auch mit dem Konkursverwalter heute gesprochen, weil wir kooperieren wollen, um diese Bereitschaft des Herrn Schneider umzusetzen, daß es nicht nur leere Worte sind.«

Aus dem Baulöwen wird durch die Pflege des Advokaten Christoph Rückel tatsächlich ein zahmes Lämmchen. Als Zeichen seines guten Willens bietet Schneider der Frankfurter Staatsanwaltschaft Mitarbeit bei der Aufklärung der Vorgänge um seine Pleite an. Ausfluß dieser Mitarbeit sind die zweiundneunzig Seiten, die wir mit Staunen durcharbeiten durften.

Obwohl die von ihm in Genf gebunkerten 245 Millionen längst auf einem Schweizer Konkurskonto liegen, spielt Schneider den Großzügigen. Er zieht »freiwillig« seine Einsprüche zurück und erweckt damit den Anschein, als habe er das Geld nun endgültig freigegeben. Allerdings fühlt er sich in diesen Spendierhosen so unwohl, daß er im gleichen Atemzug eine Frechheit verkündet. Er hoffe, so läßt sich Schneider vernehmen, daß ihm ein Teil der freigegebenen Millionen für die Kosten eines Schadenersatzprozesses gegen die Deutsche Bank zur Verfügung gestellt werde.

Noch immer kämpft Jürgen Schneider mit Hilfe des Frankfurter Rechtsanwalts Jörg Matthias Hildebrand gegen den Konkursbeschluß des Königsteiner Amtsgerichts aus dem Jahre 1994. Der nimmermüde Hildebrand besucht Schneider in den heißen Sommertagen des Jahres 1996 im Gefängnis in Preungesheim. »Schön kühl dort«, meint Hildebrand und bastelt im Auftrag des Doktors an einer Restitutionsklage gegen die Deutsche Bank und die Bayrische Hypotheken- und Wechselbank. Christoph Rückel und seine Mannschaft bereitet mit Jürgen Schneider die Verteidigungsstrategie für den Prozeß vor. Von den Ermittlern wird Schneider in seiner Zelle in Frankfurt-Preungesheim tagelang vernommen.

Auch Konkursverwalter Dr. Gerhard Walter hat ihn mehrmals besucht: »Ich habe schon den Eindruck, daß Schneider mitarbeiten will, um die Vorwürfe aufzuklären, vor allem aber, weil er sich dadurch eine mildere Strafe erhofft.«

Dr. Walter hat lange Listen von Schneider-Mitarbeitern, denen der »Chef« noch vor seinem Verschwinden hohe Beträge – meist per Scheck – zugesteckt hat. Walter, heftig bemüht, die Konkursquote so hoch wie möglich zu treiben, will nun von Schneider wissen, für welche Leistungen die Mitarbeiter zum Teil mit Millionen belohnt worden sind.

Kann Schneider keine vernünftige Begründung nennen, klagt Dr. Walter in Anfechtungsprozessen auf Herausgabe der »Prämien«. In einige Fällen hatte er damit schon Erfolg. So muß der alte Karl-Heinrich Küpferle, der für Schneider mit Tipp-Ex und Schere tätig war, nach einem Gerichtsbeschluß wohl auf 30 000 Mark verzichten, die ihm Jürgen Schneider als eine Art »Weihnachtsgratifikation« gegeben hatte. Doch Walters »Spendenliste« ist noch nicht abgearbeitet: »Im Augenblick stellt sich Schneider noch vor seine Leute. Gelegentlich lügt er das Blaue vom Himmel herunter«, sagt Dr. Walter ärgerlich, aber fest entschlossen, weiter um eine Mehrung der Konkursmasse zu kämpfen.

»Die Geschäfte des Herrn Jürgen Schneider waren von Anfang an auf Sand gebaut«, erklärt Dr. Walter die größte Baupleite der Nachkriegszeit. »Er hat zu teuer eingekauft, zu teuer saniert, zu teuer verwaltet. Es war eine Art Schneeballsystem. Er mußte immer wieder Millionen pumpen, um die Zinsen für seine Kredite überhaupt bedienen zu können.«

Schneider hat bei seinem Verschwinden im April 1994 Schulden in Höhe von rund 5 Milliarden Mark hinterlassen. Bei Konkurseröffnung wurde Gerhard Walter »Herr« über insgesamt 88 Grundstücke mit zum Teil bereits sanierten Gebäuden, aber auch halbfertigen Baustellen. Zur Konkursmasse gehörten auch 76 Eigentumswohnungen und die »ökologische Wohnsiedlung« in Bonames mit etwa hundert Eigentumswohnungen. Dr. Walter hat mit ähnlicher Geschwindigkeit verkauft wie Jürgen Schneider zuvor eingekauft hatte. Bis Ende Januar 1996 wechselten 56 Mehrfamilien- oder Geschäftshäuser und 55 Eigentumswohnungen den Besitzer. Nur 16 % der Verkäufe waren sogenannte »Fremdverkäufe«, alle übrigen Gebäude wurden von den Banken »übernommen« – die natürlich auch an den Konkursverwalter zahlen mußten.

Dr. Walter ist mit seinen »Umsätzen« zufrieden. Im Juni 1996 sagt er uns: »Bis jetzt habe ich 2 130 200 000,– Mark eingenommen. Ich denke, daß ich insgesamt aus der Verwertung des Grundbesitzes rund 2,8 Milliarden Mark erlösen werde. Damit kommen wir dann auf eine Konkursquote zwischen 8 % und 10 %, was bedeutet, daß jeder Handwerker, der berechtigte Forderungen an Schneider hat, seine Außenstände in etwa dieser Höhe zurückbekommt.« Wirklich pleite gegegangen, so bestätigt uns Dr. Walter, ist außer Schneider keiner. »Die Firmen haben natürlich alle unter den Folgen des Konkurses gelitten, aber in den Ruin getrieben wurde dadurch nicht ein einziges Unternehmen.«

Auch den Kampf um die von Schneider in Genf gebunkerten 245 Millionen Mark hat Dr. Walter nach fast zwei Jahren nun gewonnen. Das Geld war schon kurz nach dem Verschwinden des »Investors« durch einen cleveren Anwalt der Genfer Kanzlei Lenz & Staehelin im Auftrag der Deutschen Bank gesichert worden. Der Anwalt hatte der Genfer Staatsanwaltschaft einen Hinweis gegeben, worauf diese einen Arrest über die Millionen bei der Union Bancaire Privée verhängte. Mit allen Finessen versuchte der Genfer Schneider-Anwalt François Canonica, gegen diesen Arrest anzugehen. Fast zwei Jahre lang blockierte er damit alle Versuche des Konkursverwalters, an das Geld heranzukommen.

In einem »Mini-Konkursverfahren«, das in der Schweiz tatsächlich diesen Namen trägt, setzte sich Dr. Gerhard Walter über Canonicas Winkelzüge hinweg. Das Geld wurde auf ein Konkurskonto überwiesen und zinst dort still vor sich hin – mit 3,5 % sogar etwas gewinnbringender als in Deutschland. Dr. Walter wird die inzwischen ordentlich gewachsenen 245 Millionen noch im Laufe des Jahres 1996 auf seinem Konkurskonto haben. Am 28. August 1996 hat der zuständige Richter in Genf verfügt, daß die von Schneider abgezweigten Millionen nach Deutschland zurückgegeben werden.

Erleichert wurde dem Konkursverwalter das gesamte Verfahren durch den Kurswechsel, den Anwalt Christoph Rückel auch bei Jürgen Schneider durchsetzen konnte. Daraufhin hat Schneider seinen Anwalt Canonica »zurückgepfiffen«, sodaß es keine Widerstände gegen das Begehren des Konkursverwalters gab.

Schneider-Anwalt Christoph Rückel versucht nun, aus dieser Entwicklung Vorteile für seinen Mandanten zu ziehen. Über die Deutsche Presseagentur kommentiert er am 4. September 1996, daß Schneider danach strebe, die vorhandenen Mittel seinen Gläubigern zur Verfügung zu stellen. Schneider sei willens, in dem Verfahren »seinen aktiven Beitrag« zu leisten. Das solle nun auch die Frankfurter Staatsanwaltschaft einsehen. Denn mit den Schweizer Mitteln, erklärt Rückel im Auftrag seines Mandanten, hoffe Schneider nun auf »ein besseres Gelingen des Konkursverfahrens«.

Auch Claudia Schneider ist Nutznießerin dieses »Kurswechsels«. Sie darf in Freiheit auf den Beginn der Gerichtsverhandlung warten. Nach 322 Tagen im Gefängnis entläßt sie der Frankfurter Amtsrichter am 5. April 1996 aus der Haftanstalt Preungesheim, fast auf den Tag genau zwei Jahre nach ihrem Verschwinden. Den Antrag auf Haftverschonung für Claudia Schneider-Granzow hatte ihr Anwalt Stefan von Moers gestellt, ein Partner des geschickten Christoph Rückel. Claudia Schneider-Granzow wird im Haftbefehl im wesentlichen vorgeworfen, sie habe ihren Mann beim betrügerischen Bankrott unterstützt, indem sie geholfen habe, kurz vor der Flucht die 245 Millionen in die Schweiz zu schaffen.

Dr. Jürgen Schneider hat der Ahnungslosigkeit seiner Frau Claudia in der neunzigseitigen »Aufklärungsschrift« ein richtig schönes

Kapitel gewidmet. Nachdem er darlegt, daß sie hauptsächlich dem Trunke ergeben war, beschreibt er ihren Geschäftssinn wie folgt: »Bei nüchterner Beurteilung kann meine Frau keine relevante Mitwirkung im Firmengeschehen und insbesonders nicht bei den Abläufen, die nach Auffassung der Staatsanwaltschaft den Vorwurf des Bankrottes rechtfertigen sollen, unterstellt werden. Auch wenn sie diverse Unterschriften geleistet hat, so tat sie dies auf Anraten, Wunsch und Empfehlung von mir, ohne hierbei ein eigene, selbständige Prüfung vorzunehmen. Meine Frau hat mir vollumfänglich vertraut und hat aus der von mir konzipierten Rolle der Mitgesellschafterin der GdbR heraus aufgrund meiner Empfehlung Unterschriften geleistet ... Ich bin sogar der Auffassung, daß selbst für den Fall, daß alle gegen mich erhobenen Vorwürfe richtig wären, Claudia Schneider-Granzow keinerlei Schuld auf sich geladen hätte, da sie von meinen Geschäften nichts verstand, nichts verstehen konnte und auch nichts verstehen wollte. Diese Geschäftswelt war nicht ihre Welt. Als Ehefrau liebte sie nur ihren Mann und vertraute ihm blind während der abgelaufenen 29 Ehejahre.«

Lediglich in einem Fall, so räumt Jürgen Schneider ein, hat sie sich um eine seiner Immobilien gekümmert. Bei einem Klinikobjekt in Heidelberg war sie »einmal unterstützend bei der Auswahl von Farben und Tapeten tätig«.

Frau Claudia Schneider-Granzow wurde standesgemäß von ihrem alten Chauffeur in Preungesheim abgeholte, allerdings nicht mit Mercedes S-Klasse, sondern einem kleinen blauen Seat. Ihre Kinder und Verwandte sorgen für sie. Anwalt von Moers hofft, daß sie im Prozeß ohne neuerliche Strafe davonkommt. Für das, was Frau Claudia Schneider-Granzow getan habe, sei sie mit ihrem Aufenthalt im Federal Detention Center schon reichlich genug bestraft worden.

Seit dem 17. April 1996 ist auch der »Babysitter« auf freiem Fuß. Luigi Poletti sorgte sich um das leibliche Wohl seiner »Eltern«, für die er das Ehepaar Schneider in Miami ausgab. Nachdem er in Genf bei Schneiders Anwalt Canonica für das ZDF eine Tonbandkassette abgeliefert hatte, hefteten sich Spezialisten des Bundeskriminalamtes an seine Fersen. Der Kaufrausch des Single, der mehr Alkohol und Lebensmittel besorgte, als ein Einzelner vertilgen kann, weckte den Spürsinn der Fahnder so, daß sie Poletti nicht mehr aus den Augen ließen. Der Rest ist bekannt. Bei Polettis Haftprüfungstermin mußte der Richter den Haftantrag der Staatsanwaltschaft aufheben, weil Staatsanwalt Dieter Haike Poletti Handlungen vorgeworfen hatte, die im Ausland begangen worden waren. Das deutsche Recht greift in solchen Fällen nicht. In der offiziellen Begründung erklärt die Staatsanwaltschaft, daß »aus verfahrenstechnischen Gründen zunächst gegen die Eheleute Schneider das Hauptverfahren durchgeführt werden« soll. Es sei beabsichtigt, »danach erneut gegen Poletti Anklage zu erheben«. Kaum war Poletti frei, fuhr er nach Genf zu seinem Freund Kastaui, auf den er nicht gut zu sprechen ist. Von Kastaui, so wird uns berichtet, will Luigi Poletti noch 70 000 Mark haben – fürs »Babysitting« und die vielen Flugtickets nach Miami.

Gegen den mutmaßlichen Hauptorganisator von Schneiders Flucht, den selbst die FAZ zum »sagenumwobenen Araber« Mostafa El Kastaui hochstilisiert, gibt es weiterhin einen internationale Haftbefehl. Dieser Haftbefehl kann jedoch so lange nicht vollzogen werden, wie Mostafa El Kastaui, der auch die Schweizer Staatsbürgerschaft hat, im Land der Banken bleibt. Dieser Haftbefehl scheint Kastaui sehr zu ärgern.

Zwar berichtet er uns, daß er dem Frankfurter Staatsanwalt Dieter Haike ständig eine lange Nase machen könne. Trotzdem wurmt ihn die Tatsache, daß er bei seinen internationalen Geschäftsreisen immer besondere Vorsicht walten lassen muß. Dabei nutze er entweder seinen saudiarabischen Diplomatenpaß oder die internationale Fluglizenz für große Passagiermaschinen. So sei es ihm möglich, mal als Diplomat, mal als Mitglied einer Pilotencrew alle Grenzen ohne große Kontrollen zu passieren. Für Kastaui ist Haikes Haftbefehl lästig. Ständig wiederholt er bei Telefongesprächen mit uns das, was ihm am wichtigsten ist: »Haftbefehl aufheben!« Wenn er mal wieder besonders wütend auf Staatsanwalt Dieter Haike ist, stößt er verbale Drohungen aus, will seine Geheimdienstbeziehungen ausspielen und behauptet, daß er »Haike fertigmachen werde«. Doch der Sprecher der Frankfurter Staatsanwaltschaft, Oberstaatsanwalt Job Tilmann, läßt sich nicht beeindrucken und bleibt dabei: »Wenn er die Schweiz verläßt, haben wir ihn.«

Kastaui ist nicht unbedingt der Zellennachbar, den sich Jürgen Schneider wünscht. Seine Rachegefühle konzentrieren sich auf die Banken, die er betrogen hat, weil – so erklärt es der Untersuchungshäftling mit der ihm eigenen Logik – er gerade ihnen nie getraut hat. Schlitzohrig wie in seinen besten Zeiten versucht er dem Staatsanwalt einzureden, daß diese Kreditgeber sowieso gewußt hätten, welche seiner Rechnungen gefälscht und welche Miete gemogelt war, wer wo und wann den Strohmann spielte und welche Firma nur auf dem Papier stand. Besonders zornig macht es Jürgen Schneider, daß sein langjähriger Kreditvermittler Dr. Friedrich Möll noch immer auf freiem Fuß ist. Der jetzt 69jährige Geldbeschaffer war nicht nur Schneiders Verbindungsmann zur Deutschen Bank, er war auch sein Geschäftspartner. Schneiders Bruder Joachim fungierte als Treuhänder für eine 30 % Beteiligung von Dr. Möll an der Leipziger Schneider-Immobilie »Thiemeshof«. So blieb offiziell verborgen, daß der Repräsentant der Deutschen Bank gemeinsam mit ihrem größten Kreditnehmer ein wenig im Osten investierte.

Seine enge Verbundenheit mit Dr. Jürgen Schneider ist dem doppelt engagierten Repräsentanten juristisch noch nicht zum Verhängnis geworden. Seinen feinen Job bei der Deutschen Bank wurde er allerdings schon am 31. März 1994 los. Mit Schreiben vom 30. September 1993 kündigte die Deutsche-Bank-Tochter CentralbodenkreditAG das Arbeitsverhältnis, weil der Vorstand der Bank den Eindruck gewonnen hatte, daß sich »der Repräsentant nicht mehr hinreichend für die Interessen der Centralboden einsetzte, sondern verstärkt für die Interessen Dr. Schneiders eintrat«.

Seit Dr. Schneider wieder in Deutschland ist, versteckt sich Dr. Möll mit ähnlichem Geschick wie sein einstiger Geschäftspartner. Er gibt keine Interviews. Sein Anwalt Michael F. Wolfrum, von uns um Gesprächsvermittlung gebeten, begründet das beharrliche Schweigen seines Mandanten mit tiefer Abneigung gegen jede Art von öffentlicher Äußerung: »Dies nicht etwa deshalb, weil er etwas zu verschweigen oder sich Vorwürfe zu machen hätte, unkorrekt gehandelt zu haben oder an möglichem unkorrektem Handeln anderer durch Rat und Tat beteiligt gewesen zu sein – dies war und ist nicht der Fall –, sondern weil er es grundsätzlich ablehnt, Vorgänge seiner beruflichen Tätigkeit zu publizieren ... Er ist in sehr ausführlicher Weise als Zeuge zu den Ereignissen, die der Ermittlungsbehörde für aufklärungsbedürftig erscheinen, vernommen worden und hat seine Aussagen gemacht.«

Auch Oberstaatsanwalt Job Tilmann betont in einer Pressemeldung Anfang Juli 1996, daß sich die Ermittlungsergebnisse in Sachen »Dr. Möll« nicht mit den Beschuldigungen decken, die Schneider gegen seinen Freund aus guten Tagen erhebt. »Ich fühlte mich sehr einsam«, zitiert der »Spiegel« am 1. Juli 1996 aus den Vernehmungen des Dr. Jürgen Schneider, »aber Möll hat gesagt, ich helfe Ihnen schon. Nur hüten Sie sich vor den Banken, denen können Sie nie trauen.« Das Hamburger Nachrichtenmagazin bündelt seine Recherchen aus dem Knast in einer Titelgeschichte: »Dr. Schneider: Das Geständnis«. Und Staatsanwalt Dieter Haike bestätigt, daß Jürgen Schneider allmählich auspackt. Allerdings, so betont Haike stolz, »damit bestätigt er lediglich unsere Ermittlungsergebnisse«.

Schon bei seiner Rückkehr im Februar 1996 – der »Kurswechsel« durch Anwalt Christoph Rückel war gerade eingeleitet, hatte Jürgen Schneider eingeräumt: »Ich bin kein Unschuldslamm.« Doch noch immer versucht er, die Hauptschuld von sich auf andere abzuwälzen.

Anwalt Rückel reagiert wütend auf die Veröffentlichungen im »Spiegel«. Es gefällt ihm überhaupt nicht, daß das Magazin die erhellenden Äußerungen seines Mandanten, eingebettet in Rechercheergebnisse, vor dem Prozeß veröffentlicht. Der »Spiegel«, der sich in Sachen Schneider eigentlich zurückgehalten hatte und nur dann in Vorlage trat, wenn eigene Recherchen aktuelle Neuigkeiten und Hintergrundinformationen zum Fall Schneider zu vermelden waren, punktet mit seiner Serie »Das Geständnis« gnadenlos gegen »Focus«. Schneiders Gesülze im Knast in Miami – wahrscheinlich ordentlich honoriert in die Kasse von Schaumschläger Yitzhak Goldfine, der sein »Goldkind« geschickt vermarktete, wird sauber korrigiert durch die »Spiegel«-Serie, in der des Betrügers eigene Zugeständnisse nachzulesen sind.

Seinem Generalbevollmächtigten Horst Schneider, der als Anwalt für ihn in Miami und Preungesheim kämpfte, der im April 1994 Schneiders Abschiedsbrief an die Deutsche Bank übergab und sich vor Kopfgeldjägern versteckte, hat Jürgen Schneider im Juni 1996 den Vertrag gekündigt. »So ändern sich die Zeiten«, sagt der Ex-Generalbevollmächtigte und runzelt die Stirn, weil er an die Million denkt, die ihm Schneider noch kurz vor seinem Verschwinden zukommen ließ. Denn wenn Jürgen Schneider nun vor Gericht aussagt, daß dieser Batzen ein »Vorschuß« war, dann muß Horst Schneider unter Umständen einiges an den Konkursverwalter abliefern. Der Anwalt ist entschlossen, um sein Geld zu kämpfen. Schneider gegen Schneider.

Das Medieninteresse an der Schneider-Pleite wird nicht abreißen. Dafür sorgen schon die Schneider-Anwälte. Im August 1996 reiten sie die Mitleidstour: Der Baulöwe sei krank, die Hüfte schwach, der Mann müsse operiert werden, sonst seien Folgeschäden nicht abzusehen. Bei der Staatsanwaltschaft Frankfurt wird ein Antrag auf Haftverschonung gestellt.

Die Hüftoperation des Dr. Jürgen Schneider – so heißt es in der

Bitte auf Haftverschonung – könne ebensowenig wie die anschließende Rehabilitation in einem Gefängniskrankenhaus durchgeführt werden. Die Anwälte beruhigen Staatsanwalt Dieter Haike: weder Flucht noch Verdunklungsgefahr seien gegeben, Schneider sehe seinen Lebensmittelpunkt in Deutschland und werde sich dem Strafverfahren in jedem Fall stellen. Die Staatsanwaltschaft lehnt den Antrag auf Haftverschonung ab: Es bestehe immer noch Fluchtgefahr, auch wenn die Anwälte das in Abrede stellten. Einmal Miami reicht.

Die zögernden Zugeständnisse des Spekulanten bei seinen Vernehmungen lassen zwar ahnen, daß der Baulöwe tatsächlich müde geworden ist, doch der Fall ist noch längst nicht geklärt. Mit einer Prozeßeröffnung – so teilt die Staatsanwaltschaft im August 1996 mit – könne erst im Frühjahr 1997 gerechnet werden. Schneiders Anwälte dringen immer mehr darauf, daß auch bei den Banken ermittelt werden müsse. »Die Verteidigung hat die Staatsanwaltschaft auf viele Indizien hingewiesen, die dafür sprechen, daß die Banken bewußt und gewollt ein unternehmerisches Risiko bei den Schneiderprojekten übernommen haben«, heißt es in einer Erklärung der Anwälte, die am 9. August 1996 auch an die Presseagenturen verteilt wird. Es sei unstatthaft, die Banken nur in der Rolle des Opfers zu sehen. Und mit leicht drohendem Unterton merken die Verteidiger an, daß die Ermittlungen unbedingt auf die Banken ausdehnt werden müßten, sonst hätte dies »gravierende Konsequenzen« für den Prozeß gegen Schneider. Es bestehe – so zitieren die Agenturen die Anwaltserklärung – sogar die Gefahr, daß das Gericht in der Hauptverhandlung die Aufklärung von Grund auf neu aufrollen müsse.

Die Staatsanwaltschaft bleibt cool: Nach mehr als zwei Jahren Ermittlungsarbeit, unterstützt durch die qualifizierte Sonderkommission des Bundeskriminalamtes, kontert sie das Anwaltsbegehren: »Wir sind nicht angetreten, die Banken zu schonen.« Allerdings sei bei den Ermittlungen bislang nicht greifbar geworden, daß »die Banken wußten, daß Schneider lügt«. Oberstaatsanwalt Tilmann, der so entschlossen reagiert, räumt im nächsten Satz dann aber ein, daß die Ermittlungen eben immer noch nicht abgeschlossen sind.

»Frechheit siegt« – eine Binsenweisheit, die sich ein jeder gelegentlich in wackligen Situationen vorspricht, um sich Mut zu machen. Dr. Jürgen Schneider hat bewiesen, daß die kleine Formel stimmt, daß Chuzpe ein Erfolgsrezept ist, schöner Schein kreditwürdig macht. Unsere Recherchen belegen, daß die Banken in sträflicher Weise auf diese Binsenweisheit hereingefallen sind, weil sie einer noch älteren Weisheit huldigen: pecunia non olet – Geld stinkt nicht. Dr. Jürgen Schneider – so sehen wir das – ist ein Betrüger, Fälscher und Lügner. Das Gericht wird entscheiden, welche dieser Beschuldigungen strafrechtlich relevant sind. Die Banken – so sehen wir das – haben in vielen Fällen geschickt mitgespielt, weil das Super-Monopoly des Königsteiner Immobilienhais auch ihnen fette Gewinne versprach. Und deshalb, so hoffen wir, wird der Prozeß im Frühjahr 1997 einer aufgeklärten Öffentlichkeit Gelegenheit bieten, genau zu beobachten, ob unsere Justiz auf dem Geldauge blind ist.

Der Königsteiner Kaufmann Dr. Utz Jürgen Schneider, 62 Jahre alt, einst Dagobert in Nadelstreifen, trägt seit Mai 1995 Anstaltskleidung, hofft auf einen kurzen Prozeß und ein mildes Urteil für seine feine Art, bankrott zu gehen.

ANHANG

Anm. 1 (s. S. 16)

Abschrift der Tonbandaufnahme
aus der Kanzlei Canonica, gesendet im ZDF-Magazin »Frontal« am 16. Mai 1995

Original-Ton Jürgen Schneider:

»Guten Tag, liebe Zuschauer. Wir grüßen auch unsere Kinder, unsere Familie und unsere Freunde in Deutschland.

Sie haben im Magazin ›Der Spiegel‹ vom 27. März 1995 gelesen, ich wäre ein Phantom oder gar mit meiner Frau im Beton der Fundamente des Barthelshofes in Leipzig eingegossen. Der ›Spiegel‹ hat zwar oft, aber nicht immer recht.

Zum Beweis dessen und um allen diesen Gerüchten entgegenzutreten, wollen wir uns zunächst legitimieren.

Mein Name ist Dr. Jürgen Schneider, Reisepaß Nr: 4 100 030 668, ausgestellt in Königstein im Taunus am 18. 12. 1989.

Ich übergebe nun an meine Frau.«

Original-Ton Claudia Schneider:

»Auch ich grüße Sie und meine Liebsten und alle, die meinem Herzen nahestehen:

Mein Name ist Claudia Schneider-Granzow, Reisepaß Nr. 4 100 051 302, ausgestellt in Königstein im Taunus am 18. 10. 1990.

Ich übergebe wieder an meinen Mann, der für uns beide spricht.«

Original-Ton Dr. Jürgen Schneider

»Meine Damen und Herren!

Wir versichern Ihnen, wir sind vollkommen frei und bei guter Gesundheit. Wir haben nur einen großen Wunsch: bald unbelastet von einem Haftbefehl zu Ihnen nach Deutschland zurückzukehren, um dort mit unserer Familie, unsern Kindern und Freunden zu leben und zu arbeiten.

Alle anderslautenden Gerüchte in Presse und Fernsehen sind unwahr.

Die letzten Zweifler an unserer Identität mögen sich durch kriminaltechnische Stimmenanalysen, die problemlos durchführbar sind, überzeugen.«

Wir haben Herrn Rechtsanwalt François Canonica in Genf mit seinem Team beauftragt, unsere Interessen zu vertreten. Wir haben ihm eine umfangreiche, selbstverfaßte Dokumentation übergeben, die inzwischen auf über siebenhundert Seiten angewachsen ist. Wir arbeiten verstärkt weiter daran.

Wir stehen mit Rechtsanwalt Canonica in persönlicher, telefonischer und schriftlicher Form in Verbindung. Er genießt unser vollstes Vertrauen.

Zur Klarstellung sei berichtet: Wir haben uns von den Rechtsanwälten Hoffmann und Knierim trennen müssen, weil die Vertrauensbasis gestört war. Wir werden außerdem noch zu prüfen haben, wer alles an der Verwendung unseres Todesgerüchtes ein Interesse hatte.

Wir haben bisher noch nicht ein einziges Wort zu den Vorgängen um uns gesprochen. Wir wollen Ihnen nun einige Fakten sagen, die uns sehr am Herzen liegen.

1. Mein von unserem Generalbevollmächtigten dem Vorstand der Deutschen Bank übergebenes Schreiben vom 4. April 1994 wurde als Abschiedsbrief bezeichnet. Diese Bezeichnung ist eine Irreführung. Es handelt sich um ein Geschäftsschreiben mit einem Finanzierungsantrag, einem Situationsbericht sowie einem Geschäftsabwicklungsvorschlag für die nächsten zwei Jahre.

Wir rechneten fest mit einer Annahme dieser meiner Vorschläge, weil eine Ablehnung zwangsläufig für alle Beteiligten riesige, völlig sinnlose und auch noch unnötige Kosten beziehungsweise Schäden produziert.

2. Ich meldete mich persönlich im Schreiben vom 4. April 1994 bei unserem führenden Finanzierungsinstitut, dies ist die Deutsche Bank, für einen dringenden Gesundheitsurlaub ab. Nach meiner Genesung wären wir natürlich zurückgekehrt.

3. Ich hatte von unsern privaten Festgeldern 245 Millionen D-Mark auf ein unseren Hauptbanken zuvor benanntes Genfer Bankinstitut offiziell überwiesen. Die Banken waren von uns vorher informiert. Die Deutsche Bank und andere haben sogar dort sehr gute schriftliche Referenzen für uns abgegeben.

4. Mein Geschäftsschreiben vom 4. April '94 wurde sodann, für uns unerwartet und unverständlich, von der Deutschen Bank nicht befolgt. Sie hat dann auch noch, ohne gründliche Würdigung aller Fakten und Vereinbarungen, völlig übereilt und zu Unrecht Konkursantrag und Haftantrag gestellt. Dies alles löste zudem eine über die Medien mit falschen Anschuldigungen hochgespielte Katastrophe aus.

Ich selbst erlitt dadurch einen schweren Schock, der meine Rückkehr in dieser Situation unmöglich machte.

5. Ich mußte zunächst meine Gesundheit wiederherstellen. Erst danach konnte ich mit einer ins einzelne gehenden, ausführlichen Dokumentation beginnen und unsere Verteidigung gegen die Vorwürfe organisieren. All dies mußte gründlich geschehen. Dies kostete daher – wie auch aus Sicherheitsgründen – viel Zeit. Wir wenden uns nun heute erstmals direkt an Sie.

6. Wir sind nach Aussagen der Deutschen Bank weltweit ihr größter privater Kunde. Wir sind außerdem Kunde von über fünfzig weiteren Banken in Deutschland. Wir sind durch langfristige Finanzierungsverträge über Milliardenbeträge nach dem die Banken verpflichtenden ausnehmend strengen Regeln des Hypothekenbankgesetzes direkt und persönlich mit diesen Banken verbunden.

7. Im Laufe von vielen Jahren wurden uns, einem einzelnen Ehepaar, circa 6 Milliarden D-Mark für unsere Häuser langfristig ausgezahlt.

Die Deutsche Bank hat – als eine der größten Banken der Welt – mit ihren erfahrenen Expertenteams aufgrund der für sie geltenden, ausnehmend strengen

Regeln und Sicherheitsbestimmungen des Hypothekenbankgesetzes die Bewertungen unserer Häuser selbst vorgenommen und hierauf dann die Beträge ausbezahlt.

Wir konnten hier einzig und allein doch nur unsere Vorstellungen äußern, denn bewertet sowie bestimmt und bewußt geführt hat während all der Jahre die Bank. Das ist bei den hohen Milliardenbeträgen, die einem Ehepaar persönlich ausbezahlt wurden, auch überhaupt nicht anders möglich.

8. Den boomenden Immobilienmarkt und die uns alle bindende Verpflichtung, den deutschen Osten wieder aufzubauen, hat die Bank in ihrem eigenen Geschäftsinteresse benutzt, um unsere intensive Expansion zu erzielen. Die Deutsche Bank hat dazu auch noch viele andere Banken aktiviert.

Als die Konjunktur nachließ und die bekannten Probleme in Ostdeutschland auftraten, hat die Deutsche Bank uns und alle, die mit uns angetreten waren, hierzu gehören auch die Handwerker, im Stich gelassen. Ich bin der Meinung: In einer solchen Situation müssen alle gemeinsam, wie in einem Boot, zupacken, um die Probleme einträchtig zu überwinden. Ich hatte hierzu in meinem Brief vom 4. April '94 die Deutsche Bank – leider vergeblich – aufgerufen.

Sie hat ihre Verpflichtungen als unser Vertragspartner damit nicht erfüllt und die Katastrophe ausgelöst.

9. Unser Vermögen besteht zu über 90 Prozent aus Immobilien in Spitzenlagen. Dieses Immobilienvermögen wurde nicht von mir, sondern jeweils durch die Immobilienbewertungen der Expertenteams der Bank, die das Geld dafür gab, festgestellt. Diese unterliegen hierbei für langfristige Kredite ausnehmend strengen Regeln. Die Bank bestätigte uns hierdurch die hohen Werte unserer Häuser. Wir haben einen Anspruch auf die richtige und auch sehr gründliche Anwendung dieser Regeln durch die Bank, und zwar vor Vertragsabschluß und Auszahlung. Diese Vermögensbestätigung der Bank über den Wert unserer Häuser war die Basis meiner Geschäftspolitik und somit die Grundlage meines Schreibens vom 4. April '94.

10. Die Gelder für die Handwerker sind von uns durch die in die Grundbücher der Häuser eingetragenen Grundschulden zweckbestimmt für die Leistungen der Handwerker vorausschauend abgesichert worden, und zwar insgesamt in Milliardenhöhe. Dies steht zudem in den Verträgen mit den Banken.

11. Die Handwerker haben ihre Leistung sichtbar und anfaßbar in die Häuser eingebracht. Es ist somit eine selbstverständliche vertragliche Pflicht der Bank, unverzüglich die Handwerker vollständig auszubezahlen. Wir haben für ›Peanuts‹ kein Verständnis. Wir beanstanden sehr, daß die Zahlungen an die Handwerker so spät beziehungsweise bis heute immer noch nicht vollständig erfolgt sind.

12. Wir haben auch kein Verständnis dafür, daß große und wichtige Bauvorhaben nicht sofort weitergeführt wurden. Durch Stillstand entstehen ungeheure Kosten. Die den von uns beauftragten Handwerkern deshalb entstehenden zusätzlichen Ausfälle sind ebenfalls unverzüglich von der Bank zu bezahlen.

13. Es war unser Ziel, durch schöne Häuser das Stadtbild prägen zu helfen. Nun formen lange Zeit stillstehende Bauvorhaben in diesen Spitzenlagen das

Gesicht der Städte negativ. Neben den unnötigen Belastungen für die Bürger verlieren hier die betreffenden Gebäude auch noch dadurch erheblich an Wert. Das alles muß nicht sein.

14. Wir haben weiterhin kein Verständnis dafür, daß nun vom Konkursverwalter innerhalb kürzester Zeit bereits ein Großteil unserer circa 100 Immobilien, zum Teil unter Umgehung von Bestimmungen, verdealt wurde. Es ist zudem völlig unmöglich, in einer schweren Immobilienkrise so viele Häuser so blitzschnell zu veräußern, wenn man die wirklichen, langfristigen und echten Werte sinnvoll erzielen will. Dieses Ziel ist bei solch einer Handhabung, insbesondere bei derartigen komplexen Gebäuden in wertvollen Spitzenlagen, ganz ausgeschlossen zu erreichen. Hier wird mit hohen Werten und Geldsummen anderer gespielt.

Soweit unser Statement. Dieses liegt in folgenden drei Formen bei Rechtsanwalt Canonica vor: 1. auf Recorderband gesprochen, 2. mit Schreibmaschine geschrieben, 3. mit der Hand geschrieben. Diese Version, zur Wahrung unserer frischen Fingerabdrücke, in verschlossener Plastikfolie.

Nun gestatten Sie uns bitte ein Schlußwort: Wir stehen als einzelnes Ehepaar heute vor den Trümmern unseres persönlichen Vermögens. Wir werden das Geschehene keinesfalls hinnehmen. Wir sind sicher, daß die betroffenen Banken nun diese unsere Äußerungen mit ihren riesigen Expertenkapazitäten vehement angreifen werden. Wir haben das Team von Rechtsanwalt François Canonica und unsere detaillierte Dokumentation. Diese ist allerdings inhaltsreich.

Genauso wie in all den Jahren vorher sind auch jetzt meine Frau und ich nur ein privater Bankkunde und stehen der ungeheuren Macht der Banken gegenüber. Wenn die vor uns stehende Auseinandersetzung auch einen wirkungsvollen allgemeinen Beitrag zu einer fairen Verbesserung der heute viel zu schwachen Position – vor allem auch der kleinen Kreditnehmer gegenüber den allmächtigen Banken – nach sich zieht, so hat sich unser Einsatz gewiß gelohnt. Auch zu diesem Problem haben wir aus der Praxis Wichtiges zu sagen.

Gestatten Sie uns bitte noch einen höchst persönlichen Gruß. Dieser richtet sich an unsere beiden Kinder.

Lieber Nico, liebe Ysabel! Wir konnten aus Sicherheitsgründen bisher keinen Kontakt zu euch aufnehmen. Ihr könnt euch nun vertrauensvoll an Rechtsanwalt Canonica wenden. Wir werden es schon schaffen, bald wieder zusammen zu sein. Seid tapfer! Wir denken fest an euch und umarmen euch mit all unserer Liebe.

Liebe Zuschauer! Wir danken Ihnen für Ihre Aufmerksamkeit und dem ZDF für die Möglichkeit, zu Ihnen zu sprechen. Auf Wiedersehen!

Anm. 2 (s. S. 26)

Der Brief von Dr. Jürgen Schneider an die Deutsche Bank AG vom 4.4. 1994 im Wortlaut:

Dr. Jürgen Schneider 04. 04. 94
Claudia Schneider-Granzow
Deutsche Bank AG
Vorstand, Zentrale
z. Hd. Herrn Dr. Ulrich Weiss
persönlich, vertraulich
Taunusanlage 12
60325 Frankfurt/Main
Das gesamte Bankenengagement der GdbR Dr. Jürgen Schneider Claudia Schneider-Granzow, Königstein/Taunus

Sehr geehrter Herr Dr. Weiss,
aufgrund der jahrelangen Verbindung zu Ihrem Hause, welches mich so erfolgreich begleitet hat, wende ich mich nun an Sie aufgrund des untenstehenden Sachverhalts.

Ich wollte Ihnen diesen gern persönlich vortragen, bin jedoch durch die nachstehenden neuesten Ereignisse daran gehindert worden. Aus diesem Grunde habe ich Herrn Rechtsanwalt Horst Schneider beauftragt, Ihnen diese Botschaft zu überbringen, und ihn bevollmächtigt, Erklärungen abzugeben.

I. Situationsdarstellung

a) bisherige Situation.

1. Unsere Arbeit wurde durch eine außergewöhnlich gute Presse positiv beurteilt. Dabei spielte unser soziales Engagement im sozialen Wohnungsbau und der »gemeinnützigen Dr. Jürgen Schneider Stiftung« und unser Sponsoring für Kultur und Soziales eine wichtige Rolle.
2. Unsere sämtlichen Immobilien sind, wie aus den Darlehnsverträgen hervorgeht, inclusive der Baukosten langfristig durch Hypothekendarlehn finanziert.
3. Entsprechend den Schätzung der Banken haben unsere stadtbildprägenden wertvollen Häuser sehr hohe freie Wertspitzen, über die Hypothekendarlehn hinausgehend.
4. Hohe, frei verfügbare Festgeldanlagen führten außerdem zu einer positiven Beurteilung.

b) Gegenwärtige Situation.

Im Jahre 1994 veränderte sich die oben geschilderte Lage durch einen für mich nicht verständlichen schleichenden Prozeß, den ich ohne die aktive Hilfe der Banken befürchte langfristig nicht beherrschen zu können, da es sich nicht um ein hauseigenes, sondern um ein von mir allein nicht beeinflußbares externes Problem handelt.

1. Die Banken verhalten sich bei der Finanzierung sogar sehr guter Projekte an Spitzenstandorten, speziell im Osten, sehr zurückhaltend.
2. Die Talsohle der Konjunktur wird, trotz anderweitiger Prognosen, tiefer und breiter.
3. Die Verhaltensweisen der Banken haben sich dahingehend verändert, als sie aufgrund ungeprüfter Gerüchte Informationen anfordern, die bis in die Privatsphäre reichen und vom KWG nicht gedeckt wird.
4. Einige kleine Banken verlangen plötzlich ohne jede stichhaltige Begründung, sogar unter Verletzung des Kreditvertrages, Zusatzsicherheiten in Form der Verpfändung von Festgeldreserven. (Beispiel: Norddeutsche Landesbank und Bank für Gemeinwirtschaft).
5. Teile der Presse versuchen durch Negativinformationen Verunsicherungen in bestehenden und künftigen Vertragsverhältnissen zu erzeugen und damit Schaden anzurichten.
6. Meine Frau und ich werden durch Zeitungsberichte zu Personen des öffentlichen Interesses.

c) Folgen der neuen Situation

1. Kaufverträge, die wir insbesondere in den Ostgebieten abgeschlossen haben, werden trotz guten Cash-flow-Ertrages und bester Standorte nicht finanziert. Dies wird bankseits mit grundsätzlichen Vorbehalten Ostgebieten gegenüber begründet. Damit werden wir als private Unternehmer mit den Problemen des deutschen Ostens völlig allein gelassen.
2. Aus grundsätzlichen Erwägungen kann ich keinesfalls eine Teilverpfändung meiner liquiden Mittel zulassen, da diese Festgelder die Basis meiner solidengeschäftlichen Aktivitäten darstellen. Aus dem Verlangen hiernach entstehen laufend Konfrontationen.
3. Die Bauwirtschaft ist eine Schlüsselindustrie.
   Aus ihrer aktiven Tätigkeit erschließt sich eine Kettenreaktion, die sich positiv auf die gesamte Wirtschaft auswirkt. Die Bewältigung dieser gewaltigen Aufgabe kann nicht allein den persönlich haftenden Unternehmern überlassen bleiben. Die Banken müssen diese Aufgabe ebenfalls aktiv mittragen. Ich sehe in der veränderten Situation eine große Gefahr für unser Land und die Arbeitsplätze und mein Vermögen.
4. Ich vermisse insbesondere aus der Bankenwelt das vermittelnde Gefühl »Wir sitzen alle in einem Boot, um das Konjunkturtal und das Ostproblem zu überwinden.« Wir fühlen uns mit unserem Engagement in weiten Bereichen allein gelassen. Aus dieser Situation heraus droht in unbestimmter Zeit ein Liquiditätsengpaß und außerdem ein Verfall unserer außergewöhnlich hohen Wertspitzen.
5. Persönlich können meine Frau und ich mit der Bezeichung »Personen des

öffentlichen Interesses« nicht umgehen. Wir fühlen uns in unserem höchstpersönlichen Lebensbereich unzumutbar tangiert.

II. Anträge
Um die dargelegte Situation rechtzeitig vermeiden bzw. auffangen zu können, stellen wir folgende Anträge:

1. Antrag auf Stundung der Zinsen auf zwei Jahre.
   Die Zeitspanne wird damit begründet, daß innerhalb dieser Zeit mit dem Beginn des Konjunkturaufschwungs gerechnet wird.
2. Antrag auf Überbrückungsdarlehen in Höhe von DM 80 Mio. zur Aufrechterhaltung der laufenden Verpflichtungen der Dr. Jürgen Schneider AG, der CIP AG und der Technoteam AG für die nächsten Monate. Der Zeitraum wird damit begründet, daß wir erwarten, daß innerhalb der nächsten drei Monate der Abschluß der Vorverhandlungen von vier Kaufverträgen an ausländische Investoren vollzogen ist.
3. Antrag auf Übernahme der Konsortialführerschaft durch die Deutsche Bank AG für alle an unserem Immobilienvermögen beteiligte Banken. Die Deutsche Bank hat mit ihren Hypothekentöchtern den größten Anteil an unserem gesamten Bankenengagement inne, ebenso ist sie bei den bedeutendsten laufenden Baustellen engagiert (Bernheimer Palais, Hotel Rose und Börsencenter). Außerdem verfügt die Deutsche Bank über die weitreichendsten Informationen über unsere Vermögensverhältnisse.

III. Die Durchführung der Anträge sollte aus folgenden Gründen möglich sein.

1. Die GdbR besitzt erstklassige stadtbildprägende Immobilien mit hohen freien Bewertungsspitzen, die auf Bankeinschätzungen beruhen.
2. Bis auf ganz wenige Ausnahmen sind sämtliche Objekte inklusive der Baukosten mit langfristigen Hypothekendarlehen finanziert. Alle Baustellen können aus diesen Hypothekenzusagen für die Baukosten reibungslos durchgeführt werden.
3. Sämtliche Immobilienobjekte sind eigenständig finanziert.
4. Unser Immobilienvermögen umfaßt bis auf einzelne Ausnahmen nur bebaute Grundstücke.
5. Die Dr. Jürgen Schneider AG, die Technoteam AG und die CIP AG stehen mit qualifiziertem Personal für das Gesamtmanagement, den Bau und für vermietung und Verwaltung zur Verfügung.

IV. Persönlicher Vorschlag.

1. Wertsicherung der beliehenen Objekte.
2. Fertigstellung der im Bau befindlichen Häuser unter Erhaltung der Arbeitsplätze.
3. Erhaltung der mit hochqualifizierten Managern und Mitarbeitern besetzten Firmengruppen Dr. Jürgen Schneider AG, Technoteam AG, CIP AG.

V. Maßnahmen hierzu:

1. Bildung des Bankenkonsortiums unter der Konsortialführerschaft der Deutschen Bank.
2. Genehmigung der vorstehend gestellten Anträge, um als Sofortmaßnahme die augenblickliche Situation sicher zu beherrschen.
3. Koordiniertes Handeln aller Banken zur Verhinderung von unüberlegten Handlungen.
   Dies ist sofort erforderlich, um eine Ausverkaufsstimmung zu vermeiden, da sonst unweigerlich freie Bewertungsspitzen in Milliardenhöhe verlorengehen.
4. Die Versorgung und Motivierung von Managern und Mitarbeitern der Firmengruppen Dr. Jürgen Schneider AG, CIP AG, Technoteam AG zur Fertigstellung der Gebäude ist dringend erforderlich. Außerdem muß die Verwaltung bestehender Häuser sowie die Neuvermietung der im Bau befindlichen Gebäude gewährleistet sein. Dies ist nur möglich, wenn diese drei Firmen zusammenarbeiten.
5. Sofortige überlegte und koordinierte Information der qualifizierten Presse.

VI. Beitrag der GdbR Dr. Jürgen Schneider, Claudia Schneider-Granzow.
Hierzu könnte folgendes Vermögen zur Verfügung gestellt werden.

1. Die freien Bewertungsspitzen der Immobilien.
2. Das gesamte Know-how der Firmen Dr. Jürgen Schneider AG, Technoteam AG und CIP AG.
3. Die verfügbaren liquiden Mittel.

VII. Unsere persönliche Situation.

1. Die vorstehend geschilderten Umstände haben meine Gesundheit erheblich angeschlagen, so daß ich aufgrund unerwarteten Anratens meiner Ärzte während der Ostertage mein persönliches Engagement voll und ganz zurückstellen muß und es weiterhin erforderlich ist, mich von jedem Streß fernzuhalten.
2. Auf Anraten meiner Ärzte darf ich sogar zur Vermeidung von Aufregungen meinen augenblicklichen Aufenthaltsort vorerst nicht bekanntgeben. Herr Rechtsanwalt Horst Schneider, der mit umfangreichen Vollmachten ausgestattet ist, darf an Stelle von Claudia Schneider-Granzow und Dr. Jürgen Schneider alle erforderlichen Handlungen vornehmen. Zur Aufrechterhaltung unserer Handlungsfähigkeit dienen unsere zur Zeit im Ausland befindlichen liquiden Mittel.

VIII. Hinweis:

1. Es müssen die laufenden Quartalszinsen per 31.3. 1994 gezahlt oder gestundet werden.
2. Die laufenden Verpflichtungen müssen gezahlt werden.

3. Es müssen mindestens 20 Mio. für unvermeidliche Zahlungen sofort gezahlt werden.
4. Es besteht unverzüglicher Handlungsbedarf.

Ich bitte Sie, sehr geehrter Herr Dr. Weiss, meine ausschließliche höchstpersönliche Entscheidung, von der niemand unterrichtet ist und nur Rechtsanwalt Horst Schneider informiert wird, zu würdigen und nach dem vorgetragenen Sachverhalt das zu tun, was nach Ihrer Überzeugung das Richtige ist. Ich glaube, daß zur Verhinderung eines erheblichen Werteverfalls eine besonnene, aber unverzüglich geeignete Information an die qualifizierte Presse die wichtigste Grundlage ist.

Mit freundlichen Grüßen
Schneider.

Personenregister

Sachregister